本书得到“现代农业产业技术体系建设专项（CARS
“中国农业科学院创新工程（ASTIP-IAED-2020-01）”资助出版

中国肉鸡产业经济

ZHONGGUO ROUJI CHANYE JINGJI

2019

王济民　辛翔飞 等　著

中国农业出版社
北京

图书在版编目（CIP）数据

中国肉鸡产业经济. 2019 / 王济民等著. —北京：中国农业出版社，2020.11
ISBN 978-7-109-27631-4

Ⅰ.①中… Ⅱ.①王… Ⅲ.①肉鸡—养鸡业—产业经济—研究—中国—2019 Ⅳ.①F326.3

中国版本图书馆 CIP 数据核字（2020）第 250420 号

中国农业出版社出版
地址：北京市朝阳区麦子店街 18 号楼
邮编：100125
责任编辑：赵 刚
版式设计：王 晨 责任校对：吴丽婷
印刷：化学工业出版社印刷厂
版次：2020 年 11 月第 1 版
印次：2020 年 11 月北京第 1 次印刷
发行：新华书店北京发行所
开本：720mm×960mm 1/16
印张：22.5
字数：410 千字
定价：68.00 元

前　言

中国是肉鸡生产和消费大国。肉鸡产业作为畜牧业的重要部门，具有饲料转化率高、产品蛋白含量高、市场化程度高、产业化水平高、节能减排效果好的显著优势。改革开放四十多年来，中国肉鸡产业在调结构、转方式、保安全、促民生等方面取得一系列历史成就，已成为乡村振兴中产业兴旺的重要抓手。大力发展肉鸡产业，对保障肉类产品供给和国家粮食安全，优化农业农村产业结构，提高农业发展质量，提升农业综合要素生产率，加快农业农村现代化进程，具有重要战略意义。尤其在非洲猪瘟对国内供需的影响短期内不能消除的形势下，鸡肉作为猪肉的最佳替代品，在肉类供给保障上的作用更加凸显。

《中国肉鸡产业经济 2019》是国家肉鸡产业技术体系产业经济岗位课题组在 2018 年和 2019 年围绕我国肉鸡产业发展的一些重大、热点问题和基础性专题进行研究的阶段性成果。内容涉及我国畜牧业发展宏观环境，以及我国肉鸡产业发展态势、国际形势、疫病防控的经济学分析等多个方面。部分研究成果已经在相关期刊、报纸上发表。研究成果针对产业发展新阶段面临的新需求和新问题，在紧密结合实地调研的基础上深入思考，探究原因，判断形势，并提出相应的对策建议，一方面为客观呈现我国肉鸡产业发展状况提供一个平台，另一方面为我国肉鸡产业政策的制定及肉鸡产业科学发展提供决策支撑。

《中国肉鸡产业经济 2019》的相关研究工作得到了国家肉鸡产业技术体系首席科学家、各位岗位科学家、各位综合试验站站长、各位骨干成员，以及中国畜牧业协会、白羽肉鸡联盟、相关肉鸡企业和养殖场户给予的大力支持和帮助，在此深表感谢！由于本书汇集的是国家肉鸡产业技术体系产业经济岗位团队成员在不同阶段针对不同主题的研究报告，涉及对历史资料和产业现状的描述方面难免会存在小部分的重复，但为了保持各研究报告的完整性，本书在统稿过程中没有将部分重复内容删除。由于目前国家统计局尚未发布关于我国肉鸡生产等方面的权威统计数据，部分研究报告根据研究的需要分别采用了联合国粮农组织（FAO）和美国农业部（USDA）等机构发布的相关统计数据，不同渠道的数据因统计方法和统计口径不同会存在差异。当然，由于各研究报告分析的角度和研究的重点不完全相同，得到的结论和提出的对策建议也各有侧重。随着我国肉鸡产业的不断发展，国家肉鸡产业技术体系产业经济岗位课题组对肉鸡产业经济的研究还将进一步深入。书中不足之处敬请读者批评指正！

王济民

2020 年 9 月

目　录

产业竞争力

废弃物资源化利用

疫病防控

加工流通及其他

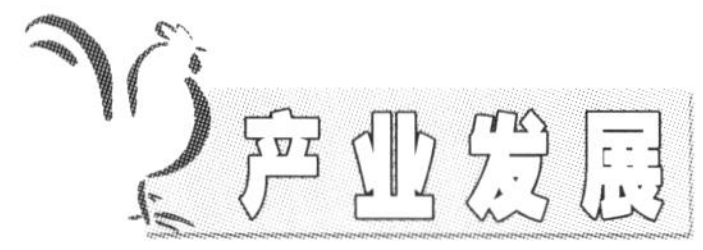

2020年我国肉鸡产业形势分析与对策建议

辛翔飞[1]　郑麦青[2]　文　杰[2]　王济民[13]

（1. 中国农业科学院农业经济与发展研究所；
2. 中国农业科学院北京畜牧兽医研究所；
3. 中国农业科学院办公室）

2019年，在我国肉鸡产业完全摆脱H7N9疫情影响进入良性发展的形势下，国内非洲猪瘟疫情暴发显著拉升肉鸡需求，肉鸡生产实现较大幅度增长，全产业链实现较高水平盈利。2020年初人感染新冠肺炎疫情严峻，封路、隔离等措施对肉鸡养殖和消费产生了较为明显的抑制，此外，随着国内生猪生产的逐步恢复，加之国际猪肉市场的进口补充，我国猪肉供给压力将有所减缓，但非洲猪瘟对国内猪肉市场供需拉低效应的影响仍将持续存在，2020年我国肉鸡供需仍将保持持续增长态势，但增长幅度会低于2019年。本报告总结了2019年我国肉鸡产业发展特点，剖析了产业发展存在的问题，并就产业未来发展趋势做出判断，提出促进我国肉鸡产业发展的政策建议。

一、2019年我国肉鸡产业特点

（一）肉种鸡存栏大幅上升，产能居历史高位

根据中国畜牧业协会监测数据，2019年白羽肉鸡累计更新祖代肉种鸡122.3万套，更新数量较上年增长64.1%。2019年祖代平均存栏量139.3万套，较2018年增长20.6%，其中在产祖代平均存栏量78.8万套，较2018年

增加 3.68%；父母代平均存栏量 5 144.0 万套，较 2018 年增加 11.8%，其中在产父母代平均存栏量 3 138.4 万套，较 2018 年增加 12.37%。2019 年全国黄羽肉鸡祖代种鸡平均存栏量 209.6 万套，较 2018 年增加 6.4%，其中在产祖代平均存栏量 146.6 万套，较 2018 年增加 6.39%。

（二）肉鸡价格居历史绝对高位，产业链利润大幅提升

2019 年受国内肉鸡需求增长拉动，肉鸡价格大幅上涨，创历史新高。根据农业农村部集贸市场监测数据，2019 年活鸡和白条鸡价格变动趋势保持了高度的一致性，大致为“平—增—降”走势。年初，活鸡、白条鸡价格分别为 19.95 元/千克、20.38 元/千克，在上半年相对平稳，仅存微小幅度波动；下半年呈迅猛增长走势，在 11 月初上涨至最高峰，活鸡、白条鸡价格分别为 25.67 元/千克、26.92 元/千克，该价格也是肉鸡价格的历史最高点；之后呈明显下滑趋势，年末活鸡、白条鸡价格分别为 23.46 元/千克、24.93 元/千克，较年初分别增长 17.60%、22.33%（图 1）。

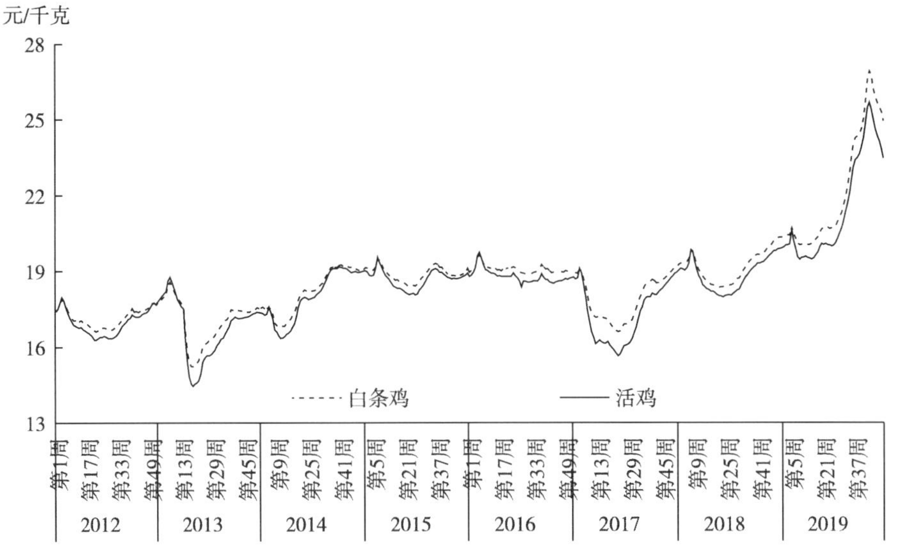

图 1　2012—2019 年集贸市场白条鸡价格变动趋势

数据来源：农业农村部监测数据（www.moa.gov.cn）。

根据农业农村部对 60 个生产大县（市、区）的 300 个行政村 1 099 户肉鸡养殖户月度定点监测数据分析，2019 年商品代肉鸡养殖平均盈利 3.55 元/只，相比 2018 年 3.22 元/只提高了 0.33 元/只；其中，白羽肉鸡养殖平均盈

利-0.40 元/只，相比 2018 年 1.75 元/只降低了 2.15 元/只；黄羽肉鸡养殖平均盈利 7.41 元/只，相比 2018 年 4.67 元/只提高了 2.74 元/只。从种鸡、商品代养殖及屠宰全产业链盈利情况来看，2019 年白羽肉鸡全产业链综合收益为 4.92 元/只，较 2018 年 3.39 元/只提高了 1.53 元/只；2019 年黄羽肉鸡全产业链综合收益为 9.14 元/只，较 2018 年 5.43 元/只提高了 3.71 元/只。2019 年白羽肉鸡全业链盈利环节主要在种鸡，黄羽肉鸡产业链盈利环节主要在商品肉鸡养殖。

（三）饲料价格震荡低位，雏鸡价格历史高位，养殖成本整体上涨

2019 年肉鸡配合饲料价格全年震荡低位运行。玉米和豆粕是肉鸡配合饲料的主要构成成分，其中玉米约占 50%～60%，豆粕占 25%～30%。2018 年玉米和豆粕价格震荡运行，且整体居历史价格低位。2019 年玉米平均价格 2.08 元/千克，较 2018 年 2.04 元/千克上涨 1.96%；2019 年豆粕平均价格 3.23 元/千克，较 2018 年 3.42 元/千克下降 5.88%；2019 年肉鸡配合饲料平均价格 3.13 元/千克与 2018 年 3.12 元/千克基本持平（图 2）。

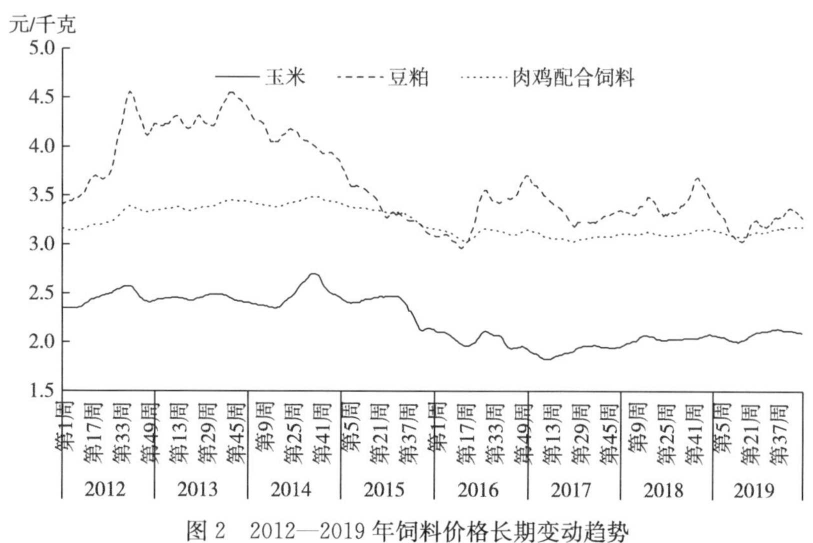

图 2　2012—2019 年饲料价格长期变动趋势

数据来源：农业农村部监测数据（www.moa.gov.cn）。

根据农业农村部对 60 个生产大县（市、区）的 300 个行政村 1 099 户肉鸡养殖户月度定点监测数据分析，近几年肉鸡养殖成本持续上涨。2019 年主要由于雏鸡费用的增加，肉鸡养殖成本延续了前几年的较大涨幅趋势。2019 年

雏鸡成本 4.97 元/只，较 2018 年 2.85 元/只增加 74.29%。其中，白羽肉鸡雏鸡成本 6.96 元/只，较 2018 年 3.46 元/只增加 101.16%；黄羽肉鸡雏鸡成本 3.05 元/只，较 2018 年 2.29 元/只增加 24.92%。2019 年肉鸡平均单位体重养殖成本 11.45 元/千克，较 2018 年 10.31 元/千克增加 11.06%，其中，白羽肉鸡上涨明显，黄羽肉鸡基本持平。2019 年白羽肉鸡养殖成本平均 9.92 元/千克，较 2018 年 7.83 元/千克增加 26.69%；黄羽肉鸡养殖成本平均 12.95 元/千克，较 2018 年 12.80 元/千克增加 1.17%。

（四）消费市场显著升温，肉鸡出栏量和产量大幅增加

2018 年 H7N9 疫苗免疫全面普及，肉鸡产业摆脱 H7N9 疫情影响，供需市场进入良性发展轨道。再加之 2018 年 8 月以来国内非洲猪瘟疫情暴发，猪肉供需受到较大影响，2019 年猪肉产量约下降 20%，约 1 000 万吨，鸡肉作为猪肉的最佳替代品，其需求大幅上涨。

受消费拉动影响，2019 年肉鸡出栏数量和产量均有所增长。根据农业农村部对 60 个生产大县（市、区）的 300 个行政村 1 099 户肉鸡养殖户月度定点监测数据及中国畜牧业协会监测数据分析，2019 年白羽肉鸡累计出栏数量较上年增长 12.15%，黄羽肉鸡增长 14.24%；白羽肉鸡鸡肉产量较上年增长 9.71%，黄羽肉鸡增长 13.94%。2019 年白羽和黄羽肉鸡总出栏数量 89.44 万只，较上年增长 13.20%；白羽和黄羽肉鸡鸡肉总产量为 1 403.87 万吨，较上年增长 11.40%。此外，美国农业部（USDA）预测数据表明，2019 年我国鸡肉产量较上年增长 17.95%。综合中国畜牧业协会、美国农业部和我国农业农村部监测数据推算估计，我国 2019 年鸡肉产量相比 2019 年大约上涨 15%。

二、我国肉鸡产业发展面临的主要挑战

（一）肉鸡产业地位与贡献极度不匹配

我国作为世界第二大肉鸡生产国和消费国，鸡肉在我国是次于猪肉的第二大肉类生产和消费品。肉鸡具有饲料转化率高、产品蛋白含量高、市场化程度高、产业化水平高、节能减排效果好的优势，在调结构、转方式、保安全、促民生等方面取得一系列历史成就。尤其在非洲猪瘟对国内供需的影响短期内不能消除的形势下，鸡肉作为猪肉的最佳替代品，其对肉类供给保障的作用更加凸显。当前，虽然国家和地方政府对肉鸡产业发展的重视程度在

不断提高，但仍然与肉鸡产业在畜牧业发展中的重要地位不相匹配，国家层面的肉鸡产业规划一直缺失。此外，在政府能够给予支持的项目上，肉鸡企业在与生猪、肉牛等其他畜种企业进行同台竞争时，也一直因重视程度不够而处于竞争劣势。

（二）良种选育亟待加强

我国白羽肉鸡一直都是国外品种一统天下，造成在近年国际禽流感暴发时期，一方面国内祖代肉种鸡种源难以得到保障，产业发展受制于人；另一方面也导致父母代肉种鸡价格非正常波动，不利于产业的稳定发展。此外，种禽过度依赖进口也造成国内白羽肉鸡产业引种成本高，且种禽和商品代雏鸡的质量也得不到较好保障，增加了整个产业链的生产成本和养殖风险。

（三）生产效率亟待进一步提升

虽然我国肉鸡标准化规模养殖已经有了很大程度的提高，但是标准化养殖设施不配套，养殖技术凭经验的情况普遍存在于中小规模养殖户。美国、欧洲、日本等发达国家肉鸡养殖中相关的鸡舍尺寸、自动通风技术和湿度控制等关键饲养技术都是通过大量的实验验证，从而得到最佳的解决方案；而我国肉鸡饲养设施设备和关键参数相当一部分没有经过严谨有效的实验检验。尤其对于黄羽肉鸡而言，农户的养殖设备普遍简陋，生产效率明显偏低。

（四）产业实现生态化发展仍面临较大压力

虽然对于其他畜禽品种而言，肉鸡产业对环境的污染相对较少，但随着产业的发展，养殖总体规模不断扩大，生产过程中所造成的环境污染压力也将势必增加。近几年国家及各省政府对畜禽养殖污染问题的重视程度不断加深，管控力度持续加大，有助于加快推进畜禽养殖业绿色可持续发展进程。但由于废污处理成本高，且目前有机肥与化肥相比，并不具备价格优势，且种养结合区域布局等方面还存在较为明显的匹配度低等问题，肉鸡生产实现生态化发展面临较大压力。

（五）疫病和抗生素问题长期困扰产业发展

动物疫病风险具有不确定性，是造成养殖业高风险的重要因素。一方面，禽流感等较大范围的动物疫病对畜牧业生产的危害性已不仅限于造成畜禽死亡或个体生产性能下降，更加突出表现为养殖户、消费者对疫病产生恐慌而弃养、弃购，心理恐慌导致的损失，远远超过疫病死亡损失。另一方面，由于养殖密度的提高加大了疫病防控难度，部分养殖场户在饲养过程中滥用抗生素，使得药物残留问题成为影响我国鸡肉产品质量和国际竞争力最为重要的因素，也造成消费者将肉鸡周转周期短、长得快归结为抗生素和激素喂养，不利于产业的健康发展。国际上随着减抗和禁抗的呼声日益高涨，消费者对此的关注度也持续上升，世界许多地区预防性抗生素的使用显著减少，无抗、低抗养殖成为家禽企业在市场竞争中提高竞争力的必然趋势和方向。

三、2020 年肉鸡产业发展趋势及对策建议

（一）全球肉鸡生产及贸易量仍将持续增长

伴随全球经济稳中有进，鸡肉消费呈现进一步增长的趋势。且鸡肉作为猪肉的替代品，非洲猪瘟的持续仍将进一步促进鸡肉的消费增长。根据 USDA 估计数据，2020 年全球肉鸡产量可能达到 10 349.8 万吨，预计增长率为 3.94%。2020 年受需求增长拉动，预计 2020 年全球肉鸡进口量将达到 1 028.1万吨，增长率 3.74%；全球肉鸡出口量将达到 1 249.7 万吨，增长率为 4.35%。

（二）我国肉鸡产量及净进口量将继续呈现增长趋势

2020 年初人感染新冠肺炎疫情严峻，封路、隔离等措施对肉鸡养殖和消费产生了较为明显的抑制影响。此外，随着国内生猪生产的逐步恢复，加之国际猪肉市场的进口补充，我国猪肉供给压力将在 2020 年下半年有明显减缓趋势，但非洲猪瘟对国内猪肉市场供需拉低效应的影响仍将持续存在。当前，肉种鸡存栏已经大幅提高 10%以上，且保持持续增加趋势。预计全年肉鸡产量将有 8%的增幅。此外，根据 USDA 估计数据，2020 年中国肉鸡进口受非洲猪瘟影响将继续增加，进口量预计将达到 75 万吨，增加 20%；出口量可能降低至 44 万吨，下降 1.12%。

四、肉鸡产业发展政策建议

（一）将肉鸡产业作为产业兴旺的战略产业给予重视

肉鸡产业持续上升是一个世界性的发展趋势。近半个世纪以来，世界肉类生产结构的一个显著特征是在从牛羊肉向禽肉转移，牛羊肉占比显著下降，禽

肉大幅上升，禽肉已经成为世界第一大肉类。大力发展肉鸡产业，既符合世界畜牧业发展规律，也符合我国国情，是提升畜牧业生产效率、促进畜牧业绿色发展的有效途径。将肉鸡产业作为产业兴旺的战略产业，对优化农业农村产业结构，提高农业发展质量、国际竞争力和综合要素生产率，加快农业农村现代化进程，具有重要的战略意义。应从国计民生的战略视角，高度重视肉鸡产业发展，做到对肉鸡产业与生猪产业、草食畜牧业一视同仁，加强对肉鸡产业发展规划的顶层设计，完善政策支撑体系，加大政策支持力度。

（二）加强肉鸡遗传育种研发

出于对种源安全的考虑，加强白羽肉鸡自主育种是重中之重。我国白羽肉鸡自主育种基础薄弱，与国外长达几十年的育种素材、人才、技术、资本积累相比，仍处于起步阶段，必须采取有针对性的行动，充分利用国内丰富的遗传资源，走差异化战略，立足本土消费市场，设立重点研发计划，助推适合我国消费特色的白羽肉鸡品种育种工作。

（三）提高科技支撑能力

依托国家肉鸡产业技术体系、科研院所和大专院校的科研力量，围绕产业链关键环节开展攻关研究，提升肉鸡产业科技创新能力，提升产业竞争力。加强肉鸡育种、饲料高效利用、健康养殖、废弃物资源化利用、肉鸡产品质量安全快速检测与可追溯等关键技术研究。充分发挥畜牧业技术支撑机构和行业协会的优势，加大高效实用技术推广力度。建议国家和地方政府加大对肉鸡产业标准化养殖的扶持力度，鼓励和支持企业加大养殖标准化、智能化、机械化设施设备投入力度，真正实现“人管理设备，设备养鸡，鸡养人”，促进产业实现转型升级，提升生产效率。

（四）严格质量安全监管

构筑严格的肉鸡产品质量监管体系，按照全程监管的原则，突出制度建设和设施建设，变被动、随机、随意监管为主动化、制度化和法制化监管。建立肉鸡养殖业投入品的禁用、限用制度，培训和指导养殖户科学用料、用药。在完善肉鸡产品和饲料产品质量安全卫生标准的基础上，建立肉鸡产品和饲料、饲料添加剂、兽药等投入品质量监测及监管体系，提高肉鸡产品质量安全水平。推行肉鸡产品质量可追溯制度，建立动物源食品信息档案，严把市场准入关。

（五）在降低环保成本方面给予支持

加大肉鸡产业领域的环境治理，是国家环境保护战略的需要，也是实现肉鸡产业健康可持续发展的需要。国家和地方政府应统筹考虑肉鸡产业发展和环境保护需要，出台相关支持政策，降低肉鸡企业环保成本，减轻企业压力。此外，当前关键技术和设备是解决好畜禽养殖废弃物处理和资源化问题的关键方面，应当坚持问题导向，加强畜禽养殖废弃物资源化利用基础研究和关键技术攻关。在统筹考虑科技创新平台规划布局和现有科技资源的基础上，研究建立科技创新平台，强化畜禽养殖废弃物能源化技术开发。研发推广安全、高效、环保新型饲料产品。加大混合原料发酵、沼气提纯罐装、粪肥沼肥施用等技术和设备的开发普及力度，全面提升畜禽养殖废弃物资源化利用的技术水平。加快建立畜禽粪污综合利用标准体系，重点解决粪肥、沼肥等生产技术规范和检测标准缺乏问题。

（六）强化疫病及市场信息监测预警

建立疾病预警预报系统和控制计划，动态监测病毒的存在和变化特征，实现对禽流感和新城疫等重大疫情的早期预警预报。加强肉鸡市场、屠宰监测和预警体系建设，强化生产和价格监测分析，及时发布肉鸡生产和市场价格信息。加强形势分析研判，及时发布预警信息，引导养殖户科学调整生产结构，稳定市场心理预期，规避市场风险。同时，应吸取相关行业盲目发展导致产能过剩的教训，并借鉴国家目前在这些行业实施的去产能政策及产能调控方针，建立促进肉鸡产业良性发展的有效调控机制，控制好产业扩张的节奏和规模，防止再次出现行业规模扩张导致行业产能严重过剩的现象。

2019 年我国肉鸡产业形势分析与对策建议

辛翔飞[1]　郑麦青[2]　文　杰[2]　王济民[13]

（1. 中国农业科学院农业经济与发展研究所；
2. 中国农业科学院北京畜牧兽医研究所；
3. 中国农业科学院办公室）

2018 年，我国肉鸡产业基本摆脱 H7N9 流感疫情的影响，消费企稳回升，产量及价格实现双增长，全产业链实现较好盈利。受非洲猪瘟对国内猪肉市场供需拉低效应的影响，2019 年我国肉鸡供需仍将保持持续增长态势。当前，产业实现恢复性增长，逐步回归发展正轨，是加大力度扎实推进肉鸡产业供给侧结构性改革，实现产业提质增效、绿色发展变革的重要契机。本报告总结了 2018 年我国肉鸡产业发展特点，剖析了产业发展存在的问题，并就产业未来发展趋势做出判断，提出促进我国肉鸡产业发展的政策建议。

一、2018 年我国肉鸡产业特点

（一）白羽肉种鸡产能处于近年低位，黄羽肉种鸡产能处于历史高位

白羽肉鸡方面，2018 年白羽肉鸡累计更新祖代肉种鸡 74.54 万套，祖代肉种鸡更新数量较上年增长 1.5%。此外，全年强制换羽 14.31 万套。2014 年 11 月以来国际禽流感持续暴发，我国在 2015—2018 年相继对美国、法国和波兰等高致病性禽流感发生国的禽类及相关产品进口采取封关措施，引种严重受阻。2014 年以前，我国最主要的两大白羽祖代肉种鸡引种国是美国和法国。随着国际禽流感的暴发，我国国外引种规模持续下滑，引种国不断调整，2018 年主要引种国为新西兰。2018 年祖代平均在产种鸡存栏 78.98 万套，与 2017 年基本持平，略降 0.61%；父母代平均在产种鸡存栏 2 793.11 万套，较 2017 年下降 5.59%，全年父母代存栏水平基本处于 2015 年以来的均值以下。

黄羽肉鸡方面，黄羽肉种鸡供应能力充足。根据中国畜牧业协会监测数据，2018 年全国在产祖代种鸡平均存栏量为 124.20 万套，较 2017 年增加 2.66%；在产父母代种鸡平均存栏量约为 3 751.45 万套，较 2017 年增加 7.45%，在产父母代种鸡存栏水平处于历史高位。2018 年各类型结构调整呈现为快、中速型占比缩减，慢速型扩大的特点，快速型占比 31.60%，中速型占比 25.20%，慢速型占比 43.30%。

（二）肉鸡价格居历史最高位，养殖利润大幅提升

2018 年国内肉鸡产业基本摆脱 H7N9 流感疫情影响，白条鸡和活鸡价格均创历史新高。根据农业农村部集贸市场监测数据，2018 年活鸡和白条鸡价格变动趋势保持了高度的一致性，全年价格呈“升—降—升”走势，分别在 2 月初及 12 月末出现两个较为明显的峰值点。2017 年上半年国内肉鸡产业受 N7N9 流感疫情影响，价格呈断崖式下降，下半年随着疫情逐渐消退，价格持续上升；2018 年 1 月至 2 月初，受春节节日效应影响，肉鸡价格延续了 2107 年下半年的上升趋势，2 月第一周达到年度第一个高峰值，活鸡和白条鸡价格分别为 19.29 元/千克和 19.48 元/千克。之后，肉鸡价格持续下降，6 月初降至年度最低值，6 月第一周活鸡和白条鸡价格分别为 17.98 元/千克和 18.37 元/千克，分别较 2 月初下降了 6.79%和 6.00%。6 月以来，肉鸡价格一直持续上升，上升趋势一直持续到年末，即 12 月末达到年度第二个高峰值，活鸡和白条鸡价格分别为 19.91 元/千克和 20.34 元/千克，分别较年初增长 4.62%和 5.66%。与往年价格比较，2018 年白条鸡和活鸡价格居历史高位、最高位。白条鸡和活鸡近五年平均价格分别为 18.65 元/千克和 18.33 元/千克，2018 年年度平均价格分别为 19.20 元/千克和 18.87 元/千克，全年有五分之三的周价格在近五年平均价格之上（图 1）。

根据农业农村部对 60 个生产大县（市、区）的 300 个行政村 1 460 户肉鸡养殖户月度定点监测数据分析，2018 年商品代肉鸡养殖平均盈利水平 3.59 元/只，相比 2017 年 1.19 元/只提高了 2.40 元/只；其中，白羽肉鸡养殖平均盈利 1.79 元/只，相比 2017 年盈利 0.09 元/只提高了 1.60 元/只；黄羽肉鸡养殖平均盈利 5.39 元/只，相比 2017 年盈利 2.42 元/只提高了 2.97 元/只。2018 年商品代养殖是全产业链中盈利较好环节。2018 年全产业链盈利 3.70 元/只，商品代养殖盈利占整个产业链总盈利的 46.49%；2018 年全产业链盈利较上年上升 2.20 元/只，商品代养殖盈利提升水平占整个产业链总盈利提升水平的 48.90%。

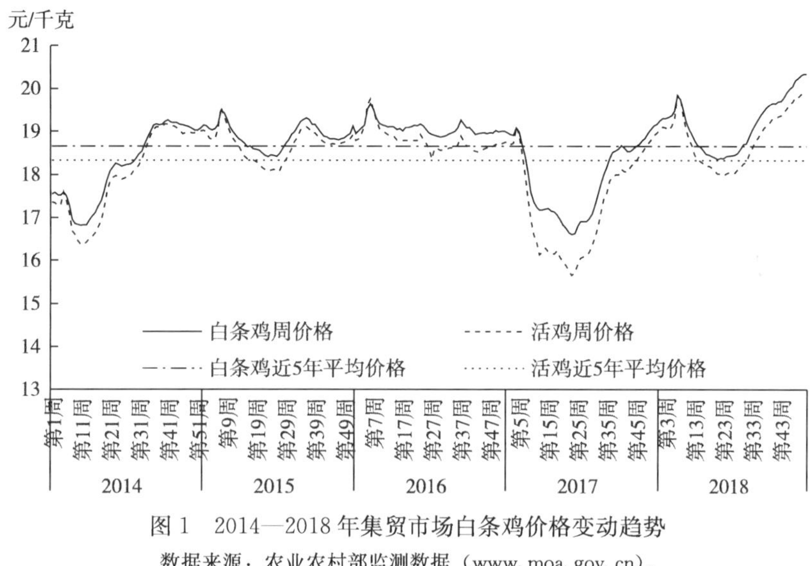

图 1　2014—2018 年集贸市场白条鸡价格变动趋势

数据来源：农业农村部监测数据（www. moa. gov. cn）。

（三）饲料价格震荡低位运行，养殖成本整体上涨

2018 年肉鸡配合饲料价格全年震荡低位运行。玉米和豆粕是肉鸡配合饲料的主要构成成分，其中玉米约占 50%～60%，豆粕占 25%～30%，肉鸡配合饲料价格受玉米价格影响更为明显。2018 年玉米和豆粕价格震荡运行，且整体居历史价格低位，但高于 2017 年；2018 年玉米价格与 2016 年基本持平，较 2017 年增长 6.41%；2018 年豆粕价格 3.42 元/千克，较 2017 年增长 2.09%；肉鸡配合饲料全年平均价格 3.12 元/千克，与 2016 年基本持平，较 2017 年增长 1.28%（图 2、图 3、图 4、图 5）。

2018 年肉鸡养殖生产成本整体上涨。根据农业农村部对 60 个生产大县（市、区）的 300 个行政村 1 460 户肉鸡养殖户月度定点监测数据分析，2018 年肉鸡生产效率持续提高，单位产出消耗系数（剔除市场价格波动的影响，体现获取每单位体重产品所消耗的生产资料变化比值，逆向表现养殖效率的变化）进一步减少，白羽肉鸡 102.9，较上年同期 103.2 减少 0.31；黄羽肉鸡 160.6，较上年同期 170.6 减少 9.96。主要由于雏鸡费用、雇工费用、煤火费的增加，2018 年肉鸡养殖成本有较大幅度的上涨，平均单位体重养殖成本较 2017 年增加 13.74%。其中，白羽肉鸡养殖成本平均 7.83 元/千克，较上年增加 15.83%；黄羽肉鸡养殖成本平均 12.80 元/千克，较上年增加 10.17%。

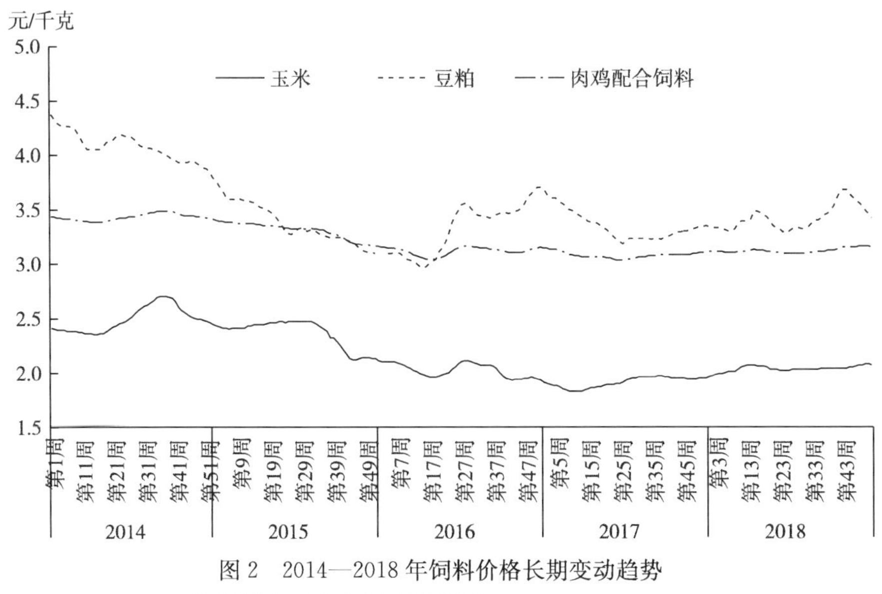

图 2　2014—2018 年饲料价格长期变动趋势

数据来源：农业农村部监测数据（www. moa. gov. cn）。

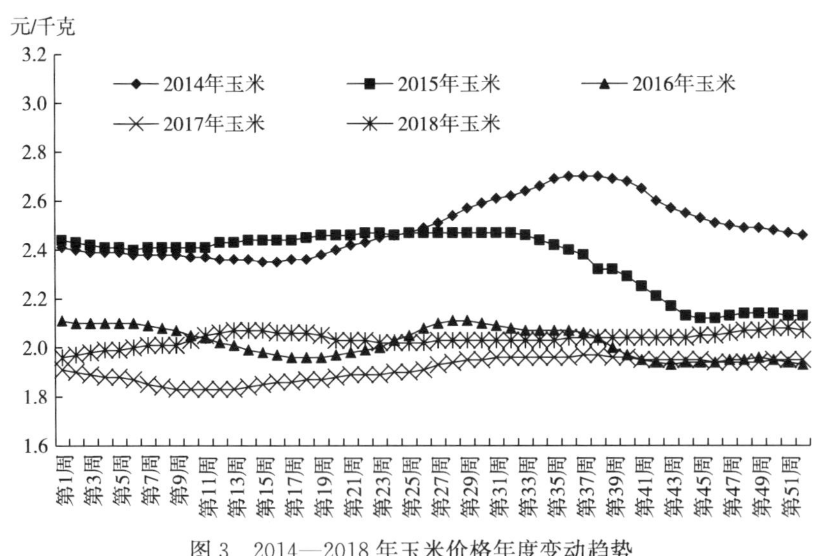

图 3　2014—2018 年玉米价格年度变动趋势

数据来源：农业农村部监测数据（www. moa. gov. cn）。

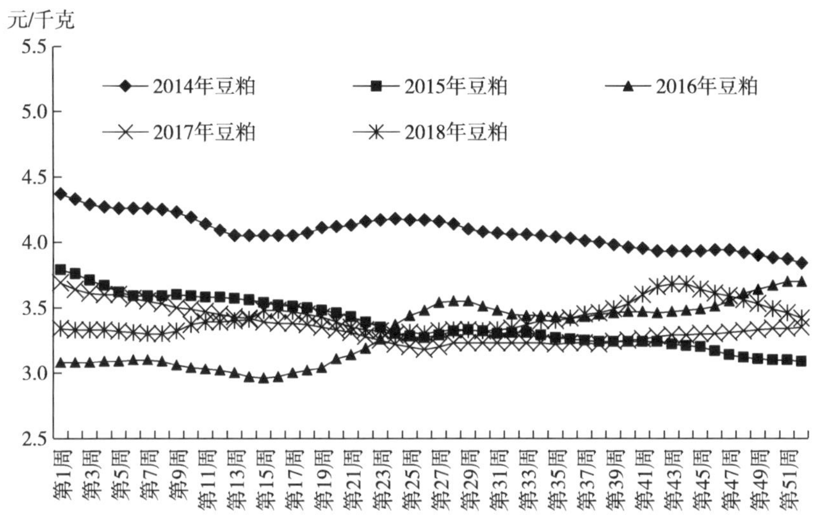

图 4　2014—2018 年豆粕价格年度变动趋势

数据来源：农业农村部监测数据（www.moa.gov.cn）。

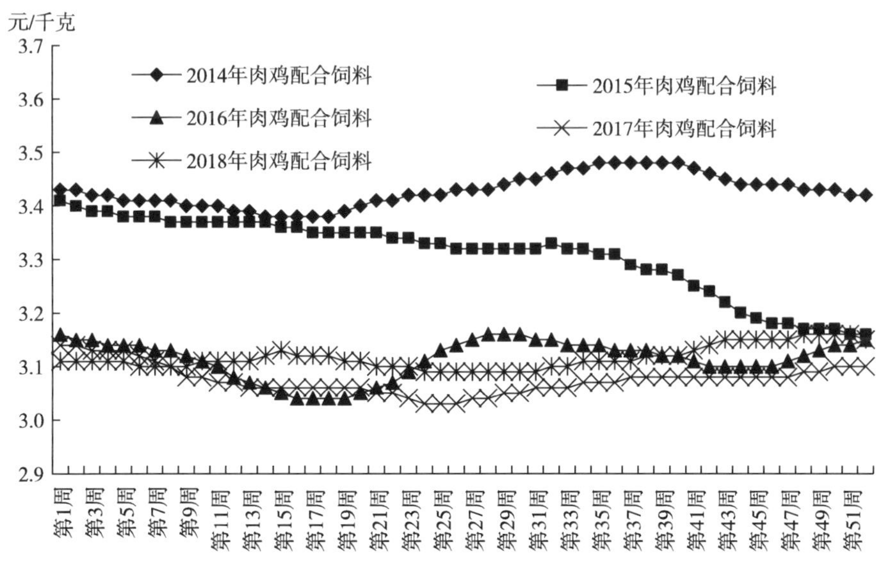

图 5　2014—2018 年肉鸡配合饲料价格年度变动趋势

数据来源：农业农村部监测数据（www.moa.gov.cn）。

（四）消费市场企稳回升，肉鸡出栏量和产量增加

2013 年以来受 H7N9 流感疫情多次发生，GDP 增速减挡等因素影响，肉鸡产品需求整体处于低迷状态。其中，虽然 2015 年因 H7N9 流感疫情暂时消退有所回升，但 2016—2017 年又再次进入消费低迷期。2018 年 H7N9 疫苗免疫全面普及，产业基本摆脱 H7N9 疫情影响，再加之 8 月以来国内非洲猪瘟疫情暴发，猪肉供需受到较大影响，两方面因素综合作用，国内肉鸡消费市场景气度显著提升。根据农业农村部对全国 50 家重点批发市场监测数据，2018 年畜禽产品交易量较 2017 年增长 14.77%，较 2013 年增长 21.05%。此外，肉鸡线上产品和销售量不断增加，主要表现为线上经营肉鸡产品的店家数量增多，产品类型增多，销售数量稳定增加。快餐消费方面也有较大幅度提升，2018 年前 3 季度，两大快餐巨头百胜中国和麦当劳中国营业收入同比分别增长 10.24%和 64.00%（图 6）。

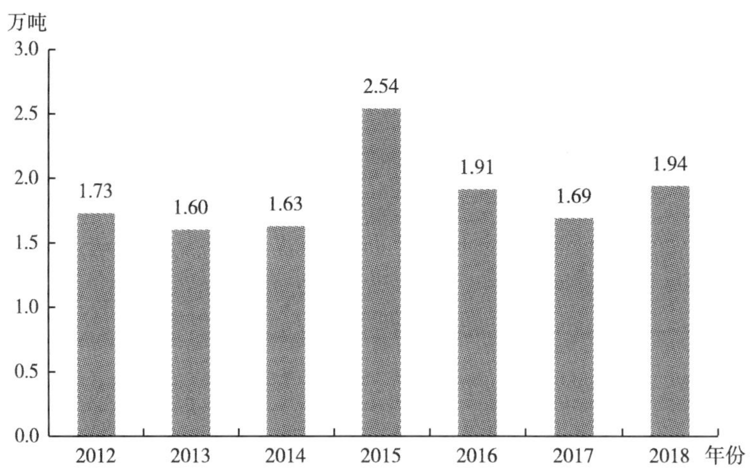

图 6　2012—2018 年全国 50 家重点批发市场畜禽产品交易量

数据来源：农业农村部监测数据（www.moa.gov.cn）。

受消费市场明显回暖，以及产业基本摆脱 H7N9 疫情两方面利好因素影响，2018 年肉鸡出栏数量和产量均有所增长。根据农业农村部对 60 个生产大县（市、区）的 300 个行政村 1 460 户肉鸡养殖户月度定点监测数据及中国畜牧业协会监测数据分析，2018 年监测肉鸡累计出栏数量较上年增长 1.54%，其中，白羽肉鸡减少 3.79%，黄羽肉鸡增长 7.46%。2018 年白羽和黄羽肉鸡出栏体重均有所提升，其中，白羽肉鸡出栏体重 2.57 千克/只，较上年增加

3.63%，黄羽肉鸡出栏体重 1.96 千克/只，较上年增加 1.89%。2018 年我国鸡肉（白羽和黄羽）产量为 11 263.57 万吨，较上年增长 3.48%；其中，白羽肉鸡 759.80 万吨，与 2017 年基本持平，略降 0.15%；黄羽肉鸡 503.77 万吨，较上年增长 9.50%。此外，美国农业部预测数据表明，2018 年我国鸡肉产量较上年增长 0.86%。综合中国畜牧业协会、美国农业部和我国农业农村部监测数据推算估计，我国 2018 年鸡肉产量相比 2017 年大约上涨 3%。

二、我国肉鸡产业发展面临的主要挑战

（一）肉鸡产业地位与贡献极度不匹配

经过改革开放以来四十年的持续发展，鸡肉在我国已成为仅次于猪肉的第二大肉类生产和消费品，肉鸡产业在保障肉类供给、解决农村劳动力就业、增加农民收入、助力脱贫攻坚、提高城乡居民营养水平等多个方面已经并正在发挥着无可替代的巨大作用。同时，我国已稳居世界肉鸡四大主产国之列。在包括生猪、肉牛、肉羊等在内的主要肉类畜禽中，肉鸡养殖饲料转化率最低，肉鸡生产、消费比重的提升有助于保障国家粮食安全；肉鸡养殖每单位蛋白质碳排放最低，是名副其实的“高效率、低污染”产业。此外，由于具有养殖周转快、产品价格低等优势，肉鸡在缓解和保障我国畜产品供给压力方面，尤其在应对例如非洲猪瘟疫情等突发事件时，发挥着越来越重要的作用。当前，虽然国家和地方政府对肉鸡产业发展的重视程度在不断提高，但仍然与肉鸡产业在畜牧业发展中的重要地位不相匹配。进入“十三五”时期，《全国生猪生产发展规划（2016—2020 年）》和《全国草食畜牧业发展规划（2016—2020 年）》分别为生猪、肉牛、肉羊产业发展从国家层面做出规划，但国家层面的肉鸡产业规划一直缺失。此外，在畜禽废弃物资源化利用等政府能够给予支持的项目上，肉鸡企业在与生猪、肉牛等其他畜种企业进行同台竞争时，也一直因重视程度不够而处于竞争劣势。

（二）白羽肉鸡种源依存度过高

全球主要有少数几大白羽肉鸡品种。目前，我国还没有培育出生产性能优良的白羽肉鸡品种，白羽肉种鸡全部依靠进口，这是我国肉鸡产业最为突出的短板。从短期来看，依靠进口种源可以降低我国自身的育种成本和压力，引种企业可以从中赚取巨大利润，但从长期来看，一旦肉种鸡主要供给国发生禽流感，我国白羽肉种鸡引种就会受到限制，产业发展将受到严重阻碍；另一方面

种源是畜牧业价值链的高端，2010—2014 年我国每年在引种方面支付国外白羽肉鸡育种公司的费用均在 3 000 万美元以上，其中 2013 年甚至超过 5 000 万美元，并且对国外种源进口的过多依赖极易加剧父母代、商品代的价格波动。

（三）养殖粪便资源化利用亟待扎实推进

肉鸡产业规模持续扩大的同时，也不可避免地产生了大量养殖粪便，成为制约产业持续健康发展的主要约束因素之一。继 2017 年《国务院办公厅关于加快推进畜禽养殖废弃物资源化利用的意见》（国办发〔2017〕48 号）发布之后，2018 年进一步启动全国畜禽粪污资源化利用整县推进项目，重点支持畜牧大县整县推进畜禽粪污资源化利用基础设施建设。国家层面对畜禽养殖污染问题的重视程度不断提升，管控力度持续加大，有助于肉鸡等畜禽养殖业经历污染治理的阵痛后实现绿色可持续发展。但目前面对规模养殖场高密度养殖粪便污染量大且集中的现状，粪便资源化最优化利用方式及技术尚缺乏科学规划和指导，中小规模养殖场粪便处理缺乏相应设施，粪肥还田供需匹配程度不高，等等，这一系列基础问题制约着养殖粪便资源化利用率的提升。

（四）品牌战略和品牌经营理念缺乏

我国肉鸡企业普遍存在品牌战略和品牌经营理念缺失问题，突出表现为管理水平不高，有限的投入往往优先用于生产和扩大企业规模，不重视品牌建设。品牌不仅仅是产品或企业的简单标识，要想一个品牌得到发展，必须有清晰的品牌战略和投入以及品牌的经营。即是经过长期的经营形成一定的品牌和影响力，也存在明显的脆弱性。即使形成品牌，若因管理不善，一些突发事件也会造成深远的影响。例如，山西大规模肉鸡企业粟海“速生鸡”事件，对企业造成毁灭性打击；强大的国际品牌肯德基“过期肉”事件，也对品牌经营带来较大影响。

三、2019 年肉鸡产业发展趋势

（一）全球肉鸡生产增长略有加速，贸易量继续缓慢增长

预计 2019 年 H5 亚型高致病禽流感对全球肉鸡产业的影响将进一步减弱，但全球经济不景气会阻碍上一年度已经呈现的消费市场回暖势头，受上述因素综合影响，预计 2019 年全球肉鸡产量可能达到 9 780.2 万吨，预计增长率约为 2.30%。2019 年贸易保护主义对全球肉鸡贸易的负面影响仍将延续，但受

禽流感防控更加及时和有效，以及需求增长影响，预计 2019 年全球肉鸡出口还会保持增长，达到 1 161.9 万吨，增长率 4.0%；进口量可能会达到 977.5 万吨，增长率 4.4%。

（二）我国肉鸡产量、贸易量将继续呈现增长趋势，净出口量基本稳定

由于 H7N9 流感疫情得到有效防控，消费市场逐步回暖，预计 2018 年中国肉鸡生产还会保持增长趋势。其中，白羽肉鸡，2019 上半年与 2018 下半年发展趋势接近，产量会略有增加，下半年的增长预期较大，全年预计增幅 3%；黄羽肉鸡，虽然 2018 年已有较大比重增长，但产能增加的趋势并没有减缓，预计 2019 年上半年还会有较明显的增产趋势，这一趋势到下半年可能得到抑制。肉鸡出口，巴西和印度等新兴经济体国家在饲料和劳动力上具有明显优势，出口具有竞争优势，中国的肉鸡出口可能会因此受到影响，但不会影响总体的出口增长趋势，预计 2019 年中国肉鸡出口将达到 47.5 万吨，上涨 3.26%。肉鸡进口，预计 2019 年可能会达到 37.5 万吨，增长 7.14%。净出口量将基本稳定。

四、肉鸡产业发展政策建议

（一）大力提高肉鸡产业地位

肉鸡产业持续上升是一个世界性的发展趋势。近半个世纪以来，世界肉类生产结构的一个显著特征是在从牛羊肉向禽肉转移，牛羊肉占比显著下降，禽肉大幅上升，禽肉已经成为世界第一大肉类。大力发展肉鸡产业，既符合世界畜牧业发展规律，也符合我国国情，是提升畜牧业生产效率、促进畜牧业绿色发展的有效途径。经过改革开放以来四十年的持续发展，肉鸡产业已经不再是之前的一项可有可无的辅助产业，而是已成为我国农业农村发展中不可或缺的支柱产业，当前已经到了应从国家层面，从国计民生的战略视角，高度重视肉鸡产业发展，做到对肉鸡产业与生猪产业、草食畜牧业一视同仁，加强对肉鸡产业发展规划的顶层设计，完善政策支撑体系，加大政策支持力度。

（二）重视肉鸡遗传育种研发

我国肉鸡产业发展模式正在从数量增长型向质量效益型转变，目前正是加快我国白羽肉鸡育种本土化进程和黄羽肉鸡遗传改良进程的战略机遇期。面对当前我国白羽肉种鸡种源受制于人的现状，实现白羽肉鸡育种的本土化，有利

于降低企业引种成本，有利于摆脱种鸡受制于人的困境；面对当前活鸡交易受限，冰鲜鸡销售将成为未来主流的趋势，对现有黄羽肉鸡育种方向重新进行分析论证，进一步做好黄羽肉鸡等本土肉鸡品种的遗传改良，有利于推进肉鸡产业的供给侧改革。国家应启动白羽肉鸡遗传育种重点研发计划，加快推进实施2014 年制定的《全国肉鸡遗传改良计划（2014—2025）》，鼓励科研机构和相关企业充分利用国内丰富的遗传资源，立足本土消费市场，走差异化战略，助推适合我国消费特色的肉鸡品种的育种工作，形成多品种互补的肉鸡生产格局。

（三）加大产品药残监控监测

保障产品质量是实现肉鸡产业可持续发展的基础和前提。建议国家层面启动肉鸡药残监控计划，完善肉鸡、饲料质量安全标准，建立饲料、兽药等投入品和肉鸡产品质量监测及监管体系，强化抗生素第三方检验和社会监督制度。严格执行《全国遏制动物源细菌耐药行动计划（2017—2020 年）》《兽用抗菌药使用减量化行动试点工作方案（2018—2021 年）》，总结兽用抗菌药使用减量化模式，并进行分类推广，实现畜禽养殖过程中促生长类兽用抗菌药使用逐步减少、兽用抗菌药使用量“零增长”。

（四）强化畜禽养殖废弃物资源化利用技术集成

当前关键技术和设备是解决好畜禽养殖废弃物处理和资源化问题的关键方面。应当坚持问题导向，加强畜禽养殖废弃物资源化利用基础研究和关键技术攻关。在统筹考虑科技创新平台规划布局和现有科技资源的基础上，研究建立科技创新平台，强化畜禽养殖废弃物能源化技术开发。研发推广安全、高效、环保新型饲料产品。加大混合原料发酵、沼气提纯罐装、粪肥沼肥施用等技术和设备的开发普及力度，全面提升畜禽养殖废弃物资源化利用的技术水平。加快建立畜禽粪污综合利用标准体系，重点解决粪肥、沼肥等生产技术规范和检测标准缺乏问题。

（五）实施肉鸡产业品牌发展战略

把实施肉鸡产业品牌发展战略作为振兴肉鸡产业的重要着力点。一是保护地方优良品种品牌。突出地方品种优势，提升品种价值优势，通过国家保护和价值提升使地方品种品牌得以生存和保护。地方优良品种产地应该利用当地旅游资源进行品牌宣传，同时引进国内肉鸡龙头企业进行产品增值和升值加工，维护地方品系的生存。二是建立以行业协会为基础的统一宣传策略。行业协会协调组成品牌联盟，通过商标授权使用，统一共用商标，统一发放品牌标识等形式，实现联盟企业共同享有同一品牌，以降低企业创建和维系品牌成本，扩大品牌效应。三是积极扶持中小型企业开展地方特色品牌经营。针对中小企业存在抗风险能力差，与大企业发展同质化，竞争能力弱的现状，通过政策引导、资金扶持、技术支持等方式，积极引导和扶持中小企业，建立以地方鸡品种为主的品牌发展战略，以摒弃大而全，发展小而精为主要发展思路，发展典型，以点带面。

2020年上半年肉鸡产业发展监测报告

郑麦青[1]　赵桂苹[1]　高海军[2]　腰文颖[2]　文　杰[1]　宫桂芬[2]

（1. 中国农业科学院北京畜牧兽医研究所；
2. 中国畜牧业协会禽业分会）

本报告主要基于87家种鸡企业种鸡生产监测数据，以及1 099家定点监测肉鸡养殖场（户）成本收益监测数据对中国肉鸡产业发展形势进行分析判断。监测与分析的品种及其产量仅包含白羽肉鸡（简称白鸡，俗称快大鸡）和黄羽肉鸡（简称黄鸡，包括俗称的土鸡、柴鸡、草鸡等），不包括小型白羽肉鸡（简称小白鸡，包括俗称的肉杂鸡或817）和淘汰蛋鸡。此外，需要说明的是本报告中2020年6月具体数字若附有尾缀“F”时，表明因监测数据尚未收齐，或存在待核实确认与订正的数据，分析结果存在修正的可能；具体修正情况将在后续报告中予以说明，非特殊情况修正变化幅度不会超过±2%。

一、年度累计出栏量同比增加4.6%，肉产量同比增加6.6%，肉鸡存栏量同比增加5.6%

累计出栏量。2020年1—6月，专业型肉鸡累计出栏44.0亿只（不包括小白鸡），同比增加4.6%；6月出栏8.2亿只，环比增加4.1%，同比增加0.9%。其中，白羽肉鸡，累计出栏22.0亿只（上年同期20.6亿只），同比增加6.7%；6月出栏4.5亿只，环比增加11.5%，同比增加4.7%。6月存栏量6.6亿只，环比增加12.1%，同比增加5.3%。黄羽肉鸡，累计出栏22.0亿只（上年同期21.5亿只），同比增加2.7%；6月出栏3.7亿只，环比减少3.8%，同比减少3.4%。当前存栏量11.3亿只，环比减少4.5%，同比增加5.9%（图1）。

累计鸡肉产量。2020年1—6月，累计鸡肉产量707.8万吨（上年同期

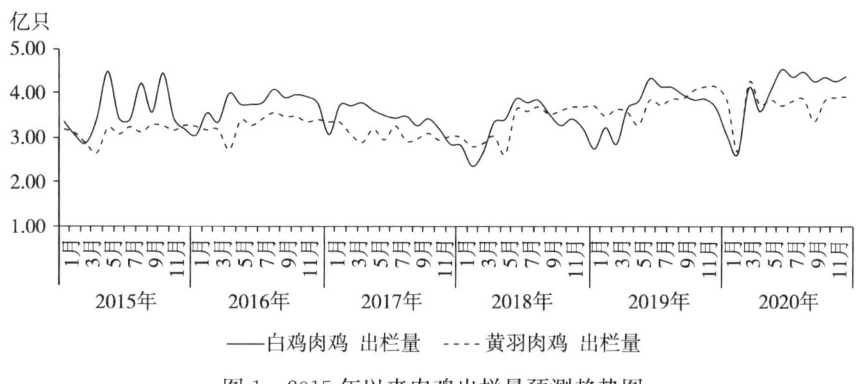

图 1　2015 年以来肉鸡出栏量预测趋势图

663.7 万吨），同比增加 6.6%；6 月鸡肉产量 134.2 万吨，环比增加 6.2%，同比增加 4.5%；其中，白羽肉鸡，累计肉产量 438.0 万吨（上年同期 387.7 万吨），同比增加 13.0%；6 月 89.7 万吨，环比增加 10.9%，同比增加 12.7%。黄羽肉鸡，累计肉产量 269.8 万吨（上年同期 276.0 万吨），同比减少 2.3%；6 月鸡肉产量 44.6 万吨，环比减少 2.2%，同比减少 8.9%。

二、祖代存栏高于年均线 4.1%，父母代高于年均线 2.0%

白羽肉鸡。2020 年 1—6 月，累计更新祖代种鸡 47.3 万套，比上年同期减少 6.8%。6 月祖代在产存栏 110.0 万套，环比减少 0.3%；后备存栏 58.1 万套，环比增加 3.9%；总存栏量高于年均线 9.0%。父母代在产存栏 3 661.4 万套，环比增加 1.1%，同比增加 5.1%；年度更新量 2 851.9 万套，同比增加 40.5%；总存栏量高于年均线 7.9%。6 月商品雏鸡销售量 4.7 亿只，环比增加 0.9%，同比增加 10.5%；1—6 月累计销售 24.5 亿只，同比增加 6.8%。

黄羽肉鸡。6 月祖代在产存栏 153.6 万套，环比减少 6.8%；后备存栏 66.0 万套，环比减少 6.8%；总存栏量高于年均线 0.7%。父母代在产存栏 4 349.1 万套，环比减少 1.2%，同比增加 5.6%；年度更新量 3 776.1 万套，同比增加 0.2%；总存栏量低于年均线 2.4%。6 月商品雏鸡销售量 3.5 亿只，环比减少 13.2%，同比减少 13.6%；1—6 月累计销售 21.9 亿只，同比减少 5.4%。

三、肉鸡生产全产业链平均收益为 1.27 元/只，同比减少 3.65 元/只；6 月肉鸡生产全产业链只均收益 0.54 元/只，同比减少 3.01 元/只

截至 2020 年 6 月，肉鸡生产全产业链平均收益为 1.27 元/只，同比减少 3.65 元/只；盈亏月数比为 4∶2。

白羽肉鸡。截至 2020 年 6 月，全产业链年度平均收益为 2.53 元/只，同比减少 1.53 元/只。全产业链 6 月收益为 2.62 元/只，同比增加 4.27 元/只，环比增加 3.11 元/只；盈亏月数比为 4∶2。商品肉鸡养殖环节收益 1.68 元/只，商品生产监测户的亏损面为 18.5%；盈亏月数比为 2∶4。父母代环节收益为—5.70 元/套；盈亏月数比为 2∶4。祖代环节盈利 2.98 元/套；屠宰环节盈利 0.58 元/千克。肉毛鸡均价为 7.83 元/千克，同比减少 11.1%，环比增加 3.4%。分割产品综合价格为 10.02 元/千克，同比减少 13.7%，环比减少 1.8%（表 1）。

表 1　2020 年白羽肉鸡各生产环节产品价格和产业链收益

月份	父母代雏鸡（元/套）	商品代雏鸡（元/只）	出栏毛鸡（元/千克）	鸡肉价格（元/千克）	全产业链月度收益（元/只）	全产业链年度平均收益（元/只）
2020 - 01	69.14	1.69	6.79	11.47	3.81	3.81
2020 - 02	43.39	1.53	5.21	11.09	—0.10	2.00
2020 - 03	38.37	5.38	8.44	11.22	6.83	4.03
2020 - 04	37.32	4.15	8.91	11.13	1.73	3.41
2020 - 05	25.53	1.67	7.57	10.20	—0.50	2.50
2020 - 06	18.77	2.18	7.83	10.02	2.62	2.53

注：全产业链月度收益和全产业链年度平均收益是出栏一只商品代肉鸡获得的收益。

黄羽肉鸡。截至 2020 年 6 月，全产业链年度平均收益为—0.26 元/只，同比减少 6.17 元/只。全产业链 6 月收益为—2.00 元/只，同比减少 11.44 元/只，环比增加 0.46 元/只；盈亏月数比为 2∶4。商品肉鸡养殖环节收益—1.70元/只，商品生产监测户的亏损面为 41.1%；盈亏月数比为 2∶4。父母代环节收益—3.78 元/套；盈亏月数比为 3∶3。祖代环节盈利 33.72 元/套。肉毛鸡均价为 11.83 元/千克，同比减少 28.7%，环比减少 10.3%。白条鸡价格为 21.21 元/千克，同比增加 2.4%，环比减少 2.1%（表 2）。

表 2　2020 年黄羽肉鸡各生产环节产品价格和产业链收益

月份	父母代雏鸡（元/套）	商品代雏鸡（元/只）	出栏毛鸡（元/千克）	白条鸡价格（元/只）	全产业链月度收益（元/只）	全产业链年度平均收益（元/只）
2020-01	11.07	1.97	11.77	24.37	−2.07	−2.07
2020-02	9.44	1.63	10.63	23.22	−2.13	−2.10
2020-03	10.06	3.66	13.92	22.79	2.91	−0.12
2020-04	10.85	2.60	14.71	22.40	3.41	0.79
2020-05	12.25	1.66	13.19	21.67	−2.47	0.10
2020-06	12.53	1.36	11.83	21.21	−2.00	−0.26

注：全产业链月度收益和全产业链年度平均收益是出栏一只商品代肉鸡获得的收益。

四、禽产品累计进口量 53.02 万吨，同比增加 87.9%；出口量为 17.80 万吨，同比减少 12.1%

2020 年 1—6 月，累计禽产品进口量为 53.02 万吨，同比增加 87.9%；进口金额为 13.36 亿美元，同比增加 95.4%。同期，禽产品出口量为 17.80 万吨，同比减少 12.1%；出口金额为 6.41 亿美元，同比减少 12.8%。

2020 年 6 月，禽产品进口量为 11.73 万吨，同比增加 81.0%，环比减少 0.6%；进口金额 2.73 亿美元，同比增加 67.1%，环比减少 6.3%。同期，禽产品出口量为 3.89 万吨，同比减少 13.4%，环比增加 7.6%；出口金额 1.39 亿美元，同比减少 16.2%，环比增加 8.0%。

五、预计全年可出栏肉鸡 92.8 亿只，同比增加 3.7%；鸡肉产量为 1 477.5 万吨，同比增加 5.2%

预计 2020 年专业型肉鸡（不包括小白鸡）出栏量为 92.8 亿只，同比增加 3.7%。其中，白羽肉鸡可出栏 48.1 亿只，同比增加 8.7%；黄羽肉鸡可出栏 44.7 亿只，同比减少 1.2%。预计 2020 年鸡肉产量为 1 477.5 万吨，同比增加 5.2%。其中，白羽肉鸡肉产量为 927.4 万吨，同比增加 11.6%；黄羽肉鸡肉产量为 550.1 万吨，同比减少 4.0%（表 3、表 4）。

表3　2020年肉鸡出栏量评估

单位：亿只

阶段	白鸡			黄鸡			合计		
	2019年	2020年	同比	2019年	2020年	同比	2019年	2020年	同比
一季度	8.8	9.8	11.2%	10.8	10.7	−0.5%	19.6	20.5	4.8%
二季度	11.8	12.2	3.3%	10.7	11.3	5.9%	22.4	23.5	4.5%
三季度	12.2	13.9	13.7%	11.4	11.2	−2.0%	23.7	25.2	6.1%
四季度	11.4	13.0	14.4%	12.3	11.3	−8.1%	23.7	24.3	2.7%
上半年	20.6	22.0	6.7%	21.5	22.0	2.7%	42.0	44.0	4.6%
下半年	23.6	26.9	14.1%	23.8	22.6	−5.2%	47.4	49.5	4.4%
全年	44.2	48.9	10.6%	45.2	44.6	−1.4%	89.4	93.5	4.5%

表4　2020年肉鸡产肉量评估

单位：万吨

阶段	白鸡			黄鸡			合计		
	2019年	2020年	同比	2019年	2020年	同比	2019年	2020年	同比
一季度	168.6	198.6	17.8%	139.8	135.7	−2.9%	308.4	334.3	8.4%
二季度	219.1	239.4	9.3%	136.3	134.1	−1.6%	355.4	373.5	5.1%
三季度	235.4	272.0	15.5%	145.0	132.5	−8.7%	380.5	404.5	6.3%
四季度	207.8	253.5	22.0%	151.9	137.0	−9.8%	359.7	390.5	8.6%
上半年	387.7	438.0	13.0%	276.0	269.8	−2.3%	663.7	707.8	6.6%
下半年	443.2	525.6	18.6%	296.9	269.5	−9.3%	740.1	795.0	7.4%
全年	830.9	963.6	16.0%	573.0	539.3	−5.9%	1 403.9	1 502.8	7.0%

六、肉鸡供应量恢复到新冠疫情前高位水平，鸡肉消费需求加快恢复，鸡肉产销率基本正常；毛鸡交易价格低位运行，父母代存栏量再创历史新高

（一）白羽肉鸡

需求恢复、供应高位，价格偏弱；一体化企业保持盈利。

屠宰环节。2020 年 2—3 月屠宰场的库存量处于高位，多数屠宰场启用外租库。3—4 月屠宰场积极去库存，降低产品价格，将分割产品库存转移到下游的中间商。5—6 中小学陆续开学，鸡肉消费需求恢复加快，但中间商库存充足，采购积极性较弱，鸡肉产品价格弱势运行。6 月重点屠宰场的平均库容率为 57%，与上月相比继续下降 2%；屠宰开工负荷约为 80%左右，较上月有所提升。下半年鸡肉价格预计保持在偏低水平运行，在 10 元/千克附近震荡，并有可能大部分时间在 10 元/千克以下运行。

商品肉鸡生产环节。因新冠肺炎疫情影响，打乱的生产节奏在 4 月恢复正常。5—6 月，肉鸡生产不再受新冠疫情直接冲击，出栏量恢复正常，达到新冠疫情前高位水平。以后较长时间内都将保持周出栏量 1 亿只以上。7 月的肉鸡出栏量将进一步增加，而鸡肉市场难以对毛鸡价格形成支撑，预计近期商品毛鸡价格走势仍以低位运行为主。

种鸡生产环节。2020 年上半年，增加宁夏大地、沈阳浦兴两家祖代鸡企业，合计达到 17 家；下半年预计再增加 1 家。父母代在产种鸡存栏量再创新高，超过 3 650 万套，仍保持继续增加的趋势。商品鸡苗价格在 4 月中旬后跳水式快速下降，跌幅接近 60%，进入 5 月后小幅回升后继续震荡下行，6 月虽有回升，但仍在成本线下低位运行。从养殖户需求来看，养殖户对后市并不持乐观态度。

（二）黄羽肉鸡

商品肉鸡生产环节。黄羽肉鸡 4 月底才进入阶段性出栏减量期，积压的待出栏商品肉鸡估计在 5 月能基本消化完。黄羽肉鸡生产从 6 月开始恢复正常生产节奏。6 月平均出栏日龄略有减少，为 92.4 天，环比继续减少 7.3 天。市场销售价格继续下降，为近年来除疫情期间外的最低位，养殖户补栏积极性大幅降低。

种鸡生产环节。2020 年 6 月，种鸡存栏量较上月继续下降，有加速调整的趋势，依旧处于历史高位。毛鸡价格下跌致使市场养殖户大幅亏损，并引起养户恐慌心理，致使苗鸡价格持续低迷。同时在产种鸡处于历史高位，养殖户补栏积极性又低，种鸡企业销售压力大，市场价格混乱，高低价差大；短期内苗鸡市场价格仍将保持低位震荡。

虽然，不少企业认为 2020 年的形势不利于黄鸡，并且种鸡存栏量过高，超过三年均值约 10%，但从监测数据看，父母代存栏量减幅并不明显。依据对企业的调研得知，约有 53%的黄鸡种鸡企业已经形成共识：现在种鸡数量太大了。调研数据显示：多地种鸡企业普遍增量30%以上；有饲料、生猪企业开始进军布局黄羽肉鸡产业；一些地区从事饲料、鸡苗经销和种蛋孵化业务的经销商，在建设种鸡场，准备从贸易商转行进入黄鸡养殖产业。因此，很有可能黄羽肉鸡种鸡存栏量会进一步扩大。2020年1—6月，从事黄羽肉鸡养殖的企业没有一个月是盈利的，养殖户也仅有2个月盈利。但是，整个产业似乎进入了一个死循环，绝大部分企业都在无休止地增加种鸡存栏量，多数种鸡场在满负荷生产。目前的局面是，市场养殖户在快速退出；养殖企业数量在不断增加，发展的合同养殖户在增加；大型龙头企业在不断调高生产计划。

七、主要问题与建议

（一）下半年父母代鸡苗产量保持高位，价格全面下滑

2020年6—7月，在产祖代鸡存栏量保持高位震荡，7—8月父母代鸡苗产量延续多年来高位运行。不过随下游市场行情转弱，预计父母代鸡苗销售难度加大，实际成交价格全面跌破20元/套。后期关注父母代鸡苗销售率变化，将受下游市场行情影响较大，预计将出现销售不完全现象。

（二）黄羽肉鸡行业市场风险在不断累积

种鸡存栏高位，各地区活禽市场陆续减少，市场价格持续走低。但依据调研情况看，市场养殖户在快速退出；养殖企业数量在不断增加，发展的合同养殖户在增加；大型龙头企业在不断调高生产计划。如果不及时进行产能调整，后期存在较大的市场风险。

2019 年肉鸡产业发展监测报告

郑麦青[1]　赵桂苹[1]　高海军[2]　腰文颖[2]　文　杰[1]　宫桂芬[2]

（1. 中国农业科学院北京畜牧兽医研究所；2. 中国畜牧业协会禽业分会）

2019 年全球肉鸡产业转型升级进一步加快，再加上非洲猪瘟疫情对肉鸡产业的拉动，肉鸡生产、消费和贸易量整体呈上升趋势，肉鸡产业走上了健康发展的快车道。

根据美国农业部估计数据，2019 年全球肉鸡产量可能达到 9 957.2 万吨，增长率高达 4.19%，达到了 2010 年以来的最高增速。2019 年全球肉鸡产量明显增长的主要原因是，在非洲猪瘟的影响下猪肉价格暴涨，肉鸡作为猪肉的替代品消费量增加；全球经济稳中有进，消费呈现进一步增长的趋势。以上因素的综合影响将延续到 2020 年。2020 年全球肉鸡产量可能达到 10 349.8 万吨，增长率为 3.94%。

基于国内 85 家种鸡企业种鸡生产监测数据，以及 1 099 家定点监测肉鸡养殖场（户）成本收益监测数据，2019 年中国鸡肉产量同比增长 12.9%。预计 2020 鸡肉产量增长 12.9%。

一、2019 年中国肉鸡生产形势

（一）肉鸡生产大幅增长，鸡肉产量增加 12.9%，肉鸡出栏数增加 14.1%

2019 年鸡肉总产量 1 686.7 万吨，同比增长 12.9%。其中，专用型肉鸡产肉量为 1 576.9 万吨，同比增长 14.1%；淘汰蛋鸡产肉量为 109.8 万吨，同比下降 1.3%（表 1、图 1）。

据监测数据推算，2019 年累计出栏白羽肉鸡 44.2 亿只，同比增长 12.2%；黄羽肉鸡 45.2 亿只，同比增长 14.2%。全年鸡肉产量，白羽肉鸡 830.9 万吨，同比增长 9.7%；黄羽肉鸡 573. 万吨，同比增长 13.9%（表 2、表 3）。

表 1　2019 年鸡肉生产量估计

单位：亿只，万吨

项目		2015	2016	2017	2018	2019	2020	增长量	增长率
快大白鸡	出栏数	42.85	44.78	40.97	39.41	44.20	49.00	4.80	10.8%
	产肉量	745.0	797.6	761.0	757.3	830.9	921.9	91.0	11.0%
黄鸡	出栏数	37.38	39.53	36.88	39.59	45.23	50.56	5.33	11.8%
	产肉量	445.7	485.1	460.1	502.9	573.0	654.0	81.0	14.1%
小白鸡	出栏数	6.72	7.58	10.09	12.82	15.30	18.21	2.91	19.0%
	产肉量	70.6	79.7	106.0	122.0	173.0	213.0	40.0	23.1%
淘汰蛋鸡	出栏数	13.65	13.55	13.18	10.23	10.10	10.61	0.51	5.1%
	产肉量	142.4	141.3	139.0	111.2	109.8	115.4	5.6	5.1%
专用肉鸡	出栏数	86.95	91.90	87.93	91.83	104.74	117.77	13.03	12.4%
	产肉量	1 261.3	1 362.4	1 327.0	1 382.2	1 576.9	1 788.9	212.0	13.4%
可食用鸡	出栏数	100.60	105.45	101.11	102.06	114.84	128.38	13.54	11.8%
	产肉量	1 403.7	1 503.7	1 466.1	1 493.4	1 686.7	1 904.2	217.6	12.9%

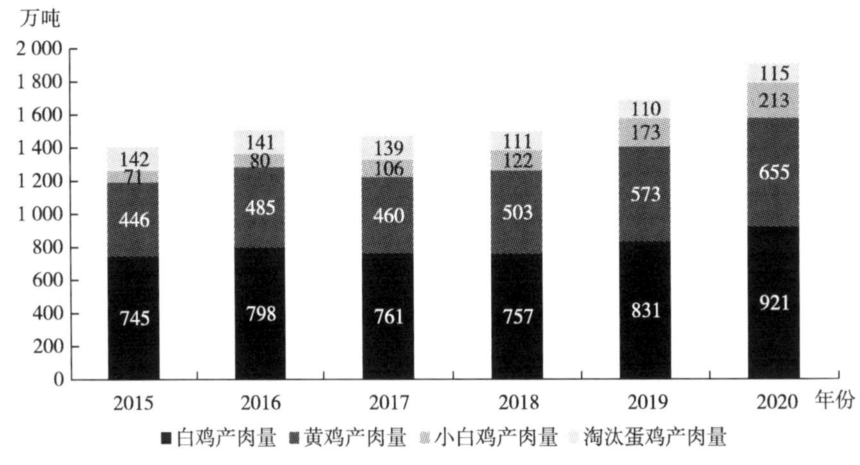

图 1　2015—2020 年鸡肉生产变化趋势

表 2　2019 年肉鸡出栏量监测情况

单位：亿只

阶段	白鸡			黄鸡			合计		
	2018 年	2019 年	同比	2018 年	2019 年	同比	2018 年	2019 年	同比
一季度	7.82	8.80	12.61%	8.64	10.79	24.87%	16.46	19.59	19.04%
二季度	10.60	11.79	11.18%	9.25	10.66	15.23%	19.85	22.45	13.07%
三季度	11.13	12.25	10.10%	10.76	11.45	6.39%	21.89	23.70	8.28%
四季度	9.87	11.36	15.15%	10.94	12.33	12.74%	20.81	23.69	13.88%
上半年	18.42	20.59	11.79%	17.89	21.45	19.88%	36.31	42.04	15.78%
下半年	20.99	23.61	12.47%	21.70	23.78	9.59%	42.69	47.39	11.01%
全年	39.41	44.20	12.15%	39.59	45.23	14.24%	79.01	89.44	13.20%

表 3　2019 年鸡肉生产量监测情况

单位：万吨

阶段	白鸡			黄鸡			合计		
	2018 年	2019 年	同比	2018 年	2019 年	同比	2018 年	2019 年	同比
一季度	150.34	168.59	12.14%	109.21	139.79	28.00%	259.55	308.38	18.81%
二季度	204.26	219.09	7.26%	121.15	136.26	12.47%	325.41	355.36	9.20%
三季度	213.78	235.44	10.14%	134.45	145.03	7.86%	348.23	380.47	9.26%
四季度	188.95	207.76	9.95%	138.09	151.90	10.00%	327.04	359.66	9.97%
上半年	354.60	387.68	9.33%	230.36	276.05	19.84%	584.96	663.73	13.47%
下半年	402.73	443.20	10.05%	272.54	296.93	8.95%	675.27	740.13	9.61%
全年	757.33	830.89	9.71%	502.90	572.98	13.94%	1 260.23	1 403.87	11.40%

（二）种鸡存栏量和商品雏鸡产销量大幅增加

1. 白羽肉鸡产能大幅上升，种鸡存栏增加 11.8%，商品雏鸡产销量增加 13.4%

2019 年白羽肉鸡祖代种鸡平均存栏 139.3 万套，同比增长 20.6%；平均更新周期缩短 20～637 天，平均在产存栏 81.7 万套，父母代种雏供应量增加 17.5%。祖代鸡全年累计更新 122.3 万套，同比增加 64.1%；年末存栏 159.1 万套，其中在产存栏 92.2 万套，后备存栏 67.0 万套。

2019 年白羽肉鸡父母代种鸡平均存栏 5 144.0 万套，同比增长 11.8%；平均更新周期延长 53～469 天，平均在产存栏 3 138.4 万套，同比增长 12.4%；商品代雏鸡供应量增加 13.4%。父母代种鸡全年累计更新 4 830.9 万套，同比增加 17.5%；年末存栏 5 617.0 万套，其中在产存栏 3 141.1 万套，后备存栏 2 475.9 万套。

2019 年全年商品雏鸡累计销售 46.5 亿只，同比增长 13.4%。

2. 黄羽肉鸡产能持续增加，种鸡存栏增加 10.8%，商品雏鸡产销量增加 12.3%

2019 年黄羽肉鸡祖代种鸡平均存栏 209.6 万套，同比增长 6.4%；平均在产存栏 146.6 万套，同比增长 6.4%；父母代种雏供应量增加 7.6%。年末存栏 206.8 万套，其中在产存栏 144.6 万套，后备存栏 62.2 万套。

万套
240
220
200
180
160
140
120
100
1月 4月 7月 10月
2011年
2012年
2013年
2014年
2015年
2016年
2017年
2018年
2019年
白羽肉鸡 祖代在产存栏
黄羽肉鸡 祖代在产存栏

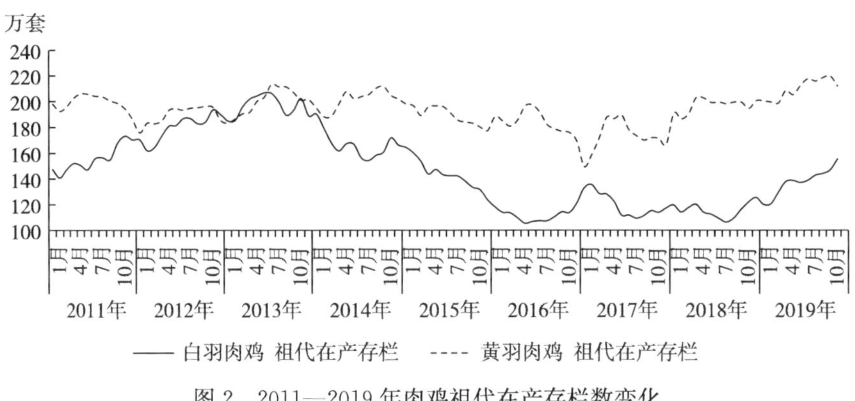

图 2　2011—2019 年肉鸡祖代在产存栏数变化

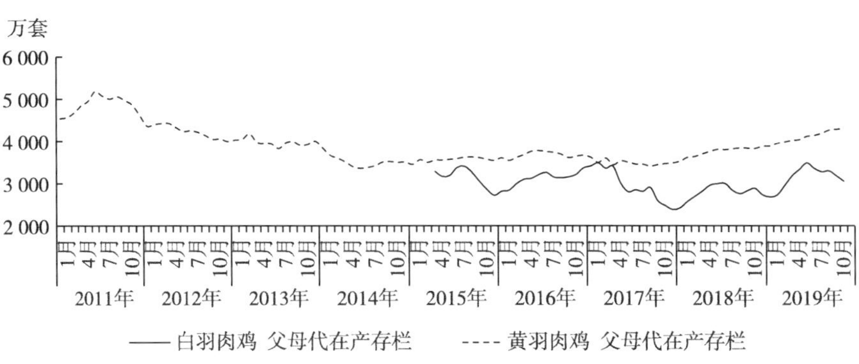

万套
6 000
5 000
4 000
3 000
2 000
1月 4月 7月 10月
2011年
2012年
2013年
2014年
2015年
2016年
2017年
2018年
2019年
白羽肉鸡 父母代在产存栏
黄羽肉鸡 父母代在产存栏

图 3　2011—2019 年肉鸡父母代在产存栏数变化

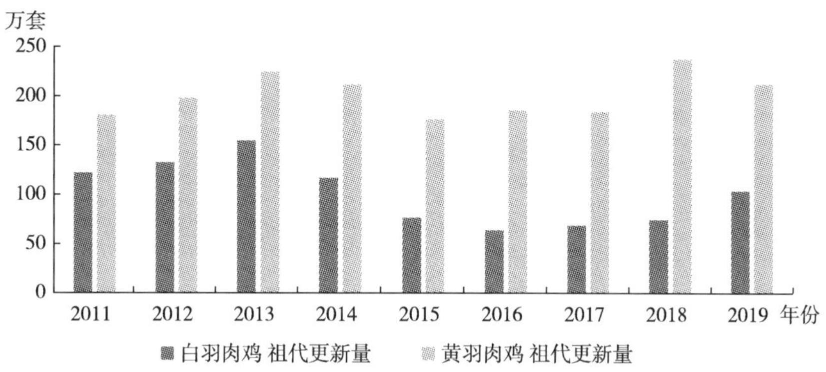

图 4　2011—2019 年肉鸡祖代更新量变化

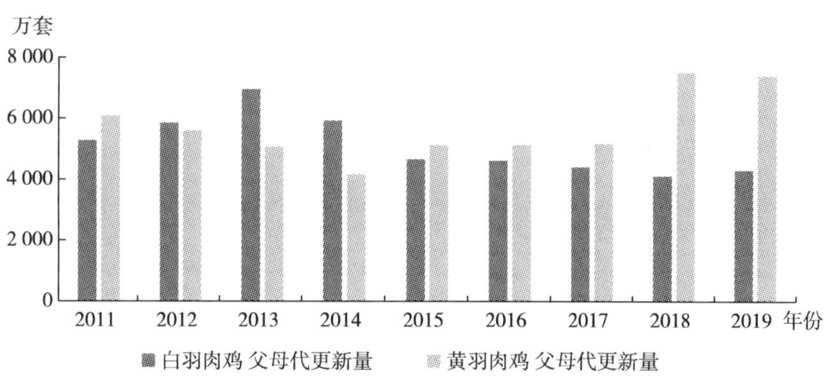

图 5　2011—2019 年肉鸡父母代更新量变化

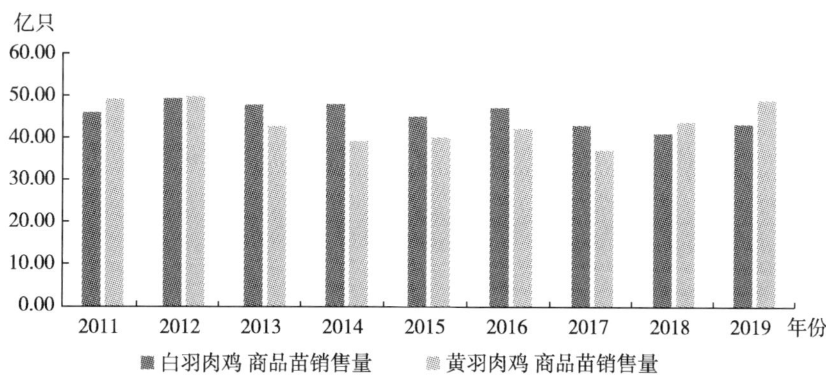

图 6　2011—2019 年肉鸡商品苗销售量变化

2019 年黄羽肉鸡父母代种鸡平均存栏 7 475.3 万套，同比增长 10.8%；平均更新周期缩短 41～373 天，平均在产存栏 4 123.2 万套，同比增长 9.9%，商品代雏鸡供应量增加 12.3%。父母代种鸡全年累计更新 8 070.4 万套，同比增加 7.6%；年末存栏 7 966.1 万套，其中在产存栏 4 310.2 万套，后备存栏 3 655.9 万套。

2019 年全年商品雏鸡累计销售量 49.0 亿只，同比增长 12.3%。

（三）价格高位运行，全产业链盈利创历史新高

2019 年，肉鸡产业各环节产品价格继续上升，产业链综合收益较好，其中种鸡生产环节盈利增幅较大。

白羽肉鸡全产业链综合收益为 4.92 元/只，同比增加 44.9%。其中，祖代种鸡和父母代种鸡养殖收益提升较多，分别增加 0.33 元/只和 3.02 元/只，占整体利润的 11.6%和 86.8%。由于商品代雏鸡价格大幅上涨，而商品毛鸡和鸡肉价格增长较缓，鸡肉产品价格触及历史峰值；商品肉鸡养殖和屠宰加工环节利润占比缩减，商品肉鸡养殖小幅亏损（表 4、表 5）。

表 4　白羽肉鸡各环节产品价格和收益情况

年份	产品价格（元/套，元/千克）				生产单位利润[元/(套·月)，元/只，元/千克]			
	父母代雏鸡	商品代雏鸡	商品代毛鸡	鸡肉分割	祖代种鸡	父母代种鸡	商品代肉鸡	鸡肉分割
2015	10.83	1.55	7.29	9.59	−27.28	−12.06	−1.26	0.78
2016	47.70	3.41	7.80	9.96	141.72	13.18	−0.69	0.53
2017	26.73	1.66	6.80	9.15	48.25	−6.59	0.15	0.99
2018	38.80	3.66	8.49	10.42	99.02	14.82	1.65	0.11
2019	68.57	6.78	9.75	12.10	253.19	49.33	−0.44	0.23

表 5　白羽肉鸡产业链各环节收益情况

单位：元/只出栏商品鸡

年份	单位收益				全产业链收益	收益分配情况			
	祖代	父母代	商品养殖	屠宰		祖代	父母代	商品养殖	屠宰
2015	−0.07	−0.98	−1.26	1.68	−0.39	18.2%	251.5%	324.5%	−431.3%
2016	0.31	1.08	−0.69	1.16	1.86	16.6%	58.1%	−37.3%	62.6%
2017	0.11	−0.59	0.15	2.21	1.88	6.0%	−31.2%	7.8%	117.4%
2018	0.24	1.25	1.65	0.26	3.39	7.0%	36.9%	48.5%	7.7%
2019	0.57	4.27	−0.44	0.52	4.92	11.6%	86.8%	−8.9%	10.5%

黄羽肉鸡全产业链综合收益为 9.14 元/只鸡，同比增加 68.2%。其中，父母代种鸡养殖收益提升较多，增加 0.99 元/只，占整体利润的 18.8%（表 6、表 7）。

表 6 黄羽肉鸡各环节产品价格和收益情况

年份	产品价格（元/套，元/千克）			生产环节单位利润 [元/(套·月)，元/只，元/千克]		
	父母代雏	商品代雏	商品毛鸡	祖代种鸡	父母代种鸡	商品肉鸡
2015	6.6	2.31	14.82	3.79	2.84	5.43
2016	6.5	2.28	13.63	3.76	3.05	4.73
2017	6.07	1.89	12.91	2.27	0.26	2.52
2018	6.7	2.28	15.19	14.27	6.27	4.64
2019	9.36	3.24	16.69	25.67	15.7	7.33

表 7 黄羽肉鸡产业链各环节收益情况

单位：元/只出栏商品鸡

年份	单位收益				全产业链收益	收益分配情况			
	祖代	父母代	商品代	屠宰		祖代	父母代	商品代	屠宰
2015	0.02	0.34	5.43	0.0	5.79	0.3%	5.9%	93.9%	0.0
2016	0.01	0.35	4.73	0.0	5.09	0.3%	6.8%	92.9%	0.0
2017	0.01	0.03	2.52	0.0	2.56	0.3%	1.2%	98.5%	0.0
2018	0.06	0.73	4.64	0.0	5.43	1.1%	13.4%	85.5%	0.0
2019	0.10	1.71	7.33	0.0	9.14	1.1%	18.8%	80.2%	0.0

（四）种鸡生产效率上升，商品鸡生产效率下降

1. 白羽肉种鸡单位产能提升，商品鸡生产效率下降

祖代种鸡种源压力明显缓解，使用周期继续缩短 20 天降至 637 天。每生产单位月供种能力增加 10.98%，使用周期供种量增加 6.29%。商品代雏鸡种源需求大幅增加，父母代种鸡使用周期继续延长，2019 年延长 53～469 天。每生产单位月供种能力减少 1.21%，使用周期供种量增加 21.24%。祖代和父母代生产效率都明显提升（表 8）。

表 8　白羽肉种鸡生产参数

年份	祖代			父母代		
	饲养周期（天）	单套月产能［套/（月·套）］	单套周期产能［套/（套·全期）］	饲养周期（天）	单套月产能［只/（月·套）］	单套周期产能［套/（套·全期）］
2015	555	4.00	50.0	321	11.93	56.1
2016	624	4.65	68.7	370	12.45	78.9
2017	709	5.24	92.3	373	12.30	79.1
2018	657	5.10	81.1	416	12.35	97.0
2019	637	5.66	86.2	469	12.20	117.6

商品肉鸡生产效率有所下降，具体表现为：饲养周期延长 0.2 天，出栏体重下降 0.05 千克/只，饲料转化率下降 0.58%，生产消耗指数上升 1.5，欧洲效益指数下降 10.3。主要原因是父母代种鸡使用周期延长，商品代雏鸡质量下降，商品代肉鸡生产效率降低（表 9）。

表 9　白羽肉鸡商品肉鸡生产参数

年份	出栏日龄（天）	出栏体重（千克）	饲料转化率	成活率	生产消耗指数	欧洲效益指数
2011	46.2	2.24	1.96	92.3%	116.2	228.6
2012	45.0	2.33	2.00	93.6%	117.7	242.3
2013	44.1	2.32	1.95	94.3%	115.7	254.6
2014	43.9	2.35	1.88	95.1%	112.0	271.4
2015	44.2	2.31	1.86	95.1%	111.6	266.2
2016	44.0	2.37	1.79	95.1%	106.9	285.8
2017	43.8	2.48	1.74	95.0%	103.4	309.5
2018	43.6	2.56	1.73	95.9%	102.6	325.8
2019	43.8	2.51	1.74	96.0%	104.1	315.5

2. 黄羽肉种鸡使用周期缩短，商品鸡生产效率小幅提升

父母代种源需求增加，祖代种鸡利用率提升，使用周期延长 10～357 天。生产效率提升，每生产单位月供种能力增加 0.88%；使用周期供种量增加 6.72%。

父母代饲养量增加，更新速度加快，使用周期缩短 41～373 天。生产效率提升，每生产单位月供种能力增加 2.17%；使用周期缩短，期间供种量减少

15.36%（表10）。

表10　黄羽肉种鸡生产参数

年份	祖代			父母代		
	饲养周期（天）	单套月产能［套/(月·套)］	单套周期产能［套/(套·全期)］	饲养周期（天）	单套月产能［只/(月·套)］	单套周期产能［套/(套·全期)］
2015	369	3.22	20.3	470	9.38	90.8
2016	372	3.32	21.2	447	9.55	85.1
2017	367	3.57	22.2	430	8.85	73.8
2018	347	4.54	25.3	414	9.69	75.5
2019	357	4.58	27.0	373	9.90	63.9

商品肉鸡生产效率略有提升，出栏日龄减少0.2天，平均为97.1天；出栏体重本年度与上年相同，平均为1.95千克/只，饲料转化率提高1.0%，生产消耗指数下降3.5，欧洲效益指数提高0.7（表11）。

表11　黄羽肉鸡商品肉鸡生产参数

年份	出栏日龄（天）	出栏体重（千克）	饲料转化率	成活率	生产消耗系数	欧洲效益指数
2011	82.0	1.75	2.46	96.8%	138.2	84.0
2012	85.9	1.69	2.75	94.9%	152.9	67.7
2013	86.7	1.76	2.72	96.6%	149.2	71.8
2014	90.4	1.78	2.82	96.4%	152.1	67.3
2015	89.1	1.84	2.84	96.0%	151.5	69.8
2016	91.3	1.89	2.81	95.9%	150.2	70.5
2017	98.3	1.92	3.02	95.9%	161.9	62.0
2018	97.3	1.95	3.00	95.5%	167.3	63.9
2019	97.1	1.95	2.97	95.4%	163.8	64.6

（五）近五年来首次出现鸡肉产品贸易额逆差

2019年中国在鸡肉生产量和消费量大幅增长的同时，进口数量同样大幅增加，成为世界上的主要鸡肉进口国之一（USDA估计为世界第四）。由于国内鸡肉价格的大幅上涨，出口数量减少。

2019年中国鸡肉产品进口量为78.15万吨，比上年增加27.87万吨，同比增加55.4%；鸡肉产品出口量为42.8万吨，比上年下降1.88万吨，同比下降 4.2%。中国鸡肉产品出口以深加工制品为主，占比为 61.1%；而进口鸡肉产品基本是初加工的生鲜鸡肉。2019 年之前，鸡肉进口量大于出口量，但出口产品以深加工制品为主，价格较高，仍保持贸易顺差。2019 年鸡肉进口数量大幅增加，而出口数量反有减少，首次出现贸易逆差。

2019 年中国种用与改良用鸡进口量增加 43.1%，为 3 935.9 万美元，同比增长 37.6%；无种用与改良用鸡出口。进口的种用与改良用鸡以白羽肉鸡祖代雏鸡为主，至 2019 年 12 月共计约 122.3 万套，同比增加 64.1%；平均进口价格下降 3.8%，估计祖代鸡价格约为 32.2 美元/套。

表 12　鸡肉及产品进出口贸易情况

单位：万吨，亿美元

项目		2015 年	2016 年	2017 年	2018 年	2019 年
进口	数量	39.48	56.94	45.05	50.28	78.15
	贸易额	8.99	12.30	10.28	11.36	19.79
	贸易额增长率	—	36.7%	−16.4%	10.6%	74.1%
出口	数量	40.62	39.16	43.70	44.68	42.80
	贸易额	13.86	13.00	14.57	15.78	15.53
	贸易额增长率	—	−6.3%	12.1%	8.3%	−1.6%
贸易差	数量	1.14	−17.78	−1.35	−5.60	−35.35
	贸易额	4.87	0.70	4.29	4.41	−4.26
	贸易额增长率	—	−85.6%	512.6%	2.8%	−196.5%

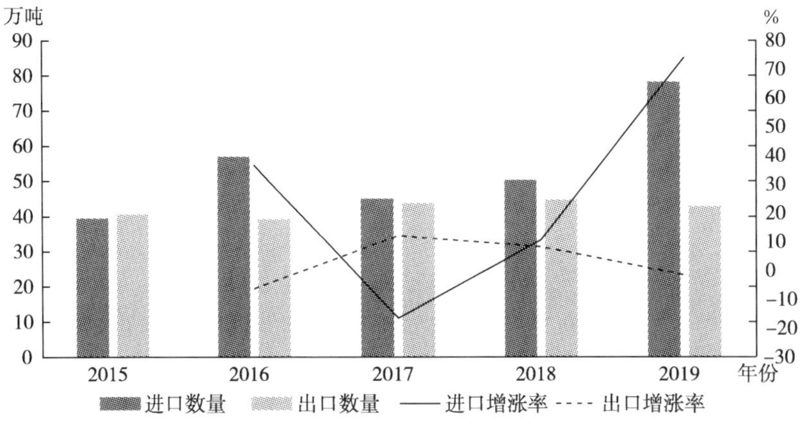

图 7　中国鸡肉进出口情况

数据来源：2019 年海关进出口统计数据。

表 13　鸡肉及产品进出口贸易情况

单位：吨

项　目			2015 年	2016 年	2017 年	2018 年	2019 年
进口	未加工活鸡	数量	0.00	0.00	0.00	0.00	0.00
		占比	0.00%	0.00%	0.00%	0.00%	0.00%
	初加工产品	数量	39.48	56.92	45.04	50.27	78.14
		占比	99.99%	99.97%	99.97%	99.99%	99.99%
	深加工制品	数量	0.00	0.02	0.01	0.01	0.01
		占比	0.01%	0.03%	0.03%	0.01%	0.01%
出口	未加工活鸡	数量	0.55	0.52	0.06	0.01	0.01
		占比	1.36%	1.32%	0.15%	0.02%	0.03%
	初加工产品	数量	18.75	17.64	19.45	17.75	16.65
		占比	46.16%	45.05%	44.51%	39.73%	38.91%
	深加工制品	数量	21.32	21.00	24.19	26.92	26.13
		占比	52.48%	53.63%	55.34%	60.25%	61.06%

表 14　种用与改良鸡进出口情况

单位：吨，万美元，美元/千克

项	目	2015 年	2016 年	2017 年	2018 年	2019 年
进口	数量	63.38	64.53	44.02	58.66	83.91
	金额	2 196.32	2 895.72	1 865.32	2 861.34	3 935.93
	单价	346.54	448.72	423.79	487.80	469.04
出口	数量	0.28	2.22	1.10	0.42	0.00
	金额	0.55	4.48	1.81	0.85	0.00
	单价	19.80	20.14	16.41	20.28	—

（六）鸡肉消费大幅增长，对猪肉缺口的替代率约为 25%

2019 年中国鸡肉消费量大幅增加，达到 1 721 万吨，净增长 221.8 万吨，增幅为 14.8%；人均消费量为 12.0 千克。预计 2020 年继续增加约 220 万吨，总消费量约为 1 940 万吨，人均消费量为 13.5 千克。

2019—2020 年中国肉类产量因非洲猪瘟疫情影响，造成猪肉生产量大幅减少，估计 2019 年猪肉产量约为 4 400 万吨，减少约 1 000 万吨，其中约 50%的肉类消费缺口由禽肉填补。其中，鸡肉消费增加 223 万吨，鸭肉消费增加 270 万吨。预计 2020 年猪肉继续减少，鸡肉消费将保持快速增长，估计增幅在 13%左右，增加量约为 218 万吨。

表 15　国内鸡肉消费情况

单位：万吨，%，千克/人

年份	净进口量	鸡肉产量	#产量增长量	#产量增长率	鸡肉消费量	#消费量增长量	#消费量增长率	人均消费量
2015	−1.14	1 403.67	—	—	1 402.53	—	—	9.97
2016	17.78	1 503.74	100.06	7.13%	1 521.52	118.98	8.48%	10.76
2017	1.35	1 466.06	−37.68	−2.51%	1 467.41	−54.11	−3.56%	10.33
2018	5.60	1 493.44	27.38	1.87%	1 499.03	31.62	2.16%	10.50
2019	35.35	1 686.66	193.23	12.94%	1 722.01	222.97	14.87%	12.01
2020F	35.78	1 904.22	217.56	12.90%	1 940.00	217.99	12.66%	13.48

注：F 表示预测值。

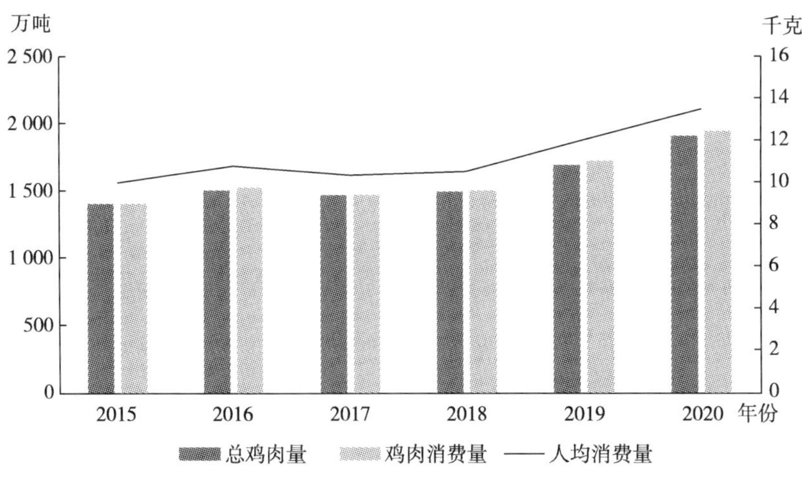

图 8　2015—2020 年鸡肉总量、消费量及人均消费量变化趋势

2019 年鸡肉消费呈四个特点：一是主要以替代猪肉消费为主，表现为团餐、外卖，以及居民户内消费量大幅增加。二是作为猪肉的替代消费品，南北

方表现出显著的地域差别。北方地区主要增加快大白鸡的消费量，南方地区主要增加黄羽肉鸡的消费量。三是团餐与外卖菜品中使用的鸡肉品种中，小白鸡（或称 817、肉杂鸡）的使用量增幅最大。四是黄羽肉鸡的消费通过电商等渠道向北方延伸；白羽肉鸡也通过团餐和快餐等渠道向南方渗透；小白鸡消费量在团餐和外卖中占比继续提高，从华中地区同时向南北两方扩展，向南方的扩展速度更快。

（七）预计 2019 年和 2020 年中国鸡肉生产消费大幅增长

美国农业部估计，2019 年和 2020 年中国肉鸡生产都有大幅度的增长。2019 年产肉量增长 17.9%，达到 210 万吨；消费量增长 20.6%，达到 238.5 万吨。2020 年产肉量增长 14.5%，达到 200 万吨；消费量增长 15.2%，达到 213 万吨。同时，认为 2019 年中国在鸡肉生产量和消费量大幅增长的同时，进口量也大幅增加，成为世界第四大鸡肉进口国（2018 年 USDA 数据中国进口量排名第八）；2020 年中国将有更高的鸡肉进口量。

国际上对中国鸡肉生产进行研究分析有两大机构：美国农业部（USDA）和世界粮农组织（FAO）。其中 USDA 不仅实时研究判断中国肉鸡的生产形势，还对下一年的生产消费进行研判。其公布的数据变化趋势与国内研判趋势十分接近，仅在量值上存在差距。FAO 仅提供对中国肉鸡两年前生产量的估算数据；与国内研判数据比较，不仅在量值上存在明显差异，变化趋势上同样存在差异。

表 16　不同机构对中国鸡肉生产消费情况的判断

单位：万吨，亿只

年份	国内数据			USDA 数据		FAO 数据	
	产肉量	出栏数	消费量	产肉量	消费量	产肉量	出栏数
2015	1 261.3	86.95	1 260.2	1 356.1	1 342.8	1 207.5	92.3
2016	1 362.4	91.90	1 380.2	1 244.8	1 249.2	1 281.4	95.2
2017	1 327.0	87.93	1 328.4	1 160.0	1 147.5	1 285.6	94.0
2018	1 382.2	91.83	1 387.8	1 170.0	1 159.5	—	—
2019	1 576.9	104.74	1 612.2	1 380.0	1 398.0	—	—
2020	1 788.9	117.77	1 824.6	1 580.0	1 611.0	—	—

注：国内数据中的产肉量和消费量已剔除淘汰蛋鸡的数据，为专用型肉鸡的生产量。

表 17　不同机构对中国鸡肉贸易情况的判断

单位：万吨

年份	国内数据		USDA 数据		FAO 数据	
	进口量	出口量	进口量	出口量	进口量	出口量
2015	39.5	40.6	26.8	40.1	39.4	42.3
2016	56.9	39.2	43.0	38.6	56.9	40.8
2017	45.1	43.7	31.1	43.6	45.1	46.2
2018	50.3	44.7	34.2	44.7	—	—
2019	78.1	42.8	62.5	44.5	—	—
2020	79.8	44.0	75.0	44.0	—	—

二、2020 年中国肉鸡产业展望

（一）鸡肉消费

因非洲猪瘟疫情对生猪生产的影响，鸡肉有望替代其中至少 25%，估计达 220 万吨。

（二）鸡肉生产

种鸡存栏数已大幅提高 10%以上，并且保持继续增加的趋势。2020 年下半年猪肉产量将逐渐开始恢复，肉鸡生产可能会出现产能过剩。估计肉产量增加 12.9%，218 万吨；出栏量增加 11.8%，13.5 亿只。

（三）产业收益

2020 年上半年猪肉市场供应继续保持缺口状态，鸡肉将继续替代猪肉消费；生产量与消费量同步增加，价格处于震荡期，全产业链仍能获得较好的收益，但整体收益缩窄。下半年随着猪肉产量的逐渐恢复，鸡肉产量若不出现调整，市场肉类供应量开始增长，产品价格将开始震荡下行，大概率会出现阶段性产能过剩。全产业链收益将进一步收窄，父母代种鸡和商品代肉鸡生产可能会出现亏损。

2018年肉鸡产业发展监测报告

郑麦青[1]　赵桂苹[1]　高海军[2]　腰文颖[2]　文　杰[1]　宫桂芬[2]

（1. 中国农业科学院北京畜牧兽医研究所；2. 中国畜牧业协会禽业分会）

2018年中国肉鸡产业逐步摆脱了H7N9流感疫情的影响，生产开始恢复，产量小幅回升，鸡肉消费量已接近正常水平。受供应偏紧影响，肉鸡价格大幅升高，养殖收益增加，产业链整体盈利状况较好。由于鸡肉对猪肉的替代效应，2019年鸡肉消费将保持增长，肉鸡行情向好，白肉肉鸡和黄羽肉鸡走势有所不同，白羽肉鸡产量虽然会有小幅增加，但市场供需形势仍将偏紧，价格持续保持高位，商品鸡雏和肉鸡价格继续上涨。黄羽肉鸡产能充足，出栏和鸡肉产量还将持续增长，供需总体宽松，但受白羽肉鸡市场带动，黄羽肉鸡的各类产品价格将得到一定支撑，仍能维持较好收益水平。

一、2018年中国肉鸡生产形势

（一）肉鸡生产小幅回升

2018年累计出栏肉鸡79.1亿只①（上年同期77.8亿只），同比增加1.5%。其中，白羽肉鸡39.4亿只（上年同期41.0亿只），同比减少3.8%；黄羽肉鸡39.6亿只（上年同期36.9亿只），同比增加7.5%（表1）。

表1　2018年肉鸡出栏量估计

单位：亿只

阶段	白羽肉鸡			黄羽肉鸡			合计		
	2017年	2018年	同比	2017年	2018年	同比	2017年	2018年	同比
一季度	10.49	7.82	−25.48%	9.72	8.64	−11.10%	20.21	16.46	−18.56%
二季度	10.87	10.60	−2.43%	9.00	9.07	0.78%	19.87	19.67	−0.97%
三季度	10.16	11.13	9.53%	9.12	10.85	18.98%	19.28	21.98	14.01%

① 仅包括专业型肉鸡生产量，未包括农户自繁自育和817肉杂鸡的产量。

（续）

阶段	白羽肉鸡			黄羽肉鸡			合计		
	2017 年	2018 年	同比	2017 年	2018 年	同比	2017 年	2018 年	同比
四季度	9.45	9.87	4.40%	9.04	11.07	22.45%	18.49	20.94	13.22%
上半年	21.36	18.42	−13.75%	18.72	17.71	−5.39%	40.08	36.13	−9.84%
下半年	19.61	20.99	7.06%	18.16	21.92	20.71%	37.77	42.91	13.62%
全年	40.97	39.41	−3.79%	36.88	39.63	7.46%	77.85	79.05	1.54%

2018 年累计生产鸡肉量 1 264 万吨（上年同期 1 221 万吨），同比增加 3.5%。其中，白羽肉鸡 759.8 万吨（上年同期 761.0 万吨），同比减少 0.2%；黄羽肉鸡 503.8 万吨（上年同期 460.1 万吨），同比增加 9.5%（表 2）。

表 2　2018 年鸡肉产量估计

单位：万吨

阶段	白羽肉鸡			黄羽肉鸡			合计		
	2017 年	2018 年	同比	2017 年	2018 年	同比	2017 年	2018 年	同比
一季度	190.0	150.3	−20.87%	120.3	109.2	−9.24%	310.3	259.5	−16.36%
二季度	193.7	204.3	5.45%	111.9	118.8	6.22%	305.6	323.1	5.74%
三季度	193.3	213.8	10.59%	111.8	135.6	21.29%	305.1	349.3	14.51%
四季度	184.0	191.4	4.03%	116.1	140.2	20.73%	300.1	331.6	10.49%
上半年	383.7	354.6	−7.58%	232.2	228.0	−1.79%	615.9	582.6	−5.40%
下半年	377.3	405.2	7.39%	227.9	275.7	21.00%	605.2	680.9	12.52%
全年	761.0	759.8	−0.15%	460.1	503.8	9.50%	1 221.0	1 263.6	3.48%

（二）白羽肉鸡产能下降，黄羽肉鸡产能增加

1. 白羽肉鸡产能触底回升中，全年下降 5.6%

祖代种鸡平均存栏量为 115.5 万套，同比下降 3.6%；更新周期延长到 83 周①，平均在产存栏 79.0 万套，父母代种雏供应量下降。祖代种鸡年度累计更新 74.5 万套，同比增加 8.5%。年末存栏 124.7 万套，其中，在产存栏 72.9 万套，后备存栏 51.8 万套。

父母代种鸡平均存栏 4 600 万套，同比增加 8.8%；更新周期约为 60 周，平均在产存栏 2 793 万套，商品代雏鸡供应量减少 4.3%。父母代种鸡年度累

① 更新周期：存栏种鸡完成全部更新需要的时间；2018 年 12 月为 94 周，全年均值 83 周；2017 年均值 91 周。

计更新 4 099 万套，同比减少 6.9%。年末存栏 4 799.6 万套，其中，在产存栏 2 735.9 万套，后备存栏 2 063.7 万套。

商品雏鸡全年销售 41.0 亿只，同比减少 4.3%。

2. 黄羽肉鸡产能持续增加，全年增加 12.5%

祖代种鸡平均存栏量为 177.6 万套，同比上升 2.7%；平均在产存栏 124.2 万套，父母代种雏供应量增加。年末存栏 181.3 万套，其中，在产存栏 126.8 万套，后备存栏 54.5 万套（图 1）。

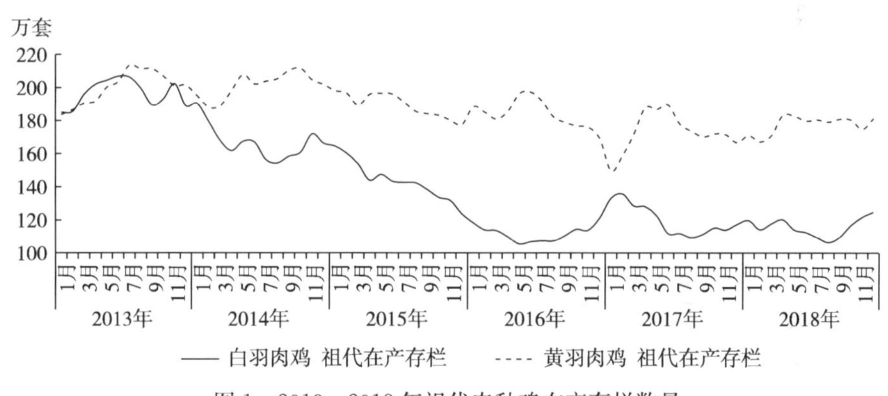

图 1　2013—2018 年祖代肉种鸡在产存栏数量

父母代种鸡平均存栏量为 6 187 万套，同比增加 9.2%；平均在产存栏 3 751万套，商品代雏鸡供应量增加 21.8%。父母代种鸡年度累计更新 5 805 万套，同比增加 12.5%。年末存栏 6 482 万套，其中，在产存栏 3 940.4 万套，后备存栏 2 541.9 万套。商品雏鸡全年销售量 43.7 亿只，同比增加 17.7%（图 2）。

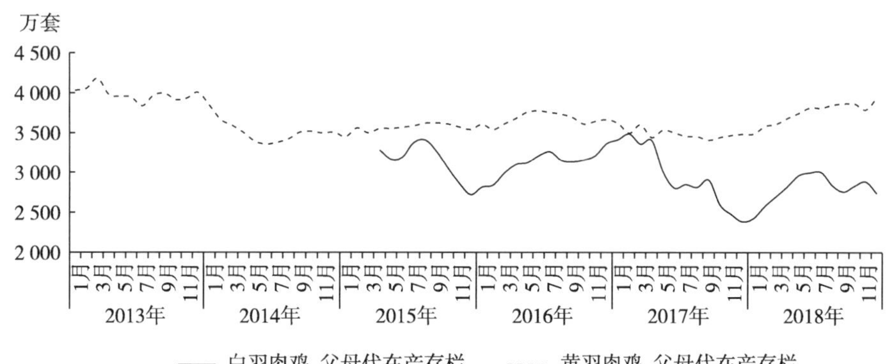

图 2　2013—2018 年父母代肉种鸡在产存栏数量

（三）肉鸡价格高位，全产业链盈利

2018 年，肉鸡价格处于近四年高位，产业链各环节盈利，其中商品肉鸡养殖环节盈利较好。

白羽肉鸡全产业链综合收益①为 3.48 元/只鸡，同比增加 2.08 元/只。其中，商品肉鸡和父母代种鸡养殖收益提升最多，分别增加了 1.70 元/只和 1.91 元/只，占整体利润的 51.3%和 37.5%。由于商品肉鸡价格快速上涨，而消费量增长较缓，鸡肉产品价格上升乏力，2018 年屠宰加工环节利润分配比例大幅缩减，仅占 4.4%；第四季度屠宰场亏损（表 3 至表 5）。

表 3　白羽肉鸡各环节平均生产单位收益情况

年份	祖代月均利润［元/(套・月)］	父母代月均利润［元/（套・月）］	商品代只均利润（元/只）	鸡肉单位利润（元/千克）	综合只鸡收益（元/只）
2015	−26.77	−12.51	−1.34	0.85	−1.04
2016	138.82	13.56	−0.66	0.55	1.77
2017	44.32	−6.99	0.09	0.98	1.40
2018	98.41	15.33	1.79	0.08	3.48

表 4　白羽肉鸡出栏商品肉鸡各环节获利情况

单位：元/只出栏商品鸡

年份	祖代	父母代	商品代养殖	屠宰加工	全产业链
2015	−0.07	−1.10	−1.34	1.47	−1.04
2016	0.31	1.13	−0.66	0.99	1.77
2017	0.10	−0.61	0.09	1.81	1.40
2018	0.24	1.30	1.79	0.15	3.48

注：本表计算的是平均每出栏一只商品肉鸡各环节获利情况。

表 5　白羽肉鸡产业链各环节利润分配情况

单位：%

年份	祖代占比	父母代占比	商品代占比	屠宰占比	合计
2015	−6.85	−105.62	−128.33	140.80	−100.00

① 全产业链综合收益：综合计算每出栏一只商品肉鸡，整个产业链中祖代、父母代、商品代养殖，以及屠宰加工等各环节的收益总和，单位为：元/只出栏商品肉鸡。

（续）

年份	祖代占比	父母代占比	商品代占比	屠宰占比	合计
2016	17.66	63.83	−37.27	55.78	100.00
2017	7.37	−43.32	6.38	129.57	100.00
2018	6.80	37.48	51.33	4.38	100.00

黄羽肉鸡全产业链综合收益为6.79元/只鸡，同比增加3.74元/只。其中，商品肉鸡和父母代种鸡养殖收益提升最多，分别增加了2.97元/只和0.70元/只，占整体利润的42.5%和10.4%。黄羽肉鸡目前多为活鸡销售，其产业链终端为商品肉鸡养殖，而商品肉鸡养殖利润中不仅有养殖户利润，还包含了多级分销的经销商利润。因此，在黄羽肉鸡产业链中表现为商品肉鸡养殖收益较为稳定，并在整体利润占比较高；而父母代种鸡养殖成为整体产业链中变动最剧烈的环节（表6至表8）。

表6　黄羽肉鸡各环节平均生产单位盈利情况

年份	祖代月均利润［元/（套·月）］	父母代月均利［元/（套·月）］	商品代只均利润（元/只）	市场销售单位利润（元/千克）	综合只鸡收益（元/只）
2015	3.87	1.78	2.92	2.50	6.12
2016	3.85	3.08	2.21	2.50	5.64
2017	2.30	0.06	−0.08	2.50	3.05
2018	4.73	6.23	2.89	2.50	6.79

表7　黄羽肉鸡出栏商品肉鸡各环节获利情况

单位：元/只出栏商品鸡

年份	祖代	父母代	商品代养殖①	市场销售②	全产业链
2015	0.02	0.20	2.92	2.50	6.12
2016	0.02	0.34	2.21	2.50	5.64
2017	0.01	0.01	−0.08	2.50	3.05
2018	0.02	0.71	2.89	2.50	6.79

①　从单位产品收益看，2018年黄羽肉鸡比白羽肉鸡的单位收益高约80%。而从资金周转使用看，二者实际相差不大。白羽肉鸡周转周期约为49天，黄羽肉鸡周转周期约为90天，日均收益均约为0.07元，全年收益分别为24.36元和24.13元，差别并不大。但黄羽肉鸡近几年来多数时间能维持较为稳定的正收益。

②　黄羽肉鸡商品鸡养殖收益是根据批发市场价格计算所得，而非依据棚前价格。黄羽肉鸡商品鸡销售中有分销的环节，商品鸡养殖收益被分销商蚕食。依据调研了解，分销商获取约2～3元/只鸡的收益。

表 8　黄羽肉鸡全产业链各环节利润分配情况

单位：%

年份	祖代占比	父母代占比	商品代占比	销售占比	合计
2015	0.27	3.33	47.66	48.74	100.00
2016	0.27	6.08	39.22	54.43	100.00
2017	0.30	0.23	−2.73	102.21	100.00
2018	0.26	10.42	42.53	46.79	100.00

（四）肉鸡生产效率提升，产能浪费减少

2016—2017 年肉鸡产业供给端结构调整，种鸡产能剧烈震荡，落后产能大量出清。至 2018 年底，种鸡存栏量基本企稳，单位生产效率提升。

1. 白羽肉鸡

祖代种鸡理论单位产能①为每套种鸡可生产约 50 套父母代雏鸡。2015 年以前由于引进量不断增加，同时市场低迷，产能呈下降趋势，祖代种鸡进行强制换羽的比例很小。2015 年因封关，祖代种鸡引进量下降到很低的水平，已经低于 80 万套的估计需求量，生产企业不得不采用强制换羽来延长种鸡的利用期，2017 年最长更新周期延长至 112 周，2018 年底时为 94 周，全年平均 83 周。更新周期延长，每套祖代种鸡生产的父母代雏鸡数量增加，单位产能提高；2017 年和 2018 年其单位产能超过理论产能 20%以上。延长使用周期，虽能提高祖代种鸡的利用率，降低种鸡引进成本，增加产出等益处；但是也易造成其后的父母代和商品代鸡抵抗力以及生产效率下降的隐患；不适于长期大面积应用。

父母代种鸡理论产能为每套种鸡可生产约 145 只商品雏鸡。2015 年以前受生产水平和市场影响，生产企业多数无法达到，甚至差距甚远。具体表现为种鸡更新周期较短，达不到理论使用周期，2018 年平均更新周期为 60 周左右，而在 2015 年仅用 51 周就完成一轮父母代种鸡的更新。父母代种鸡使用周期的延长，其单位产能也相应有所提升，较 2015 年提高约 5.5%。

商品肉鸡出栏体重在近些年中同样不断增加，而与此同时出栏日龄不断减少；2018 年平均出栏日龄 43.5 天，比 2011 年减少 1 个饲养日；而出栏体重

① 单位产能：指每个生产单位的生产能力。

增加 14.7%，饲料转化率提高约 22%。

2016—2018 年是白羽肉鸡生产效率飞速提升的时期。其一是落后产能的出清。过去几年低迷的市场，迫使大量小型户放弃肉鸡养殖，以及经营管理不善的企业破产改组。其二是低迷的市场价格迫使众多的肉鸡生产企业严抓生产管理，提高技术水平，更多的先进技术得到了应用推广（表 9）。

表 9 白羽肉鸡各养殖环节单位产能统计

年份	祖代产能（套父母代雏鸡）	父母代产能（只雏鸡）	商品鸡出栏体重（千克）	料重比
2011	52.17	108.32	2.24	1.96
2012	49.30	119.08	2.33	2.00
2013	54.99	137.89	2.32	1.95
2014	49.75	151.73	2.35	1.88
2015	48.03	143.14	2.32	1.86
2016	55.75	149.38	2.37	1.79
2017	62.82	147.59	2.48	1.74
2018	60.73	150.99	2.57	1.73

2. 黄羽肉鸡

祖代种鸡理论产能为每套种鸡可生产约 50 套父母代雏鸡。黄羽肉鸡基本都是国内培育的品种，国内企业多是边选育边生产，独立的祖代扩繁群比例较低，因此祖代的存栏量一直偏高，而实际利用率偏低，实际单位产能普遍低于理论产能。

父母代种鸡理论产能为每套种鸡可生产约 120 只商品雏鸡。而实际生产中由于市场因素，实际使用周期缩短，未达到理论利用周期，影响父母代种鸡产能的发挥。

商品肉鸡出栏体重在近些年中同样不断增加，与此同时出栏日龄也不断增加，2018 年平均出栏日龄 101 天，比 2011 年增加 12 个饲养日；而出栏体重增加 12%；饲料转化率降低约 6%。影响因素主要为慢速型黄羽肉鸡占比不断提高。而依据调研分析，不同类型的黄羽肉鸡的饲料转化率有相应的提高（表 10）。

表 10　黄羽肉鸡各养殖环节单位产能统计

年份	祖代产能（套父母代雏鸡）	父母代产能（只雏鸡）	商品鸡出栏体重（千克）
2011	43.68	101.10	1.75
2012	42.17	117.19	1.68
2013	36.12	107.33	1.76
2014	29.53	111.66	1.78
2015	38.57	112.62	1.83
2016	39.78	114.63	1.89
2017	42.66	106.21	1.92
2018	47.01	118.18	1.96

（五）产业结构调整，规模化比例继续提高，一体化企业优势明显

改革开放以来，肉鸡养殖的规模化发展十分迅速，单场（户）的养殖规模不断上升。2000 年以前，2000 以下规模养殖户占比最大，到 2005 年 0.2 万～1 万规模的养殖户占比最高，到 2010 年三分之一的肉鸡生产规模为 1 万～5 万，到 2016 年 5 万只以上规模占比已经接近 50%。饲喂机械普及、装备水平提升以及不断上涨的劳动力成本是肉鸡规模化水平持续提高的主要推动力。

近年肉鸡产业市场波动剧烈，鸡肉生产效益压缩至极限，落后产能清除提速。表现为：中小养殖户、散户数量快速减少，专业化、规模化养殖户比例提高；老牌龙头企业“步履维艰”，生产模式更先进的“一体化”企业得以发展壮大。

在这轮的市场低迷期中，因亏损而退出的养户和企业为数不少，而产业链一体化企业受到的影响较小。产业链延伸更长的“一体化”企业，体现出更强的生命力，以及持续发展能力。依据对肉鸡产业上市公司分析，产业链延伸较长的企业，如圣农发展，在白羽肉鸡盈利最艰难的 2015 年，也仅是微幅亏损，远低于单纯种鸡企业和商品肉鸡生产企业，在 5 年或 10 年的阶段性发展速度方面，同样体现出明显优势（表 11）。

表 11　肉鸡上市企业盈利统计

单位：万元

年份	主营业务收入			主营业务利润			主营业务利润率		
	圣农	益生	民和	圣农	益生	民和	圣农	益生	民和
2007	89 747	29 340	56 438	24 448	6 783	13 688	0.272	0.231	0.243
2008	129 535	33 234	81 208	28 062	11 038	11 795	0.217	0.332	0.145
2009	143 769	36 548	72 573	30 052	12 569	2 298	0.209	0.344	0.032
2010	206 952	45 899	100 312	39 645	10 755	12 365	0.192	0.234	0.123
2011	311 135	77 038	134 520	64 529	30 945	28 998	0.207	0.402	0.216
2012	409 930	60 142	119 115	19 045	8 915	847	0.046	0.148	0.007
2013	470 823	50 288	99 631	10 000	−17 115	−9 639	0.021	−0.340	−0.097
2014	643 606	84 192	118 642	52 460	7 725	16 027	0.082	0.092	0.135
2015	693 983	60 429	90 080	−598	−22 739	−6 354	−0.001	−0.376	−0.071
2016	834 042	161 113	140 870	103 279	72 215	43 290	0.124	0.448	0.307
2017	1 015 879	65 640	106 750	107 784	−8 385	−1 732	0.106	−0.128	−0.016
近 5 年	1.48	0.09	−0.10	4.66	−1.94	−3.04	6.6%	−6.1%	5.2%
近 10 年	10.32	1.24	0.89	3.41	−2.24	−1.13	13.4%	12.6%	9.3%

注：白羽肉鸡 4 家上市公司是圣农、益生、民和、仙坛。圣农是从祖代一直到屠宰，全部自养进行生产，主营产品是鸡肉，产业链延伸到熟食加工。益生主做祖代种鸡和父母代种鸡养殖，主营产品是父母代和商品代雏鸡。民和的产业链是从父母代养殖至屠宰加工。

数据来源：上市公司年报。

（六）鸡肉消费企稳回升

近几年肉鸡消费量呈下降趋势，至 2018 年开始企稳。我国鸡肉消费量在改革开放以来，迅速发展不断提升，2012 年达到历史峰值，是改革开放初期的 8 倍多。其后五年受多种因素影响，鸡肉消费发生结构性调整，消费量累计下降约 15%，2018 年消费下降趋势减缓，出现企稳回升的趋势，估计 2018 年消费量①较 2017 年增加 3.6%，为 1 252 万吨。

2012 年以前，我国鸡肉消费以团餐、快餐和居民家庭消费为主，三者各占 30%左右。销售渠道以集贸市场为主，占比约 50%，其余为超市、社区店、

① 消费量估计：当年鸡肉产量＋进口量－出口量。

电商和直销渠道等。

2013—2017 年，受“禽流感”疫情影响，集团、团餐、快餐减少了鸡肉的消费量；“八项规定”和“厉行节约反对浪费”等政策的深入落实，户外餐饮也呈现大幅度缩减。鸡肉的消费量迅速减少，鸡肉消费进入结构性调整阶段，产品积压，产能过剩。

2018 年，鸡肉市场消费有如下几个特点需要关注：一是集贸市场白条鸡的消费量，继续保持同比下降，且下降速度有加快的趋势；表现出集贸市场作为鸡肉消费渠道的地位在不断下降。二是鸡肉线上产品和销售量不断增加，表现为经营鸡肉产品的店家数量增多，产品类型增多，销售量稳定增加。此外，鸡肉生鲜专营店和会员定制专送等消费模式逐渐流行。三是快餐消费企稳回升。2018 年前 3 季度，快餐两大龙头百胜和麦当劳中国地区营业收入同比增长 10.24%和 64%。

目前，鸡肉消费仍处于结构性调整时期，集团餐饮、快餐团餐、户外餐饮对鸡肉的需求量有触底恢复的迹象；同时，居民户内消费占比提升，消费渠道多样化。

二、2019 年中国肉鸡产业展望

（一）消费量

底部企稳，有望逐渐回升，进入下一个发展周期。主要推动因素：一方面，非洲猪瘟疫情对猪肉消费有影响，利好鸡肉家庭消费；另一方面，快餐门店快速扩张。中信入驻麦当劳中国，计划在未来 5 年新开 2000 家门店，汉堡王保持每月 30 家店的扩张速度。

（二）生产量

白羽肉鸡，2019 上半年与 2018 下半年接近，可能略有增加；下半年的增长预期较大，全年预计增幅 2.5%～3%。黄羽肉鸡，虽然 2018 年已经有了很大比重的增长，但产能增加的趋势并没有减缓，在不考虑禽流感疫情的因素下，估计 2019 年上半年还会有个较明显的增产，其增长趋势到下半年可能得到抑制。

（三）产业收益

预期较好。主要因素：2019 年白羽肉鸡市场供需形势继续偏紧，价格保持高位，商品鸡雏和肉鸡价格继续上涨。当前白羽肉鸡父母代在产存栏偏低于近年均值约5%～8%，虽然单位产能提高，但商品鸡雏供应量依旧偏紧。“禽流感”影响正逐渐淡去，消费量有望继续回升；而“非洲猪瘟”疫情可能造成生猪减产，会进一步推动鸡肉消费拉升。祖代更新量增加主要发生在2018年9月以后。从祖代引种到商品鸡雏和肉鸡出栏需要至少14个月，因此商品鸡雏和肉鸡供给上升最早或出现在2019年11月以后。在此之前，商品鸡供需形势仍将偏紧，各类产品价格将保持高位，下半年或有所下行，估计幅度有限。受白羽肉鸡市场带动，黄羽肉鸡的各类产品价格下降动力有限，仍能维持较好收益水平。

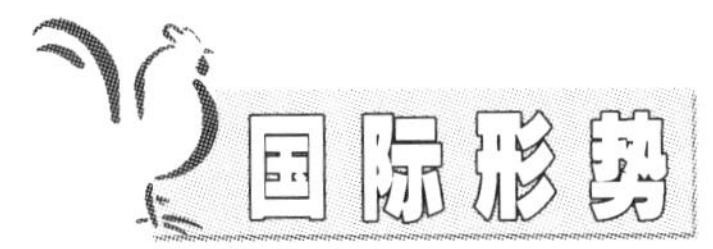

2019 年国际肉鸡产业经济发展报告

张　怡[1]　辛翔飞[2]　王济民[23]

（1. 青岛农业大学管理学院；
2. 中国农业科学院农业经济与发展研究所；
3. 中国农业科学院办公室）

2019 年全球经济呈现“同步放缓”的局面，经济增长放缓至近十年来最低水平。货币政策、贸易政策及其不确定性对美国经济造成了冲击和影响，加上减税政策的刺激效果已基本消失殆尽，导致美国经济增长放缓，实际增速下滑到 0.4%。欧盟受制造业萧条、英国无序脱欧的影响，经济增长也较为缓慢。中国经济结构不断优化，民生事业持续改善，高质量发展特征更加明显，但经济同样受到外部环境的制约，面临着新的下行压力。总体来讲，世界经济受贸易紧张局势升级、市场避险情绪上升等因素的影响，下行风险增大。2019 年全球肉鸡产业转型升级进一步加快，再加上非洲猪瘟疫情暴发对肉鸡产业的刺激，肉鸡生产、消费和贸易整体呈上升趋势，增长率明显高于 2018 年，肉鸡产业正逐步走上健康发展的快车道。

一、国际肉鸡生产与贸易概况

（一）国际肉鸡生产

2019 年全球肉鸡产量呈持续增长态势，且相较于 2018 年、2017 年增长显著。2019 年全球肉鸡产量可能达到 9 957.2 万吨，增长率高达 4.19%，达到了 2010 年以来的最高增速（图 1）。2019 年全球肉鸡产量明显增长的主要原因是在非洲猪瘟的影响下猪肉价格暴涨，肉鸡作为猪肉的替代品消费量增加；同时全球经济稳中有进，消费呈现进一步增长的趋势。以上因素的综合影响将延续到2020年，根据USDA估计数据，2020年全球肉鸡产量可能达到10 349.8万吨，增长率为3.94%。

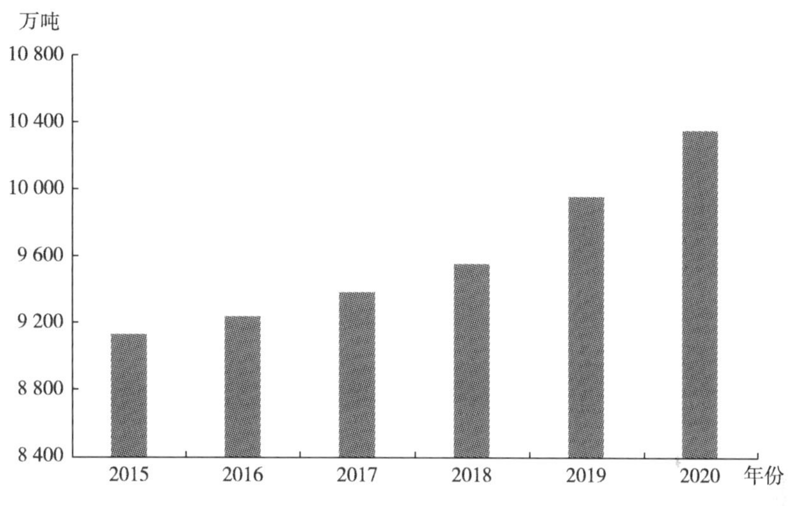

图1 世界肉鸡产量

注：2020年为USDA估计数据。

数据来源：Livestock and Poultry：Market and Trade，Foreign Agricultural Service/USDA Oct. 2019。

从各国（地区）产量来看（图2），首先，美国、中国、巴西和欧盟仍然是全球肉鸡产量最高的四大主产国（地区），产量分别为1 982.3万吨、1 380万吨、1 363.5万吨和1 246万吨，其总和占全球肉鸡总产量的59.97%（图3），是继近几年连续下降之后的首次回升（表1）。这主要是由于中国肉鸡生产在保持较高产量的基础之上实现大幅提升，为四大主产国（地区）所占比例做出重要贡献。在中国2019年肉鸡生产增长率大幅提升的带动下，USDA估计，2020年四大主产国（地区）所占份额会继续增加，将会超过60%。其次，新兴市场经济体国家印度、俄罗斯、墨西哥、泰国连续几年一直保持强劲增长势头，肉鸡产量也分别达到了490.2万吨、474万吨、360万吨和330万吨，在全球肉鸡生产中所占份额也越来越大。

2019年，世界肉鸡产量增长率为4.19%（图4）。中国受非洲猪瘟和经济复苏的影响，在2018年微幅增长的基础上实现了大幅增长，2019年增长率达到17.95%，远远高于其他国家，也成为近几年中国肉鸡生产增长率最高的一

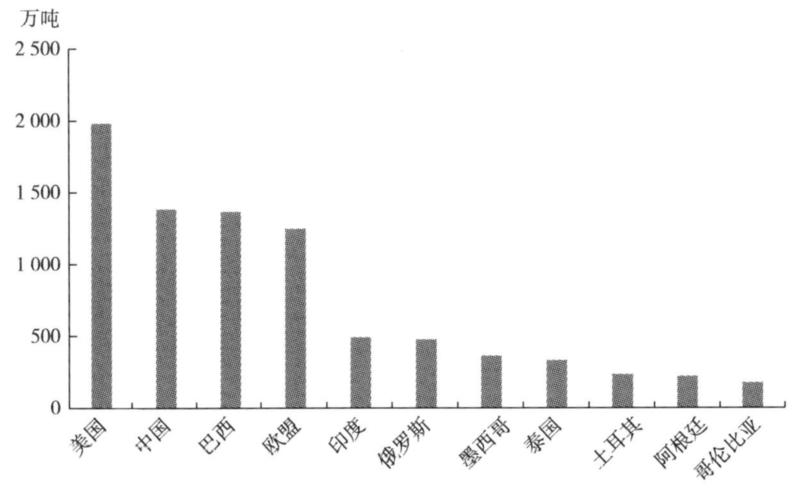

图 2　2019 年主要肉鸡生产国（地区）肉鸡产量

数据来源：Livestock and Poultry：Market and Trade，Foreign Agricultural Service/USDA Oct. 2019。

年。其他主要肉鸡生产国（地区）美国、巴西和欧盟的增长率分别为 2.39%、2.10%和 1.63%。美国由于降息政策的影响，消费支出扩大，促进了肉鸡生产增长率稳步上升；受宽松的货币政策和较低的通胀水平的影响，巴西经济告别萎缩缓慢复苏，肉鸡生产也扭转了 2018 年产量下滑的局面实现了正增长；欧盟经济低迷，肉鸡生产增长率下降明显。新兴市场经济体国家泰国、土耳其和墨西哥仍然保持较高的增长率，分别达到 4.10%、3.37%和 3.30%。阿根廷肉鸡产量增长迅速，增长率达到 4.98%。

表 1　2015—2020 年世界四大肉鸡生产国（地区）肉鸡产量及占比

年份	肉鸡产量（万吨）	产量占比（%）
2015	5 620.60	61.52
2016	5 604.10	60.64
2017	5 606.20	59.73
2018	5 667.60	59.30
2019	5 971.80	59.97
2020	6 254.00	60.43

注：2020 年为 USDA 估计数据。

数据来源：Livestock and Poultry：Market and Trade，Foreign Agricultural Service/USDA Oct. 2019。

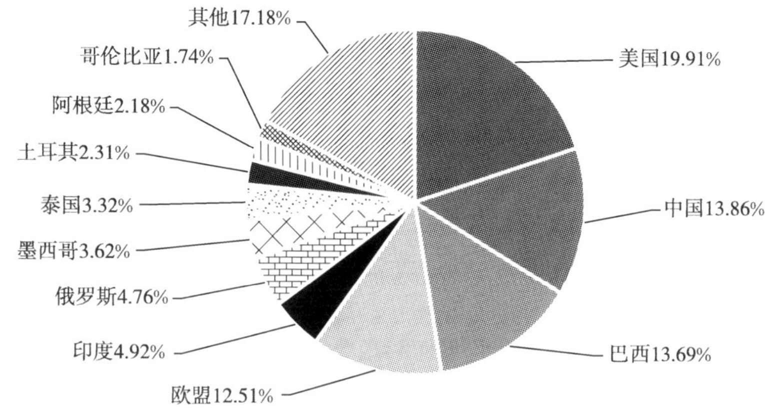

图 3 2019 年主要肉鸡生产国（地区）所占份额

数据来源：Livestock and Poultry：Market and Trade，Foreign Agricultural Service/USDA Oct. 2019。

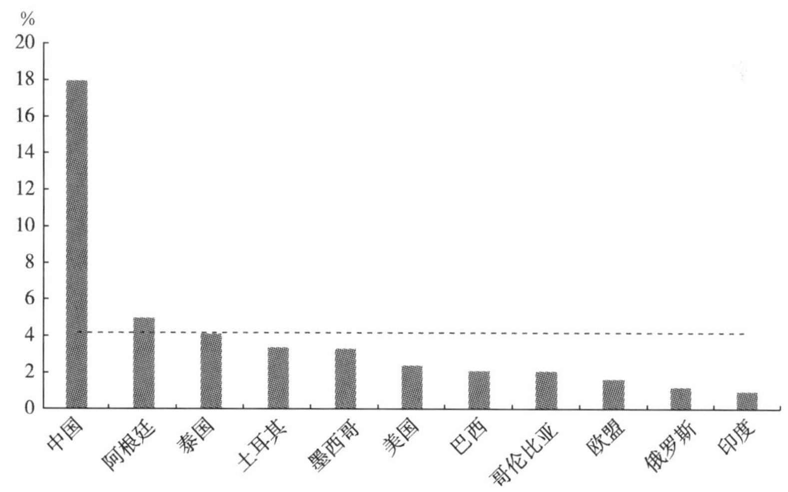

图 4 2019 年主要肉鸡生产国（地区）肉鸡生产增长率

数据来源：Livestock and Poultry：Market and Trade，Foreign Agricultural Service/USDA Oct. 2019。

（二）国际肉鸡贸易

2019 年世界肉鸡出口量为 1 197.6 万吨，增长 6.15%。世界肉鸡进口量为 991 万吨，增长 6.49%。

作为世界最主要的三大肉鸡生产国（地区），巴西、美国和欧盟的出口量分别达到 385 万吨、326.2 万吨和 158 万吨。作为新兴经济体国家的泰国出口量达到 99 万吨，位居世界肉鸡第四大出口国，且与 2018 年相比，增长 18.56%。同样属于新兴经济体国家（地区）的乌克兰和俄罗斯，肉鸡出口量分别为 40 万吨、17.4 万吨，增长率也分别达到 26.18%、13.85%，均超过世界肉鸡出口增长率 6.15%。阿根廷在 2019 年摆脱了上一年负增长的局面，增长率达 25%，位居世界第二。在传统肉鸡生产大国（地区）中，欧盟仍然是肉鸡出口增长率最高的地区，出口增长 11.98%；其次是巴西，出口增长 4.42%；第三是美国，出口增长 0.52%，与 2018 年相比变化不大；最后是中国，出口增长－0.45%，出现负增长的现象。总体来讲，2019 年对禽流感有效、及时的防控以及非洲猪瘟的影响，使世界肉鸡出口增长率达到了 6.15%，根据 USDA 估计数据，2020 年世界肉鸡的出口量可能会继续上升，达到 1 249.7 万吨，增长率为 4.35%（图 5、图 6）。

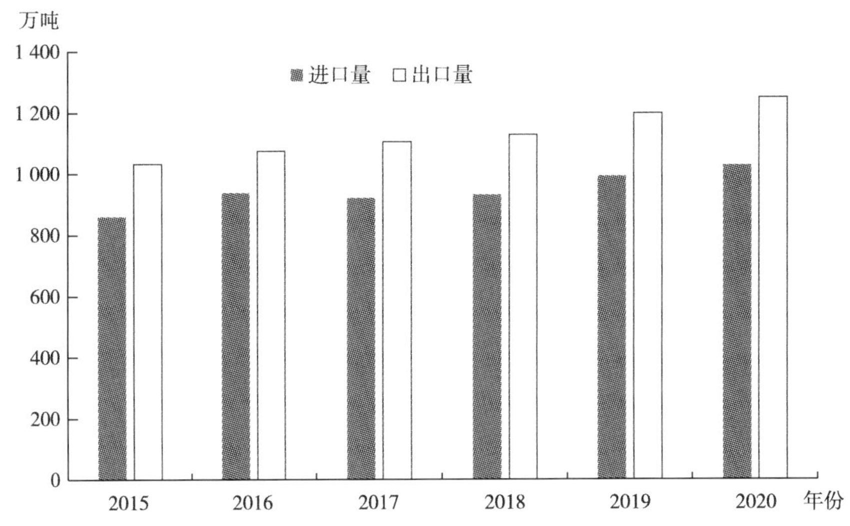

图 5　世界肉鸡进出口量

注：2020 年为 USDA 估计数据。

数据来源：Livestock and Poultry：Market and Trade，Foreign Agricultural Service/USDA Oct. 2019。

2019 年世界肉鸡进口量达到 991 万吨，相比 2018 年增长 6.49%。日本和墨西哥仍然是肉鸡进口量最多的国家，进口量分别为 109 万吨、86.5 万吨，稳固了亚洲作为世界肉鸡进口最多的地区的地位。中国和中国香港地区是世界肉鸡进口增长最快的国家（地区），进口增长率分别达到了 82.75%、

54.42%，远远超过世界肉鸡进口平均增长水平。美国和菲律宾出现了肉鸡进口负增长的局面，增长率分别为－6.25%、－1.56%（图 7）。从总体来讲，2019 年世界肉鸡进口量增长较快，根据 USDA 估计数据，2020 年世界肉鸡进口量将达到 1 028.1 万吨，增长率达到 3.74%。

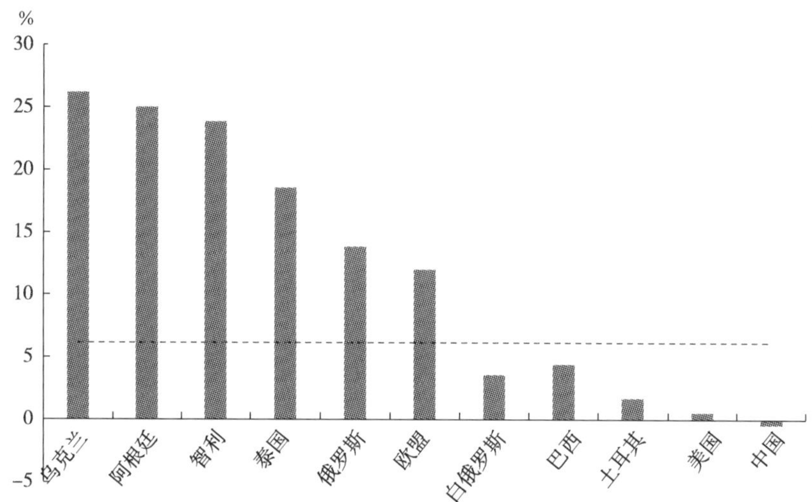

图 6　2019 年世界肉鸡主要出口国（地区）出口增长率

数据来源：Livestock and Poultry：Market and Trade，Foreign Agricultural Service/USDA Oct. 2019。

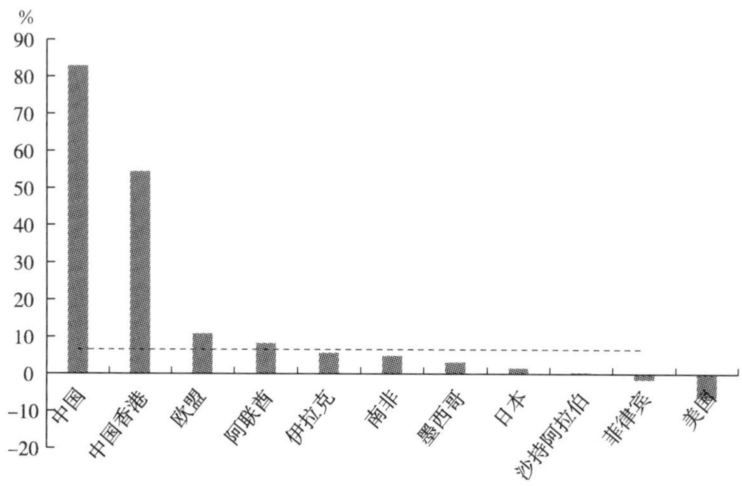

图 7　2019 年世界肉鸡主要进口国（地区）进口增长率

数据来源：Livestock and Poultry：Market and Trade，Foreign Agricultural Service/USDA Oct. 2019。

二、国内肉鸡生产与贸易概况

（一）中国肉鸡生产

从近五年中国肉鸡生产情况来看，2015—2017 年受 H7N9 流感疫情影响一直处于整体下降的趋势，随着流感疫情的消退以及非洲猪瘟疫情暴发的影响，2018 年开始扭转下降趋势，2019 年呈现快速增长态势。2019 年中国肉鸡产量大幅度提升至 1 380 万吨，相比于 2018 年增长了 210 万吨（图 8），增幅 17.95%（图 9）。根据 USDA 估计数据，2020 年中国肉鸡产量将达到 1 580 万吨，增幅 14.49%。

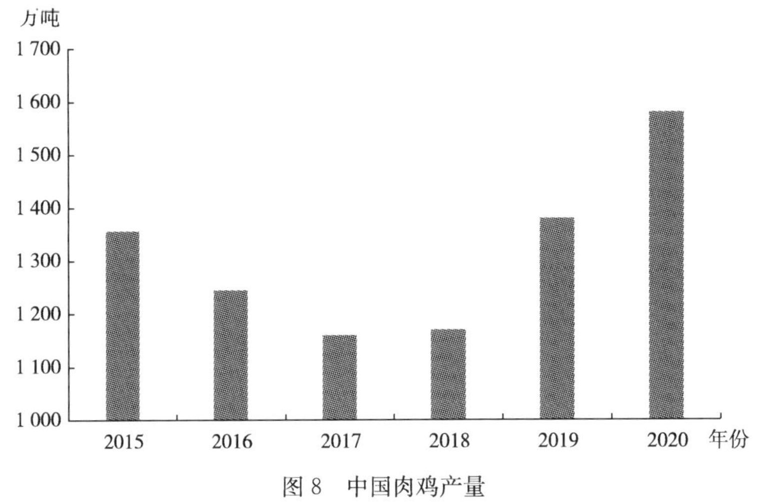

图 8　中国肉鸡产量

注：2020 年为 USDA 估计数据。

数据来源：Livestock and Poultry：Market and Trade，Foreign Agricultural Service/USDA Oct. 2019。

（二）中国肉鸡贸易

2019 年中国受非洲猪瘟对猪肉消费抑制的影响，国内肉鸡市场的需求量显著增长。中国肉鸡进口量为 62.5 万吨，比 2018 年增长 28.3 万吨，增长率达到 82.75%（图 10、图 11）。非洲猪瘟的影响可能延续到 2020 年，根据 USDA 估计，2020 年中国肉鸡进口量将达到 75 万吨，增幅为 20%。2019 年受非洲猪瘟、中美贸易战以及印度、巴西新兴市场经济体国家靠出口拉动经济增长的影响，中国肉鸡出口量继 2017 年、2018 年两年连续增长之后出现下降，出

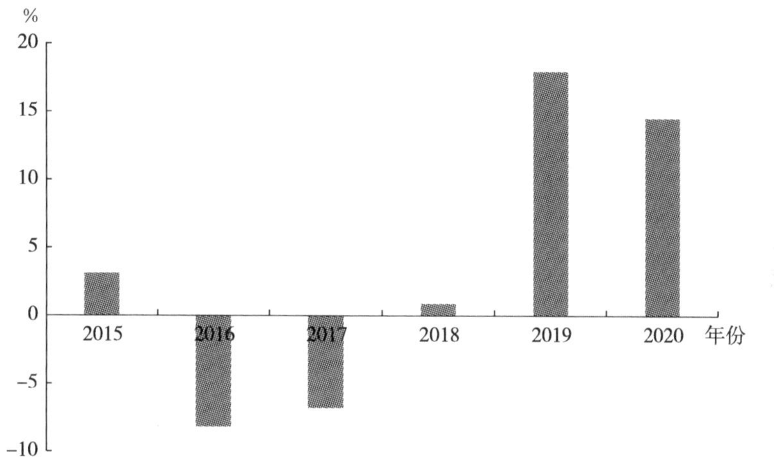

图 9　中国肉鸡生产增长率

注：2020 年为 USDA 估计数据。

数据来源：Livestock and Poultry：Market and Trade，Foreign Agricultural Service/USDA Oct. 2019。

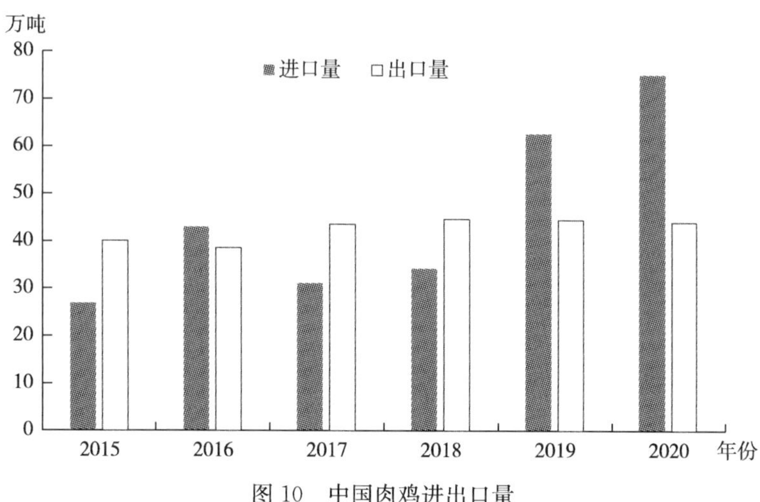

图 10　中国肉鸡进出口量

注：2020 年为 USDA 估计数据。

数据来源：Livestock and Poultry：Market and Trade，Foreign Agricultural Service/USDA Oct. 2019。

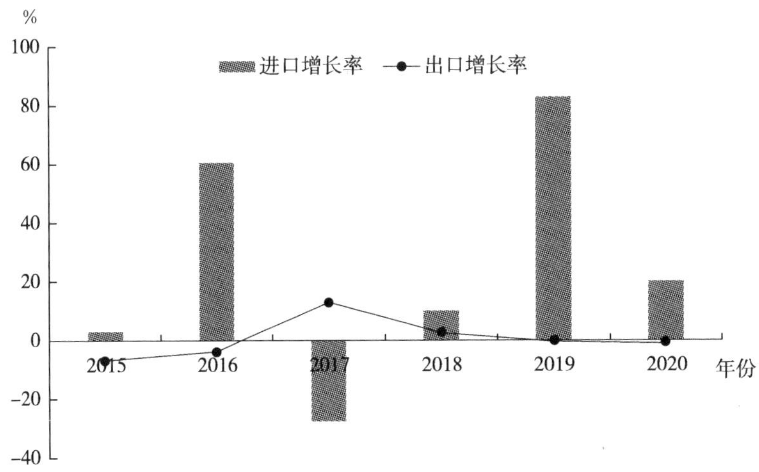

图 11　中国肉鸡进出口增长率

注：2020 年为 USDA 估计数据。

数据来源：Livestock and Poultry：Market and Trade，Foreign Agricultural Service/USDA Oct. 2019。

口量为 44.5 万吨，较 2018 年降低了 0.2 万吨，降幅为 0.45%，根据 USDA 估计数据，2020 年中国肉鸡出口量可能降低至 44 万吨，降幅 1.12%。

三、国际肉鸡产业经济政策研究进展

（一）非瘟持续发生，助推肉鸡生产继续扩大

自 2018 年以来，非洲猪瘟较为活跃，在俄罗斯、罗马尼亚、波兰等全球 20 多个国家都有发生，这对生猪养殖造成了巨大负面影响，同时也给肉鸡行业带来了机遇。肉鸡作为中国第二大肉类生产和消费品，凭借养殖周期短、标准化程度高、购买价格低等优点，成为调节肉类供需平衡的首要选择，在应对 2019 年非洲猪瘟带来的挑战中发挥了重要作用。从短期来看，非洲猪瘟导致消费市场对替代品鸡肉的需求扩大，加速了肉鸡产业的发展。从长期来看，全球消费结构趋势较为明显地呈现出牛肉和猪肉消费比重下降、鸡肉消费比重上升的特征。因此，无论从短期还是从长期来看，肉鸡产业都有持续增长的劲头。近几年，中国肉鸡产量也持续增高，但不论与发达国家相比，还是与有着相似消费结构的亚洲国家和地区相比，中国的肉鸡消费还有较大上升空间，也存在巨大的上升潜力。

（二）益生菌、中药等无抗抑菌备受关注

在疫病控制过程中，抗生素使用不合理给消费者带来了严重恐慌，同时也对肉鸡行业造成了很大的损失。例如，产气荚膜杆菌每年给全球家禽业造成约60亿美元的损失。为防止出现人类因食用含抗生素的家禽导致抗生素耐药性上升的现象，英国林肯大学和中国江苏农业科学院正合作研发一种控制产气荚膜杆菌的益生菌，微生物学家们期望这种益生菌能够降低或消除疾病带来的影响。此外，中药作为抗菌药物在对细菌的无抗生素治疗中，受到越来越多的国内外研究者的关注。中药是天然药物，具有种类繁多、资源和来源丰富的特点。在疫病防治方面，中药具有安全性强、成本低、毒副作用小、低残留等特点，可以有效调节机体免疫机能，在防治禽病的同时可以避免禽对其产生耐受性，还能逆转和消除细菌的耐药性（张博，2018）。2019年猪瘟暴发以来，使得养殖户更加关注动物保健问题，希望通过提高动物机体抗病能力改善动物健康，减少患病风险，从而少用药或不用药。因此，益生菌、中药是动物保健未来发展的重要方向。

（三）控制垫料湿度可防控肉鸡球虫病

在2019年明尼阿波利斯召开的中西部家禽联合会会议上，奥本大学农学院名誉教授乔·赫斯（Joe Hess）提出，养殖者可以通过控制肉鸡垫料湿度来提高肉鸡对球虫的免疫效果。如果垫料又热又潮湿，球虫卵囊就会快速发育并产生大量具有感染力的球虫孢子化卵囊，进而感染肉鸡鸡体，威胁鸡群健康；如果禽舍垫料保持干燥，球虫失去潮湿、温暖的繁殖环境，其生命周期就会中断，从而降低球虫病的感染率（Austin，2019）。因此，保持鸡舍垫料干燥可以有效抑制寄生微生物的繁殖，减少球虫病引起的疾病，从而极大地减少鸡群损失。

四、国内肉鸡产业经济政策研究进展

（一）中国全面启动育种联合攻关项目，加强种源风险防范

2019年中国白羽肉鸡育种联合攻关项目正式全面启动，承担单位为新广农牧有限公司和福建圣农发展股份有限公司。新广农牧有限公司目前共有5个专门化品系分别完成4个以上世代选育，并筛选出生产性能与国际品种基本持平的配套系。2019年8月15日，历经多年自主培育的“广明1号”白羽肉鸡

新品种送国家家禽生产性能测定站（扬州）进行生产性能测定，标志着中国白羽肉鸡育种工作取得实质性进展，并计划 2022 年完成品种审定，获得新品种证书。同时，福建圣农发展股份有限公司已经自主掌握白羽肉鸡育种技术，这意味着中国白羽肉鸡种源完全依赖进口的局面将会被打破，也击碎了外资企业在这个行业长达百年的技术垄断。该公司自主培育出的完全具有自主知识产权的第一个白羽肉鸡原种鸡新品种育种技术，填补了中国这方面的一个空白。该新品种产出的种、肉鸡的主要性能指标，如产蛋率、存活率、料肉比、体重等均达到国际先进水平。目前生产经营所需的祖代鸡种源数量已经实现自给有余。该技术有力地支持了白羽肉鸡品种资源实现自有化的国家战略，为实现国家《全国肉鸡遗传改良计划（2014—2025）》规划目标迈出了坚实的一步。

（二）中国调整进口政策，扩大肉鸡进口规模

2019 年世界肉鸡进出口量大幅增加，中国作为肉鸡进口大国，在 2019 年的世界肉鸡进口增长中起着决定性作用。2019 年实施的一系列措施以及颁布的一系列公告，成为中国肉鸡进口量大幅增加的重要因素，这些因素将会一直持续到 2020 年。2019 年 2 月 17 日，中国商务部认为原产于巴西的进口白羽肉鸡产品存在倾销，并对上述产品征收反倾销税，税率为 17.8%～32.4%，征收期限为 5 年。另外，商务部也同时接受了部分巴西出口企业的价格承诺申请，对于不低于承诺价格的相关产品不征收反倾销税。2019 年 3 月 27 日，中国海关总署颁布了农业农村部公告 2019 年第 55 号（关于解除法国禽流感疫情禁令的公告），根据风险分析的结果，认为法国为禽流感无疫国家，由此取消了 2015 年禽流感以来实施的家禽禁令，法国成为中国肉鸡主要进口国家之一。2019 年 11 月 14 日，中国海关总署和农业农村部联合发布了 2019 年第 177 号《关于解除美国禽肉进口限制的公告》，正式解除了自 2015 年以来中国因禽流感对美国禽肉的进口限令。进口禁令的解除，让美国肉鸡重新回到了中国餐桌，在一定程度上有助于缓解国内鸡肉价格上涨的趋势，补充国内市场的肉类蛋白供给。

（三）中国 2020 年实行饲料禁抗

中国自 2020 年 1 月 1 日起退出除中药外所有促生长类药物饲料添加剂品种，标志着中国农业开始实施最严格的禁抗、限抗、无抗政策。国际社会已认识到抗生素的危害。欧盟 2006 年开始禁止在饲料中使用抗生素，荷兰 2011 年禁抗，美国 2017 年全面禁抗。2019 年 7 月，中国农业农村部发布第 194 号公

告，决定停止生产、进口、经营、使用部分药物饲料添加剂。与此同时，兽药生产企业停止生产、进口兽药，代理商停止进口相应兽药产品，同时注销相应的兽药产品批准文号和进口兽药注册证书。饲料“禁抗”、养殖“减抗、限抗”已成为大势所趋。“禁抗”指的是饲料中禁止添加促生长类药物饲料添加剂，一些具有调养机体、健康肠胃、改善吸收、增强免疫、平衡微生态等功能，不属于药物、抗生素的绿色新型产品，可以作为功能型饲料添加剂在饲料中添加使用。在养殖环节并未禁止使用抗菌药物，而是减少抗生素、抗菌药物使用，让终端产品符合残留标准，或无抗菌药物检出（张艳玲，2019）。

五、问题与建议

（一）中国肉鸡产业发展面临的问题

由于需求大幅提升，中国肉鸡行业发展形势向好。但同时，中国肉鸡产业因受到资源限制、环保压力、疾病风险、动物福利、食品安全等因素的制约也面临许多挑战。

1. 白羽肉鸡种源仍主要依赖进口

目前，中国在白羽肉鸡育种方面虽取得了一定的进展和突破，但部分种源还是依赖于从外国进口。再加上中国是肉鸡进口大国，对肉鸡的消费逐年增加，消费者对肉鸡的需求由肉质鲜美向正常生长、品种多样等高品质转变，这给中国肉鸡育种自主研发带来了机遇，也给中国肉鸡行业带来了挑战。通过研究不同品种肉鸡的基因组，改变其遗传性状，让新品种的肉鸡更好地适合市场和消费者的需求，是中国肉鸡行业育种研究的发展方向。加快白羽肉鸡育种速度，加强种源防范风险，摆脱白羽肉鸡依赖进口的局面，是中国肉鸡未来发展的重要方面。

2. 肉鸡养殖智能化、智慧化水平有待提高

整体来讲，中国肉鸡行业已经基本实现了机械化、规模化和标准化的养殖方式，但肉鸡养殖的智能化和智慧化水平还有待提高，从未来发展趋势看，中国肉鸡养殖行业的长远目标应该是实现智能化和智慧化，这是当前我国肉鸡产业转型升级和国际化面临的瓶颈问题。同时，中国肉鸡养殖业中还存在一部分产能相对落后、生产技术不高的企业，这些企业在发展方式上仍采用依赖消耗资源、依靠传统能源和以产量为标准的模式，与绿色生态养殖标准还有一定的距离。

3. 新城疫、禽流感等疫病问题仍不容忽视

新城疫疫情新发次数明显上升。世界动物卫生组织（OIE）公布的数据显示，截至 2019 年 11 月 15 日，全球 8 个国家新发生 79 起新城疫疫情，造成易感家禽 157 万只，确诊感染家禽 3 169 只，死亡家禽 4 931 只，扑杀处理 138 万只，屠宰 17 万只。USDA - APHIS 称，新城疫属于外来病毒，毒性非常强，主要攻击禽只的呼吸系统、神经系统和消化系统，大部分禽只感染此病毒后，在没有任何临床症状的情况下突然死亡。目前未发现新城疫会引起食品安全问题，但如果人与感染新城疫的禽只接触，可能会引致轻微症状。

2019 年 11 月上旬，中国台湾首次向世界动物卫生组织（OIE）报告，台湾禽类已确认发生四起新的高致病性禽流感疫情，至少有两种不同的 HPAI 病毒。OIE2019 年的监测数据还显示，H5 亚型高致病性禽流感在世界范围内的家禽中仍广泛流行，另外，H7 亚型分别在墨西哥（H7N3）和中国（H7N9）家禽中有报道，且 2019 年的 H7 的免疫保护效果相比过去 2 年有所下降（毕英佐，2019）。

（二）中国肉鸡产业发展的对策建议

1. 设立重点研发计划，推进肉鸡育种工作

育种工作是遗传改良的核心，选育又是育种的核心。世界范围内，肉鸡育种的选育技术从最初的表型选择、分子标记辅助选择技术，到现在的全基因组选择技术，有效地推动了育种技术的升级换代并保障了品种的竞争力。现阶段，国外大型育种公司已经开始考虑肉鸡养殖的福利和可持续发展问题，制定了多性状选择的育种目标。近年来，中国重点开展了肉鸡功能基因组学、遗传评估技术等研究，以及重要经济性状的遗传评估与选择技术研究，目前逐渐达到了与国际同步的水平，育种操作技术方面，中国先后开发出了无纸化产蛋记录、遗传评估系统等实用育种技术。中国白羽肉鸡育种虽然取得了一定的进展和突破，但种业基础薄弱，整体上与发达国家相比仍有差距。所以国内白羽肉鸡育种除了密切关注和跟踪国际育种方向外，还应仔细梳理已有的工作基础，充分利用国内丰富的遗传资源，立足本土消费市场，设立重点研发计划，采取差异化战略推进适合中国消费特色的拥有自主知识产权的白羽肉鸡品种育种工作。将中国研发出来的具有自主知识产权的白羽肉鸡新品种育种技术，尽快并且有效地转化到白羽肉鸡的生产中，打破白羽肉鸡种源过分依赖外国进口的局面。

2. 加快产业转型升级，实现提质增效

培育、生产“低抗、无抗、低药、无药”的高品质肉鸡是中国目前应对国内国际市场的必然要求。鸡肉是猪肉最好的替代品，要抓住当前有利时机，提

高肉鸡的质量以及肉鸡行业的养殖标准，进一步淘汰产能落后、生产技术低下、废弃物排放过高的养殖企业，推动肉鸡行业从机械化、规模化、标准化向智能化、智慧化的生产方式转变；从依赖消耗资源、依靠传统能源和以产量为标准向靠拢绿色生态标准、改造传统动能和培育壮大新动能方向转变，使肉鸡的养殖环境得以进一步提升，保证幼鸡生长的环境安全无污染，确保肉鸡品质无污染。另外，建立标准的筛选制度，严格保障肉鸡的品质，在政策上保护和推广高质量的肉鸡。

3. 加强环保与生物安全体系建设，防控流感疫情

面对疫情发生的不确定性，政府应有效发挥宏观调控功能，要加强养殖环境保护与生物安全体系建设，优化幼鸡免疫能力，降低疫病感染率。生物安全体系的建设是疫病防控的基础，首先要做好工程防疫，合理规划标准化养殖场的建设，提高环境生物安全指标，去除疫病隐患；其次，养殖阶段实行全进全出或分区养殖，减少交叉感染，还可以通过控制垫料湿度来防控肉鸡球虫病和坏死性肠炎的发生。此外，应适当优化免疫环节，通过工程控制、养殖环境控制给免疫环节减负，同时依托于有效的疫苗、科学的免疫程序、准确的操作、及时的监控作为支撑，使鸡群在健康的基础上减少疫苗注射（杨宁，2020）。

参考文献

[1] USDA. Livestock and Poultry：Market and Trade [R]. Foreign Agricultural Service/USDA Oct，2019.

[2] 辛翔飞. 非瘟形势下我国肉鸡产业发展趋势分析 [J]. 北方牧业，2019（16）：10.

[3] 佚名. 益生菌或将取代家禽中使用的抗生素 [OL]. 国际畜牧网，http：//www.guojixumu. com.

[4] 张博. 中药在家禽无抗养殖中的应用 [J]. 中国动物保健，2018，20（4）：9.

[5] Austin Alonzo. To control coccidia，control litter moisture [J]. Poultry International，2019（9）：5.

[6] 文杰. 我国白羽肉鸡育种进展 [J]. 北方牧业，2019（19）：12－13.

[7] 佚名. 白羽肉鸡“中国芯”取得重大进展 [OL]. 中国经济网，http：//www.ce.cn.

[8] 张艳玲. 中国全面“禁抗”大限将至，这些产业将前景广阔 [OL]. 中国网，http：//news. china. com. cn/txt/2019－12/16/content _ 75517609. htm.

[9] 佚名. 2019年全球家禽产业十大关键词 [OL]，国际畜牧网，http：//www. guojixumu. com/zt/2019gjjq. htm.

[10] 毕英佐. H5流行毒株有变，2019疫苗毒株为Re－11z+Re－12株 [J]. 北方牧业，

2019 (1): 17.

[11] 张怡，辛翔飞，孟凡瑞，王济民. 2018年全球肉鸡生产、贸易及产业经济政策研究报告 [J]. 中国家禽，2019，41 (2): 70-74.

[12] 杨宁. 2020年家禽业面临的大趋势和大挑战 [OL]. http://m.sohu.com/a/350465328_737696/.

2018 年国际肉鸡产业经济发展报告

张　怡[1]　辛翔飞[2]　孟凡瑞[1]　王济民[23]

（1. 青岛农业大学管理学院；
2. 中国农业科学院农业经济与发展研究所；
3. 中国农业科学院办公室）

2018 年世界经济整体增速与上一年基本持平。美国经济正式步入复苏的新阶段，货币政策正常化及税改对美国提振经济发挥了重要作用。欧洲经济从复苏向扩张的转变趋势得以持续，经济景气指数维持高位。日本经济在国内消费复苏的推动下呈持续复苏态势。新兴经济体普遍发展稳定，在外部需求总体向好和内部改革持续推进共同作用下，俄罗斯、巴西、南非等国家的经济显著回暖。中国经济形势整体保持稳健，经济增长、通货膨胀和就业较为平稳，供给侧改革扎实推进。但同时，由于全球贸易摩擦加剧，世界货币政策不确定性增大，金融市场可能进一步出现剧烈动荡，债务水平上升，各主要国家应对下一轮经济衰退的政策空间受到限制，以及地缘政治紧张局势加剧等因素的存在，可能会影响世界经济的稳定和发展。总体来讲，2018 年，在全球经济复苏、需求回暖、贸易增长的带动下，肉鸡产业再次凭借其生产周期短、性价比高和集约化程度高的显著优势持续稳定发展，肉鸡生产增长率和国际贸易增长率持续增加。

一、国际肉鸡生产与贸易概况

（一）国际肉鸡生产

2018 年全球肉鸡生产呈现持续增长态势，且相比较于 2016 年、2017 年增长明显。2018 年全球肉鸡生产量可能达到 9 250 万吨，增长率达到 1.93％，但仍低于 2010—2015 年的平均增长水平 2.6％。2016 年、2017 年全球肉鸡产量偏低的原因，主要是由于美国和欧洲的 H5 亚型高致病性流感疫情的暴发导致全球肉鸡产量增长率降低。2018 年年初，全球肉鸡产业已经开始逐步摆脱

H5 亚型高致病禽流感的影响，出现扭转局势。同时，全球经济也出现复苏迹象，消费开始呈现回升趋势。受上述因素综合影响，2018 年全球肉鸡产量明显增加。预计 2019 年全球肉鸡产量可能达到 9 780.2 万吨，预计增长率约为 2.30%（图 1）。

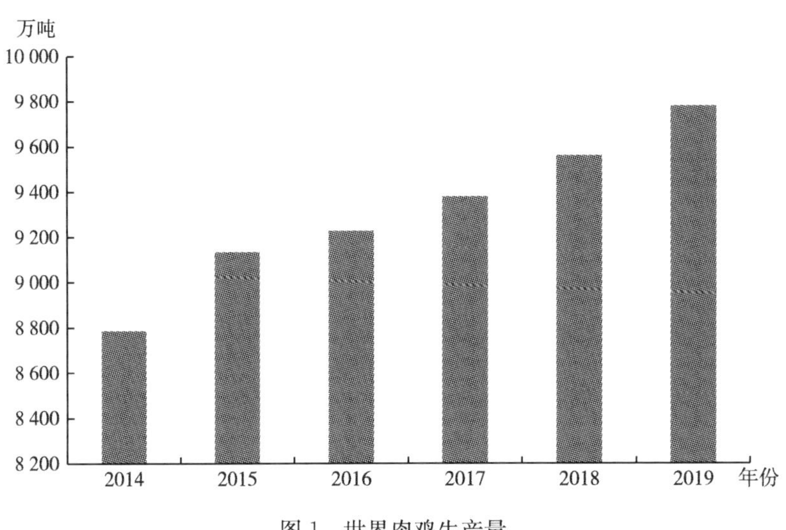

图 1 世界肉鸡生产量

数据来源：Livestock and Poultry：World Market and Trade，Foreign Agricultural Service/USDA Oct. 2018。

美国、巴西、欧盟和中国仍是全球肉鸡生产量最高的四大主产国（地区），产量分别为 1 935.0 万吨、1 355.0 万吨、1 231.5 万吨和 1 170.0 万吨（图 2）。肉鸡生产增长较为强劲的新兴经济体国家印度、俄罗斯、泰国和墨西哥，肉鸡产量分别达到了 485 万吨、480 万吨、312 万吨和 433.9 万吨。

从增长率来看，新兴经济体国家印度、泰国、哥伦比亚和墨西哥仍保持生产增长态势，且增长率明显高于其他国家（图 3），分别达到 4.63%、4.34%、3.56%和 2.94%。主要肉鸡生产国美国和欧盟增长率也分别达到了 2.17%和 2.11%。中国由于逐步摆脱了 H7N9 流感疫情的影响以及市场需求的复苏，肉鸡生产扭转了 2016—2017 年两年连续下滑的局面，实现微幅增长，增长率为 0.86%。巴西虽然国内肉鸡消费实现了 1.00%的增长，但由于生产成本的增加以及出口的下降（主要源于中国对巴西进口肉鸡采取反倾销措施及沙特阿拉伯禁止对家禽进行电击屠宰而形成的对巴西进口鸡肉限制措施），肉鸡产量呈现负增长，增长率为－0.45%。

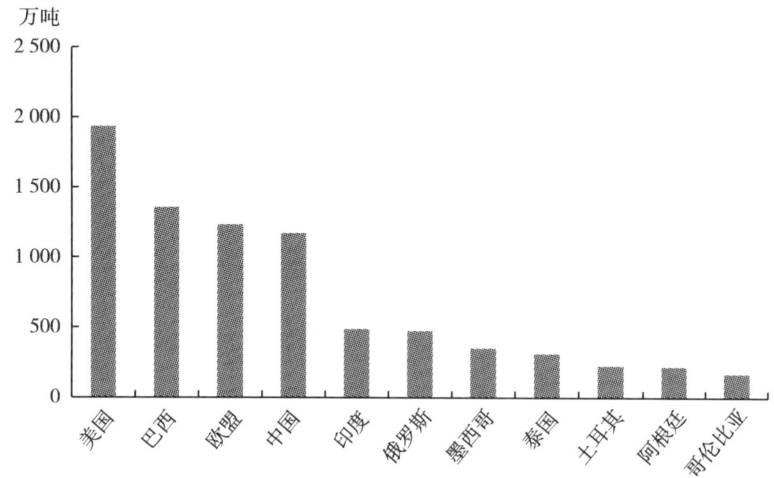

图 2 2018 主要生产国肉鸡产量

数据来源：Livestock and Poultry：World Market and Trade，Foreign Agricultural Service/USDA Oct. 2018。

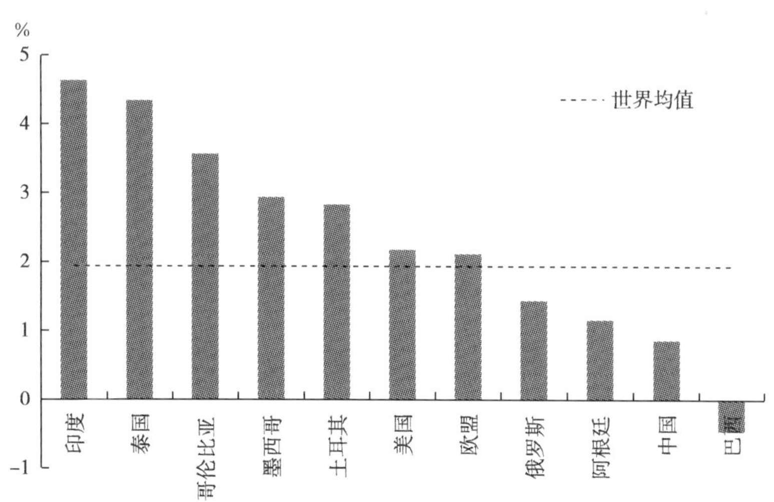

图 3 主要国家肉鸡生产增长率

数据来源：Livestock and Poultry：World Market and Trade，Foreign Agricultural Service/USDA Oct. 2018。

从主要肉鸡生产国所占份额来看（图 4），2018 年世界四大肉鸡主产国（地区）美国、巴西、欧盟和中国占全球肉鸡生产总量的 59.53%。虽然四大主产国（地区）肉鸡产量一直保持增长趋势，且在世界肉鸡总产量中占主要比重，但从长期来看，四大主产国（地区）肉鸡产量占世界肉鸡总产量的比重呈逐年下降趋势，2017 年和 2018 年连续两年下降到 60%以下，预计 2019 年这一比例还将进一步缓慢下降（表 1）。这主要由于新兴经济体国家的肉鸡生产近年来一直保持强劲的增长势头，在全球肉鸡生产中所占份额缓慢增长，而四大主产国（地区）中仅美国和欧盟一直保持较为稳定的低速增长趋势，中国和巴西增减波动较大。

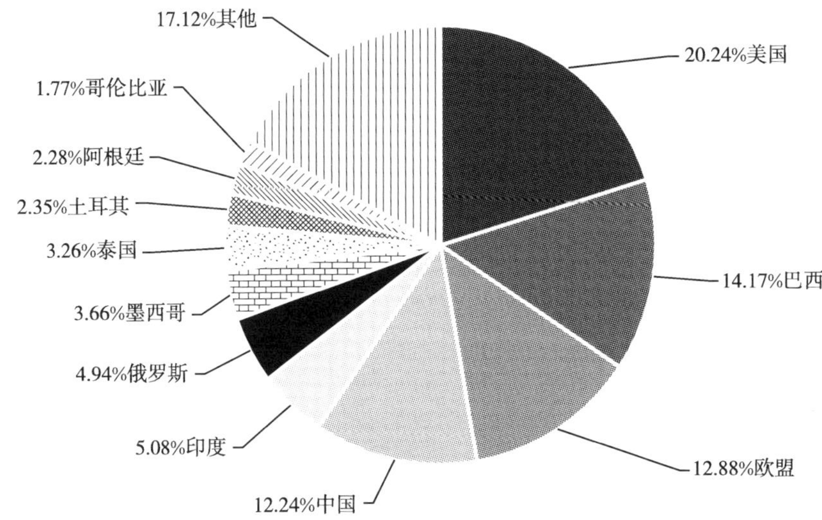

图 4　2018 年主要肉鸡生产国所占份额

数据来源：Livestock and Poultry：World Market and Trade，Foreign Agricultural Service/USDA Oct. 2018。

表 1　2014—2019 年世界四大肉鸡主产国（地区）肉鸡产量及占比

单位：万吨，%

年份	2014	2015	2016	2017	2018	2019
四大国肉鸡产量	54 094	56 206	56 041	56 210	56 915	57 979
四大国产量占比	61.57	61.54	60.73	59.94	59.54	59.28

（二）国际肉鸡贸易

2018 年全球肉鸡出口量达到 1 115.3 万吨，比上年增长 4.17%（图 5）。巴西、美国、欧盟是世界最主要的三大肉鸡出口国，出口量分别为 368.5 吨、

315.8 万吨、142.5 万吨。2018 年美国肉鸡产品的出口增速明显放缓，但新兴经济体国家如泰国、乌克兰和俄罗斯肉鸡出口增长显著，维持了 2018 年全球肉鸡出口量的整体增长。俄罗斯、白俄罗斯、泰国和土耳其为代表的新兴经济体国家出口增长较快，俄罗斯肉鸡出口增长率达到 20.97%，白俄罗斯达到 16.67%，乌克兰肉鸡出口增长 14.5%，泰国肉鸡出口增长 12.29%。传统肉鸡生产大国中，欧盟成为出口增长率最高的国家，出口增长 6.47%；其次为中国，出口增长 5.5%（图 6）。2018 年贸易保护主义升温，对全球肉鸡出口的负面影响不容小觑，但禽流感防控更加及时和有效，维持了 2018 年肉鸡出口贸易的增长。预计 2019 年全球肉鸡出口还会保持增长，达到 1 161.9 万吨，增长率 4%。

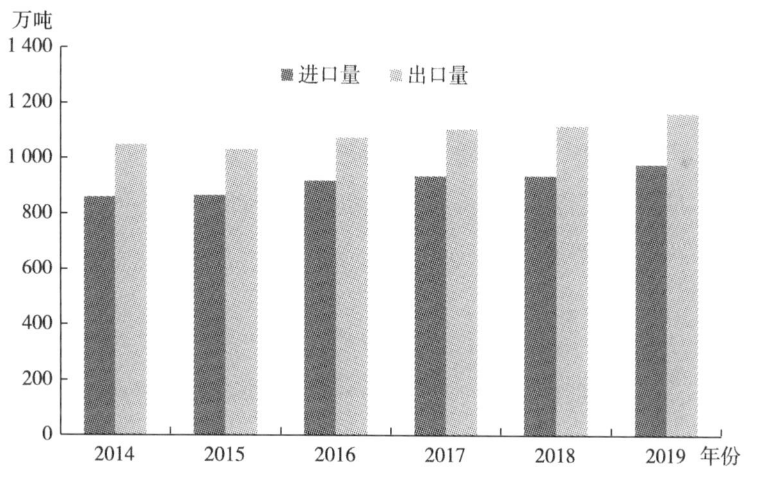

图 5 世界肉鸡进出口量

数据来源：Livestock and Poultry：World Market and Trade，Foreign Agricultural Service/USDA Oct. 2018。

2018 年全球肉鸡进口量达到 936.3 万吨，比上年增长 0.12%。2018 年肉鸡进口最多的国家仍为日本和墨西哥，进口量分别为 114 万吨和 84.5 万吨。亚洲仍然是肉鸡产品进口最多的地区，约占全球肉鸡贸易总量的 40%。总体来看，肉鸡进口增长最快的国家和地区为中国、安哥拉和菲律宾，增长率分别为 12.54%、16.1%和 16.1%（图 7）。与同期全球肉鸡出口增长放缓相对应，肉鸡进口增长与出口保持同步，进口增长明显放缓，预计 2019 年肉鸡进口量可能会达到 977.5 万吨，增长率 4.4%。

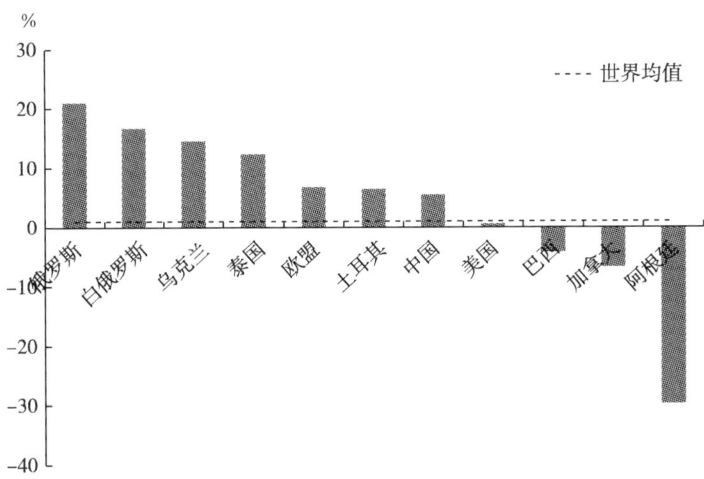

图 6　2018 年世界肉鸡主要出口国出口增长率

数据来源：Livestock and Poultry：World Market and Trade，Foreign Agricultural Service/USDA Oct. 2018。

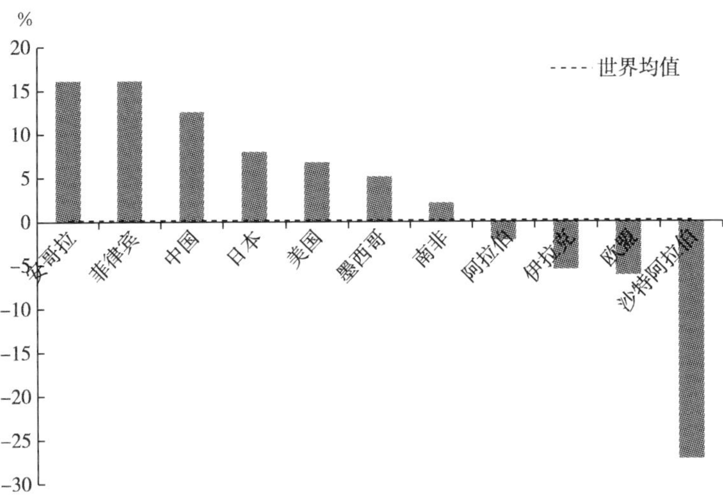

图 7　世界肉鸡进口增长率

数据来源：Livestock and Poultry：World Market and Trade，Foreign Agricultural Service/USDA Oct. 2018。

二、中国肉鸡生产与贸易概况

（一）中国肉鸡生产与消费

2018年中国肉鸡逐步摆脱了H7N9流感疫情的影响，生产开始扭转下降颓势，产量回升（图8），达到1 170.0万吨，比上年增长10万吨，增幅0.86%。预计2019年中国肉鸡产量可能会达到1 200万吨，增幅2.56%。

2018年中国肉鸡消费与生产同步增长（图8）。全年消费量达到1 159万吨，比上年增长11.5万吨，增幅1.00%。预计2019年中国肉鸡消费还将继续增长，会达到1 190万吨，增幅2.67%。

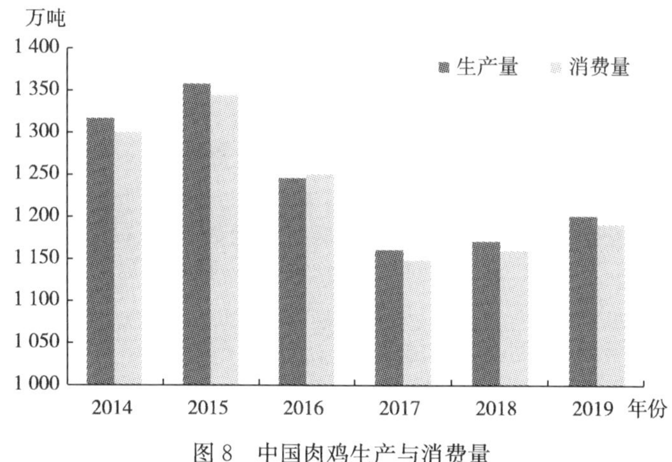

图8　中国肉鸡生产与消费量

数据来源：Livestock and Poultry：World Market and Trade，Foreign Agricultural Service/USDA Oct. 2018。

从近几年中国肉鸡生产与消费增减情形看（图9），中国肉鸡生产与消费从2014年到2016年一直处于波动状态，在2017年生产与消费开始回升，出现持续增长态势。

（二）中国肉鸡贸易

2018年中国肉鸡进口35万吨，比上年增长3.9万吨，增幅12.54%（图10）。预计2019年肉鸡进口可能会达到37.5万吨，增长7.14%。2018年中国肉鸡出口46万吨，比2017年增长2.4万吨，增幅5.5%（图11）。2016年由于受到高致病性禽流感和国际经济下行的影响，肉鸡出口量下降。2017—2018

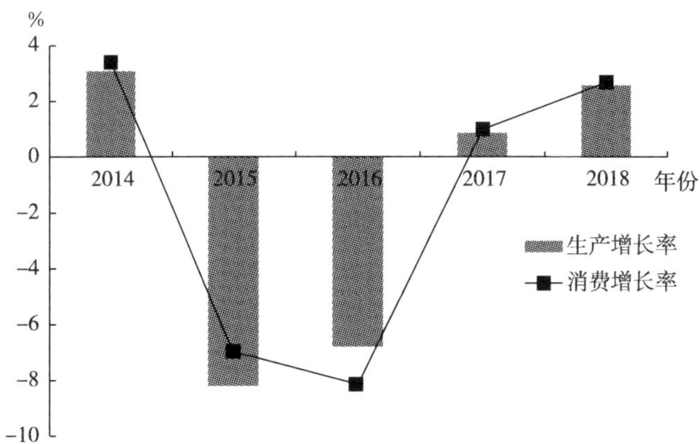

图 9　中国肉鸡生产与消费增长率

数据来源：Livestock and Poultry：World Market and Trade，Foreign Agricultural Service/USDA Oct. 2018。

年，中国肉鸡出口一直呈上升趋势。巴西和印度等新兴经济体国家在饲料和劳动力上具有明显优势，肉鸡出口具有竞争优势，中国的肉鸡出口可能会因此受到影响，但不会影响总体的出口增长趋势。预计 2019 年中国肉鸡出口将达到 47.5 万吨，上涨 3.26%。

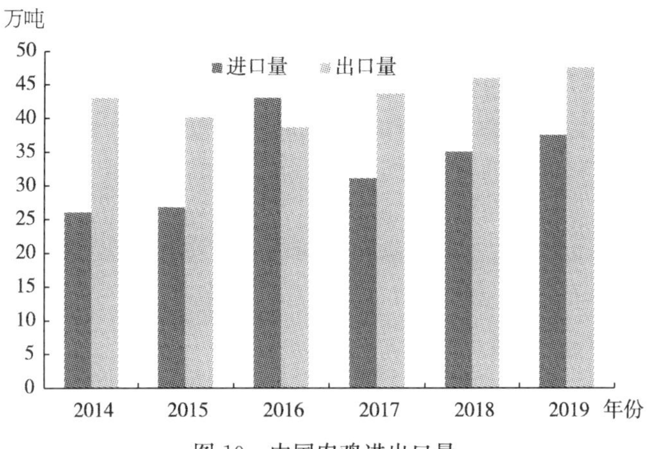

图 10　中国肉鸡进出口量

数据来源：Livestock and Poultry：World Market and Trade，Foreign Agricultural Service/USDA Oct. 2018。

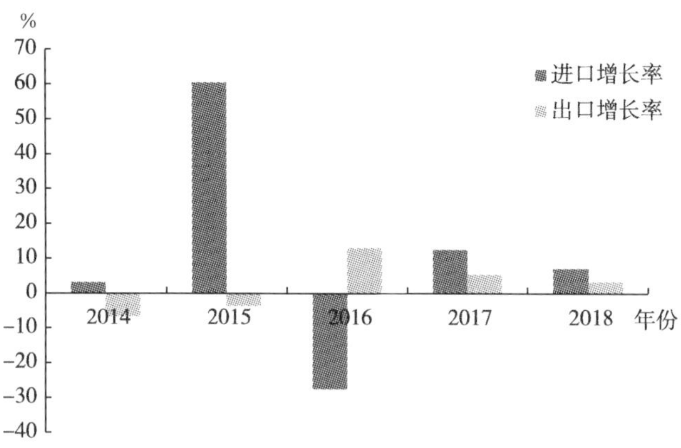

图 11 中国肉鸡进出口增长率

数据来源：Livestock and Poultry：World Market and Trade，Foreign Agricultural Service/USDA Oct. 2018。

三、国内、国际肉鸡产业经济政策研究进展

（一）家禽无抗生产行动渐进升级

随着减抗和禁抗的呼声日益高涨，消费者对此关注度也持续上升。经过多年的发展，世界许多地区预防性抗生素的使用显著减少，无抗肉类也成为家禽企业在市场竞争中提高竞争力的新策略。麦当劳、肯德基、必胜客、赛百味等许多主流餐饮连锁店都加入了减少直至不使用抗生素养殖的肉类作为餐厅食品原料的队伍中。2018 年美国一份对 1 000 多位消费者进行调查的报告显示，43%的消费者表示他们总是或经常在超市购买不含抗生素的肉类产品；如果餐厅声称使用的是无抗肉类产品，约 60%的消费者更有可能在餐馆吃饭，并且会为“无抗生素”汉堡支付更多费用。国内方面，农业农村部 2017 年 6 月发布《全国遏制动物源细菌耐药行动计划（2017—2020 年）》，提出了规范并减少兽用抗生素使用的六大行动；2018 年 4 月又发布《关于开展兽用抗菌药使用减量化行动试点工作的通知》，明确制定了《兽用抗菌药使用减量化行动试点工作方案（2018—2021 年）》，计划 2018—2021 年以蛋鸡、肉鸡、生猪、奶牛、肉牛、肉羊等主要畜禽品种为重点，每年组织不少于 100 家规模养殖场开展兽用抗菌药使用减量化试点工作。家禽业抗生素减量在此次行动中占重要席位，农业农村部公布的 2018 年 100 家全国兽用抗菌药使用减量化行动试点养

殖场名单中，肉鸡养殖场 21 家，肉鸭养殖场 2 家，蛋鸡养殖场 30 家。目前，山东、江苏、河北等地已出台兽用抗菌药使用减量化试点建设实施方案并遴选出省级肉鸡等畜禽减抗行动试点养殖场，力争通过三年左右试点，总结、推广一批兽用抗菌药使用减量化模式，实现畜禽养殖过程中促生长类兽用抗菌药使用逐步减少、兽用抗菌药使用量“零增长”。

（二）国际贸易环境出现动荡

尽管 2018 年全球肉鸡整体发展不错，但仍然存在一些负面问题影响着全球肉鸡贸易的发展。其中，巴西受影响最大。2018 年沙特阿拉伯和阿联酋正在实施更为严格的清真屠宰标准，即禁止对家禽进行电击屠宰处理。沙特阿拉伯作为巴西最大的出口市场，这一禁令的出台对巴西的肉鸡出口造成沉重打击。此外，欧盟的贸易限制正在影响肉鸡的价格，中国对巴西的家禽产品进行的反倾销调查都影响到肉鸡贸易格局变化。

（三）供应链整体风险防控重要性日益凸显

2018 年全球高致病性禽流感（HPAI）疫情继续蔓延，与家禽养殖及禽类产品有关的沙门氏菌感染事件在全球持续发生，以及贸易摩擦等的影响，会不同程度地在家禽产业供应链中表现出来，从种鸡引进、原料成本到货轮业务、港口经济，再到商超、餐饮采购、终端消费者需求。因此，对于家禽行业及企业而言，评估和管控供应链风险非常重要。从企业到社会，供应链风险带来的影响可小可大。如，震惊世界的南非李斯特菌疫情（从 2017 年 1 月持续到 2018 年 9 月，共报告了 1 060 例病例，其中 216 例死亡）给民众的生命和财产造成重大损失，包括猪肉香肠、鸡肉香肠等肉类产品被大批召回，相关企业因此遭受严重经济损失。供应链格局演变带来了风险也带来了机遇。国内家禽产业链企业发力供应链的路径显得更加清晰，从推出禽肉调理品到开设禽肉零售店，从建设中央厨房到建设食品研发中心，再到为宇航员、体育健儿、瘦身时尚人士以及各国友人提供禽肉美食，正大食品、新希望、温氏佳味、圣农食品等多家企业在线下打造产品品牌影响力的同时，也与多方合作开拓线上渠道。

（四）数字技术应用成为家禽产业升级的驱动力

2018 年年初，家乐福宣布启动区块链追溯鸡肉等食品计划，并于 10 月投入使用。目前，全球四大粮商正利用区块链等技术对国际粮食贸易进行数字化。在中国，区块链在养鸡行业也有应用，如众安科技采用区块链技术养殖的

“步步鸡”等。荷兰、美国等国的家禽业界科学家正在加大力度研制基于先进数字技术的智能化设备，拣蛋机器人、鸡舍监测机器人等产品已从实验室走向欧美及中国的家禽产业各大展会，开始实现商业化应用。数字技术应用正成为家禽产业及企业升级的一大驱动力。

四、问题与建议

2018年国内肉鸡产业需求市场有所回暖，国内肉鸡产业基本摆脱了H7N9流感疫情的影响，肉鸡产量开始回升，肉鸡产品贸易量不断增加，继续实现贸易顺差，肉鸡产业链整体盈利状况较好。基于肉鸡产业发展中的问题，提出如下对策建议。

（一）加快肉鸡产业升级

肉鸡产品国际竞争程度不断加剧，国家对畜禽养殖的环保监管力度持续加大，为了进一步提升肉鸡生产效率，减轻环境压力，提升肉鸡产业整体发展素质，实现肉鸡产业可持续发展，提高肉鸡产品竞争力，应进一步淘汰落后产能，增加肉鸡规模化、标准化养殖比重，提升养殖废弃物无害化、资源化利用程度，以提高肉鸡产业整体水平，促进肉鸡产业整体升级。

（二）加强对动物疫病的防控力度

2013年以来国内多次暴发H7N9流感疫情，2016年以来全球持续暴发高致病性禽流感疫情，对国内和全球肉鸡生产和贸易造成重大影响。虽然2018年国内H7N9流感病毒已经得到基本控制，国际禽流感疫情也有较大程度的减弱，但疫病的不确定性对产业影响仍然值得警惕。应当坚持“养重于防、防重于治”的方针，加强动物防疫基础设施建设，健全科学防控动物疫病的技术支持体系，加大对禽流感等动物疫病的防控力度。

（三）高度重视白羽肉鸡遗传育种研发

加强白羽肉鸡自主育种是重中之重。我国白羽肉鸡一直都是国外品种一统天下，出于对种源安全的考虑，加强白羽肉鸡自主育种是重中之重。我国白羽肉鸡自主育种基础薄弱，与国外长达几十年的育种素材、人才、技术、资本积累相比，仍处于起步阶段，但是面对咄咄逼人的市场形势，必须采取有针对性的行动，充分利用国内丰富的遗传资源，走差异化战略，立足本土消费市场，设立重点研发计划，助推适合我国消费特色的肉鸡品种育种工作。

（四）强化畜禽养殖废弃物资源化利用技术集成

继 2017 年《国务院办公厅关于加快推进畜禽养殖废弃物资源化利用的意见》发布之后，2017 年和 2018 年中央财政持续支持畜禽粪污资源化利用工作，且在 2018 年进一步启动全国畜禽粪污资源化利用整县推进项目，重点支持畜牧大县整县推进畜禽粪污资源化利用基础设施建设。关键技术和设备是解决好当前畜禽养殖废弃物处理和资源化问题的关键方面。因此，应当坚持问题导向，加强畜禽养殖废弃物资源化利用基础研究和关键技术攻关。

（五）加强肉鸡残留监控

提供安全的肉鸡产品是肉鸡产业健康持续发展的必然要求。在完善肉鸡产品和饲料产品质量安全卫生标准的基础上，建立饲料、饲料添加剂及兽药等投入品和肉鸡产品质量监测及监管体系。倡导构建低抗甚至无抗肉鸡饲养模式，进一步完善抗生素第三方检验和社会监督制度，严格保障肉鸡产品质量。

参考文献

[1] USDA. Livestock and Poultry：Market and Trade [R]，Foreign Agricultural Service/USDA Oct. 2018.

[2] 佚名．家禽无抗生产行动渐进升级 [OL]．中国畜牧网，http：//www. guojixumu. com.

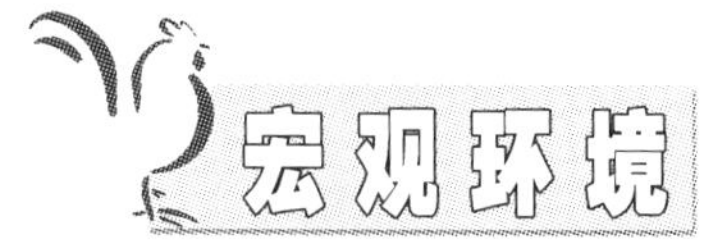

畜牧业高质量发展必须把竞争力提升作为主要任务

王济民[1,2]

（1. 中国农业科学院农业经济与发展研究所；2. 中国农业科学院办公室）

一、畜牧业政策存在四大“过度”问题

一是“过度项目化”。现在的标准化规模养殖、粮改饲、退耕还草、振兴奶业苜蓿发展行动等，都不能算真正意义上的普惠制政策，只能叫项目，甚至也可以称作“运动”，其目的是“树典型”，实际操作中变成“堆大堆”。总体来看，现在畜牧业只有项目、运动，没有政策。在畜牧业项目执行中，项目效益被严重忽视。项目的确定，长官意志严重，很少考虑产业规律、技术细节，没有经过仔细研究论证，项目成熟度差，资金浪费严重。更没有对项目执行情况进行科学的检查评估，项目总结上下都说好。

二是“过度一刀切”。环保就是典型，要了解科学发展的概念，不是养畜就是污染，而是畜牧业没有管理好才确实会造成污染，而且这个污染不是一天两天形成的，是一个长期的过程，靠政策一天改变是不可能的。政策出台必须要有过渡期，政府要帮助他们解决污染的问题，而不是禁养、强行关闭。这实际是一个费时间的事，不能简单粗暴关停禁养。

三是“过度企业化”。过去，畜牧业都是农民搞养殖，养殖主体是农民。现在都是企业在养殖，畜牧业变成了企业为主体的行业。普通农户跟畜牧业发展越来越没有关系。实际上这反映出，我国的畜牧业政策还存在第三个问题，即“过度企业化”。

四是“过度短期化”。很多地方的政策制定者只关心当前情况、短期效应，对未来没有做出长远规划，或没考虑具体落实情况。奶业三聚氰胺出了问题，本质是良心问题，但却消灭小散户，提升规模化、设施化和企业化，产业竞争力严重丧失。企业和农户利益不协调，仍然在采取美国模式解决问题，没有采取欧洲经验，采取合作社办企业的办法加以解决。

二、畜牧业高质量发展的核心是竞争力提升问题

国内畜产品价格普遍比国外的贵一倍，在市场经济下这是大问题。再加上中美贸易摩擦，如果中国和美国谈判，成功签订协议，畜产品会大量进口，我国畜牧业有可能受到致命打击。

现在城市的实体经济吸收了大量的农民工，他们长期有工作收入来源，如果实体经济能够可持续发展，一切皆大欢喜。从长远看，实体经济一旦出现不景气，而农户从事的种植业、畜牧业又被企业占领，农民就业收入怎么保障，这恐怕才是最大的麻烦，也是我们国家最应该避免的事情。

畜牧业当前面临高质量发展问题，但具体怎么发展，还需要认真策划。对产业来说，当前对世界各国先进经验情况也大致清楚，但在我们制定相关政策时总有点跑偏。比如十几年前我们就提出了“健康养殖”，但最后实际推行了“标准化规模养殖”，现在国内养殖成本比国外高了一倍，而且粪污处理也成了难题，动物疫病也没少，而且一个比一个来势凶猛，一个比一个难以处理。

最近几年我们总在强调畜牧业转型，实际的情况是，畜牧业规模化、设施化、资本化、技术化、企业化水平提高了，但产业竞争力却下降了。实践经验证明，没有竞争力提升的畜牧业转型就是胡闹！政府绝对不能前面拿着钱鼓励发展，后面又拿着刀要求关停，让养殖户自生自灭。政府必须要加强畜牧业发展战略和政策的研究，进一步强化顶层设计。

三、畜牧业发展战略和政策研究严重滞后

从畜牧经济研究来看，总的来说，感觉过去虽然经费少，但却能真正发挥经费作用，认认真真做点事。现在经费多了，想做点事却难度大了。现在大学、研究院所专家首先要考虑发表论文，研究院所专家更要考虑年底的绩效工资，如果只研究战略和政策，年底的绩效工资就成问题了，绩效工资就要清零，实际年度工资水平就会连农民工都不如。在经费使用上，中央政策是一样

的，但各大学、科研院所执行是有区别的。很多开会、研讨、调研因资金难划拨，很难开展工作。地方不敢收、单位不能报，相关的调研补助也在减少或者取消，造成没人再去认真调研，甚至影响了调研报告质量，连篇规规矩矩的调研报告都难以看到。

SCI论文有用，但远水不解近渴。现在开展畜牧战略、理论方面的研究没有动力。原来经费少，但基本能自由支配，调研比较自由。现在钱多了，但对如何花费限制很多。现在中国农科院国家每年拨的人头费很低，要想把国家规定的工资项目都发全，就必须去自己挣钱。政策研究比较特殊，要和企业、行业没什么利害关系。将来怎么开展，还需要有一定的创新机制推动。建议形成相应激励机制，如购买服务，拿出很大部分资金（至少60%）首先要作为主体研究专家的工资补贴，其次，用于邀请各种专家开展研讨、咨询等。

四、要高度关注中美贸易谈判签署协议后可能对畜牧业发展的负面影响

山东中澳集团破产是一个案例。山东中澳集团位于山东省庆云县，是农业产业化国家重点龙头企业，主要从事肉鸭的育种、繁育、养殖和深加工，其主营产品是“中澳”牌鸭肉系列制品。庆云县人民政府副县长殷金明介绍说，中澳集团发展过程中，因经营管理不善、盈利能力差，长期依靠银行贷款高负债运营，持续处于亏损状态，多个企业相互交叉担保。由于中澳集团两年多的时间停止还本付息，引发域内企业开始跟风，金融生态环境急剧恶化，已成为引发区域性金融风险的重大风险点。根据债权人申报确认，中澳集团的债务高达30.82亿元，经过权威机构评估，其固定资产在破产清算状态下估值仅为2.16亿元。庆云县人民法院院长牛庆华介绍，由于重整期限届满，没有企业参与重整，县法院裁定宣告中澳集团破产。

前段时间，中美贸易摩擦，中国对美国增加关税，美国很多农场倒闭。将来，如果中国和美国的协议签订成功，随着美国畜产品的进口增加，畜牧业恐怕也会有很多高负债、高成本企业垮台，美国政府会“帮助”中国一大批畜牧企业垮台。现在很多龙头企业都是靠贷款生存。中澳资产2亿多元，贷款30多亿元。中澳倒闭是第一个，中美贸易协议签署后还有第二、第三个。潮退了才知道谁在裸泳。现在，养殖企业都有危机感，而且规模越大风险越大。我们一定要提前想好对策，做好准备。

畜牧业发展要走适度规模、种养结合的道路

王济民[1,2]　刘　洋[3]

(1. 中国农业科学院农业经济与发展研究所；
2. 中国农业科学院办公室；3.《环球财经》杂志社)

1978年冬，黑龙江省黑河地区北安县一等猪肉的价格居然从每斤0.80元上上升到了1.23元。尽管当地当时每人每月凭票仅能购得猪肉半斤，但如此涨幅还是让人感到了不安："1978年北安城镇职工平均月工资40～50元。对一般职工来说，猪肉是最贵的奢侈品之一。"

正因为这个低起点的存在，中国在过去四十年间表达出的飞速增长的畜产品需求才成了全球粮食领域最引人注目的变化。2016年，中国人均肉类消费达到60千克，这个数字在1980年时还只有12.7千克。同时间段内，中国人对牛奶、鸡蛋和猪肉的平均年消费量也分别增长了10倍、6.9倍和13倍。和收入一样，中国人对畜产品的需求也超过世界平均水平，逐渐向全球前列挺进。

一些更深层次的转变也在舆论焦点之外慢慢发生。农业农村部畜牧业行业统计显示，全国畜禽规模养殖比重在2013年首次超过散养，随后也一直保持每年1～2个百分点的增长趋势。2018年，预计全国畜禽养殖规模化率将超过60%，规模养殖逐步成为肉蛋奶供应主体。

这当然是竞争的需要。中国畜牧业长期受困于规模化的缓慢和由此带来的先进技术应用不足。农业农村部畜牧业行业监测数据显示，我国每个养猪户每年出栏生猪只有40头，美国农场平均出栏约1 700头；我国每头母猪可提供出栏肥猪15头，美国可以达到22～26头；我国每头荷斯坦成年母牛平均单产6吨，美国单产超过9吨；我国生猪平均饲料转化率为3.5，发达国家大部分在3以下，这意味着同样生产1千克肉，我们要多用0.5千克以上饲料。

但不断增长的畜产品需求对中国的资源和环境也构成巨大挑战。2017年，我国进口了9 553万吨大豆、283万吨玉米和185.6万吨草产品，和饲料息息

相关的所有方面都已经开始严重依赖进口。同时，规模化养殖产生的大量动物粪便也在考验畜牧业可持续发展的能力。

考虑到中国的人均国内生产总值仍然不高，中国人对畜产品的需求远未达到峰值，中国的资源和环境也将继续承担巨大的畜牧业发展压力。《环球财经》记者刘洋就中国畜牧业发展的道路选择问题采访了中国农业科学院王济民研究员。

一、国内的资源环境可以满足畜牧业发展的需要吗?

《环球财经》：和所有农业部门一样，畜牧业和我们的日常生活息息相关，但这样的传统产业很难吸引到足够的关注。我们都说中国人对肉、蛋和奶的需求和发达国家相比还有相当的距离，又说我们中国人要自己养活自己。您觉得，我们的资源环境可以支撑畜牧业发展的需要吗?

王济民：从目前情况来看，我国的资源环境很难承载我们对畜牧业的期待。

现在，我国人均年消费肉类是 60 千克、蛋类 20 千克、奶类 40 千克。我们国家目前的人均国内生产总值是 9 000 多美元。从世界经验来看，畜产品的需求应该在人均国内生产总值两三万美元的时候才能达到峰值；那时候，人均年消费的大概要达到肉类 90 千克、蛋类 20 多千克、奶类 80 千克。当然，亚洲人和欧美人的饮食结构可能存在不同，我们对肉类的需求会打个折扣，但人均年消费的肉类也要超过 70 千克，奶类也要超过 60 千克。

但即便在当前的畜产品需求情境下，我们的资源已经不堪重负了。为了满足畜产品需求，在国内粮食生产能力自 2004 年就持续提升的背景下，我们每年进口的大豆和谷物还是超过了 1 亿吨。以前，我们畜牧业用草都是自产的，现在每年也有 100 多万吨进口。我国粮食产量虽然达到 6.5 亿吨以上的水平，但持续增产的难度越来越大，畜牧业终究会遇到瓶颈。

瓶颈之一是水资源。目前，东北和华北是我国非常重要的粮食产区，以前的南粮北运的粮食生产和消费格局已经转变为北粮南运。但是，华北的地下水超采非常严重，东北地区的地下水位下降也很严重，这些地区的水资源不足以继续支撑粮食产量的大幅增加。

另一个重要瓶颈是环境，核心是对粪便的处理。以前，畜牧业的布局是种养在家庭内结合在一起，这样的最大好处就是环境压力小，农户还能通过利用农家肥建立一个微型生态系统。那时候有句话非常形象，叫“养猪不挣钱，回头看看田”，副业不赚农业补，整体还是能赚钱的。

现在，畜牧业专业化、规模化的趋势会越来越显著。这样一来，粪便处理就成了大问题。畜禽粪污当作农家肥使用，成本随运输距离增加会迅速提高，荷兰的经验表明农家肥的运输距离不能超过 100 公里；畜禽粪污生产沼气也是一种选择，但其是否具有经济可行性还需要进一步探讨。

第三个瓶颈就是疫病的增加。以前，我们的畜牧业也会遇到很多严重的疫病，像口蹄疫、禽流感和蓝耳病。2006 年的时候，由于蓝耳病的暴发，猪的繁殖受到影响，猪肉价格就在几个月的时间里出现了暴涨；现在，家禽 H7N9 刚刚得到控制，非洲猪瘟又开始肆虐。例如，从 2018 年开始的非洲猪瘟已经对我国的生猪生产产生了较大影响，并有可能影响到我们国家接下来的猪肉供应，如果疫情进一步蔓延，很可能导致国内猪肉价格暴涨，因为国际市场在短时间内很难弥补上我们国家可能出现的较大的猪肉缺口。

所以，我们确实不可能不依赖进口，接下来，我们需要思考的问题是进口粮食还是进口肉、蛋、奶等畜产品。根据经验，每进口一吨肉就相当于进口三到四吨粮食。也就是说，进口 3 000 万吨肉就可以抵消掉目前对国外粮食总计 1.2 亿吨的需求。当然，这要寻找平衡，进口粮食对发展畜牧业和促进农民增收有帮助，但畜牧业发展过快又会对环境造成负面影响。

二、畜牧业规模化发展是必然趋势吗？

《环球财经》：不久前，我看到这样一组数据——目前，我国每个养猪户每年出栏生猪 40 头，美国是 1 700 头；我国每头荷斯坦成年母牛平均单产 6 吨，以色列、美国和加拿大等国的成年母牛单产超过 9 吨。造成这样大的差距的一个重要原因就是规模化和由此带来的应用新技术的较低成本。所以，要想提高我国畜牧业的竞争力，规模化可能根本没办法回避，对吗？

王济民：规模化是一个必然的趋势，规模化必须是算经济账的结果。但想把规模化做好，要算的经济账还有很多。例如，我们要区分企业、养殖场和畜禽舍规模的不同，企业的规模可以越大越好，甚至在全球布点运营都可以，但猪场规模并不是越大越好，猪舍也不是越大越好，过大过密的养殖规模不符合动物福利要求，还会造成粪便处理压力，对可持续发展有负面影响。目前，无论用沼气发电，还是将畜禽粪污制成颗粒肥远距离运输，经济上都还没有普遍意义。

在美国，我们看到一个养猪场的标准养殖规模就是 2 400 头猪，而且要按照很高的标准建在一块相当规模的农田旁边，这样就可以让养猪场和农田形成一个小型的生态系统。这样一来，肥料可以就地使用，综合核算的成本是最低的，这就值得我们研究和学习。美国肉鸡养殖的鸡舍规模是2万只，每个养鸡场的规模也不是很大。鸡舍规模的标准化十分有利于新技术的推广和效率提升。

需要考虑的另外一个经济问题是新的产业链条怎样建立，也就是不同的加工厂应该和养殖场按照怎样的布局来组建。我们现在采用的模式是公司加农户，但散户时代的价格基本是随行就市，双方利益其实都得不到保证，当然大型加工厂的谈判能力很强，很容易让农民蒙受损失；变成规模户养殖以后，新的利益平衡要依靠什么样的方式来实现，也值得研究。

对这个问题，国际上有几种方式可供选择。

美国的模式和我们接近，但美国实现了更高程度的纵向一体化。例如，在肉鸡养殖行业农户按照加工厂要求进行规模化和标准化养殖，幼苗、饲料和辅料都免费来自加工厂，产品直接卖给加工厂，养殖场只承担建设和养殖功能。之后，加工厂根据养殖场的养殖成本情况决定产品购买价格，养殖场的成本越低，加工厂支付给养殖场的价格反而越大，以此鼓励养殖场在坚持高标准的前提下降低成本。

日本的模式是农协，本质上是农业综合性合作社，一切经营行为都要经过农协，农协事实上就是企业和农户之间的防火墙。从经验来看，合作社对于保护日本农户的利益起到了相当大的作用；但从发展来看，合作社又成了日本农业进一步提升竞争力的障碍，这也是我们需要注意防范的问题。

欧洲又用不同方式实现了纵向一体化。在欧洲，不同的专业户联合起来开办加工厂，之后进行公司化的运营，加工厂盈利后，会根据农户交售农产品数量的多少，进行利益返还，农户和企业形成了稳定的利益共享机制。

如果要让中国畜牧业强大起来，就必须在制度建设上下工夫。制度设计要充分考虑种养布局，也要充分考虑养殖规模对成本收益的影响，还要考虑利益分配问题，更要着眼于提升行业的诚信度。因为包括畜牧业在内的农业从根本上说都是良心产业，与行业竞争力的强弱有很大关系，但有时候和规模大小、技术高低和设备先进与否没有直接联系。

三、如何提高畜牧业竞争力？

《环球财经》：考虑到我国畜产品和国外同类产品之间巨大的成本差距，我国畜牧业正面临着相当的挑战。考虑到巨大的国内市场需求，我们又不可能对国际市场依赖过多，需求的满足最后一定还是要靠自己。从您的角度来看，怎样做才能提高我们国家畜牧业的竞争力呢?

王济民：首先，我国的畜牧业必须要走适度规模的道路。除了在某些山区和一些主打名优特高精畜牧产品的少数地区以外，规模化在向人民大众提供基本的畜牧产品方面一定是我们必走的路。只有这样，我们才能建立起可以和国外直接竞争的畜牧业体系。但要真正做到适度，就要研究好多大规模的养殖单元、养殖场规模更适合中国的国情，还要研究好怎样的设施标准和内部条件更有助于牲畜的生长发育，这是一系列技术问题。

其次，需要农牧结合，具体方式应该是让畜牧业和高标准农田结合。我们要认真研究一个标准养殖单元应该和多大规模的高标准农田——一万亩还是两万亩——搭配在一起，要让这些养殖场像水和电一样成为高标准农田的配套设施。这些养殖场确实会占用一部分地，但由此带来的有机肥对于保护耕地和环境具有巨大价值，符合农业可持续发展的长远利益。

第三，要注意动物福利和健康养殖的问题。以前，由于受畜产品供给短缺以及养殖规模较小的影响，我们可以不考虑动物福利。但现在，我们的畜牧业已经发展到了这个新的阶段，如果我们不重视动物福利，动物就会经常得病，这些疾病即便不会传染给人，也会直接影响到养殖场的收益和畜牧业整体的竞争力。

第四，做好利益分配。在这方面，我们可以借鉴欧洲的做法，让专业户联合起来发展对自己有利的事情，政府一方面要加大合作社举办农产品加工业的支持力度；另一方面也可把对龙头企业的支持资金转作合作社对龙头企业的投资和股金。此外，还可以允许农业龙头企业和合作社之间相互参股，这样可以让农业系统中的利益分配问题得到很好解决。

最后，要对违反诚信的行为加大处罚力度。农业是良心产业，老百姓对农产品质量的信心是一切商业的根本，我们不要开错药方，用技术、设施和规模等方法解决诚信问题，那只会提升农产品的成本，进而伤害农产品的竞争力。农产品的供应方数以万计，靠政府或者某一个第三方组织监管都不可能彻底解决这个问题，在不可能增加督查数量的情况下，最直接的办法就是加大惩罚力度。当然，从长远来看，最可行、最根本、最经济的办法是把对质量的控制内化为农户的自身需求，让他们自己监管自己，或者彼此互相监督。例如，如果有合作社的产品出问题，那就对整个合作社进行市场禁入。到那时，这个合作社的成员一定会想办法解决问题。

四、畜牧业发展面临的最大挑战是什么？

《环球财经》：现在，我们国家还有相当多的人口长期居住在农村，如果包括畜牧业在内的大农业都实现了规模化，那农村需要的劳动力还要继续减少。所以，这是否意味着，对包括畜牧业在内的农业部门来说，未来最大的挑战就是如何解决农村人口的就业问题？

王济民：是的。从长远来看，农村人口的就业问题要更多依靠农业以外的经济部门来解决。当前，农业在我国国内生产总值中所占比重只有8%，如果农业劳动生产率与其他经济部门相等，这个经济部门的劳动力在全部劳动力中所占的比重应该也是8%，但目前实际上还有27%的劳动力在农业部门。未来，随着国民经济的发展，我们预计至少还要有20%的劳动力离开农村。

对这个问题的解决应该和国家的乡村振兴战略结合起来。目前，我国一二线城市吸收农村劳动力的可能性越来越低，但中小城镇仍然潜力巨大。从乡村振兴的角度而言，中心村和乡镇政府所在地在未来都不会消亡，这应该是乡村振兴优先考虑的重点，应该集中力量建设好这些地方。把这些地方建设好了，偏远农村的人口也许就会自然迁移到这里，占总劳动力20%的乡村劳动力的就业问题也许就解决了。

2019 年生猪产业发展形势及 2020 年展望

王祖力

（中国农业科学院农业经济与发展研究所）

受“猪周期”下行、非洲猪瘟疫情冲击和一些地方不当禁养限养等因素影响，2019 年全国生猪产能大幅下降，生猪产品价格创历史新高，受到社会各界广泛关注。

根据农业农村部 400 个生猪养殖县中 4 000 个定点监测行政村、1.3 万家年出栏 1 000 头以上规模养殖场、8 000 家定点监测养猪场户成本收益等监测数据，2019 年前三季度生猪产能持续下降，四季度开始有所回升。按照正常猪群周转规律推算，2020 上半年生猪市场供应仍面临较大压力，如果疫情稳定，2020 下半年开始，市场供给将逐步增加。综合判断，2020 年猪肉市场将延续供给偏紧的态势，生猪价格或将维持高位运行。

一、2019 年生猪生产形势回顾

（一）中小规模养殖户加速退出

回顾 2010 年以来变化趋势，全国养猪场户比重连续 10 年下降，累计降幅 16.9 个百分点，年均下降 1.7 个百分点。2019 年末，4 000 个定点监测行政村养猪户比重为 7.6%，同比下降 3.6 个百分点，降幅较往年明显加大，表明中小规模养猪户退出速度进一步加快，环比降幅较大的月份为 6—10 月。按第三次农业普查 2.3 亿农户测算，2019 年末全国养猪场户约 1 755 万户，较 2018 年同期的 2 575 万户，减少 820 万户，同比降幅达 31.8%（图 1）。

（二）受“三碰头”因素影响，生猪存栏及能繁母猪存栏降幅较大

2019 年，“猪周期”下行、非洲猪瘟疫情冲击和一些地方不当禁养限养等三个因素碰头叠加，造成生猪产能大幅下滑。据国家统计局数据，2019 年生猪存栏 31 041 万头，比上年下降 27.5%；全年生猪出栏 54 419 万头，比上年

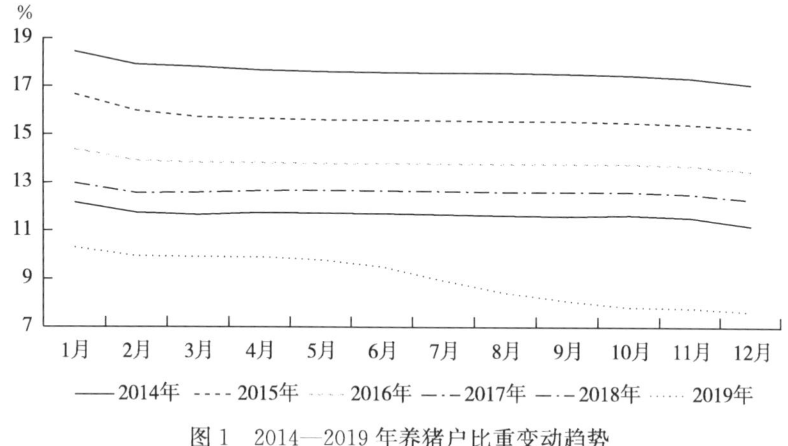

图 1　2014—2019 年养猪户比重变动趋势

下降 21.5%；猪肉产量 4 255 万吨，比上年下降 21.3%，均创历史最大降幅。据监测数据显示，前三季度生猪存栏及能繁母猪存栏快速下降，环比降幅较大的为 5—8 月；进入四季度，能繁母猪存栏止降回升，截至 2019 年年底，连续三个月环比增长；生猪存栏 11 月止降回升，受季节性集中出栏影响，12 月稳中略降，但环比降幅明显小于历史同期水平（图 2）。

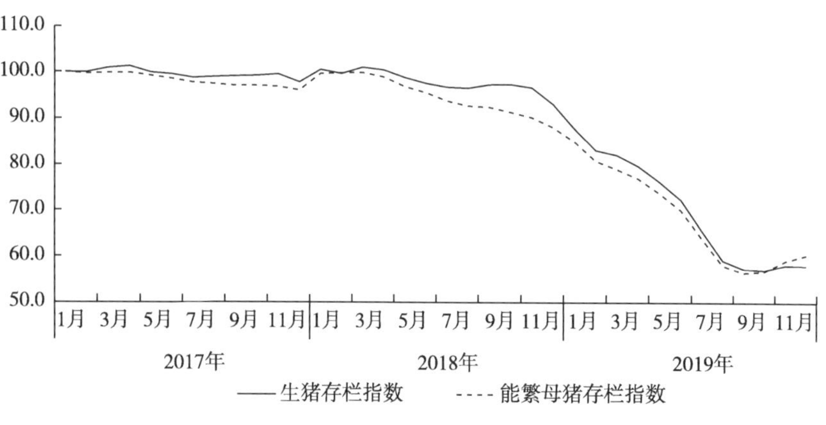

图 2　2017 年以来生猪存栏及能繁母猪存栏变动趋势

（三）猪肉产量同比下降四分之一，高猪价明显抑制了居民猪肉消费

400 个县定点监测数据显示，2019 年全年生猪出栏总量同比减少 24.6%；生猪平均出栏活重 123.4 千克，较上年同期的 124.1 千克下降 0.6%。根据出栏总量和出栏活重综合测算，全年猪肉产量同比降幅约为 25.0%。240 个县集

贸市场猪肉交易量监测数据显示，2019 年 8—10 月的猪价上涨，造成居民猪肉消费数量环比和同比明显减少。综合估算，全年猪肉交易量同比下降 17.8%，消费量降幅总体小于猪肉产量降幅，生猪市场供应总体偏紧（图 3）。

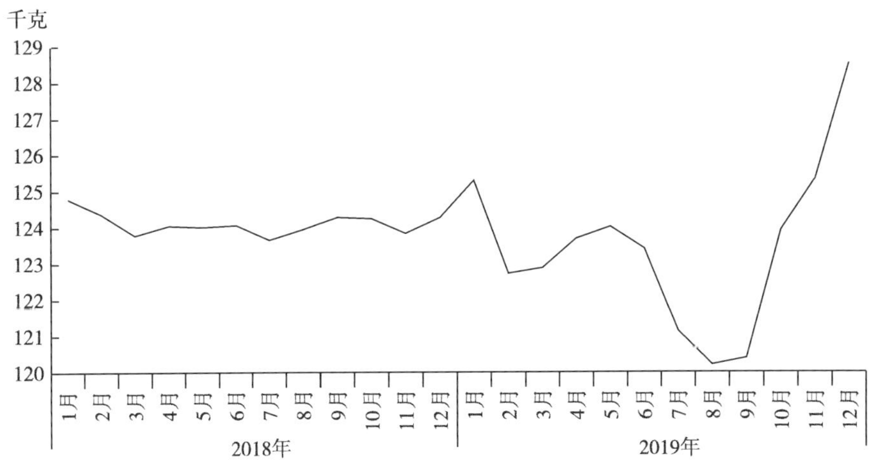

图 3　2018 年以来育肥猪出栏活重变动趋势

（四）猪价大幅上涨，全年生猪养殖头均盈利约 660 元

500 个县集贸市场价格监测数据显示，2019 年活猪平均价格为 21.1 元/千克，较 2018 年的 13.0 元/千克，上涨 62.1%；猪肉平均价格 33.6 元/千克，较 2018 年的 22.5 元/千克，上涨 49.3%。其中，下半年活猪、猪肉价格上涨幅度更大，活猪平均价格 26.2 元/千克，比上半年上涨 83.3%；猪肉平均价格 40.8 元/千克，比上半年上涨 69.7%；10 月第 5 周活猪价格达到历史最高位 38.7 元/千克，同比涨幅 175.9%；11 月第 1 周猪肉价格达到历史最高位 58.7 元/千克，同比涨幅 149.2%。据对 8 000 个养猪场户定点监测，2019 年生猪平均出栏成本约每千克 13.7 元，平均出栏价格约每千克 19.0 元，全年出栏一头活猪平均盈利约 660 元（图 4、图 5）。

（五）猪肉进口大幅增加，出口同比下降

据国家海关数据，2019 年我国猪肉进口总量为 210.8 万吨，同比增长 76.7%；猪杂碎进口总量约为 113.24 万吨，同比增长 17.9%。近几年，我国生猪产品出口主要面向港澳市场，数量稳定在 5 万～10 万吨。受非洲猪瘟疫情影响，2019 年猪肉出口总量 2.7 万吨，同比下降 36.2%（图 6、图 7）。

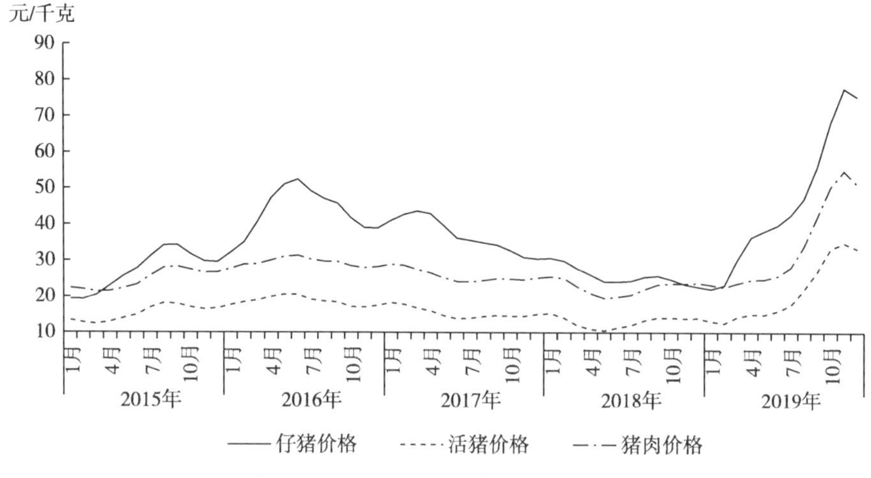

图 4 2015—2019 年生猪价格变动趋势

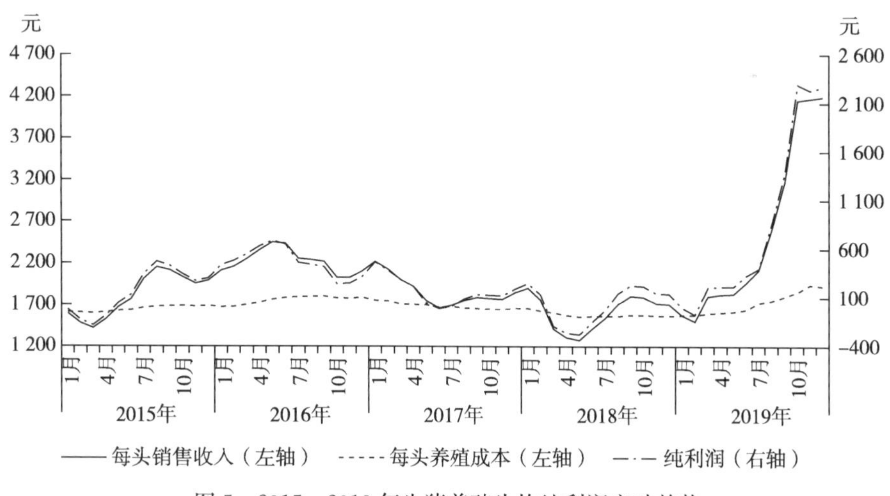

图 5 2015—2019 年生猪养殖头均纯利润变动趋势

（六）不同规模养殖主体分化明显

400 个县监测数据显示，大规模养殖场生猪产能下滑幅度明显小于小散养殖户，表现出较强的抗风险能力。在全国生猪出栏大幅下降的情况下，部分大型养殖企业生猪出栏却实现逆市增长。上市公司年报数据显示，2019 年傲农生物累计出栏生猪 65.9 万头，同比增幅达到 58.0%；新希望六和累计出栏生猪 355.0 万头，同比增幅近 40.0%；天康生物累计出栏 84.3 万头，同比增长

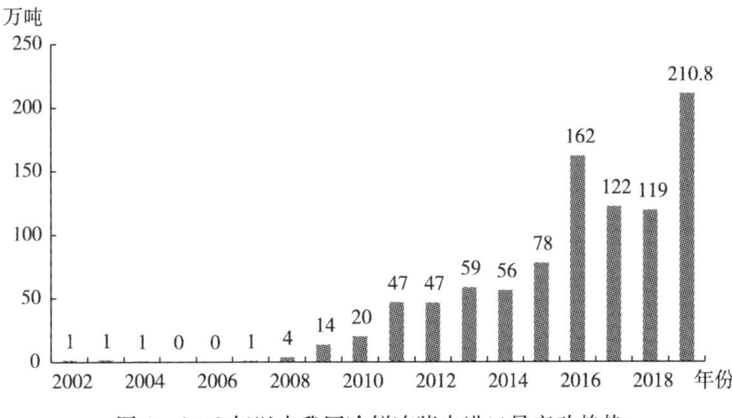

图 6　2002 年以来我国冷鲜冻猪肉进口量变动趋势

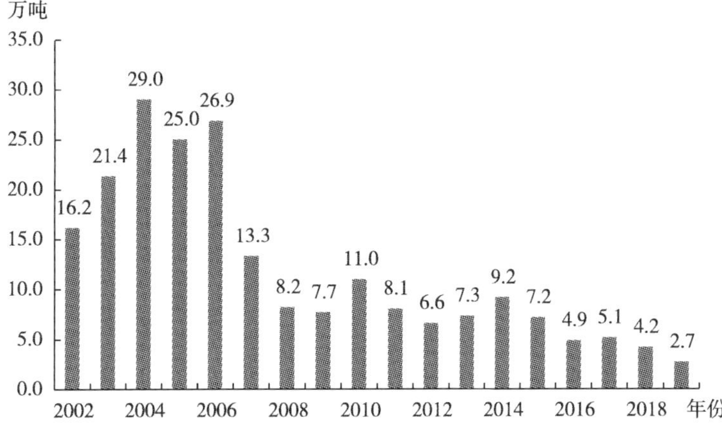

图 7　2002 年以来我国鲜冷冻猪肉出口量变动趋势

30.4%；唐人神累计出栏 83.9 万头，同比增长 23.4%；天邦股份累计出栏 243.9 万头，同比增长 12.4%；正邦科技累计出栏 578.4 万头，同比增长 4.4%。作为行业龙头的温氏股份和牧原股份，2019 年累计出栏分别为 1 851.7万头和 1 025.3 万头，同比虽然分别下降 17.0%和 6.9%，但降幅明显低于 24.6%的全国平均水平。

二、2020 年生猪生产形势展望

（一）生猪产能将延续恢复态势

8 000 个定点监测户成本收益数据显示，2019 年 9 月，生猪养殖头均盈利历史上首次突破千元，达到 1 377 元；10 月以来，头均盈利保持在 2 200 元以上，约是常年盈利水平的 10 倍。与此同时，国家在用地、贷款、保险、环保和交通等领域，出台了一系列扶持生猪生产恢复的政策措施，力度之大前所未有。在高利润刺激和利好政策的拉动下，生猪养殖场户养殖积极性明显提高。400 个县监测数据显示，2019 年 10—12 月，全国能繁母猪存栏环比分别增长 0.6%、4.0%和 2.2%，连续三个月环比增长；规模场恢复更快，9—12 月，全国年出栏 5 000 头以上规模猪场能繁母猪存栏环比分别增长 3.7%、4.7%、6.1%和 3.4%，连续四个月环比增长。在疫情逐步趋稳的情况下，2020 年生猪产能将稳步恢复。

（二）大型企业集团开启新一轮产能扩张

随着大量小散户的退出及非洲猪瘟疫情逐步趋稳，大型养猪企业集团开始实施新一轮扩张计划，“百万头生猪养殖项目”陆续在各地上马。2019 年 7 月，新希望集团有限公司百万头生猪养殖产业化项目落户重庆彭水；8 月，牧原股份公告称，拟斥资 1.2 亿元在黑龙江、辽宁、河北、河南等 6 个省开展生猪养殖等业务；9 月，新希望六和百万头生猪养殖产业扶贫项目签约仪式在河北省南宫市举行；11 月，唐人神年出栏百万头生猪绿色养殖全产业链项目在河南卢氏县落户；2020 年 1 月，唐人神公司年产百万头生猪项目在云南禄丰县开工。一系列签约及开工，预示着大型企业集团正式开启新一轮扩张步伐。

（三）商品母猪留种一定程度缓解产能偏紧

受非洲猪瘟疫情影响，2019 年种猪供应也较为紧缺。中国畜牧业协会对全国 600 家重点种猪企业监测数据显示，2019 年 10 月开始，二元母猪价格超过 4 200 元/头，12 月高达 4 766 元/头，是上年同期价位的 1.9 倍。一方面供应少、价格高；另一方面外部引种风险较大，不少养殖场户选择从商品猪中留种。农业农村部规模以上屠宰企业监测数据显示，2019 年 12 月屠宰企业公母猪屠宰比例分别为 70%和 30%，母猪数量明显偏少，也说明有不少商品猪被留作种用。正常情况下，商品母猪繁殖效率比二元母猪低 15%～20%，虽然效率较低，但却能在一定程度上缓解产能不足的影响。

（四）2020 年生猪市场将延续供不应求态势，全年生猪养殖盈利将保持较高水平

从基础产能看，据监测，2019 年 3 月开始，能繁母猪存栏同比降幅超过

20.0%，之后降幅持续扩大，到 2019 年 9 月，同比降幅达到 38.9%。按正常猪群周转规律推算，2019 年 3—9 月能繁母猪存栏直接影响着 2020 年 1—7 月可上市商品猪数量。据此，预计 2020 年 7 月前，可上市的商品猪数量有限；虽然上半年是猪肉消费淡季，但 2020 年春节前居民猪肉储备数量较少，春节过后市场需求也不会太弱，预计猪价不会出现明显下跌。尽管 2019 年三季度以来生猪产能开始恢复，但这些产能释放需要时间，短期内难以有效缓解供需矛盾，2020 年下半年商品猪上市量将会是“底部回升”的态势，预计 2020 下半年猪价也会维持高位。从外部因素看，2020 年猪肉进口可能会进一步增加，但受全球贸易量制约，增幅有限。综合判断，在疫情趋稳且没有其他突发因素影响的情况下，2020 年生猪市场将延续供应偏紧态势，全年生猪养殖盈利仍将保持较好水平。

2018 年生猪产业发展形势及 2019 年展望

王祖力

（中国农业科学院农业经济与发展研究所）

2018 年，对于中国养猪业而言，可谓是“屋漏偏逢连夜雨，船迟又遇打头风”。上半年猪价持续低迷，下半年非洲猪瘟疫情来袭。受此影响，2018 年生猪存栏同比下降 4.8%，能繁母猪存栏同比下降 8.3%，全年出栏量同比下降 1.9%，因生猪出栏活重明显增加，综合测算全年猪肉产量同比略降。非洲猪瘟疫情使得消费量降幅明显大于猪肉产量降幅，生猪市场供需总体宽松。疫情发生后猪价分化明显，产区跌销区涨，全年生猪养殖头均盈利约 30 元。

2018 下半年能繁母猪存栏量同比降幅不断扩大，预计 2019 下半年猪肉市场供应将出现明显偏紧。非洲猪瘟疫情短期内根除可能性较低，2019 年影响仍然较大；随着消费者认识的加深，猪肉消费有望缓慢恢复。综合判断，2019 上半年生猪市场供需平衡偏紧，养殖总体有小额盈利，下半年价格可能会明显上涨，全年实现较好盈利。

本报告分析判断主要基于 400 个生猪养殖县中 4 000 个定点监测行政村、1.3 万家年出栏 1 000 头以上规模养殖场、8 000 家定点监测养猪场户成本收益等数据。

一、2018 年生猪生产形势回顾

（一）中小规模户持续退出趋势未改

2018 年年末，4 000 个定点监测行政村养猪户比重为 11.2%，同比下降 1.1 个百分点，近两年降幅较往年有所减小，表明中小规模养猪户退出趋势没有改变，但出现放缓迹象。按农业普查 2.3 亿农户测算，2018 年末全国养猪场户约 2 576 万户，同比减少 250 万户左右。回顾 2010 年以来变化趋势，全国养猪场户比重连续 9 年下降，累计下降 14.3 个百分点，年均下降 1.6 个百分点（图 1）。

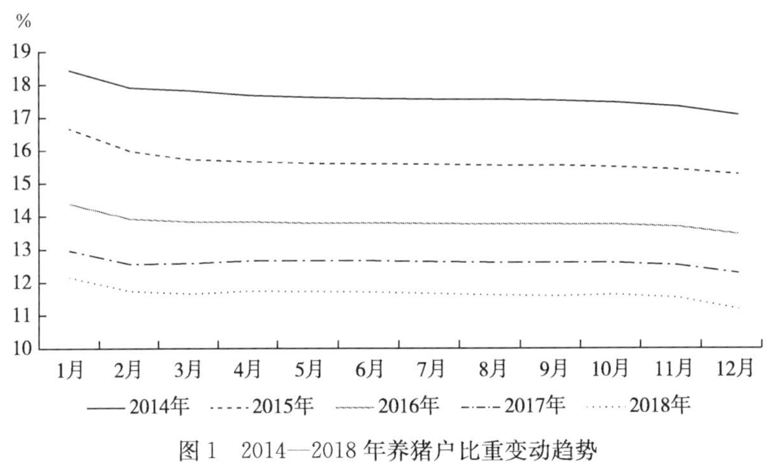

图 1　2014—2018 年养猪户比重变动趋势

（二）受行情低迷及非洲猪瘟疫情影响，生猪存栏及能繁母猪存栏降幅较大

2018 年生猪产能整体处于周期波动去化阶段。受上半年行情持续低迷及下半年非洲猪瘟疫情影响，2018 年生猪存栏及能繁母猪存栏降幅较大。400 个县定点监测数据显示，2018 年 12 月生猪存栏同比下降 4.8%，能繁母猪存栏同比下降 8.3%。从不同月份来看，受行情相对低迷影响，上半年生猪存栏及能繁母猪存栏总体下降；受活猪禁运政策影响，出栏受阻，生猪存栏 9—10 月曾出现短暂回升，11—12 月再次大幅减少；能繁母猪存栏除 9 月出现降幅趋缓外，其他月份环比降幅都较大（图 2）。

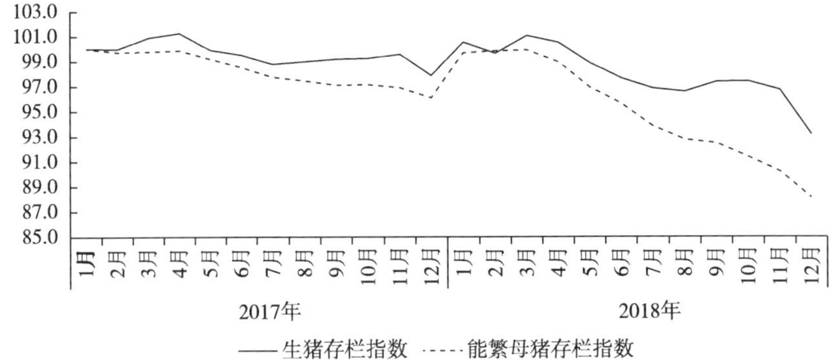

图 2　2017 年以来生猪存栏及能繁母猪存栏变动趋势

（三）猪肉产量略有下降，消费不振，生猪市场供需总体宽松

400 个县定点监测数据显示，2018 全年生猪出栏总量同比减少 1.9%；生猪平均出栏活重 124.1 千克，较上年同期的 121.8 千克增长 1.8%。根据出栏总量和出栏活重综合测算，全年猪肉产量同比略降 0.1%。据对 240 个县集贸市场猪肉交易量监测数据显示，非洲猪瘟疫情短期内对消费者心理影响较大，9—12 月猪肉交易量同比降幅较大。综合估算，全年猪肉交易量同比下降 2.0%。消费量降幅明显大于猪肉产量降幅，生猪市场供需呈宽松态势（图 3）。

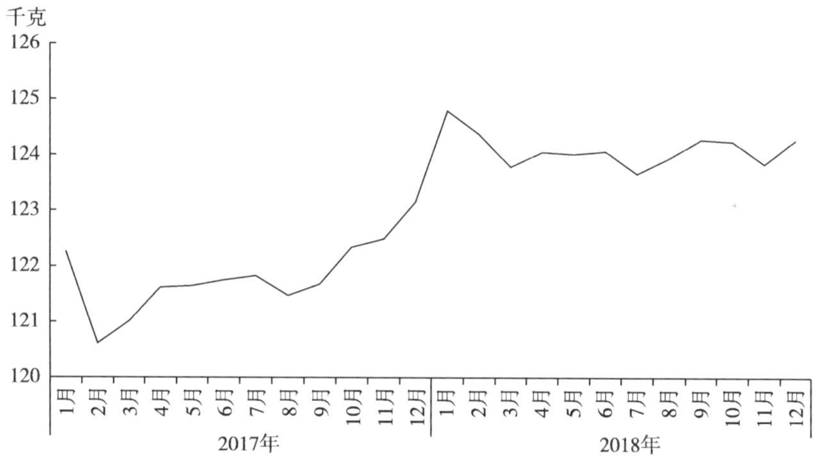

图 3　2017 年以来育肥猪出栏活重变动趋势

（四）疫情发生后猪价分化明显，全年生猪养殖头均盈利约 30 元

由于非洲猪瘟疫情防控需要，国家采取禁止活猪及其产品从高风险区向低风险区调运的措施，对生猪产销产生了一定的影响，生猪产区与销区价格可谓“冰火两重天”。监测数据显示，2018 年 12 月底，四川省成都市活猪价格为每千克 20.6 元，而同期黑龙江省活猪价格只有每千克 8.8 元，成都市养猪户出栏一头活猪盈利近千元，黑龙江省养猪户出栏一头活猪却亏损近 400 元。据对 8 000 个养猪场户定点监测，2018 年生猪平均出栏成本约每千克 12.6 元，平均出栏价格约每千克 12.9 元，全年出栏一头活猪平均盈利 30 元（图 4、图 5）。

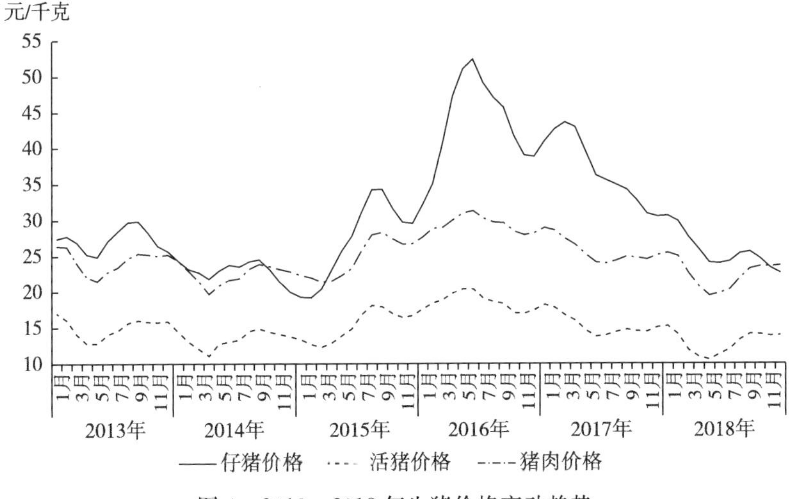

图4　2013—2018 年生猪价格变动趋势

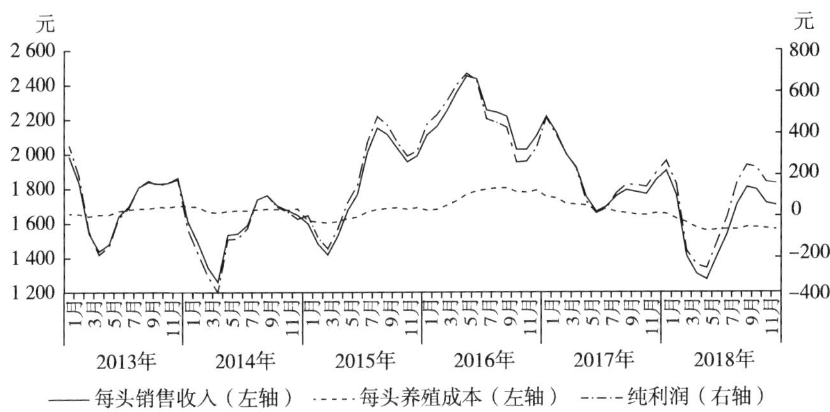

图5　2013—2018 年生猪养殖头均纯利润变动趋势

（五）猪肉进口及出口量同比下降

据海关数据，2018 年我国冷鲜冻猪肉进口总量为 119.3 万吨，猪杂碎进口总量约为 96.1 万吨，总计 215.3 万吨。其中，冷鲜冻猪肉进口总量同比下降 2.0%，猪杂碎进口总量同比下降 25.4%，二者累计进口量同比下降 13.8%。近几年，我国生猪产品出口主要面向港澳市场，数量稳定在 5 万～10 万吨。受非洲猪瘟疫情影响，2018 年鲜冷冻猪肉出口总量 4.18 万吨，同比减少 18.5%（图 6、图 7）。

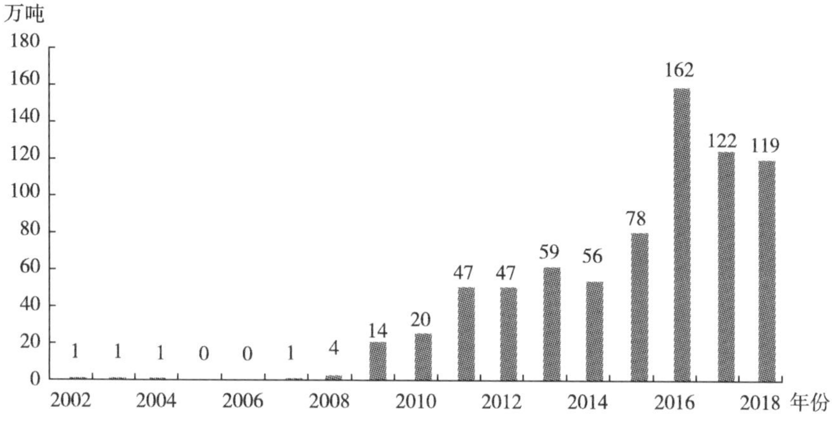

图 6 2002 年以来我国冷鲜冻猪肉进口量变动趋势

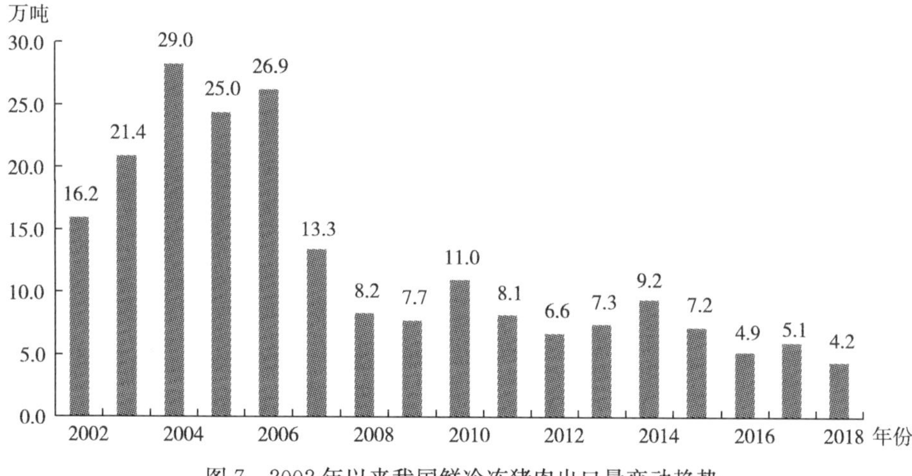

图 7 2002 年以来我国鲜冷冻猪肉出口量变动趋势

（六）大型养殖企业继续扩张

在全国生猪存栏及能繁母猪存栏降幅较大的情况下，大型养殖企业总体仍在扩张。据中国畜牧业协会对 17 家大型生猪养殖企业监测，2018 年年底，17 家企业生猪存栏总量 2 076.8 万头，同比增长 6.2%。其中，父母代能繁母猪存栏 204.7 万头，同比增长 3.2%；育肥猪存栏 1 468.9 万头，同比增长 7.2%。2018 年，温氏集团销售商品肉猪 2 229.7 万头，同比增长 17.1%；牧原股份销售生猪 1 101.1 万头，同比增长 52.1%；正邦科技累计销售生猪 554 万头，同比增长 61.9%；天邦股份累计销售生猪 217 万头，同比增长 114.0%。

二、2019 年生猪生产形势展望

（一）非洲猪瘟疫情影响仍将持续

据农业农村部数据，截至 2019 年 2 月 20 日，全国共有 27 省（市）发生 107 起疫情（其中 2 起野猪疫情），累计扑杀生猪约 100 万头。为防止疫情扩散，疫情发生后，农业农村部先后出台了一系列政策措施，有效控制了疫情大面积扩散蔓延。从监测数据和各地反映情况看，非洲猪瘟疫情对我国生猪养殖业影响巨大且深远，主产区长期深度亏损，养殖场户补栏消极，生猪产能持续下降。根据疫情形势判断，非洲猪瘟疫情很难在短期内根除，需要一个长期的过程。

（二）生猪产业布局将发生明显变化

2019 年开始，非洲猪瘟疫情将实行五大区分区防控策略，各区内部供需要做到大致平衡，养殖和屠宰产能布局也需要作出相应调整，这将对目前产区养殖、销区屠宰、全国大流通的产业布局带来较大影响。分区防控政策实施后，原则上会减少活猪跨区域流通，大力推动“调猪”向“调肉”转变，产区必须要新建与养殖产能配套的屠宰设施，而销区屠宰产能将因猪源不足而快速缩减，过去“全国大流通”的流通格局将要终结。对于大型规模养殖企业而言，可能要考虑延伸产业链条，布局相应的屠宰加工和冷链物流产业。

（三）规模养殖扩张速度放缓

据中国畜牧业协会监测，2018 年 8 月非洲猪瘟疫情发生以前，600 家大型种猪企业能繁母猪存栏及二元母猪存栏总量同比均为增长且幅度保持在 10.0%以上；疫情发生之后，600 家企业能繁母猪存栏及二元母猪存栏总量快速减少，2018 年 12 月能繁母猪存栏同比增幅下降为 2.5%，二元母猪存栏同比增幅下降为 6.9%。公开资料显示，温氏股份 2019 年生猪出栏计划由前期的 2 500 万头调减为 2 400 万头，同比增长 7.6%，较上年度 17.1%的下降 9.5 个百分点；天邦科技负责人表示，受非洲猪瘟疫情影响，公司 2019 年生猪出栏计划由前期的 500 万头调减为 400 万头，同比增长 84.3%，较上年度 114.0%的同比增幅下降 29.7 个百分点；新希望六和 2019 年生猪出栏计划为 350 万头，同比增幅 12.9%，较上年度 29.2%的同比增幅下降 16.3 个百分点。

（四）散养户继续退出

4 000个监测村数据显示，近几年散养户退出趋势始终不改。2010年1月到2019年1月的九年多时间内，生猪养殖户比重累计下降14.24个百分点。即使在生猪价格不断上涨、养殖盈利保持高位的2011年和2016年，生猪养殖户比重仍在下滑。2019年1月养猪户比重为10.3%，环比下降0.7个百分点，同比下降1.7个百分点。非洲猪瘟疫情的发生，使得东北、河南和山西等主产区养殖场户持续深度亏损，猪价最低时出栏一头商品猪亏损额超过500元，养殖场户养殖信心严重受挫，再加上疫情风险的不确定性，加速了散养户退出步伐。央视记者春节之后在东北地区调查了解到，很多小散养殖户圈舍都空了，且近期仍然不敢补栏。

（五）2019下半年生猪市场将出现明显短缺，全年生猪养殖将有较好盈利

从基础产能看，据监测，2018年9月到2019年1月，能繁母猪存栏同比降幅分别为4.8%、5.9%、6.9%、8.3%和14.8%，尤其是2019年1月，同比降幅接近于近十年历史最大降幅。按正常猪群周转规律推算，这些月份能繁母猪存栏降幅对应的是2019下半年可上市商品猪数量降幅。综合考虑母猪繁殖性能和出栏体重变化、年初低温导致仔猪存活率下降等利好和不利因素，预计2019年下半年猪肉市场供应将出现明显短缺。从外部因素看，2019年猪肉进口可能会有所增加，但受全球贸易量制约，增幅有限。调研了解到，非洲猪瘟疫情对消费的影响是短期的，随着疫情进入常态化，消费者心理影响会逐步减弱，猪肉消费量有望缓慢恢复。综合判断，在没有其他突发因素影响的情况下，2019上半年生猪市场供需平衡偏紧，养殖总体有小额盈利，下半年猪价会明显上涨，全年实现较好盈利。

新冠肺炎疫情对饲料粮供给保障的影响及建议

周　慧[1]　石自忠[1]　胡向东[1]　王济民[12]

（1. 中国农业科学院农业经济与发展研究所；2. 中国农业科学院办公室）

畜牧业生产需要玉米、大豆等饲料粮充足供应。非洲猪瘟暴发以来，我国生猪产业受到巨大负面冲击，生猪产能和猪肉产量都出现大幅度下降。国家高度重视生猪产能恢复，密集出台一系列扶持政策，确保2020年年底前生猪产能基本恢复到接近正常年份水平。由于猪肉供给不足，刺激了其他肉类的消费，也导致其他畜种对饲料粮的需求保持旺盛。玉米和豆粕是重要的饲料粮，保障饲料粮充足供应，是实现生猪产能恢复、畜牧业稳定供给的重要基础。

一、2020年畜牧业生产对饲料粮需求加大

据测算，2017年生猪总耗粮量为18 287.30万吨，按照2020年生猪产能恢复到往年水平的80%计算，预计生猪饲料粮需求总量为14 629.84万吨。其他畜禽中，预计家禽需要消耗饲料粮9 740.07万吨，反刍动物需要消耗饲料粮约3 388.52万吨，其他动物需要消耗饲料粮约2 841.37万吨。

（一）玉米需求巨大，供需矛盾突出

以玉米在生猪饲料粮结构中的比重约65%计算①，正常年份玉米消耗量为11 886.75万吨，占玉米饲用消费②的70.59%；按照2020年生猪产能恢复到往年水平的80%计算，预计玉米需求量为9 509.40万吨，将达到正常年份玉米饲用消费的56.47%。其他畜禽中，家禽需要玉米大约6 331.04万吨，反刍

① 玉米和豆粕在猪饲料中的比重系根据胡向东等（2015）、李宁辉等（2009）及课题组于2017年在东北、华北地区开展的生猪调研数据综合分析确定。

② 玉米产业技术体系（2015）研究认为，65%的玉米用于饲用消费。

动物需要玉米大约 1 687.75 万吨，生猪以外的玉米需求超过 8 000 万吨[①]。若玉米全部满足生猪生产，将有可能挤压其他畜禽玉米消费，造成供需矛盾紧张。

（二）豆粕需求进一步增长，若无特殊事件发生，基本可以满足生猪生产需求

按照豆粕在生猪饲料粮结构中的比重 15%～20%计算，豆粕消耗量为 2 743.10 万～3 657.46 万吨，占豆粕可供给量的 38.48%～51.31%[②]，折算成大豆为 3 472.27 万～4 629.70 万吨。按照 2020 年生猪产能恢复到往年水平的 80%计算，预计豆粕需求量为 2 194.48 万～2 925.97 万吨，折合大豆 2 777.82 万～3 703.76 万吨，豆粕消耗量占正常年份豆粕可供给量的 30.79%～40.05%。其他畜禽中，家禽需要豆粕大约 2 435.02 万吨，反刍动物需要豆粕大约 450.72 万吨[③]，生猪以外的豆粕需求约为 2 885.74 万吨。按照目前我国豆粕产量，基本可以满足生猪产能恢复和畜牧业其他畜种生产的需求。

表 1　生猪饲料粮测算指标

单位：千克/头

类别	指标	数值
散养	生猪出栏活重	120.72
	仔猪活重	16.91
	耗粮数量	231.07
	饲料粮转化率	3.30
规模养殖	生猪出栏活重	120.80
	仔猪活重	17.84

注：计算饲料粮转化率时，按照活重的 75%折为胴体重，折肉率为胴体重的 90%（Claude，2007）。

① 肉鸡、蛋鸡、肉牛、奶牛和肉羊的玉米需求比例分别按照所需饲料粮或精饲料的 65%、65%、60%、30%和 60%进行折算。

② 豆粕可供给量根据 USDA 对中国豆粕总产量和中国进口大豆按比例折算数据综合计算获得。

③ 肉鸡、蛋鸡、肉牛、奶牛和肉羊的豆粕需求比例分别按照所需饲料粮或精饲料的 25%、25%、15%、10%和 15%进行折算。

表 2　正常年份生猪养殖饲料粮消耗情况

单位：万吨

方案和指标		数值	备注
生猪总耗粮量		18 287.30	—
玉米消耗量		11 888.75	占玉米饲用消费的 70.59%
方案 1	豆粕消耗量	2 743.10	占豆粕可供给量 39.35%
	大豆消耗量	3 428.75	—
方案 2	豆粕消耗量	3 657.46	占豆粕可供给量 52.48%
	大豆消耗量	4 571.83	—

注：方案 1 按照豆粕在猪饲料中占比 15%计算，方案 2 按照豆粕在猪饲料中占比 20%计算，下同。

表 3　产量恢复到 80%生猪养殖饲料粮消耗情况

单位：万吨

方案和指标		数值	备注
生猪总耗粮量		14 629.84	—
玉米消耗量		9 509.40	占玉米饲用消费的 56.47%
方案 1	豆粕消耗量	2 194.48	占豆粕可供给量 31.48%
	大豆消耗量	2 777.82	—
方案 2	豆粕消耗量	2 925.97	占豆粕可供给量 41.98%
	大豆消耗量	3 703.76	—

表 4　其他畜禽饲料粮消耗情况

单位：万吨

类别	肉鸡	蛋鸡	肉牛	奶牛	肉羊
玉米	2 945.38	3 385.66	773.47	345.37	568.51
豆粕	1 132.84	1 302.18	193.47	115.12	142.13

数据来源：根据历年《全国农产品成本收益资料汇编》调整、计算获得。

二、疫情背景下主要饲料粮供给面临的问题

（一）玉米供需缺口加大，玉米替代品进口逐年下降，能量饲料供给偏紧

一是玉米供需缺口加大。供给方面，玉米播种面积从 2015 年的 6.75 亿亩

降到2019年的6.19亿亩，减少5 526.6万亩，降幅达到8.2%，年均降幅2%；产量也从2015年的2.65亿吨降到2019年的2.61亿吨，减少428.35万吨；2019年玉米单产达到421千克/亩，单产大幅提高成为玉米生产的稳定器。2020年春季内蒙古东部局地、东北大部降水量偏多，阶段性低温和春涝导致东北地区春播进度短暂延缓；草地贪夜蛾受灾面积预计将达到1亿亩，呈重发态势，如不能在西南地区得到有效控制，将对江淮和华北地区玉米种植产生不利影响。初步预计2020年玉米产量与2019年基本持平，保持在2.61亿吨左右，可提供的饲料粮预计在1.65亿吨左右。需求方面，居民肉蛋奶需求持续扩大，玉米饲用需求刚性增长是必然趋势。若按照2020年恢复正常年份生猪产能的80%推算，生猪对玉米的需求将超过9 500万吨，占到玉米饲用消费的近60%，而肉鸡、蛋鸡、肉牛、奶牛、肉羊等其他畜禽仍然需要玉米8 000万吨以上，玉米总需求在1.75亿吨以上，2020年国内供需缺口在1 000万吨左右。还需关注的是玉米供需形势在2021年面临的风险：如果草地贪夜蛾在2020年未能得到有效控制，将会进一步影响2021年玉米生产；2020年玉米期末库存预计降到8 921.88万吨，较2016年高峰时期的2.58亿吨①，下降了65%，消费库存比②也从2015年的129.58%下降到2020年的32.50%，说明到2020年年末玉米供需缺口仍将逐渐加大，对2021年生猪产能进一步恢复十分不利。

二是玉米替代物进口量减少，加剧国内玉米市场供需矛盾，推动玉米进口大幅增加。受产量下滑、国际市场价格高企等因素影响，大麦、高粱、木薯、玉米酒糟（DDGs）等玉米替代物的进口量逐年下降，增加了国内市场对玉米的消费需求。2019年，玉米进口量为479.3万吨，同比增长36%；大麦、高粱、木薯和玉米酒糟（DDGs）进口量为592.9万吨、83.2万吨、283.8万吨和14.1万吨，同比分别减少13.0%、77.2%、40.9%和4.9%③。2020年受到新冠肺炎疫情全球蔓延影响，国际粮食市场不确定性增加，通过进口补充国内玉米缺口存在一定风险，预计玉米进口在550万吨左右，2020年全年玉米供需缺口仍有450万吨。

① 数据来源：布瑞克农业数据库——玉米供需平衡表。

② 库存消费比＝本期期末库存/本期消费量。该指标是联合国粮农组织提出的衡量粮食安全水平的一项指标。库存消费比下降，则表示供小于求，上升则表示供给充足。

③ 数据来源：农业农村部．http：//www.moa.gov.cn/ztzl/nybrl/rlxx/202002/t20200218_6337263.htm.

（二）大豆进口依赖度高，贸易市场风险因素不断集聚，风险控制掌握在他国手中

一是大豆市场对外依赖度极高，长期维持在 80%以上，国内种植意愿低。作为重要的蛋白饲料来源，我国大豆供需缺口巨大。2019 年，国内大豆产量仅为 1 810 万吨，大豆进口量达到 8 851 万吨；豆粕产量为 6 732 万吨，基本与进口大豆所能产出的豆粕相当。由于我国大豆种植净利润连年为负，种植效益始终较低，农民种植意愿不强、种植积极性不高的局面没有得到根本扭转。

二是大豆进口来源国高度集中，新冠肺炎疫情在全球加速蔓延加剧了贸易市场风险。2019 年，我国从巴西、美国、阿根廷进口大豆占进口总量的比重达到 94.32%，其中从巴西进口大豆高达 5 676.63 万吨，占 65.16%。目前，大豆主要出口国美国已是全球新冠肺炎疫情的“震中”，巴西、阿根廷等国新冠肺炎疫情形势日趋严峻。如果巴西大豆出口运输因疫情受到限制，中国大豆市场将出现严重短缺局面。巴西大豆最主要的运输到港方式为公路运输，占全国总运输量的 58%。根据巴西 NYC & Logistica 公司数据显示，受疫情影响 3 月下旬巴西卡车运输量下降了 26%，拖运谷物的卡车数量下降了 11%；根据马托格罗索州农业经济研究所（IMEA）数据显示，谷物运输成本上涨了 10.5%。尽管巴西大豆对华出口正在紧锣密鼓的进行中，但需要看到的是，巴西已经进入疫情快速蔓延阶段，远没有到最严重的时期。联邦政府的消极防疫措施遭到各州政府反对，官方层面政策高度不一致，导致了物资调配、防疫效率下降，成为巴西疫情防控的重大弊端。根据巴西卫生部 4 月上旬的预测，巴西疫情将在 5 月上旬进一步加速蔓延，并在 6 月中旬达到顶峰①。巴西港口有可能出现不同程度的封港，多因素叠加将为大豆贸易埋下隐患，影响到我国 6 月之后的大豆供应及第二、三季度的豆粕生产，会造成蛋白饲料阶段性不足，不利于生猪产能恢复。

三、饲料粮供给保障建议

（一）稳定玉米种植预期，降低草地贪夜蛾等病虫害对玉米生产的影响

适时开展临时性收储，稳定农民玉米种植预期，降低优势产区玉米播种面

① 资料来源：巴西卫生部预计新冠疫情将在 5 月加速 . https：//noticias. uol. com. br/saude/ultimas - noticias/redacao/2020/04/07/ministerio - aceleracao - casos - coronavirus - brasil. htm.

积下滑幅度。提早动手，强化西南地区在防控草地贪夜蛾中的重要战略地位，对已经见虫的地区开展生物防控，尽可能降低草地贪夜蛾对玉米生产的影响，确保 2020 年玉米产量保持稳定。

（二）强化藏粮于技，培育营养型饲料专用玉米新品种

重点培育高蛋白饲用玉米专用品种，在有效保障能量供给的同时，可为蛋白质饲料提供重要补充。玉米蛋白每提高 1 个百分点，相当于每年多生产 255.4 万吨蛋白，按亩产大豆 300 千克、大豆蛋白含量 35%计算，相当于节约 2 432 万亩耕地用于生产大豆蛋白饲料，有助于缓解蛋白饲料粮需求紧张态势。

（三）稳定大豆种植面积，增强大豆产业科技支撑力度

积极推动种植业结构调整，强化大豆振兴计划实施力度，推动大豆与玉米轮作，依托大豆收入补贴、耕地轮作试点补助等政策手段提高大豆种植效益、增强农户种植大豆积极性，推动大豆产业恢复发展。加大大豆科技投入，加快选育突破性品种，着力攻克技术瓶颈，强化关键技术应用，着力提升大豆产业综合生产能力。

（四）扩大大豆进口来源，加强贸易磋商与合作，降低饲料粮进口风险

一方面，向主要进口来源国及时发布需求信息，增强美国等国家的饲料粮生产预期，稳定大豆、玉米等饲料粮对华出口能力；另一方面，开辟新的贸易伙伴国，强化与俄罗斯、乌克兰等中东欧“一带一路”沿线国家的大豆贸易合作力度，拓宽贸易渠道，避免大豆贸易过度集中带来的风险。

（五）构建农产品贸易领域突发事件应急预案

以新冠肺炎疫情为契机，构建一套应对突发事件的贸易应急管理机制，增设临时性、过渡性支持政策，加大进口补贴力度，加快提速进口检疫，科学放宽市场准入，合理下调关税税率，增强大豆、玉米等贸易效率及积极性。

参考文献

[1] Claude Aubert. Of men, Grain and pigs, puzzling out the statistical mysteries of China [R]. Unpublished paper for the Inaugural Symposium of the White Rose East Asia Centre, Sheffield, May 2007.

[2] 巴西卫生部．巴西卫生部预计新冠疫情将在 5 月加速［EB/OL］. https：//noticias. uol. com. br/saude/ultimas - noticias/redacao/2020/04/07/ministerio - aceleracao - casos - coronavirus - brasil. htm.

[3] 胡向东，王济民．我国生猪饲料粮消耗量估算及结构分析［J］. 农业技术经济，2015（10）：4 - 14.

[4] 李宁辉，等．中国畜产品供需变动分析［R］. 中央级公益性科研院所基本科研业务费专项成果材料，中国农业科学院农业经济与发展研究所，2009.

中国肉鸡产业供需发展状况及国际比较

裴　璐[1]　王济民[1,2]

（1. 中国农业科学院农业经济与发展研究所；2. 中国农业科学院办公室）

本研究从中国肉鸡生产、消费、贸易三个角度分析了中国肉鸡产业发展状况，并进行了国际比较。

一、中国肉鸡生产及国际比较

（一）中国肉鸡生产逐步走向标准化、规模化、集约化、产业化，存栏、出栏、产量水平不断提高，规模不断扩大

自白羽肉鸡在20世纪80年代进入中国，从最开始的一个以家庭为单位以自给为目的的饲养，发展成为以出口为主导产业，又逐步发展成为畜牧业中产业化、规模化、市场化程度最高的部门。中国肉鸡产业在短短40年间，从一个新兴产业，逐步走向成熟，变成了中国畜牧业中发展潜力最大的产业，在国内畜产品市场中占据重要地位。

自1980年以来，中国肉鸡生产呈现出先快后稳的增长趋势。1980—1999年为快速增长期。20世纪80年代，随着白羽肉鸡产业进入中国市场，肉鸡行业开始起步，在市场的开放下，外资、合资企业不断成立，肉鸡企业规模不断扩大，市场信心足，竞争激烈。肉鸡生产增长速度快，存栏量从9.21亿只到34.22亿只，年均增长7.4%；出栏量从10.82亿只到62.58亿只，年均增长9.7%；产量从117.1万吨到816.86万吨，年均增长11%。2000—2018年为标准化发展期。2000以来，中国肉鸡产业开始发展标准化、规模化养殖。在

饲料资源不足、劳动力短缺、疫病风险、食品质量安全以及国际经济环境变动等问题的制约和环境保护的压力下，肉鸡产业受到市场和资源的双重约束，在激烈的市场竞争中，以调整优化产业结构，提质增效作为发展目标，养殖方式从散养逐步形成“公司＋农户”“公司＋经纪人＋农户”的养殖体系，并开始出现由企业自养的高标准、大规模、高质量的养殖方式，肉鸡产业逐步形成标准化、规模化、产业化体系。肉鸡生产的增速开始放缓，存栏量从 36.23 亿只到 53.72 亿只，年均增长 2.4%；出栏量从 66.28 亿只到 105.1 亿只，年均增长 2.6%；产量从 906.42 万吨到 1 457.87 万吨，年均增长 2.7%。同时肉鸡生产向着规模化、集约化的发展的速度不断提高。2018 年年出栏 2 000～9 999 只的小规模养殖场占 59.93%、较 1999 年减少了 11.2 万户，而年出栏 10 000～49 999 只的中规模养殖场占 30.48%、出栏 5 万只以上的大规模养殖场占 9.59%，较 1998 年分别增加了 5.16 万户和 2.44 万户，增长了 19.08% 和 8.53%（图 1、表 1）。

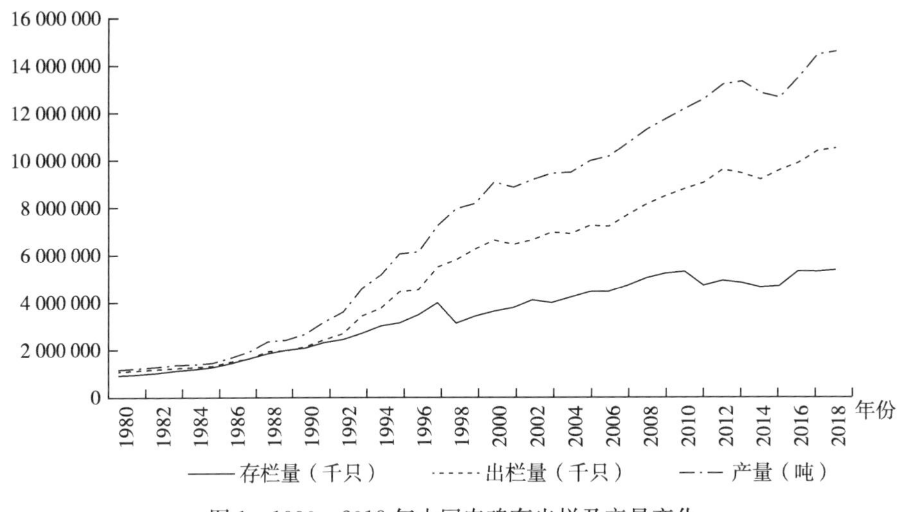

图 1　1990—2018 年中国肉鸡存出栏及产量变化

（二）中国肉鸡产量位居世界前列，但国内肉鸡生产比重较低、经济效率低、技术效率不高

中国肉鸡产量居世界一直世界前列，在世界肉鸡产量中占有举足轻重的地位。随着中国肉鸡标准化、规模化、产业化的推进，中国肉鸡产量占世界肉鸡产量比重先增加后降低，1990 年中国肉鸡产量占世界肉鸡生产量的比重为

7.52%，居世界第三位，美国第一（24.47%）、欧盟第二（17.94%），到2005年占比为15.45%，居世界第二名，仅次于美国。但近几年，中国肉鸡产量比重降低，排名也从第二名又降回第三名。2018年中国肉鸡产量比重为12.76%，排在美国（17.12%）、巴西（13.05%）之后。巴西肉鸡产量比重越来越大，美国、欧盟逐渐减小（表2）。

表1　1998—2017年中国肉鸡规模化养殖户数变化

单位：个,%

年份	2 000～9 999	10 000～49 999	50 000～99 999	100 000～499 999	500 000～999 999	100万以上
1998	287 488	37 420	2 679	709	123	70
	(87.5)	(11.4)	(0.8)	(0.2)	(0.04)	(0.02)
2000	307 360	44 986	3 015	788	89	82
	(86.3)	(12.6)	(0.8)	(0.2)	(0.03)	(0.02)
2005	361 823	96 267	6 198	1 538	154	86
	(77.6)	(20.7)	(1.3)	(0.3)	(0.03)	(0.02)
2008	358 688	136 833	12 405	2 623	344	147
	(70.19)	(26.78)	(2.43)	(0.51)	(0.07)	(0.03)
2010	330 819	157 022	17 024	4 843	499	252
	(64.81)	(30.76)	(3.34)	(0.95)	(0.1)	(0.05)
2015	240 841	134 246	19 532	6 695	931	789
	(59.76)	(33.31)	(4.85)	(1.66)	(0.23)	(0.2)
2017	175 042	89 023	18 533	7 532	997	953
	(59.93)	(30.48)	(6.34)	(2.58)	(0.34)	(0.33)

注：（）内为所占规模化养殖户总数的比重。

数据来源：中国畜牧兽医统计年鉴。

表2　1990—2018年中国肉鸡产量与巴西、美国、欧盟比较

单位：吨,%

年份	巴西	中国	欧盟	美国
1990	235.60（4）	266.32（3）	635.48（2）	866.70（1）
	6.65	7.52	17.94	24.47

（续）

年份	巴西	中国	欧盟	美国
1995	405.04（4）	605.63（3）	854.79（2）	1 157.35（1）
	8.52	12.74	17.98	24.34
2000	598.06（4）	906.42（2）	810.71	1 407.25（1）
	10.19	15.45	13.82	23.98
2005	786.58（4）	996.54（2）	871.83（3）	1 627.55（1）
	11.14	14.11	12.35	23.05
2010	1 069.26（3）	1 218.48（2）	966.82（4）	1 697.06（1）
	12.26	13.97	11.09	19.46
2015	1 314.92（2）	1 266（3）	1 140.36（4）	1 840.28（1）
	12.66	12.19	10.98	17.72
2018	1 491.46（2）	1 457.87（3）	1 199.06（4）	1 956.8（1）
	13.05	12.76	10.49	17.12

注：（）内为排名。

数据来源：FAOSTAT，经作者计算得。

中国国内肉鸡生产占肉类生产比重呈现先增后波动变化的趋势。1990—2000 年肉鸡生产处于快速增长时期，国内肉鸡生产比重不断增加，从 1990 年的 8.89%增长到 2000 年的 14.64%，增长了 5.75 个百分点。2001—2016 年，国内肉鸡生产比重也随着肉鸡生产的变化，受到畜产品市场和资源的压力，出现波动变化，肉鸡生产占肉类生产的平均比重为 14.7%，最低下降到 13.97%，最高占比为 15.45%。但中国的国内肉鸡生产比重较低，从表 3 可以看到，在 12 个考察国家中，中国的国内肉鸡生产比重最低，1990 年，中国国内肉鸡生产比重为 8.89%，与排名第一的泰国相差 28.52 个百分点，到 2016 年，中国国内肉鸡生产比重为 15.28%，与排名第一的印度尼西亚相差 53.42 个百分点，与优势国家的差距变大。说明从中国本身来看，国内肉鸡的与其他畜产品之间的生产竞争优势虽然增加，但在国际比较中依然增长较慢，优势不足（图 2、表 3）。

中国肉鸡生产经济效率呈先大幅下降后上升再下降的 W 形变化趋势。肉鸡价格的变动、饲料成本和疫病风险是影响中国肉鸡经济效率的主要原因。1999—2000 年，中国肉鸡生产经济效率明显下降，特别是 1996 年和 2000 年呈现断崖式降低，经济效率分别为 1.36 和 1.11，分别较上一年下降了 300%

和 75.6%。主要是因为饲料成本当年增长，企业生产成本和能源消耗增加，导致肉鸡其他成本增加，肉鸡价格的增长滞后于生产成本的上扬，加上国际金融市场动荡的外部原因等影响，出现了经济效率的跳水。而后，2001—2013 年，随着国民经济从金融危机影响中恢复，市场开始回暖，肉鸡价格也随着肉鸡产品多元化消费的增加而提高，肉鸡经济效率开始增加。但在 2014 年和 2015 年受到禽流感疫情影响，肉鸡消费受到冲击，在饲料粮成本继续增长的情况下，肉鸡经济效率再次出现跳水，2004 年肉鸡经济效率为 1.45，较上一年下降了 80%（图 3)。

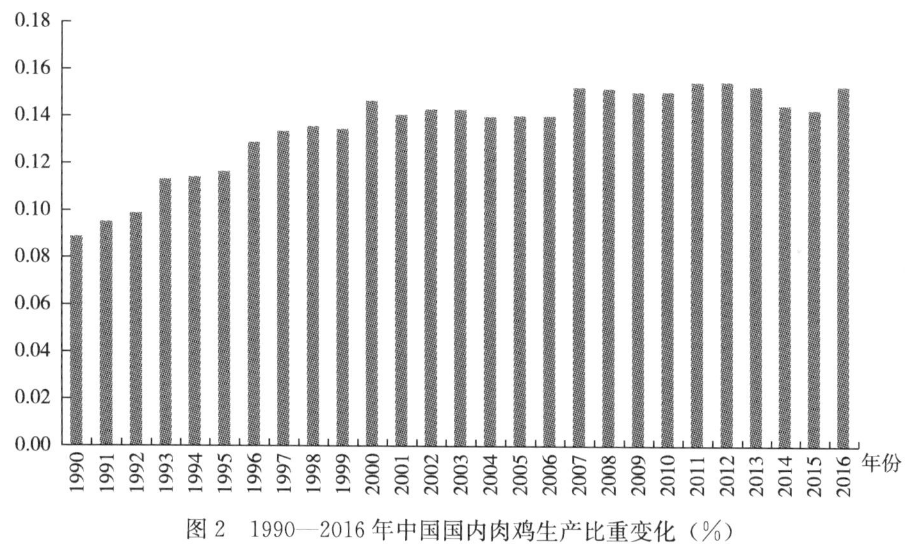

图 2 1990—2016 年中国国内肉鸡生产比重变化（%）

表 3 1990—2016 年 12 国家国内肉鸡生产比重的比较

单位:%

国家（地区）	1990 年	1995 年	2000 年	2005 年	2010 年	2016 年
阿根廷	8.79（12)	19.81（9)	23.35（8)	22.28（10)	33.84（10)	38.07（10)
巴西	30.56（5)	34.28（5)	38.77（6)	39.99（7)	45.25（6)	49.06（5)
中国	8.89（11)	11.64（12)	14.64（12)	14.01（12)	15.03（12)	15.28（12)
欧盟	15.87（9)	20.27（8)	18.94（10)	20.35（11)	21.58（11)	25.07（11)
印度	9.89（10)	14.78（10)	19.42（9)	27.42（8)	36.02（8)	47.28（6)
印度尼西亚	34.40（4)	44.90（1)	47.42（3)	61.95（1)	65.08（1)	68.70（1)
墨西哥	26.79（7)	33.80（6)	40.89（5)	45.78（5)	46.00（5)	46.97（7)

（续）

国家（地区）	1990 年	1995 年	2000 年	2005 年	2010 年	2016 年
俄罗斯	17.06（8）	14.62（11）	16.95（11）	27.02（9）	35.77（9）	41.84（9）
南非	36.64（2）	43.89（3）	49.68（2）	46.80（3）	52.87（3）	51.84（4）
泰国	37.41（1）	44.35（2）	51.14（1）	46.71（4）	50.92（4）	58.14（2）
土耳其	34.60（3）	28.99（7）	45.83（4）	57.66（2）	60.74（2）	55.32（3）
美国	30.27（6）	34.56（4）	37.46（7）	40.95（6）	40.45（7）	41.92（8）

注：（ ）内为排名。

数据来源：FAOSTAT，经作者计算得。

根据表 4，在 12 个考察国家中，中国肉鸡生产经济效率水平靠后，与优势国家还有一定差距。1990 年中国排第 7 位，与经济效率最高国家印度相差 3.88；2016 年排第 9 位，与当年经济效率最高国家印度尼西亚相差 1.67。

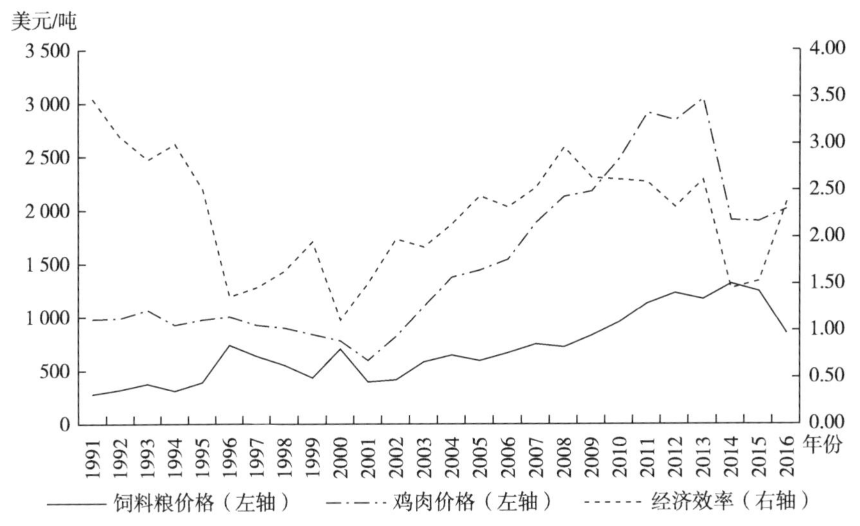

图 3　1990—2016 年中国饲料粮价格和肉鸡价格变化

表 4　1990—2016 年 12 国肉鸡生产经济效率变化情况

国家（地区）	1990 年	1995 年	2000 年	2005 年	2010 年	2016 年
阿根廷	5.03（3）	3.55（6）	3.37（8）	3.81（8）	3.16（5）	2.58（8）
巴西	2.40（10）	2.33（11）	2.27（10）	3.06（9）	2.74（7）	2.69（7）

（续）

国家（地区）	1990 年	1995 年	2000 年	2005 年	2010 年	2016 年
中国	3.90（7）	2.51（10）	1.11（11）	2.43（11）	2.40（9）	2.38（9）
欧盟（法国）	4.10（5）	3.59（5）	3.62（5）	3.81（7）	2.31（10）	3.03（4）
印度	7.78（1）	4.91（1）	3.55（6）	4.44（5）	3.65（4）	3.21（2）
印度尼西亚	2.47（9）	2.53（9）	3.52（7）	4.01（6）	4.23（3）	4.05（1）
墨西哥	1.14（11）	2.79（8）	4.45（3）	4.63（3）	2.93（6）	2.88（6）
俄罗斯	5.75（2）	4.42（3）	5.64（1）	6.29（1）	4.40（2）	2.97（5）
南非	4.94（4）	4.73（2）	4.53（2）	5.98（2）	4.69（1）	2.35（10）
泰国	3.94（6）	3.40（7）	2.86（9）	3.00（10）	2.28（11）	2.19（11）
土耳其	0.56（12）	0.45（12）	0.34（12）	0.28（12）	0.30（12）	0.42（12）
美国	3.35（8）	3.81（4）	4.28（4）	4.63（4）	2.41（8）	3.06（3）

注：（ ）内为排名。

数据来源：FAOSTAT，经作者计算得。

中国肉鸡技术效率在 1990—2016 年间，最低为 1.25，最高达 1.41，平均在 1.36。技术效率数值多变，没有明显的规律性变化趋势。但根据表 5，在 12 个考察国家中可以看到，1990 年、1995 年、2000 年、2005 年、2010 年、2016 年，技术效率分别排在第 8、10、6、8、9、9 位，与技术效率最高的国家阿根廷相差 0.52、0.86、0.92、1.19、1.21、1.56，差距也越来越大，中国肉鸡技术效率水平不高。技术效率整体不高的原因，除了中国肉鸡产业整体技术效率不高之外，还可能受到黄羽肉鸡养殖技术效率不高的制约。中国肉鸡养殖品种主要有两个：一个是产能较高的白羽肉鸡，另一个是黄羽肉鸡。黄羽肉鸡在中国深受消费者喜爱，它的养殖范围和数量较大，在南方地区也形成了规模，并且规模化水平也不断提高。但黄羽肉鸡的养殖周期长，养殖技术效率低，拉低了中国肉鸡技术效率数值（表 5）。

表 5　1990—2016 年 12 国肉鸡技术效率变化

国家（地区）	1990 年	1995 年	2000 年	2005 年	2010 年	2016 年
阿根廷	1.77（1）	2.22（1）	2.29（1）	2.56（1）	2.60（1）	2.92（1）
巴西	1.35（5）	1.35（7）	1.84（2）	1.68（5）	2.14（2）	2.26（2）
中国	1.25（8）	1.36（6）	1.37（8）	1.38（9）	1.39（9）	1.36（10）
欧盟	1.33（6）	1.61（3）	1.40（7）	1.50（7）	1.54（7）	1.64（8）

（续）

国家（地区）	1990 年	1995 年	2000 年	2005 年	2010 年	2016 年
印度	0.90（11）	0.90（11）	1.00（11）	1.15（11）	1.21（11）	1.37（9）
印度尼西亚	0.80（12）	0.80（12）	0.80（12）	0.80（12）	0.79（12）	0.83（12）
墨西哥	1.55（2）	1.62（2）	1.68（3）	1.74（3）	1.73（4）	1.84（4）
俄罗斯	0.98（10）	1.08（10）	1.23（9）	1.40（8）	1.55（6）	1.70（7）
南非	1.39（4）	1.44（5）	1.57（5）	1.53（6）	1.41（8）	1.79（5）
泰国	1.31（7）	1.30（9）	1.13（10）	1.23（10）	1.26（10）	1.32（11）
土耳其	1.20（9）	1.31（8）	1.55（6）	1.74（4）	1.71（5）	1.71（6）
美国	1.44（3）	1.54（4）	1.67（4）	1.81（2）	1.93（3）	2.10（3）

注：（ ）内为排名。

数据来源：FAOSTAT，经作者计算得。

二、中国肉鸡消费基本情况及国际比较

（一）中国肉鸡消费总量和人均肉鸡消费量呈现双提升，但人均肉鸡消费量依然低位徘徊，肉鸡消费潜力大

随着中国经济的发展和人民生活水平的不断提高，肉类消费观念不断改变，以猪肉为代表的红肉消费逐年递减，而以肉鸡为代表的白肉消费正逐年递增。中国肉鸡消费总量和人均肉鸡消费量均呈不断增加的趋势，中国肉鸡消费总量从 1990 年的 270.2 万吨上涨至 2000 年 934.9 万吨，增长了 246%，年均增长率为 13.42%，表现为快速增长。人均肉鸡消费量自 1990 年 2.25 千克，增长到 2000 年 7.13 千克，增长了 217%，年均增长率 12.39%，也表现为快速增长。

20 世纪后，中国肉鸡消费量的增长开始放缓，人均肉鸡消费量也增速缓慢，2017 年，中国肉鸡消费量为 1 347.2 万吨，人均消费量为 9.27 千克，分别较 2000 年增长了 44.1%和 30.16%，年均增长仅为 2.24%和 1.63%，增长速度放缓（图 4）。

根据表 6 可知，2016 年，中国肉鸡消费总量在世界上的排名也从 1990 年的第三位，上升到第一位。但中国肉鸡消费总量占世界肉鸡消费总量的比重有所下降，该指标在 2000 年为 19.95%，但到 2017 年仅为 16.44%。说明中国肉鸡消费虽然总量增加，但消费优势在下降。

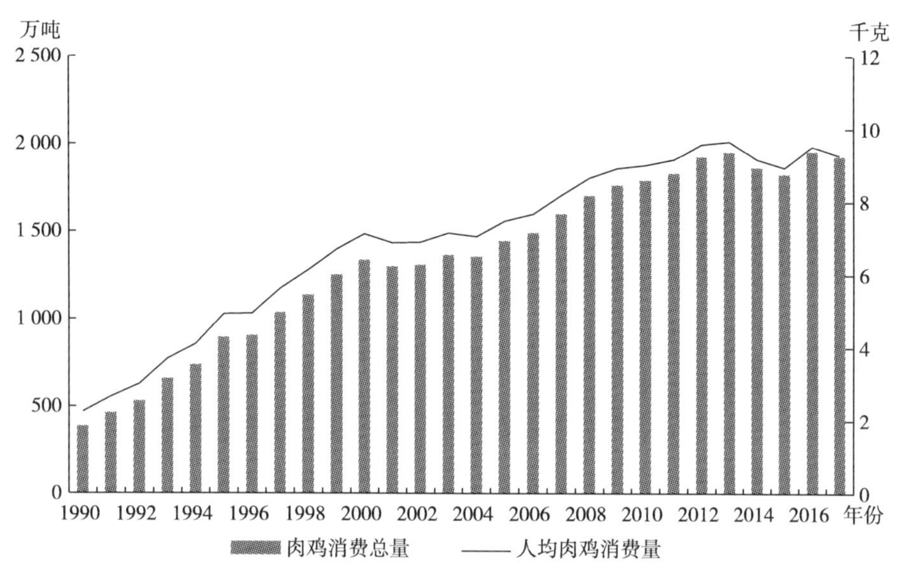

图 4　1990—2017 中国肉鸡消费变化

表 6　1990—2017 年中国肉鸡消费总量与巴西、美国、欧盟的比较

单位：吨，%

年份	巴西	中国	欧盟	美国
1990	148.3 (4)	270.2 (3)	522.3 (2)	708.7 (1)
	5.23	9.54	18.43	25.01
1995	259.8 (4)	625.4 (2)	604.9 (3)	821.7 (1)
	6.94	16.71	16.16	21.96
2000	361.5 (4)	934.9 (2)	681.2 (3)	948.4 (1)
	7.71	19.95	14.53	20.23
2005	358.8 (4)	1 010.9 (2)	754.3 (3)	1 103.6 (1)
	6.47	18.22	13.59	19.89
2010	515.7 (4)	1 252.7 (2)	788.5 (3)	1 118.3 (1)
	7.56	18.36	11.56	16.39
2015	600.6 (4)	1 276.7 (2)	873.4 (3)	1 235.6 (1)
	8.51	16.45	11.25	15.92
2017	698.7 (4)	1 347.1 (1)	882.2 (3)	1 278.6 (2)
	8.53	16.44	10.77	15.61

注：( ) 内为排名。

数据来源：FAOSTAT，经作者计算得。

中国的人均肉鸡消费量仅高于印度和印度尼西亚，整体水平较低，1990年、1995年、2000年、2005年、2010年、2016年，仅排在第10、10、10、10、9、9位。到2016年，中国人均肉鸡消费量为9.52千克，未达到世界平均水平（10.66千克），与美国相差29.72千克，巴西相差22.67千克，相比仍有很大的提升空间，说明中国肉鸡消费潜力巨大（表7）。

表7　1990—2016年12国人均肉鸡消费量变化

单位：千克/人

国家（地区）	1990年	1995年	2000年	2005年	2010年	2016年
世界平均	5.31	6.50	7.63	8.48	9.81	10.66
阿根廷	7.91（5）	16.63（2）	19.40（3）	16.83（4）	23.74（3）	29.07（3）
巴西	9.93（4）	16.01（3）	20.62（2）	19.19（3）	26.20（2）	32.19（2）
中国	2.25（10）	4.94（10）	7.13（9）	7.48（10）	9.01（9）	9.52（9）
欧盟	11.68（2）	12.50（4）	13.98（5）	15.23（6）	15.65（7）	17.44（7）
印度	0.32（12）	0.47（12）	0.60（12）	0.88（12）	1.27（12）	1.52（12）
印度尼西亚	1.97（11）	3.12（11）	2.75（11）	3.56（11）	4.52（11）	5.20（11）
墨西哥	6.99（6）	11.26（5）	15.27（4）	19.54（2）	20.38（5）	21.49（5）
俄罗斯	3.32（9）	8.11（8）	6.90（10）	12.22（7）	15.73（6）	20.83（6）
南非	10.36（3）	11.24（6）	13.84（6）	16.30（5）	23.18（4）	25.51（4）
泰国	6.50（7）	9.70（7）	8.88（7）	8.66（9）	8.69（10）	9.21（10）
土耳其	5.39（8）	6.00（9）	7.29（8）	9.35（8）	12.75（8）	14.15（8）
美国	28.06（1）	30.93（1）	33.64（1）	37.39（1）	36.24（1）	39.24（1）

注：（）内为排名。

数据来源：FAOSTAT，经作者计算得。

（二）国内肉鸡消费比重增加，但依然水平较低

中国肉鸡消费占肉类消费比重在2000年以前增长显著，从1990年的13%，增长到2000的22.6%，年均增长5.78%，消费者对于肉鸡的消费增长迅速。但在2004年和2013年经历了两次禽流感之后，国内肉鸡消费比重有所下降，但依然保持在20%以上。尽管消费者的肉类消费结构发生了变化，但消费观念依然受到消费者的饮食习惯和食品安全问题的影响（图5）。

与其他国家相比，在12个考察国家（地区）中，中国国内肉鸡消费比重在1990年、1995年、2000年、2005年、2010年、2016年，仅排在第9、11、

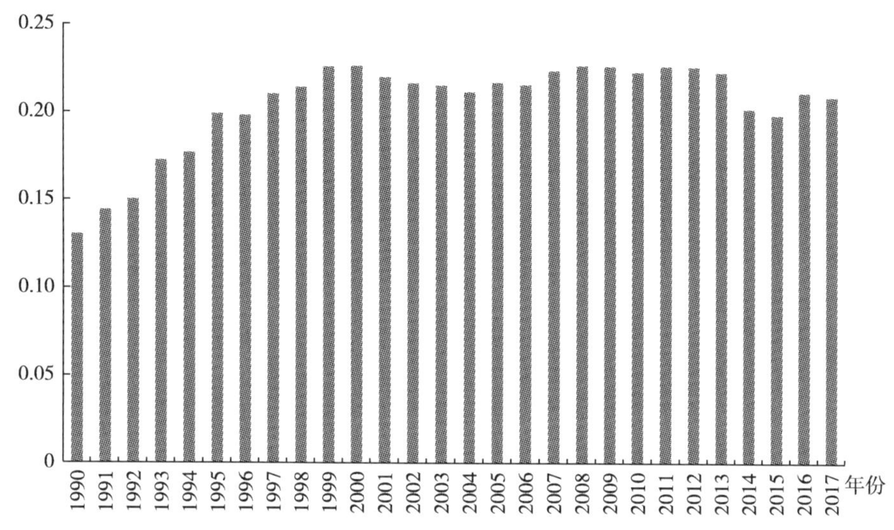

图 5　1990—2017 中国国内肉鸡消费比重变化

11、12、12、12 位，排名落后，在肉鸡消费上，比重较低（表 8）。

表 8　1990—2016 年 12 国家（地区）肉鸡消费比重变化

国家（地区）	1990 年	1995 年	2000 年	2005 年	2010 年	2016 年
阿根廷	0.12（10）	0.25（8）	0.27（8）	0.25（10）	0.33（10）	0.37（10）
巴西	0.29（6）	0.33（7）	0.37（7）	0.37（7）	0.42（7）	0.48（5）
中国	0.13（9）	0.20（12）	0.23（11）	0.22（12）	0.22（12）	0.21（12）
欧盟	0.19（8）	0.22（9）	0.24（10）	0.26（11）	0.26（11）	0.28（11）
印度	0.11（12）	0.16（11）	0.22（12）	0.31（8）	0.42（8）	0.45（8）
印度尼西亚	0.35（5）	0.46（2）	0.48（2）	0.51（3）	0.53（3）	0.55（2）
墨西哥	0.29（7）	0.37（6）	0.40（5）	0.47（4）	0.47（4）	0.50（4）
俄罗斯	0.11（11）	0.22（10）	0.25（9）	0.33（9）	0.34（9）	0.40（9）
南非	0.37（2）	0.44（3）	0.48（1）	0.51（2）	0.57（2）	0.56（1）
泰国	0.39（1）	0.48（1）	0.47（3）	0.44（5）	0.44（5）	0.46（6）
土耳其	0.36（3）	0.41（4）	0.47（4）	0.59（1）	0.58（1）`	0.53（3）
美国	0.35（4）	0.37（5）	0.39（6）	0.42（6）	0.43（6）	0.45（7）

注：( ) 内为排名。

数据来源：FAOSTAT，经作者计算得。

三、中国肉鸡贸易基本情况及国际比较

（一）国内市场自给程度高

中国肉鸡国内市场自给率平均为 95.53%，最低也超过 90%，为 91.47%，个别年份超过 97%（图 6）。

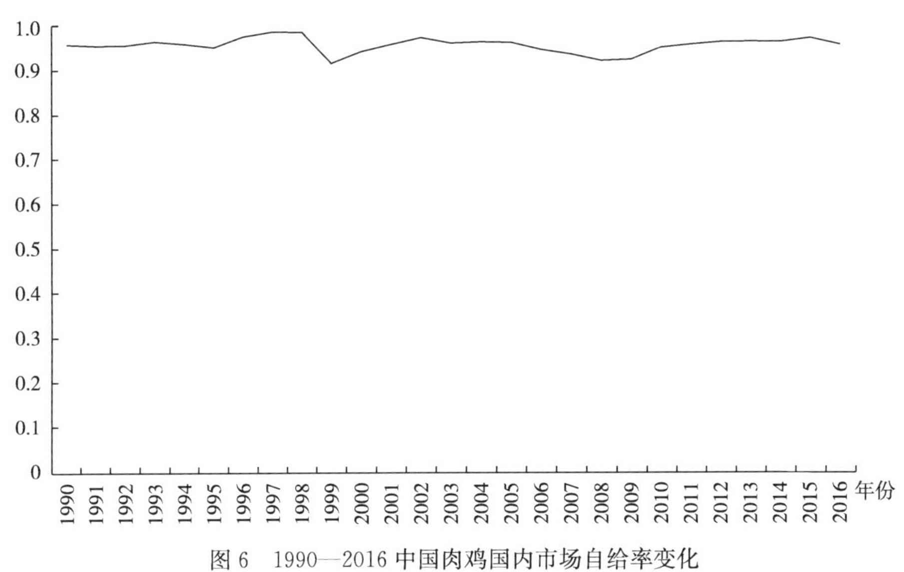

图 6　1990—2016 中国肉鸡国内市场自给率变化

（二）进口量出口量呈 M 型增长，生肉鸡产品贸易逆差和肉鸡制品贸易顺差不断增大

1990—2017 年，中国肉鸡进口总量和出口总量均呈现出 M 型波动变化，2000 年以前，中国肉鸡进口量年增长率达到了 25.08%，2000 年（182 万吨）较 1990 年（23.32 万吨）增长 6 倍多，中国肉鸡出口量的年增长率则为 28.32%，2000 年（124.9 万吨）较 1990 年（14.3 万吨）增长 7 倍，进口量、出口量均呈现快速增长的趋势。从 2000 年开始，中国肉鸡进口量大幅增加，肉鸡产品的进口量远超过肉鸡出口量，到 2004 年，受到禽流感疫情的冲击，肉鸡进出口量均大幅缩小，进口量和出口量减小到 10 年前的数量。2004—2011 年，市场再度活跃，进出口量均反弹增加，其中进口量远大于出口量。2012 年后，肉鸡进出口出现波动下降的趋势（图 7）。

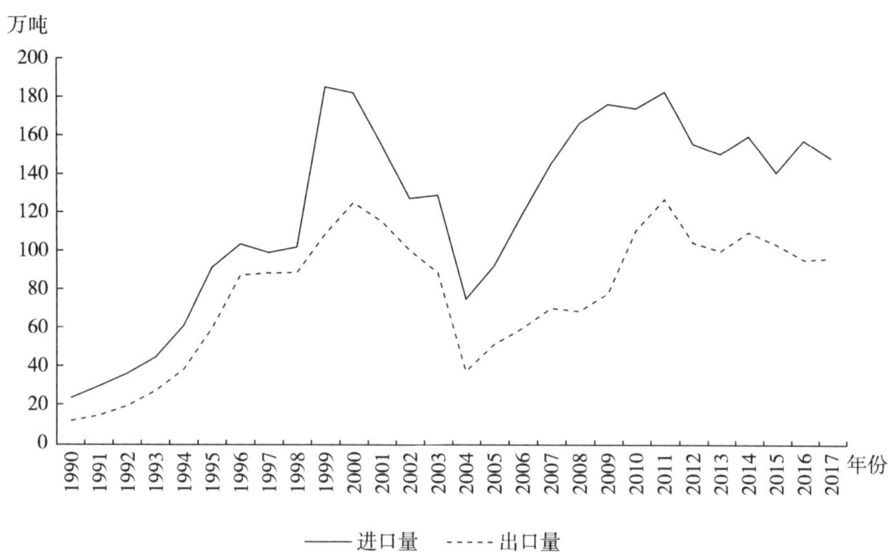

图 7　1990—2017 年中国肉鸡进出口总量变化

中国肉鸡进出口品种主要为生肉鸡和熟制品两种。其中生肉鸡贸易主要表现为贸易逆差，且逆差自 2004 年起不断增大。2017 年中国生肉鸡出口额为 128.52 亿美元，较 1990 年 14.13 亿美元，增长了 809%，出口额大幅增加；进口额为 253.6 亿美元，较 1990 年的 23.31 亿美元增长了 988%。贸易逆差为 125.07 亿美元，较 1990 年的 9.17 亿美元，扩大了 115.9 亿美元（图 8）。

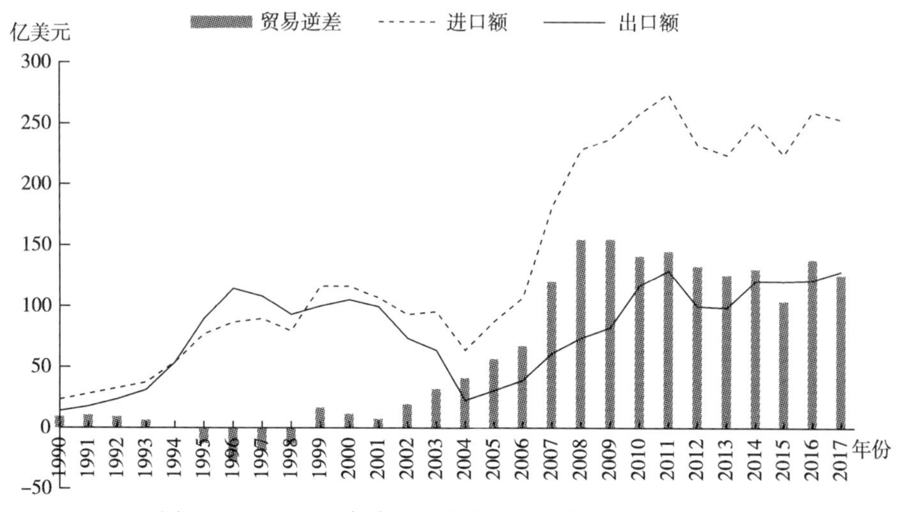

图 8　1990—2017 年中国生肉鸡进出口额、贸易逆差变化

中国肉鸡熟制品主要以出口为主，进口量较少，表现为贸易顺差，除个别年份受到禽流感疫情和世界经济变化的影响，熟制品出口量下降，顺差有所减小外，中国肉鸡熟制品始终保持贸易顺差，且呈不断增大的趋势。2017 年中国肉鸡熟制品出口额为 112.13 亿美元，较 1990 年 0.71 亿美元出口额大幅增加；进口额为 26 亿美元，较 1990 年的 0.42 亿美元增长 61 倍。贸易顺差为 86.13 亿美元，较 1990 年的 0.3 亿美元，扩大了 85.83 亿美元，贸易顺差不断增大（图 9）。

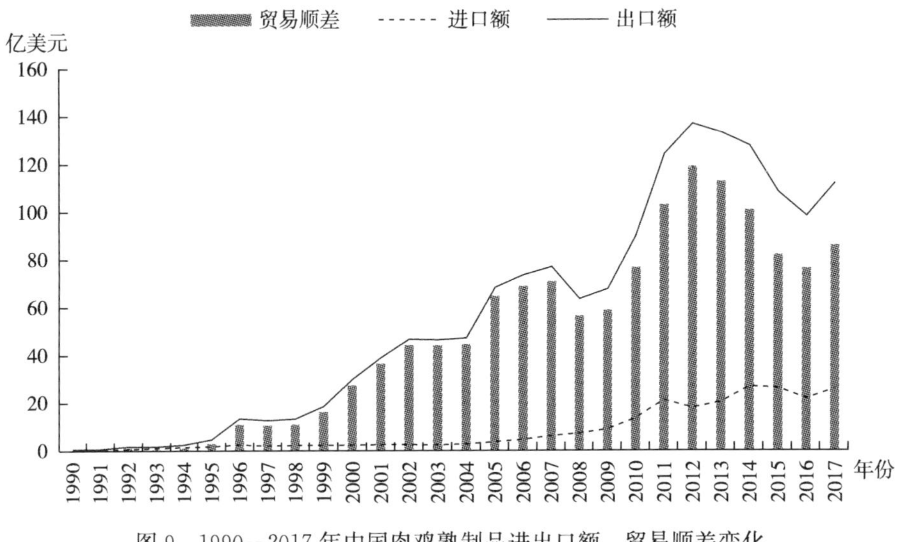

图 9　1990—2017 年中国肉鸡熟制品进出口额、贸易顺差变化

（三）国际市场占有率增长难，贸易竞争力指数接近平均水平

中国肉鸡国际市场占有率在 2000 年前增长较快，尽管在 1997 年受到金融危机的影响小幅下降，但很快恢复增长，并在 2000 年国际市场占有率达到历史最高 16.55%。但 2000 年以后中国肉鸡国际市场占有率逐渐减小，特别是 2004 年受到禽流感影响降到不足 6%。这次禽流感的冲击对中国肉鸡出口打击较大，而后又依次受到次贷危机、禽流感的再暴发和食品安全问题的影响，加上新兴肉鸡生产国开始占据世界肉鸡出口市场，中国肉鸡国际市场占有率一直没有明显增加（图 10）。

与其他国家相比，在 12 个考察国家（地区）中，中国肉鸡国际市场占有率在 1990 年、1995 年、2000 年、2005 年、2010 年、2016 年，仅排在第 5、3、3、

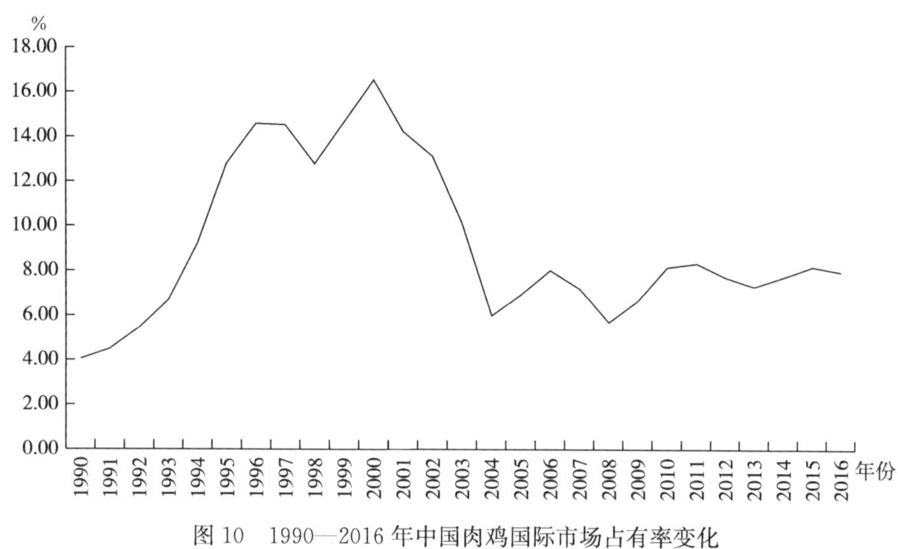

图 10　1990—2016 年中国肉鸡国际市场占有率变化

4、4、5 位，中国肉鸡在世界肉鸡出口市场一直具有一定的优势（表 9）。

表 9　1990—2016 年 12 国家（地区）肉鸡国际市场占有率变化

单位：%

国家（地区）	1990 年	1995 年	2000 年	2005 年	2010 年	2016 年
阿根廷	0.07（8）	0.08（7）	0.17（6）	0.85（6）	1.56（6）	0.90（7）
巴西	8.72（3）	8.68（4）	10.19（4）	25.11（3）	25.74（2）	23.67（2）
中国	4.04（5）	12.80（3）	16.55（3）	6.94（4）	8.17（4）	7.98（5）
欧盟	56.92（1）	43.52（1）	39.65（1）	40.73（1）	37.13（1）	36.57（1）
印度	0.01（10）	0.01（12）	0.01（12）	0.01（10）	0.01（11）	0.02（11）
印度尼西亚	0.01（10）	0.05（9）	0.02（11）	—	2.8E-04（12）	2.5E-05（12）
墨西哥	0.33（6）	0.04（11）	0.03（10）	0.01（10）	0.09（9）	0.08（10）
俄罗斯	—	0.09（6）	0.05（9）	0.05（9）	0.04（10）	0.40（8）
南非	0.10（7）	0.05（9）	0.13（7）	0.06（8）	0.13（8）	0.29（9）
泰国	8.22（4）	6.95（5）	8.92（5）	6.06（5）	7.14（5）	9.78（4）
土耳其	0.02（9）	0.07（8）	0.08（8）	0.23（7）	0.81（7）	1.32（6）
美国	17.02（2）	25.19（2）	21.38（2）	16.21（2）	14.61（3）	11.86（3）

注：（ ）内为排名。

数据来源：FAOSTAT，经作者计算得。

中国肉鸡贸易竞争力指数在1990—2016年里，保持在－0.3～0.2之间，竞争力接近国际平均水平。与其他国家相比，在12个考察国家（地区）中，阿根廷、土耳其、泰国、印度都具有很强的竞争优势，美国的竞争优势下降，说明新兴国家在世界肉鸡贸易上开始崭露头角（表10）。

表10　1990—2016年12国家（地区）肉鸡贸易竞争力指数变化情况

国家（地区）	1990年	1995年	2000年	2005年	2010年	2016年
阿根廷	0.14	－0.65	－0.52	0.89	0.89	0.87
巴西	1.00	1.00	1.00	1.00	1.00	1.00
中国	－0.23	0.09	0.06	0.04	－0.13	－0.12
欧盟	0.11	0.14	0.05	－0.03	0.00	0.01
印度	1.00	1.00	1.00	0.86	0.87	0.96
印度尼西亚	－0.11	0.25	－0.76	－1.00	－0.56	－0.99
墨西哥	－0.59	－0.95	－0.96	－0.99	－0.91	－0.95
俄罗斯	－1.00	－0.98	－0.98	－0.98	－0.98	－0.47
南非	0.10	－0.86	－0.50	－0.86	－0.71	－0.59
泰国	1.00	1.00	1.00	1.00	1.00	0.99
土耳其	0.88	0.93	0.97	0.98	0.99	1.00
美国	0.96	0.99	0.96	0.90	0.88	0.77

数据来源：FAOSTAT，经作者计算得。

四、总　　结

本研究对中国肉鸡产业的基本情况进行了分析和国际比较，得到以下结论：

从肉鸡生产来看，中国肉鸡生产呈现出先快后稳的增长趋势，逐步发展成为标准化、规模化、集约化的产业。肉鸡存栏量、出栏量和产量不断提高，养殖方式从散养，逐步形成“公司＋农户”“公司＋龙头＋农户”的养殖体系，并开始出现由企业自养的高标准、大规模、高质量的养殖方式，养殖规模不断扩大。中国肉鸡产量位居世界前列，在世界肉鸡产量中占有举足轻重的地位。但与考察的其他国家相比，中国国内肉鸡生产比重较低、与优势国家的差距变大；受肉鸡价格的变动、饲料成本和疫病冲击的影响，中国肉鸡经济效率水平较低；肉鸡技术效率水平也排名靠后，优势不足。

从肉鸡消费来看，中国肉鸡消费总量和人均肉鸡消费量呈现双提升，但增速有所减缓。中国是世界上第二大肉鸡消费大国，但人均肉鸡消费量依然低位徘徊，低于世界平均水平，与优势国家相比，中国肉鸡消费潜力巨大。中国肉鸡产业的国内肉鸡消费比重增加，但与其他考察国家相比，依然水平较低。

从肉鸡贸易来看，在中国肉鸡国内市场贸易中，市场自给率大于90%，基本满足国内市场需求。在国际市场贸易中，进口量、出口量呈M型增长，其中，生肉鸡产品表现贸易逆差，逆差不断增加。肉鸡制品表现贸易顺差，顺差不断增大，优势较强。但中国肉鸡国际市场占有率虽然排名靠前有一定优势，但出口份额增长难，贸易竞争力指数接近平均水平，竞争优势不足。

肉鸡产业国际竞争力评价体系构建及应用

裴　璐[1]　王济民[1,2]

（1. 中国农业科学院农业经济与发展研究所；2. 中国农业科学院办公室）

一、引　　言

自2001年中国加入WTO以来，中国的农业发展也融入经济全球一体化的大环境中，中国农业发展与世界的联系更加紧密。近年来，中国农产品产量持续增长，粮肉蛋果菜茶鱼产量都居世界首位，人均占有量超过世界平均水平，很多也位居世界前列，农牧渔种养加各产业门类齐全，产品产量和产业产值都很庞大。一方面，随着农业对外开放的步伐逐渐加快，开放程度不断提高，对外交流机会的增多使得中国的农产品在国际国内市场得到了互补性发展。伴随着农业科技的进步，中国农产品贸易快速增长，进出口贸易额不断创造历史新高。农产品贸易对中国国内第一产业发展、农业的增值增效都起到了越来越重要的作用。另一方面，自2004年起中国农产品贸易由长期顺差转变为持续性逆差。随着贸易逆差的不断扩大，中国农产品在世界贸易中竞争力逐渐减弱。劳动力成本、物流成本的上涨，使中国农产品生产成本快速增加，国内大宗农产品缺乏价格优势。而国际市场进口农产品低廉的价格刺激了进口的增长，对国内农产品市场造成了冲击。价格差距严重影响了中国农产品竞争力。中国作为农业大国，水土资源的不足制约了农业生产，工业化和城镇化的推进加剧了水土资源的紧张，特别是农村地区建设用地占用耕地的现象普遍存在。另外，国内需求的强劲增长、农业支持力度不足，产业政策与贸易政策的不协调，国外贸易保护主义抬头等原因都影响着中国农产品的国际竞争力下行。

面对国际农产品市场激烈的竞争，与发达国家相比，中国农业大而不强、多而不优，竞争力弱的问题已经显现，农业竞争力低已经成为制约农业发展的主要问题。当前，中国农业正处在转变发展方式、优化产业结构、转换增长动力的攻关期。推进农业供给侧结构性改革，提高农业发展质量，提升中国农业竞争力，妥善应对国际市场风险是当务之急，也是中国农业面临的核心问题。

自20世纪80年代起白羽肉鸡进入中国市场，中国肉鸡产业开始快速发展。特别是近年来，中国肉鸡产量不断增加，规模逐渐扩大，管理专业化程度不断提升。2018年中国肉鸡产量为1 170万吨，较2017年增长3.48%。从世界肉鸡产量排名来看，中国肉鸡产量以较大优势稳居世界前四之列。中国肉鸡出口量为44.7万吨，位列世界第五，进口量34.2万吨，位列世界第四。肉鸡进出口贸易总额为49.4亿美元，其中肉鸡制品的进口额为2.6亿美元，出口额11.2亿美元，贸易顺差额8.6亿美元。而中国居民肉鸡消费量也不断增加，在肉类消费品中排名仅次于猪肉，位列第二。2018年全年，中国肉鸡消费量达到1 159万吨，是世界第二大肉鸡消费大国，比上一年增长11.5万吨，增幅1.00%。从这些数据来看，中国肉鸡产业发展繁荣，对中国畜牧业发展有着重要影响。

但是中国肉鸡产业发展仍面临诸多问题，比如中国白羽肉鸡种源源于国外，依存度过高，受此影响中国白羽肉鸡存在强制换羽的问题，对中国肉鸡种质资源安全造成了威胁；标准化设施和技术与发达国家相比差距较大，有待进一步提升，除山东等地的肉鸡规模化养殖技术较成熟之外，我国大部分地区尤其是南方，肉鸡养殖标准化设施依然不足，养殖人员的技术水平依然亟须提升；养殖环节仍存在疾病抗生素的滥用的问题，有的养殖户为了一时的利益，不按规定用药和延长用药时间的现象依然存在；到目前为止，中国还尚未形成统一的肉鸡认证体系，相比美国的60多种认证体系下，中国的检疫检测系统远落后于发达国家；养殖废弃物资源化利用等涉及环保的问题也日益凸显。尽管中国肉鸡产量、贸易量和消费量总量巨大，但中国肉鸡产量在肉类中的比重基本稳定在15%左右，低于世界同期水平和发达国家水平（欧阳儒彬，2019），人均肉鸡消费量远低于发达国家水平，2018年中国人均肉鸡消费量为8.3千克，仅为美国人均肉鸡消费量的1/6。肉鸡产业存在着很大的发展空间。另外，目前世界上很多国家（地区），如美国、欧盟、巴西等传统肉鸡生产大国，以及俄罗斯、泰国、墨西哥等肉鸡生产增长较为强劲的新兴经济体国家，都越来越重视肉鸡产业的发展。从长期来看，四大肉鸡主产国或地区的肉鸡产量占世界肉鸡总产量的比例呈下降的趋势，而新兴经济体国家的肉鸡产量在世界肉鸡总产量中的份额逐渐增加，世界肉鸡市场上的博弈也越来越激烈。特别是加入WTO之后，个别发达国家通过设置非关税型贸易壁垒，提高检测标准，增加检测指标等手段，使中国肉鸡出口受到一定阻碍。另外，中国曾出现多次出口肉鸡产品质量不合规的问题，使中国肉鸡产品品牌国际信誉下降，严重影响了中国肉鸡产品竞争力。面对这些问题，未来中国肉鸡产业急需采取措施大力提高肉鸡产业竞争力，在国际市场上获取更稳定的市场份额。肉鸡产业是中国农业供给侧结构性改革中必不可少的产业，肉鸡产业也是中国畜牧业中产业化、规模化、市场化程度最高的部门，是中国畜牧业中发展潜力最大的产业。肉鸡制品更是中国畜产品国际贸易中唯一的顺差产品。因此，随着世界贸易市场和贸易格局的变化，肉鸡产业国际竞争力的高低对于中国畜产品乃至农产品竞争力的提升有着重要意义。基于此，本研究分析三方面问题：中国肉鸡是否真的具有竞争力？中国肉鸡在肉鸡主产国间是什么地位？如何提高中国肉鸡的竞争力？

而在对产业竞争力的研究中，大多数研究主要从产品角度或者贸易角度出发，基于单个指标进行测算，如对产品的比较优势的分析，产品成本的比较或者产量大小来反映竞争力等。从产业系统分析竞争力的很少，大多数研究对竞争力的研究不够客观，也不全面，更缺乏相应的竞争力研究体系。

基于以上背景，本研究试图构建肉鸡产业国际竞争力评价体系，一方面，完善国际竞争力研究，特别是肉鸡产业国际竞争力研究的不足；另一方面，根据体系内容，对中国肉鸡产业国际竞争力进行评价，并与其他肉鸡生产大国（地区）的肉鸡国际竞争力进行比较，分析中国肉鸡产业的不足之处，清晰地认识中国肉鸡产业的地位，为提高肉鸡产业发展质量，提升中国肉鸡竞争力，提出参考建议。

二、文献综述

（一）产业竞争力研究

国内外学者对于产业竞争力的研究集中在对产业竞争力定义和产业竞争力的影响因素两个方面。

产业竞争力定义方面，美国哈佛大学商学院教授迈克尔波特首次从产业角度研究竞争力。考察一个国家的经济、社会、政治等环境如何影响各个产业的竞争力。杨公朴等（1999）指出，产业从广义上泛指一切生产物质产品和提供劳务活动的集合体，居于微观经济细胞（企业）与宏观经济单位（国民经济）之间的一个集合概念。金碚（2003）等认为，一个国家的某种工业品的国际竞争力的强弱应从结果和原因两个方面分析：结果为实现指标，如市场份额，表现了国际竞争力在市场上的实现程度；原因由直接因素（如产品的质量、结构、价格、品牌等）和间接因素（如成本、经营管理、技术等）构成。

关于产业竞争力影响因素的研究方面，由于研究者的分析角度不同，对产业竞争力的认识也不同。主要基于比较优势理论和竞争优势理论。比较优势理论由土地、劳动力、资本、自然资源等基本生产要素决定。大卫李嘉图最先在《政治经济学及赋税原理》中提出了比较优势理论，每个国家都应根据“两利相权取其重，两弊相权取其轻”的原则，集中生产并出口具有比较优势的产品，进口具有比较劣势的产品。瑞典经济学家赫克歇尔提出了资源禀赋理论（H—O理论），指出一个区域在进行对外贸易时，生产要素相对充裕和便宜的商品用于出口，生产要素相对缺乏和昂贵的商品需要进口（徐立，2010）。竞争优势理论强调竞争优势不仅与基本生产要素有关，也与技术、规模经济、资本运作、管理水平、营销策略有关，更加强调产业内企业的策略行为。安德鲁斯提出的SWOT分析模型就是从综合分析优势（strengths）、劣势（weakness）、机会（opportunity）和威胁（threats）对产业的影响。迈克尔波特提出“钻石模型”，认为影响产业竞争力的大小取决于六个因素：生产要素、需求要素、相关产业、企业战略、政府行为、机遇。其中前四项为决定性因素，且互相影响，具有双向作用。后两项是不稳定因素，在决定性因素的基础上发挥作用，但也是必不可少的。裴长洪（1998）从两个方面即用显示性指标来说明国际竞争力的结果和用分析性指标来解释一国某个行业为什么具有国际竞争力的原因。

（二）畜产品国际竞争力研究

国内外专家学者对畜产品国际竞争力的研究较为丰富。有些是从产品角度出发，通过对产量、成本收益等方面比较，针对某一畜产品的国际竞争力进行研究。例如，李建平（2002）运用了国内资源成本系数法对中国畜牧产业的主要行业如养猪业、养鸡业、肉牛业、乳业、养羊业的成本优势进行测算，得出畜产品贸易存在严重扭曲，规模化养殖优势不显著，比较优势有下降趋势，出口结构有待调整，生产结构需要优化等结论。乔娟（2001）在对中国主要家畜肉类产品国际竞争力的变动分析中，通过计算生产者价格指数，比较肉类主要生产国和出口国家畜肉类产品的价格竞争力。Selva（2005）在丹麦猪肉国际竞争力的研究中，用SWOT分析法对国内资源能力和与国际上竞争对手的竞争优势进行总体评估。

更多的学者从贸易角度出发，进行了比较优势的测算分析，探讨了政策等对竞争力的影响等。刘学忠（2008）、栗成良（2009）、刘合光（2009）、王盛威（2011）、王玲玲（2007）王贝贝（2016）、Banterle（2006）等通过计算国际市场占有率、显示性比较优势指数、贸易竞争力指数，对不同的畜产品的国际竞争力进行了定量测算，对影响国际竞争力大小的因素进行探讨。余鲁（2008）、王贝贝（2016）等运用恒定市场份额模型研究了影响畜产品出口贸易的动态结构及增长因素。Banterle（2006）对欧盟国家猪肉制品进出口流量和类型进行了比较。

一些学者从政策角度出发，如董银果（2005）研究了 SPS 措施对中国肉猪贸易效应的影响，得出 SPS 措施对于活猪出口有着显著的负面影响，只有提升自身产业水平，改革完善内部制度的同时，在遵从 SPS 规则下通过 WTO 条款灵活运用贸易谈判手段和交涉策略，才能提高中国生猪产业的国际竞争力。Metcalfe（2002），研究了各国环境政策对于猪肉国际竞争力的影响。

此外，王定祥（2003）从畜产品质量安全管理的角度，定性分析了美国、欧盟、日本、澳大利亚、新西兰等国家和地区的畜产品质量安全管理的经验，为中国畜产品质量安全管理和提高中国畜产品国际竞争力提出了很好的建议。

（三）肉鸡国际竞争力研究

中国肉鸡产业国际竞争力的研究从肉鸡生产成本、政策导向、进出口、关税、汇率、疫病影响等方面展开。随着国际贸易环境的不断变化，中国肉鸡产业竞争力研究与提高国际竞争力的方法也与时俱进。

张瑞荣对中国肉鸡的竞争力做了比较集中的研究。她选取了影响中国肉鸡国际竞争力的指标，分析了影响肉鸡国际竞争力的原因，指出中国肉鸡国际竞争力较弱（张瑞荣，2010）。在对全球肉鸡产品现状分析中，认为肉鸡产品的国际竞争力较弱，主要是因为禽流感疫情的冲击，肉鸡出口市场过于单一，药物、重金属残留，国外技术性贸易壁垒和人民币汇率上升的问题导致（张瑞荣，2011）。之后又对中国肉鸡产品的进口出口进行了计量模型的分析，得出中国肉鸡产品主要受中国人口总数、人民币兑美元的实际汇率变动和加入世贸组织后进口政策变化的显著影响（张瑞荣，2011）。她还预测了肉鸡产品的价格变动规律和肉鸡产品出口绝对量和出口相对数的变动，得出活鸡、西装鸡、商品代肉雏、玉米、猪肉价格之间存在长期均衡变动关系，玉米、猪肉价格具有外生性对肉鸡产品价格具有显著影响，而肉鸡产品价格之间互为 Granger 因果关系；并且中国肉鸡产品尤其是活鸡出口受禽流感等疫情影响显著，世界宏观经济是否景气也影响到中国肉鸡产品出口（张瑞荣，2013、2015）。

其他学者也对肉鸡的国际竞争力从不同的角度进行了研究。周振亚、闫凯、姚雪等从贸易角度对肉鸡国际竞争力进行了研究，周振亚（2006）对比了中日禽肉贸易差异，通过构建SWOT矩阵，指出在日本市场中，中国禽肉的竞争优势相对于泰国处于劣势。闫凯（2015）运用了引力模型对中国肉鸡产品的出口流量和潜力进行了研究，得出如果两国之间有共同的边界对于中国肉鸡出口有促进作用。姚雪（2015）通过计算国际市场占有率、显示性比较优势系数、贸易竞争力指数和对影响中国鸡肉产品国际竞争力的因素进行了实证分析，指出大豆价格及出口价格与中国鸡肉产品显示性比较优势指数负相关。Belová（2012）利用加工趋势函数分析了与捷克禽肉进出口发展相关的个体特征，得出捷克禽肉贸易的比较优势逐渐降低，只有某些加工水平较低的冷冻肉鸡产品竞争力较强。

向洪金（2012）针对白羽肉鸡反倾销、反补贴措施的贸易救济效果和福利效应通过可计算的局部均衡COMPAS模型分析，指出缩小中国产品与进口产品之间在品质等方面的差距，是提高中国贸易救济措施的有效性、降低贸易措施负面影响的重要手段。Djunaidi（2005）运用Takayama和Judge（1971）提出的空间平衡模型，讨论了美国肉鸡在国际贸易市场的地位，得出进口国的关税贸易法规对提高美国肉鸡国际竞争力有促进作用。

Valdes（2015）则从成本收益角度研究了巴西肉鸡国际竞争力，他采用随机前沿生产函数的方法衡量技术效率，发现巴西肉鸡生产中存在规模经济效应，得出巴西肉鸡产业国际竞争力不仅仅受宏观经济因素（汇率波动和国内外收入增长）影响，更重要的是取决于肉鸡企业的效率水平，包括劳动力和饲料供应，获得技术援助以及获得信贷等。

黄泽颖（2016）则具体研究了疫病对肉鸡国际竞争力的影响，通过构建肉鸡局部均衡模型得到肉鸡供给模型，得出高致病性禽流感疫情对肉鸡进口冲击最大的结论。黎寿丰（2017）专门研究了中国肉鸡种业发展对肉鸡产业竞争力的影响，指出了白羽肉鸡依赖进口，国内并没有知识产权；黄羽肉鸡虽然源于中国地方鸡种血缘，但良种繁育体系依然不完善，品种性能的测定、品种遗传保护与开发体系仍不健全等问题，对中国肉鸡产业国际竞争力造成威胁。Nehring（2015）从养殖户的角度出发，运用杜邦模型对美国肉鸡农场的国际竞争力进行分析，估计了肉鸡农场的盈利能力、资金周转率、偿付能力、股份回报率，得出不同的生产区域、非农业来源的收入是影响竞争力的原因。

（四）竞争力指标体系的研究

对国际竞争力评价指标体系的研究中，IMD通过国内经济、国际化程度、政府政策和运行、金融环境、基础设施、企业管理、科学技术和国民素质八个方面构建了评价国家竞争力的体系。WEF 将竞争力定义为在一个较长时期内获得经济高速增长的能力，或者说是获得较高生产力的能力，构建了以开放程度、政府、金融、基础设施、技术、管理、劳动、法规制度为主要评价目标的竞争力评价体系。最著名的波特钻石模型，构造了以生产要素、需求条件、相关和支持性产业、企业战略、结构和同业竞争、机遇、政府行为六要素决定的产业竞争力体系。美国商务部 2011 年发布的《China's Agricultural Trade》报告中制定的经济框架中，将产业竞争力定义为供应商提供具有买方所期望的特征的产品的能力。从购买决策的角度，设计了体系的框架。这些产品的购买决策基于三个主要标准：交易成本（delivered cost）、产品差异化（product differentiation）和供应可靠性（reliability of supply）。赵美玲（2005）结合波特模型，设计了农业国际竞争力评价体系，分为显示竞争力、产品竞争力、要素竞争力、环境竞争力四部分。刘雪（2002）在对中国蔬菜产业国际竞争力的评价中，从生产要素丰度、生产率、贸易绩效、价格竞争力、产业前景五个方面进行体系构建。姚雪（2015）从贸易角度，构建了国际市场占有率、显示性比较优势指数、贸易竞争力指数的肉鸡国际竞争力评价体系。

（五）文献评述

通过相关文献的回顾，国内外有关竞争力的研究成果较为丰富，而对肉鸡产业国际竞争力的研究方法多样，对竞争力的测算指标主要为市场占有率、显示性比较优势、贸易竞争力。影响竞争力的评价主要运用波特模型、引力模型、SWOT 矩阵模型、局部均衡模型等方法。综合来看肉鸡竞争力的研究存在以下不足之处：大多学者在研究肉鸡国际竞争力时，大多只从产品角度和贸易角度对肉鸡竞争力进行比较，鲜有从产业系统角度设计全面的指标体系对肉鸡产业进行评价，缺乏对竞争力评价体系构建的研究。另外缺乏对世界肉鸡生产大国（地区）与中国肉鸡之间的竞争力比较。关于中国肉鸡的国际竞争力近几年研究较少，数据更新滞后，因此这方面研究也很有必要。

三、研究目的、意义、内容及创新点

（一）研究目的

一是以比较优势理论和波特的钻石模型为理论基础，从产业系统出发，选择适合肉鸡产业的竞争力比较的指标，试图构建一套适合肉鸡产业的国际竞争力评价体系。

二是根据构建的肉鸡产业国际竞争力评价指标体系，对中国肉鸡产业竞争力进行测算，分析影响中国肉鸡产业国际竞争力和分项竞争力的主要原因。同时与阿根廷、巴西、欧盟、印度、印度尼西亚、墨西哥、俄罗斯、南非、泰国、土耳其、美国的 11 个肉鸡生产大国（地区）的肉鸡产业国际竞争力进行比较，得到中国肉鸡的竞争地位以及与优势国家之间的差距。

三是根据得出的结论，提出相应的对策建议，为提升中国肉鸡产业国际竞争力提供建议参考。

（二）研究意义

其一，从学术价值来看，本研究在国际竞争力的分析中，从产业系统的角度，构建了竞争力评价体系，在遵循比较优势、客观性、可操作性、数据可获得性、独立性的原则下，客观全面地对肉鸡产业竞争力进行了评价，为肉鸡产业竞争力和其他畜产品国际竞争力的研究提供了新思路。

其二，从产业价值来看，本研究分析肉鸡产业国际竞争力，一方面从资源禀赋、生产、消费、贸易四个方面了解中国肉鸡产业竞争力的不足和制约竞争力发展的原因；另一方面通过构建的肉鸡产业国际竞争力评价体系，将中国的肉鸡产业竞争力与世界肉鸡生产大国进行比较，有助于认识中国肉鸡产业的国际地位，了解中国肉鸡产业国际竞争力和分项竞争力与其他国家之间的差距。

其三，从决策价值来看，由于本研究从产业系统出发从四个方面进行国际竞争力评价，结论指出了中国肉鸡产业国际竞争力优势和薄弱之处，为提高中国肉鸡产业竞争力提供了决策方向。

（三）研究内容

一是肉鸡产业国际竞争力理论基础及体系构建。包括阐述本研究所涉及的经济学理论基础，并提出构建肉鸡产业国际竞争力评价体系相关内容，包括构建原则、框架设计、体系指标选取依据及内涵、评价步骤四部分。

二是肉鸡产业国际竞争力指标体系测算结果分析。根据第二章构建的评价指标体系指标，首先对中国肉鸡产业国际竞争力进行评价，之后与阿根廷、巴西、欧盟、印度、印度尼西亚、墨西哥、俄罗斯、南非、泰国、土耳其、美国等 11 个肉鸡生产大国（地区）的肉鸡国际竞争力从总体和不同分项竞争力的角度进行比较分析，得出相应结论。

三是结论及建议。包括对本研究得出结论的总结，提出对策建议，指出研究的不足及对未来的展望。

（四）创新点

已有关于中国肉鸡国际竞争力的研究仅局限于产品和贸易角度，缺乏较为完整的肉鸡产业国际竞争力评价体系，也没有具体对世界肉鸡生产大国（地区）与中国肉鸡竞争力进行比较分析。另外中国关于肉鸡竞争力近几年研究较少，数据更新滞后。本研究的创新点在于：

一是本研究区别于从贸易角度、产品角度的传统国际竞争力评价方式，从产业系统的角度出发，以比较优势理论和波特的钻石模型为理论基础，选择了适合肉鸡产业的指标，构建了肉鸡国际竞争力评价指标体系。

二是本研究在构建肉鸡国际竞争力评价指标体系时，将消费加入到评价指标中。肉鸡消费竞争力，反映国内肉鸡市场需求情况和消费潜力情况。消费竞争力不仅影响生产竞争力，也是国际竞争力的重要组成。因此，加入消费竞争力指标，从产业系统的角度对肉鸡整个产业进行国际竞争力的评价。

三是根据构建的肉鸡产业国际竞争力评价指标体系，对中国肉鸡产业国际竞争力进行评价，并与阿根廷、巴西、欧盟、印度、印度尼西亚、墨西哥、俄罗斯、南非、泰国、土耳其、美国等肉鸡生产大国（地区）的肉鸡国际竞争力进行比较，客观评价中国肉鸡在全世界肉鸡大国中的竞争地位，对中国肉鸡国际竞争力的提升提供了建议。

四、肉鸡国际竞争力理论基础及评价体系构建

（一）经济学理论基础

产业国际竞争力是国际贸易理论中的重要组成部分。国际贸易理论经历了四个发展阶段，分别为古典理论、新古典理论、新贸易理论和新兴古典国际贸易理论。其主要的理论基础有：①比较优势理论。包括传统贸易理论和新贸易理论两大主流。传统贸易理论（Orthodox Trade Theory），包括比较优势理论、绝对成本论和要素禀赋理论，其基本假定是：完全竞争市场；国际贸易商品是完全同质的，且在不同国家也是如此。传统贸易理论强调贸易的互利性，主要解释了产业间贸易。新贸易理论是从竞争过程、发展以及动态的角度解释了竞争力的来源，研究不完全竞争和规模报酬递增条件下产业内贸易。新贸易理论包括产品生命周期理论、产业内贸易理论等。②竞争优势理论。主要是由哈佛大学商学院教授迈克尔·波特提出的国际竞争优势模型（钻石模型）。模

型包括了四种本国的决定因素和两种外部的影响因素。决定因素体现在需求、要素，相关及支持产业，公司的战略、组织以及竞争四个方面。外部影响因素包括政府和随机事件两种。

1. 比较优势理论

（1）传统贸易理论。绝对优势理论。该理论是英国古典经济学家代表人物亚当·斯密（Adam Smith），在生产分工理论的基础上提出的，是最早主张的自由贸易理论，又称“绝对成本理论”或者“绝对利益说”。斯密在1776年发表的《国富论》中，对重商主义进行了批判，认为各国商品中所存在的生产成本以及劳动生产率的绝对的差异是国际贸易的基础，而差异是由自然禀赋和后天的生产条件所造成的。他认为分工的产生来源于人类的交换倾向，分工的原则表现为成本的绝对优势或绝对利益。分工的结果表现在社会劳动生产率不断的进步，从而使得国民财富增加。国际贸易是在国际分工的基础上展开的，国际分工是分工的最高阶段。国际贸易产生的原因是国与国之间存在差异化的绝对成本。从某种商品在生产上耗费的成本来看，当一国家绝对低于其他国家时，对该国来说，该产品具有绝对优势，那么该产品可以出口，反之可以进口。而所谓绝对成本，是指某两国之间生产同种产品所产生的劳动成本的绝对差异，也就是生产该产品时，一个国家所耗费的劳动成本绝对低于另一个国家。他认为各个国家都应按照本国的绝对优势形成国际分工格局，各自提供交换产品，从而达到互惠互利的效果。绝对成本说仅仅对具有不同优势的国家之间的贸易进行了解释，并没有对一个国家所有产品都不具有绝对优势但仍可以进行国际贸易的现象进行合理的解释，因此该理论具有一定的局限性。

比较优势理论。又称比较成本贸易理论，是由英国古典经济学家大卫·李嘉图在亚当·斯密的绝对优势理论基础上提出的。在李嘉图所编著的《政治经济学及赋税原理》一书中，他强调了生产技术的相对差别的问题，得出了生产技术的差别造成的相对成本的差别是形成国际贸易的基础的结论。而两国之间的劳动生产率的差距在不同的产品上的表现不同。在国际贸易中，每个国家在国际贸易中应采用“两优相权取其重，两劣相衡取其轻”的思想，即具有比较优势的产品应集中生产并出口，而具有比较劣势的产品可以进口。这样，交易国家一方面可以节省劳动力，另一方面还通过专业化分工提高劳动生产率。比较优势理论奠定了整个国际贸易理论体系的基础，其重要意义在于解决了不同经济实力的国家，如何确定自己的相对优势从而在国际贸易中获得利益的问题。但李嘉图假定在生产中投入的生产要素比较单一，只有劳动生产要素，但事实上，决定一个国家的比较优势还有其他因素，因此比较优势理论也存在一定的局限性。

要素禀赋理论。由瑞典经济学家俄林在总结了其老师赫克歇尔的研究后，以此为基础提出，又称“赫克歇尔—俄林理论”或“H—O 理论”。俄林在 1933 年出版的《地区间贸易与国际贸易》一书中提出国际贸易的基础是两国间要素禀赋的相对差异以及生产各种商品时利用这些要素的强度的差异。简单来说就是，各国应尽可能用供给充足又价格便宜的生产要素来生产廉价产品输出，交换别的国家物美价廉的商品。资本丰富的国家应出口资本密集型商品，进口劳动密集型商品，而劳动力丰富的国家应出口劳动密集型商品，进口资本密集型商品。要素禀赋理论阐述了生产要素及其组合在各国进出口贸易中居于重要地位，但其所依据的一系列假设条件都是静态的，忽略了国际国内经济因素的动态变化，因此也存在一定的局限性。

（2）新贸易理论。从 1980 年以来，经济学家提出了新贸易理论的思想与观点，以保罗·克鲁格曼（Paul Krugman）的观点为代表。他从四个方面，研究了国际贸易如何产生的问题，国际分工如何决定和决定因素是什么的问题，贸易保护主义有什么效果的问题，以及什么是最优贸易政策的问题。总结了当今国际贸易的主要现象为国际贸易产业内贸易、发达国家之间的水平分工和贸易的迅速增长。从供给角度分析，新贸易理论认为在不完全竞争市场结构下，引起专业化与国际贸易的重要原因是规模经济，而规模经济容易产生在各国代表性需求的产品上。因此具有相似收入水平的国家，他们就可能有更多的产业内贸易。另外新贸易理论提出了两个干预贸易的论点：利润转移论和外部经济论，并因此提出了战略性贸易政策理论。

但不管是传统贸易理论的生产率差异、资源禀赋差异，还是新贸易理论的规模经济差异，生命周期差异，都是意在表明，造成不同的比较优势的原因是各国各种生产因素的差异，而通过贸易则会带来福利增加。

2. 竞争优势理论

由哈佛大学商学院教授迈克尔·波特（Michel E. Porter）提出。波特将产业经济学和企业战略管理学相结合，把产业组织理论引入到企业战略管理研究中，发表了《竞争战略》《竞争优势》和《国家竞争优势》，以此为基础提出了竞争优势理论，构建了著名的波特“钻石模型”。“钻石模型”指出，产业竞争力由四个关键要素和两个辅助要素决定，六个要素是相互促进并且共同发生作用的，可以影响产业国际竞争力的形成。其中四个关键要素为生产要素，需求条件，相关和支持性产业，企业战略、结构和同业竞争。生产要素指一个国家在特定产业竞争中有关生产方面的表现，如不同的自然禀赋、不同的人工素质以及不同层次基础设施，都可能影响生产。需求条件指国内市场对该产业提供产品需求的情况对竞争力的影响。相关与支持性产业是指上游产业与相关产业对于该产业竞争力的影响，即是否具有竞争力。企业战略、结构和同业竞争是指在一个国家的基础组织和管理形态以及国内竞争对手中，企业竞争力的表现情况。两个辅助要素包括政府行为和机遇。政府行为指政府对其他要素的干预行为；机遇是指外国政府的重大决策，战争等可能的突发因素。波特的理论从企业参与国际竞争这一微观角度解释国际贸易，弥补了比较优势理论在有关问题论述中的不足，但一些欠发达国家并不具备波特所依靠的国内经济环境，因此竞争优势理论在此基础上又进一步拓展，如鲁格曼和克鲁兹的“双重钻石模型”，金碚对产业竞争力分析方法，芮明杰的“新钻石模型”等。各国产业在世界经济体系中的地位是由多种因素决定的，从国际分工的角度看，比较优势起决定作用；从产业竞争力角度看，竞争优势又起决定性作用；而现实中比较优势和竞争优势实际上共同决定着各国产业的国际地位和变化趋势，具有比较优势的产业往往形成较强的国际竞争优势，而比较优势要通过竞争优势得到体现。

（二）肉鸡产业国际竞争力评价体系构建

1. 构建原则

根据肉鸡产业国际竞争力体系构建的思路，结合肉鸡产业的自身特点，指标体系应遵循比较优势原则、客观性原则和可操作性原则、数据可获得性原则和独立性原则。

比较优势原则：比较优势原则强调了肉鸡产业国际竞争力体系指标应具有经济学意义。依据比较优势理论，一个国家的肉鸡产业是否具有竞争力取决于其在国际分工中的比较优势。肉鸡产业国际竞争力评价体系的构建根据“两优相权取其重，两劣相衡取其轻”的思想，结合肉鸡产业特点，从产业系统的角度，从肉鸡资源可能性、生产实际情况、消费实际情况、贸易实际情况四个方面选择指标，指标应尽量全面，能体现出产业的优势和不足，国际间比较能体现出差距。指标选择要既重视现实竞争力，也要考虑潜在的竞争力。

客观性原则：肉鸡产业国际竞争力体系指标的客观性是评价某国肉鸡国际竞争力，也是比较不同国家之间肉鸡产业竞争力的重要前提之一。指标的提出应有现实依据，能全面具体反映肉鸡产业的国际竞争力。指标的选择尽可能不受主观因素影响，与现实情况一致，即使不能完全满足现实，也要尽量减少与现实情况之间的误差。指标所反映的现象和数据都是客观存在的。

可操作性原则：肉鸡产业国际竞争力体系指标应具有可操作性，具体表现在指标概念明确，定义清晰；指标可量化，并能方便地收集数据；指标计算方法简明易懂，避免复杂计算对评价工作带来的麻烦；指标所反映的结果与肉鸡产业国际竞争力相关，并且是动态的，能反映一段时间内的肉鸡产业国际竞争力的变化情况。

数据可获得性原则：数据可获得性是指在设计指标时，尽量选择数据容易获得的指标，数据不可得的指标可以作舍弃处理。在数据的选择上，应尽量选择权威部门的统计数据，原则上优先选择国际组织的统计数据。

独立性原则：所谓独立性，就是肉鸡产业国际竞争力体系指标在同一层次上应具有相互独立性，彼此间不存在因果关系，不相互重叠。其中显而易见的包含关系应该尽量避免，相对隐形的相关关系要尽量消除或减弱。

2. 框架设计

本研究在构建肉鸡产业国际竞争力指标体系时，基于比较优势理论和波特的钻石模型理论，遵循指标的可获得性、客观性、可操作性、独立性和比较优势原则，结合肉鸡产业特点，从产业系统出发，从资源可能性、生产实际情况、消费实际情况、贸易实际情况四个方面选取指标。

具体来说，首先，肉鸡产业是农业中的一部分，一个国家（地区）肉鸡产业的发展首先立足于自然农业资源允许的背景下，就是比较各国的资源禀赋是否适合发展肉鸡产业。不同的国家，受到其自身的地理位置、气候条件和自然资源等农业资源的现实条件方面的影响，使得各个国家（地区）肉鸡产业的发展情况不同。充足的农业资源禀赋对该国（地区）的肉鸡产业发展利好，其肉鸡产业具有一定竞争优势，反之则不具有竞争优势。因此，在资源可能性上，设计了资源禀赋竞争力（*B*1）指标。该指标主要从两个方面论述：第一是从农业大资源出发，选取了资源结构指标（*C*11）。自然条件的地理差异是农业生产地域分工的自然基础，资源结构指标主要是考虑了自然资源禀赋的差异对畜牧业养殖结构的影响，以农田面积与草地面积的比值来表现。比值越小，则草地面积大于农田面积，说明该国家（地区）更适合饲养牛、羊等草饲动物，对草饲动物的饲养偏好也越强；相反比值越大，说明该国家（地区）更适合饲养猪、家禽等粮饲动物，当地对粮饲动物的饲养偏好越强，肉鸡产业更具有竞争优势。第二，肉鸡是典型的粮饲动物，肉鸡饲料的主要成分是玉米和豆粕，占到了85%以上，因此，饲料粮的稳定供应对于肉鸡生产稳定至关重要。基于此，本研究从饲料粮和其他作物的关系和饲料粮自给程度出发，选取了饲料粮种植比重（*C*12）和肉鸡饲料自给率（*C*13）指标。饲料粮种植比重指标以饲料粮与粮食作物的收获面积的比值来表现。本研究以玉米和大豆收获面积的总和来表示饲料粮的收获面积。当饲料粮种植比重越大，即说明该国（地区）在粮食生产中对饲料粮的生产比其他作物更重视，肉鸡饲料供应得以保障，国内资源配置对肉鸡产业向积极的方向发展。饲料自给率指标以饲料粮产量与饲料粮消费量的比值来表现。本研究中饲料消费量以该国家（地区）玉米大豆的产量加玉米大豆的进口量来计算。肉鸡饲料的自给率越高，该国（地区）在肉鸡养殖过程中的饲料供应越稳定。

在比较了各国家（地区）的资源禀赋后，从各国家（地区）肉鸡生产的实际情况出发，设计了肉鸡的生产竞争力指标，比较各国在肉鸡生产上的竞争力。生产竞争力直观地反映了肉鸡产业的竞争力，该指标考察了各国（地区）肉鸡产业本身的发展状况和与其他畜牧业的相对比较优势两方面。本研究选取了经济效率指标（*C*21）、技术效率指标（*C*22）表现肉鸡产业发展情况。经济效率指标是从经济视角出发，用肉鸡的生产者价格和饲料生产者价格的比值反映该国肉鸡生产的经济效益；技术效率指标是从技术效率视角出发，用产肉量和存栏的比值关系体现该国肉鸡生产技术和生产能力。另外，通过对产量的比较，表现各国（地区）的肉鸡产品与其他畜产品之间的生产竞争优势。选取国内肉鸡生产比重指标（*C*23），以国内肉鸡生产量和肉类生产总量的比值表示。

从社会再生产的过程出发，生产和消费是一切经济活动的起点和终点，生产决定了消费，消费也制约和影响生产，两者相互影响，密不可分。消费竞争优势对产业结构升级改革有促进作用。消费竞争力不仅影响生产竞争力，也是国际竞争力的重要组成。因此本研究从消费端的实际情况出发，设计了消费竞争力（*B*3）指标。肉鸡消费竞争力，不仅体现了国内肉鸡市场需求情况和消费潜力情况，同时也反映该国肉鸡生产能力。设计了人均肉鸡消费量（*C*31）指标、人均肉鸡消费差距（*C*32）指标、国内肉鸡消费比重（*C*33）指标、人均肉鸡消费增长率（*C*34）指标。人均肉鸡消费量指标直观地表现了某国家（地区）平均每人的肉鸡消费量的大小，人均肉鸡消费差距指标计算各国人均肉鸡消费量与最高国家的差距占最高国家人均肉鸡消费量的比例，反映肉鸡消费潜力。国内肉鸡消费比重是通过某国家（地区）国内肉鸡消费量和肉类消费总量的比值，来分析该国家（地区）国内消费者在肉类消费中对于肉鸡的消费的选择情况。人均肉鸡消费增长率是人均肉鸡消费量在一定时期内的增长幅度，表示一定时期内该国（地区）人民对于肉鸡消费选择意愿的增长情况。

从产业系统的角度，本研究还设计了肉鸡贸易竞争力指标（*B*4），对肉鸡的贸易实际情况进行了分析。一个国家的肉鸡产业首先要满足国内市场需求，对此设计了国内市场自给率（C41）指标，用肉鸡产量和肉鸡净进口量的比值，比较该国家（地区）肉鸡生产是否满足国内市场需求的能力。在满足国内市场需求的前提下，剩余部分流入世界市场参与国际贸易。对此设计了国际市场占有率（C42）指标，贸易竞争力指数（C43）指标，来反映该国肉鸡产业对世界肉鸡贸易的贡献程度。国际市场占有率反映该国（地区）肉鸡出口份额。贸易竞争优势指数表示某国（地区）肉鸡产品的净进口占该国（地区）进出口总额的比重，综合了进口和出口两个因素，作为一个与贸易总额的相对值，剔除了经济膨胀、通货膨胀等宏观因素方面波动的影响。

基于此，肉鸡产业国际竞争力指标体系由三个层次，两级指标构成：

$A=\{B1、B2、B3、B4\}$

$B1=\{C11、C12、C13\}$

$B2=\{C21、C22、C23\}$

$B3=\{C31、C32、C33、C34\}$

$B4=\{C41、C42、C43\}$

式中：

（1）第一层：即目标层（A），即肉鸡国际竞争力（A）。

（2）第二层：即一级指标（B），对肉鸡国际竞争力的评价分为资源禀赋竞争力（B1）、生产竞争力（B2）、贸易竞争力（B3）、消费竞争力（B4）4个方面，全面评价肉鸡产业的国际竞争力。

（3）第三层：即二级指标（C），将4个一级指标分为13个二级指标。其中，资源禀赋竞争力主要由资源结构（C11）、饲料粮种植比重（C12）、饲料自给率（C13）构成；生产竞争力主要由经济效率（C21）、技术效率（C22）、国内肉鸡生产比重（C23）构成；消费竞争力主要由人均肉鸡消费量（C31）、人均肉鸡消费差距（C32）、国内肉鸡消费比重（C33）、人均肉鸡消费增长率（C34）构成；贸易竞争力主要由国内市场自给率（C41）、国际市场占有率（C42）、贸易竞争力指数（C43）构成。

（三）评价步骤

1. 数据来源及指标计算

本研究通过构建的肉鸡国际竞争力指标体系，拟对国家间肉鸡国际竞争力进行测算。对于数据的选择，在进行肉鸡产业国际竞争力测算时，选用1990—2016年的数据，除此之外本研究的其他数据均为考察指标可获得的最新数据。所有数据均来源于 FAO。

对于国家的选择，本研究选取了 2017 年世界肉鸡生产量排名前 15 名的国家，根据指标数据的可获得性，最终选择了阿根廷、巴西、中国、欧盟、印度、印度尼西亚、墨西哥、俄罗斯、南非、泰国、土耳其、美国 12 个国家（地区）。

指标的具体计算方法为：

其一，资源禀赋竞争力（$B1$）。

（1）资源结构（$C11$）。该指标是从农业大资源出发，主要考察了自然资源禀赋的差异对畜牧业养殖结构的影响，以农田面积与草地面积的比值来表现。即：

$$C11=\frac{S_{farmland}}{S_{S_{grassland}}}$$

其中，$C11$ 表示资源结构，$S_{farmland}$ 为农田面积，$S_{grassland}$ 为草地面积。比值越小，则草地面积越大于农田面积，说明该国家（地区）更适合饲养牛、羊等草饲动物，对草饲动物的饲养偏好也越强；相反比值越大，说明该国家（地区）更适合饲养猪、家禽等粮饲动物，当地对粮饲动物的饲养偏好越强，肉鸡产业更具有竞争优势，是正向指标。

（2）饲料粮种植比重（$C12$）。饲料粮种植比重指标，以饲料粮与粮食作物的收获面积的比值来表现。在具体计算时，粮食作物收获面积包括谷类作物（包括稻谷、玉米、小麦、大麦等）、薯类作物（包括马铃薯、甘薯、木薯等）、豆类作物（包括大豆、蚕豆、豌豆、绿豆等）的收获面积的总和。饲料粮的收获面积为玉米和大豆收获面积的总和。即：

$$C12=\frac{S_{feed\ grain}}{S_{grain}}=\frac{S_{maize}+S_{soybean}}{S_{grain}}$$

其中，$C12$ 表示饲料粮比重，$S_{feed\ grain}$ 为饲料粮收获面积，S_{maize} 为玉米的收获面积、$S_{soybean}$ 为大豆的收获面积；S_{grain} 为粮食收获面积，其数据选取 FAO 谷类（编号 1717）、薯类（编号 1720）、豆类（编号 1726），由于 FAO 将大豆归为油料作物，故另外加上大豆（编号 236）的收获面积数据。当饲料粮种植比重越大，即说明该国（地区）在粮食生产中对饲料粮的生产比其他作物更重视，肉鸡饲料供应得以保障，国内资源配置对肉鸡产业向积极的方向发展，是正向指标。

（3）肉鸡饲料自给率（$C13$）。肉鸡饲料自给率指标，以饲料粮产量与饲料粮消费量的比值来表现。计算时饲料消费量以该国家（地区）玉米大豆的产量加玉米大豆的进口量来计算。

$$C13=\frac{Y_{feed\ grain}}{C_{feed\ grain}}=\frac{Y_{maize}+Y_{soybean}}{Y_{maize}+Y_{soybean}+I_{maize}+I_{soybean}}$$

其中，$C13$ 表示肉鸡饲料自给率，$Y_{feed\ grain}$、$C_{feed\ grain}$ 表示饲料粮产量和消费量，Y_{maize}、$Y_{soybean}$、I_{maize}、$I_{soybean}$ 分别表示玉米大豆的产量和净进口量。肉鸡饲料的自给率越高，该国（地区）在肉鸡养殖过程中的饲料供应越稳定，是正向指标。

其二，生产竞争力（$B2$）。

(1) 经济效率（$C21$）。由于指标数据获得难度大，本研究用肉鸡的生产者价格和饲料生产者价格的比值反映经济效率。

$$C21=\frac{Pr_{broiler}}{Pr_{feed\ grain}}=\frac{Pr_{broiler}}{Pr_{maize}+Pr_{soybean}}$$

其中，$C21$ 表示经济效率，$Pr_{broiler}$、$Pr_{feed\ grain}$ 分别表示肉鸡、饲料粮的生产者价格，计算时饲料粮的生产者价格用玉米 Pr_{maize}、大豆 $Pr_{soybean}$ 的生产者价格之和替代。当经济效率越大，对肉鸡产业发展越有利，是正向指标。

(2) 技术效率（$C22$）。本研究利用产肉量和存栏的比值反映技术效率的变化趋势。

$$C22=\frac{X_{mp}}{X_s}$$

其中，$C22$ 表示技术效率，X_{mp} 为肉鸡产肉量，X_s 为肉鸡存栏量。当指标值越高，说明该国家（地区）肉鸡的生产技术水平、管理水平，生产能力更强，为正向指标。

(3) 国内肉鸡生产比重（$C23$）。国内肉鸡生产比重指标，以国内肉鸡生产量和肉类生产总量的比值表示。

$$C23=\frac{P_{broiler}}{P_{meat}}$$

其中，$C23$ 为国内肉鸡生产比重，$P_{broiler}$ 为国内肉鸡产量，P_{meat} 为国内肉类生产总量。

其三，消费竞争力（$B3$）。

(1) 人均肉鸡消费量（$C31$）。人均肉鸡消费量指标直观地体现该国（地区）肉鸡的消费情况。即：

$$C31=\frac{C_{broiler}}{X_{population}}$$

其中，$C31$ 为人均肉鸡消费量，$C_{broiler}$ 表示肉鸡消费量，$X_{population}$ 表示该国

（地区）人口数量。当人均鸡肉消费量越大，消费竞争优势越大，为正向指标。

（2）人均肉鸡消费差距（$C32$）。人均肉鸡消费差距指标，通过计算各国人均肉鸡消费量与最高国家的差距占最高国家人均肉鸡消费量的比值来表现该国（地区）肉鸡的消费潜力。

$$C32=\frac{C_{\max}-C31}{c_{\max}}$$

其中，$C32$ 为人均肉鸡消费差距，$C31$ 为人均肉鸡消费量，$C_{\max}$为人均肉鸡消费量最高国家的值。如果该指标越大，说明与人均鸡肉消费量最高的国家之间差距越大，因此该国（地区）肉鸡消费潜力越大，是正向指标。

（3）国内肉鸡消费比重（$C33$）。国内肉鸡消费比重指标，通过计算某国家（地区）国内肉鸡消费量和肉类消费总量的比值，分析该国家（地区）国内消费者在肉类消费中对于肉鸡的消费选择情况。

$$C33=\frac{C_{broiler}}{C_{meat}}$$

其中，$C33$ 为国内肉鸡消费比重，$C_{broiler}$ 为国内肉鸡消费量，C_{meat} 为国内肉类消费总量。计算时肉鸡的数据取家禽数据的 70%。当比值越高，说明该国家（地区）在选择肉类消费时，更多地选择肉鸡产品，是正向指标。

（4）人均肉鸡消费增长率（$C34$）。人均肉鸡消费增长率是研究一定时期内该国人民对于肉鸡消费选择意愿的增长情况，是人均肉鸡产品消费量在一定时期内的增长幅度。

$$C34=\frac{C_{broiler\cdot t}-C_{broiler\cdot(t-1)}}{C_{broiler\cdot(t-1)}}\times 100\%$$

其中，$C34$ 为人均肉鸡产品消费增长率，$C_{broiler\cdot t}$ 为 t 期肉鸡消费量，$C_{broiler\cdot(t-1)}$为上一期肉鸡消费量。当某国家（地区）的人均肉鸡消费增长率越大，说明该国家（地区）对肉鸡消费意愿增强，是正向指标。

其四，贸易竞争力（$B4$）。

（1）国内市场自给率（$C41$）。国内市场自给率指标，通过肉鸡产量和肉鸡净进口量的比值关系来反映。

$$C41=\frac{P_{broiler}}{P_{broiler}+I_{broiler}}$$

其中，$C41$ 为国内市场自给率，$P_{broiler}$ 为肉鸡产量，$I_{broiler}$ 为肉鸡净进口量。当国内市场自给率越高，说明国内肉鸡产业能够满足国内市场需求的能力越强，肉鸡进口依赖性越小，为正向指标。

（2）国际市场占有率（$C42$）。国际市场占有率指标，从出口市场份额的角度来反映该国肉鸡产业对世界肉鸡贸易的贡献程度。国际市场占有率指标在本研究中是指某一国家（地区）肉鸡的出口总额与世界肉鸡出口总额比值的百分数。反映该国家（地区）肉鸡出口量占世界出口市场的比重。公式表达为：

$$C42=\frac{X_i}{X_w}\times 100\%$$

式中，$C42$ 表示 i 国肉鸡的国际市场占有率，X_i 为 i 国肉鸡出口额，X_w 为世界肉鸡出口额。如果肉鸡的国际市场占有率越高，说明在国际市场上该国（地区）肉鸡产品竞争力越强，反之则越弱。该指标为正向指标。

（3）贸易竞争力指数（$C43$）。贸易竞争优势指数，从进出口的角度反映该国肉鸡产业对世界肉鸡贸易的贡献程度。该指标表示某国（地区）肉鸡产品的净进口占该国（地区）进出口总额的比重，综合了进口和出口两个因素，作为一个与贸易总额的相对值，剔除了经济膨胀、通货膨胀等宏观因素波动的影响。取值在［−1，1］。本研究中，用某国（地区）肉鸡产品的净进口占该国（地区）进出口总额的比重计算。

$$C43=\frac{X_{it}-M_{it}}{X_{it}+M_{it}}$$

其中，$C43$ 表示肉鸡贸易竞争力指数，X_{it} 表示 i 国肉鸡出口额，M_{it} 表示 i 国肉鸡进口额。$C43$ 越接近于−1，表示该国（或地区）肉鸡竞争力越弱，越接近于 0 表示竞争力越接近于平均水平，越接近于 1 则表示竞争力越大，为正向指标。

2. 数据标准化、权重的确定及指数测算

由于各项指标的计量单位不统一，为了使数据具有可比性，本研究对指标进行标准化处理。正向指标的处理为 $X=\frac{X_{it}-X_{i,\min}}{X_{i,\max}-X_{i,\min}}$；负向指标的处理为 $X=\frac{X_{i,\max}-X_{ij}}{X_{i,\max}-X_{i,\min}}$。其中，$X$ 为标准化后的指标，X_{ij} 为原始数据，$X_{i,\max}$、$X_{i,\min}$ 为第 j 项指标的最大值和最小值。

对原始数据进行标准化处理后，本研究采用线性加权法得到肉鸡国际竞争力总指数和各级分指数。以肉鸡竞争力总指数为例，$I=\sum_1^i I_{Bi}w_i$，其中 I_{Bi} 表示一级指标，w_i 表示一级指标对应的权重。同理，每个一级指标指数都由其相对应的二级指标加权得出。

赋权方法有专家打分法、层次分析法等主观赋权法和主成分分析法、熵权法、变异系数法等客观赋权法。为最大程度降低主观性，增强评价结果的科学性，本研究选用变异系数法求权重。变异系数法是一种客观的赋权方法，通过指标数据信息的差异反映权重。这种方法的基本思想为，在指标体系中，取值差异越大的指标，其反映的信息相对充分，更能反映被评价单位的差距，能够作为评价的主要依据。变异系数法的优势在于：一是评价指标对于评价目标而言比较模糊时，一般使用变异系数法进行评价；二是该方法也适用各个构成要素内部指标权数的确定；三是客观的权重能真实地反映指标数据的变异情况；四是计算简便。具体方法如下：第一步，计算第 i 项指标的平均值 $\overline{X_i}$ 和标准差 σ_i（i=1，2，3，…，n）；第二步，计算第 i 项指标的变异系数 $CV_i=\frac{\sigma_i}{\overline{X}_i}$；第三步，计算权重 $w_i=\frac{CV_i}{\sum_{i=1}^{n}CV_i}$（$i$=1，2，3，…，$n$）。各指标权重结果见表1。

表1　肉鸡产业国际竞争力评价指标体系

一级指标	二级指标	属性	权值
资源禀赋竞争力	资源结构	正向指标	14.6%
27.2%	饲料粮种植比重	正向指标	9.3%
	肉鸡饲料自给率	正向指标	3.3%
生产竞争力	经济效率	正向指标	5.8%
18.8%	技术效率	正向指标	6.4%
	国内肉鸡生产比重	正项指标	6.6%
消费竞争力	人均肉鸡消费量	正向指标	8.6%
22.6%	国内肉鸡消费比重	正向指标	5.7%
	人均肉鸡消费差距	正向指标	5.3%
	人均肉鸡消费增长率	正向指标	3.0%
贸易竞争力	国内市场自给率	正向指标	4.2%
31.4%	国际市场占有率	正向指标	19.1%
	贸易竞争力指数	正向指标	8.2%

五、肉鸡产业国际竞争力测算结果分析

根据肉鸡国际竞争力指标体系和测定方法，首先对中国1990—2016年肉

鸡国际竞争力进行测算，分析了总体和各分项竞争力指标的变动原因。然后对考察的 12 个国家（地区）的肉鸡国际竞争力分别从总体和不同分项的角度上进行测算，对不同区域的肉鸡竞争力进行比较分析，得出相应结论。

（一）中国肉鸡产业国际竞争力测算结果分析

1. 肉鸡产业国际竞争力评价

1990—2016 年，中国肉鸡产业国际竞争力平均为 7.5，水平较弱。其中资源禀赋竞争力平均贡献 2.6，生产竞争力平均贡献 0.7，消费竞争力平均贡献 1.5，贸易竞争力平均贡献 2.7。可以看到，生产竞争力和消费竞争力明显不足（图 1）。

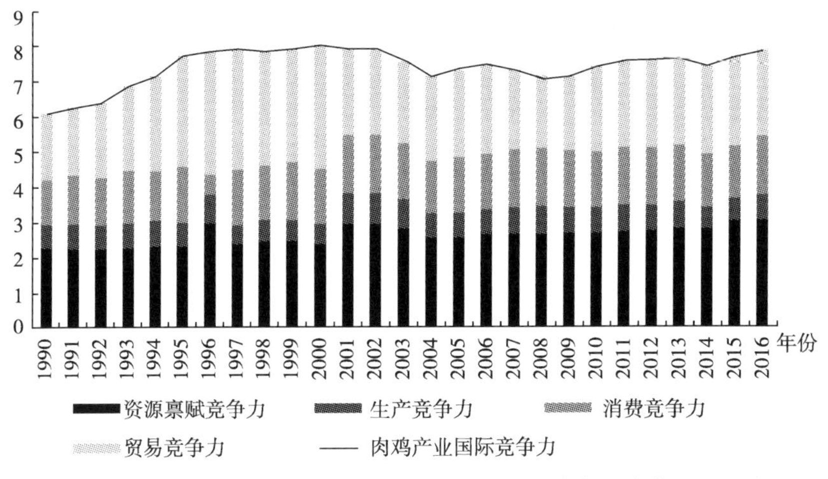

图 1　1990—2016 年中国肉鸡产业国际竞争力变化

竞争力水平呈现先增加后波动的变化趋势，分成三个阶段。第一阶段：快速增长阶段（1990—1995 年），肉鸡产业国际竞争力呈现快速增长趋势，从 6.1 增长到 7.2，年均增长率为 4%。中国的肉鸡产业特别是白羽肉鸡产业，从 20 世纪 80 年代开始起步，自 1990 年起，随着市场开放，企业规模不断扩大，白羽肉鸡产业快速发展，肉鸡产品的出口明显增加，促进了贸易竞争力的增加，从而推动了肉鸡产业国际竞争力不断增强。第二阶段：稳步发展阶段（1996—2002 年），肉鸡产业国际竞争力稳定在 8 左右。从产业系统来看，各个分项竞争力变化也基本保持不变，肉鸡产业呈现稳步发展的趋势。第三阶段：波动变化阶段（2003—2016 年），肉鸡产业国际竞争力呈现较明显的波动变化。在 2004 年和 2014 年，国内肉鸡产业受到 H5N1、H7N9 冲击，肉鸡产业国际竞争力分别下降到 7.2 和 7.5，以及 2008—2009 年受次贷危机影响，肉鸡出口受阻，贸易量明显下降，国际市场对中国肉鸡产品的信心不足和受贸易壁垒的影响，贸易竞争力明显减弱，肉鸡产业国际竞争力下降到 7.1。尽管随着禽流感疫情的缓解，国际经济的复苏，贸易竞争力下降的趋势也有所缓解并小幅回升，生产竞争力和消费竞争力也开始增加，但依然小于最高水平（8.2），增长动力不足。

总体来看，中国肉鸡产业国际竞争力较弱，消费竞争力和生产竞争力不足是影响中国肉鸡产业国际竞争力水平总体不高的短板。

2. 肉鸡产业分项竞争力评价

（1）资源禀赋竞争力。1990—2016 年，中国肉鸡资源禀赋竞争力平均为 9.5，其中资源结构指标平均贡献 0.6，饲料粮比重指标平均贡献 6.4，肉鸡饲料自给率指标贡献 2.6（图 2）。可以看到，中国的农业资源结构优势最弱，农田面积小于草地面积，不利于肉鸡产业发展，是中国资源禀赋竞争力得分不高的主要原因。

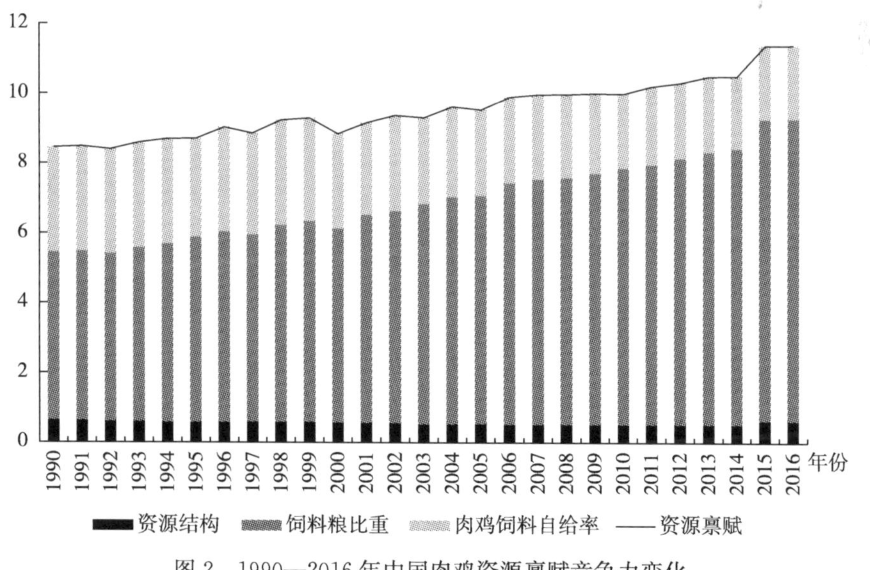

图 2　1990—2016 年中国肉鸡资源禀赋竞争力变化

但中国肉鸡资源禀赋竞争力呈稳中有进，增长速度较为平缓的变化。其中饲料粮比重的不断增长，是资源禀赋竞争力增长的主要推动力，国内资源配置朝有利于肉鸡产业的方向发展。近年来，随着人口增长和城镇化步伐的不断加快，居民肉蛋奶消费量不断提高，猪肉、禽肉、禽蛋等动物源食品需求快速增长，引致养殖业的发展必须以充足的饲料粮供给为基础。从玉米、豆粕为主的肉鸡饲料粮种植面积来看，1990—2018 年，玉米种植面积由 2 140 万公顷增加到 4 213 万公顷，增长了近一倍。大豆种植面积从 756 万公顷增长到 841.3 万公顷，增长了 11.2%。中国饲料粮种植面积逐渐扩大，促进了肉鸡产业资源禀赋竞争力的提高，有利于肉鸡产业发展。然而，尽管饲料粮种植面积增加，饲料粮供需缺口仍在，为补充国内饲料粮供给缺口，近年来加大了大豆、豆粕等的进口，尤其是中国大豆进口量连创新高，1990—2018 年，大豆进口量从 907 万吨增长到 8 803 万吨，增长了近 10 倍，这使得肉鸡饲料自给率呈现下降趋势，在一定程度上拉低了资源禀赋竞争力的得分，说明中国饲料粮资源依然不足。资源结构竞争力在肉鸡产业国际竞争力评价中占有举足轻重的地位，因此，在农业大自然资源不利的前提下，增加饲料粮种植比重、寻找传统饲料粮代替品成为提高中国肉鸡资源禀赋竞争力的主要目标。

（2）生产竞争力。1990—2016 年，中国肉鸡生产竞争力平均为 3.6，其中国内肉鸡生产比重指标平均贡献 0.5、经济效率指标平均贡献 1.2、技术效率指标平均贡献 1.9（图 3）。可以看到，中国肉鸡技术效率的大小对于生产竞争力影响较大。

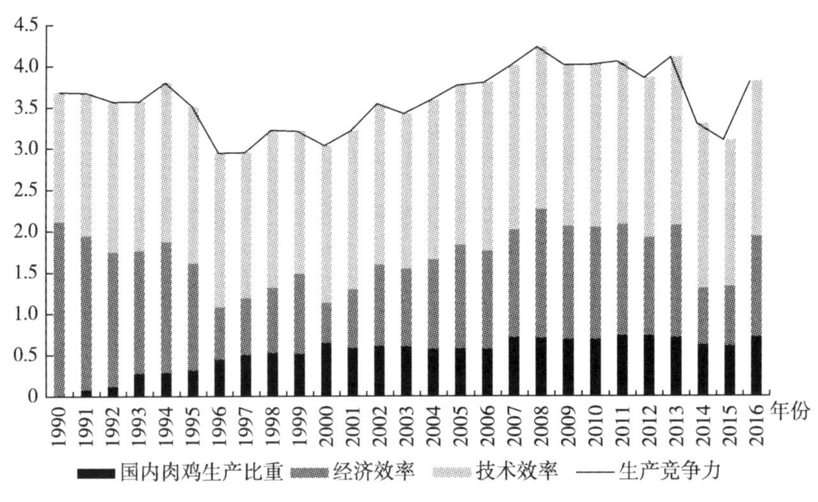

图 3　1990—2016 年中国肉鸡生产竞争力变化

中国肉鸡产业生产竞争力呈现先下降后上升又下降的波动变化。经济效率的变化是导致肉鸡产业生产竞争力变化的主要因素，经济效率的变化也表现为先下降后上升再下降的趋势。肉鸡价格的变动、饲料成本和疫病风险是影响中国肉鸡经济效率的主要原因。中国在加入 WTO 之前，一方面受到亚洲金融危机对国民经济的冲击，另一方面由于国内消费不足，养殖业不旺，导致饲料粮价格长期低迷，同时肉鸡价格也随之降低，肉鸡经济效率下降，从 1990 年的 3.89 下降到 2000 年的 1.11，降幅超过 250%，使得肉鸡生产竞争力从 3.6 降到 0.3，优势减弱。加入 WTO 以来，中国玉米价格也未受影响，取消玉米出口补贴政策也没有给市场带来过大压力，玉米价格一直保持稳步小幅增长。与此同时，肉鸡的价格增长较快，使得肉鸡经济效率不断提高，生产竞争力开始增长并超过 4。但受到 2013 年 H7N9 疫情的影响，2014 年开始，肉鸡市场低迷，价格大幅下降，在饲料粮成本继续增长的情况下，肉鸡经济效率出现跳水，肉鸡生产竞争力呈较大幅度下降，到 2015 年下降 3.1，和 2000 年持平。2016 年，随着玉米收储制度的取消，H7N9 疫情也得到有效控制，饲料粮价格开始回落，肉鸡价格呈回暖趋势，肉鸡经济效率开始反弹，促进了肉鸡生产竞争力的增加。

中国肉鸡技术效率的大小对于生产竞争力影响较大，但在考察期间，技术效率的变化不明显，对生产竞争力变化影响较小。另外需要说明的是，由于国内肉鸡养殖存在品种多样性，一方面是产能较高的白羽肉鸡，另一方面，黄羽肉鸡在中国深受消费者喜爱，它的养殖范围和数量较大，也形成了规模。但黄羽肉鸡的养殖周期长，养殖技术效率低，拉低了中国肉鸡技术效率。

尽管中国肉鸡生产比重增加，对肉鸡生产竞争力的提升有着积极向好的促进作用。但是国内肉鸡生产比重不高，是造成中国肉鸡生产竞争力不高的主要原因。说明中国肉鸡产品与其他畜产品间的生产竞争优势较弱，是肉鸡消费不足反馈到生产上的结果。

肉鸡的生产竞争力受到技术效率不足的制约，肉鸡价格的不稳定、较高的饲料成本和低迷的消费也不利于肉鸡生产，此外肉鸡生产还受到疫病风险等外部不确定因素的影响。

（3）消费竞争力。1990—2016 年，中国肉鸡产业消费竞争力有小幅增长，总体水平不高，保持在 6.5～8.5 之间，平均为 7.9，其中人均肉鸡消费量指标平均贡献 .4、人均肉鸡消费差距指标平均贡献 4.3、人均肉鸡消费增长率指标平均贡献 1.1、国内肉鸡消费比重指标平均贡献 11（图 4）。可以看到，人均肉鸡消费量、人均肉鸡消费增长率、国内肉鸡消费比重较低，是中国肉鸡的消费竞争力低的主要原因。但中国人均肉鸡消费量自 1990 年的 3.21 千克增长到 13.6 千克，贸易竞争力也从 6.7 增长为 8.3，起到促进作用。另外人均肉鸡消费差距比较大，说明中国肉鸡消费具有较大的发展潜力。随着中国经济的发展和人民生活水平的不断提高，肉类消费结构不断变革，以猪肉为代表的红肉消费逐年递减，而以肉鸡为代表的白肉消费逐年递增。肉鸡在肉类消费结构中的比重从 1990 年的 13%持续上升到 2016 年的 21%左右，肉鸡有可能成为未来大众肉类膳食结构的主流。尽管如此，中国肉鸡消费比重依然较低，说明消费者对肉鸡的选择并不强烈，拉低了消费竞争优势。这说明虽然消费者的肉类消费结构正在发生变化，但消费者的消费观念却没有跟上。在南方，活禽仍是肉鸡消费主导，因此食品质量安全问题影响了一部分消费者的选择行为。另外，消费者不能有效甄别一些误导性的信息，最终也反映在肉鸡消费竞争力上。

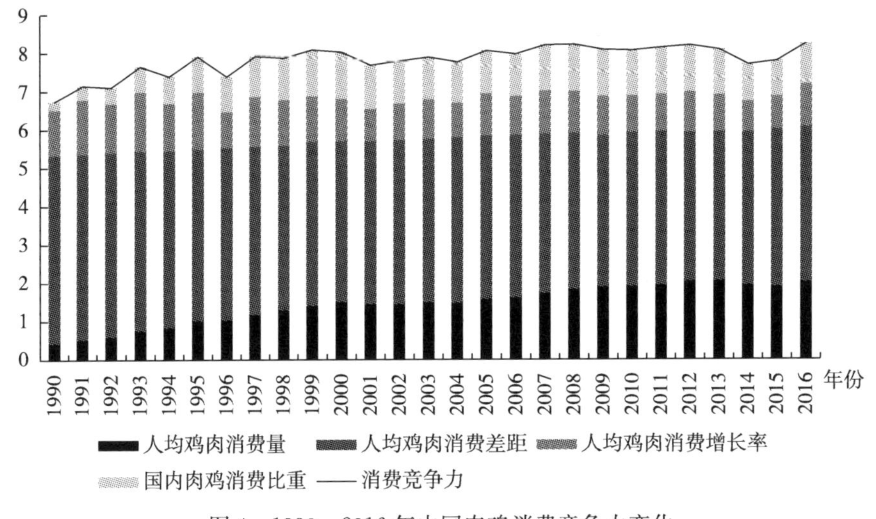

图 4　1990—2016 年中国肉鸡消费竞争力变化

（4）贸易竞争力。1990—2016 年，中国肉鸡贸易竞争力平均为 8.7，其中国内市场自给率指标平均贡献 1.6，国际市场占有率指标平均贡献 3.1，贸易竞争力指数指标平均贡献 3.9（图 5）。可以看到，中国肉鸡国内市场自给率一直保持在 90%以上，基本自给。而中国肉鸡在国际市场的表现对于贸易竞争力影响较大，国际贸易优势不足是导致中国肉鸡贸易竞争力不强的主要原因。

中国肉鸡产业贸易竞争力经历了三个阶段的波动变化，而这种变化与国际贸易息息相关。一方面肉鸡产品出口增加的同时，进口也不断增加，使得贸易竞争力指数不高，接近平均水平，使得整体得分不高；另一方面中国肉鸡产品在国际市场占有率指标的变化影响了贸易竞争力整体的变化。第一阶段：1990—1996 年为快速增长阶段，以出口为主导的白羽肉鸡产业在国内迅速兴

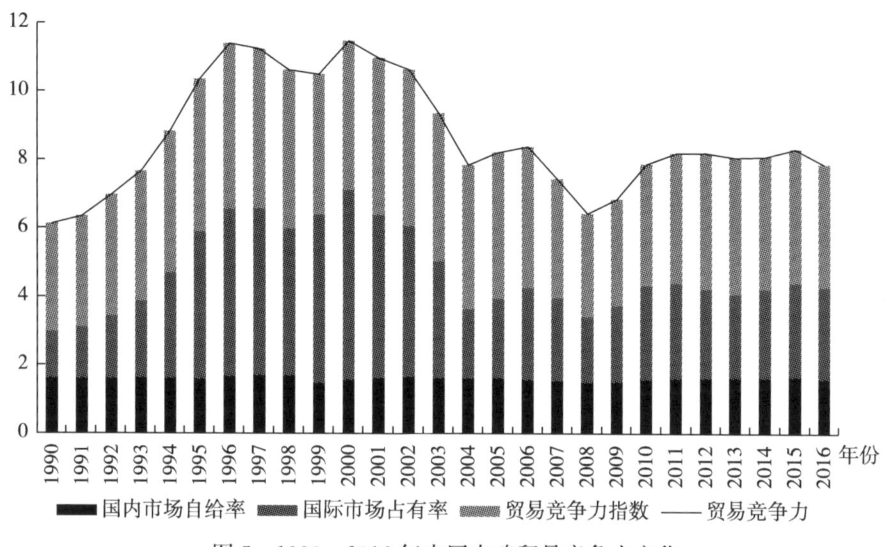

图 5　1990—2016 年中国肉鸡贸易竞争力变化

起，随着肉鸡企业规模的不断扩大，市场不断开放，肉鸡出口市场一片欣欣向荣。1996 年，中国肉鸡产品国际市场占有率 15%，仅次于欧盟和美国；肉鸡贸易竞争力指数为 0.17，国内市场自给率 97%，均为历史高位，这时中国肉鸡贸易竞争力也达到最高。第二阶段：1997—2008 年，肉鸡贸易竞争力在此期间受到金融危机、禽流感和次贷危机的影响，呈现三次波动下降，分别降到 10、7、6，下降了 7%、19%、15%。尽管在加入 WTO 前后，肉鸡贸易竞争力表现依然强劲，但在遭受禽流感之后，市场恢复疲软，动力不足。第三阶段：2009—2016 年，中国肉鸡贸易竞争力基本稳定在 8，除了受疫病影响和非关税贸易壁垒以外，出口的肉鸡产品在严格的检疫检测中曾反映出的食品安全问题导致消费者信心下降，也导致中国肉鸡出口增长缓慢，贸易竞争力增长难度加大。

（二）中国肉鸡产业国际竞争力与其他国家比较分析

1. 肉鸡产业国际竞争力比较

（1）12 国家（地区）肉鸡产业国际竞争力比较。肉鸡国际竞争力评价的综合结果表示，在考察的 12 个国家中，美国、巴西、印度、欧盟的肉鸡国际竞争力居于前列，在 2010 年后形成了巴西第一、美国第二、印度第三、欧盟第四的局面。从变化情况来看，欧盟、南非的得分下降，降幅分别为 11%、3%。其余 10 个国家的肉鸡国际竞争力都普遍增强。从排名看，巴西和阿根廷的增长引人注目，26 年间巴西的肉鸡产业国际竞争力排名分别从第四位上升到第一位，阿根廷从最低第十位上升到第五位，竞争优势明显提高。巴西的肉鸡产业国际竞争力的优势地位得益于其产业系统中各竞争优势齐头并进，同步提升。阿根廷的增长主要表现在其生产竞争力的快速提高。近年来阿根廷肉鸡产业现代化、规模化程度不断提高，肉鸡生产技术效率显著增加，同时注重肉鸡产品质量标准化和可追溯性，使得阿根廷的肉鸡在世界市场上的竞争力不断提高（表 2）。

表 2　12 国家（地区）肉鸡国际竞争力比较

年份	1990	1995	2000	2005	2010	2016	平均
阿根廷	7.04（9）	6.99（10）	7.47（10）	10.06（5）	10.95（5）	11.18（5）	8.95（8）
巴西	10.18（4）	10.48（3）	11.22（3）	13.27（1）	14.15（1）	14.53（1）	12.30（2）
中国	6.44（11）	8.07（8）	8.40（9）	7.71（10）	7.78（10）	8.16（10）	7.76（10）
欧盟	12.75（1）	11.78（2）	11.32（2）	11.47（3）	11.03（4）	11.31（4）	11.61（3）
印度	10.34（3）	10.25（4）	10.49（4）	11.03（4）	11.51（3）	12.08（3）	10.95（4）
印度尼西亚	8.11（8）	9.14（5）	8.51（8）	8.98（7）	10.01（6）	9.75（6）	9.08（6）
墨西哥	6.67（10）	6.65（11）	6.89（11）	7.37（11）	7.20（11）	7.34（11）	7.02（11）
俄罗斯	4.27（12）	4.56（12）	4.94（12）	5.65（12）	5.81（12）	7.26（12）	5.42（12）
南非	8.64（6）	7.27（9）	8.59（7）	8.27（9）	8.71（9）	8.36（9）	8.31（9）
泰国	9.06（5）	9.05（6）	9.18（5）	8.75（8）	8.98（8）	9.62（7）	9.11（5）
土耳其	8.40（7）	8.35（7）	8.64（6）	9.53（6）	9.56（7）	9.57（8）	9.01（7）
美国	11.35（2）	12.89（1）	13.00（1）	12.82（2）	12.52（2）	12.48（2）	12.51（1）

注：（ ）内为排名。

中国的肉鸡国际竞争力得分在 1990—2016 年间虽然有所增加，与巴西、美国等优势国家的差距依然明显，2016 年，竞争力得分仅为巴西的 56%和美国的 65%。在 12 个考察国家中排名靠后，在 2005 年之后一直排在第 10 位，说明中国肉鸡产业国际竞争力在世界肉鸡生产大国中优势不足，差距显著，依然有很大的发展空间。即使中国肉鸡产业已有显著的成就，但从整个产业系统综合评价的国际竞争力比较结果来看，中国肉鸡产业国际竞争力不足。具体来看，与巴西、美国等优势国家相比，在资源禀赋竞争力差不多的情况下，生产竞争力、消费竞争力、特别是贸易竞争力的不足是中国肉鸡产业国际竞争力的短板。因此，要继续重视提高中国肉鸡生产、贸易、消费竞争力，扎实推进中国肉鸡产业发展（图 6）。

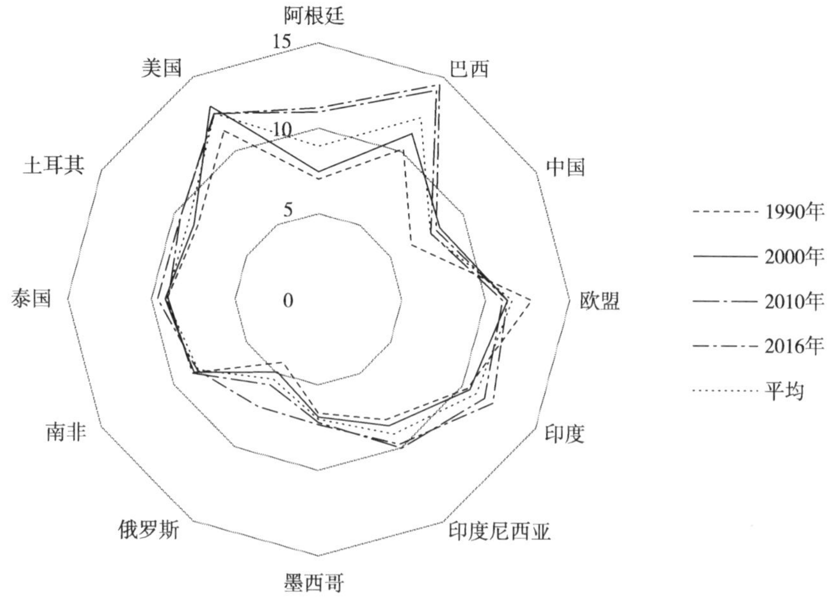

图 6　1990 年、2000 年、2010 年、2016 年肉鸡国际竞争力比较

（2）分区域的肉鸡产业国际竞争力比较。世界肉鸡生产主要分布在北美洲、南美洲、亚洲、欧洲。四个区域的肉鸡产量占世界肉鸡总产量的 97%。将考察的 12 个国家（地区）按照欧洲、亚洲、北美洲、南美洲分区域，考察不同大洲间肉鸡国际竞争力的差异。其中欧洲包括欧盟和俄罗斯，亚洲包括中国、印度、印度尼西亚、泰国、土耳其，北美洲包括美国、墨西哥，南美洲包括阿根廷和巴西。其中各大洲肉鸡国际竞争力指标值取国家间的均值。

根据图 7 可知，从区域来看，肉鸡产业国际竞争力排名为南美洲＞北美洲＞亚洲＞欧洲。南美洲肉鸡国际竞争力变化最明显，1990—2016 年的 26 年间增长了 49%，在 2001 年超过了北美洲，很快与亚洲、欧洲和北美洲拉开了差距，并保持了较高水平的竞争优势。南美洲的巴西、阿根廷的肉鸡竞争力的快速增长，改变了世界肉鸡产业发展的格局。

2. 肉鸡产业分项国际竞争力比较

（1）资源禀赋竞争力。1990—2016 年，12 个国家的资源禀赋竞争力水平整体呈小幅波动增加趋势，有利于提升肉鸡产业竞争力。尽管肉鸡饲料自给率呈下降趋势，但资源结构水平、饲料粮种植比重的增加，促进了资源禀赋竞争

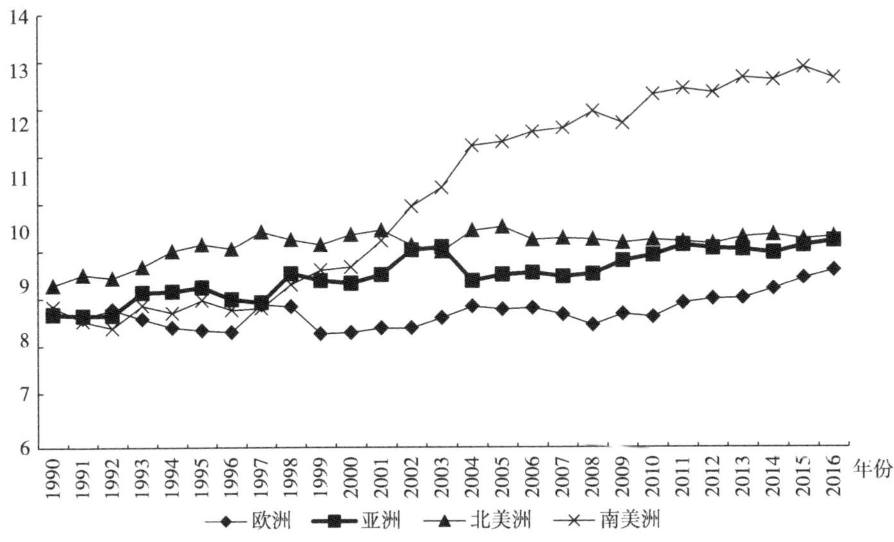

图 7　1990—2016 年欧洲、亚洲、北美洲、南美洲肉鸡国际竞争力变化

力水平整体增长。

从国家（地区）来看，印度的资源禀赋竞争力水平平均得分为 18.41，以较强的竞争优势，始终保持第一位，从图 8 可以明显看出。印度的农田面积与草地面积的比值为 4.64，农田面积大，有利于印度饲料型畜牧业，如肉鸡产业发展。另外，印度的肉鸡饲料基本自给，保障肉鸡饲料供应稳定。印度尼西亚排在第二位，资源禀赋竞争力水平平均得分为 15.47，其资源结构比值为 3.43，有利于发展肉鸡产业。美国、巴西、南非紧随其后，在 12 个国家中资源禀赋竞争力水平平均得分排名第三、第四、第五位。泰国的资源禀赋的平均得分最低，其农田面积与草地面积比值为 0.1，饲料粮比重为 0.1，不管是从养殖结构，还是从饲料供给稳定性来看，在 12 国家中其资源禀赋竞争优势较低。

从资源禀赋竞争力水平变化情况来看，以俄罗斯得分的增长最为显著，资源禀赋竞争力增加明显，得益于俄罗斯饲料比重的快速上升和肉鸡饲料自给率的提高，增长率分别为 345％和 204％，促进了俄罗斯肉鸡产业发展。泰国、土耳其、南非的资源禀赋竞争力为负增长，其中下降最快的国家为泰国，其饲料粮比重和肉鸡饲料自给率双双走低。

从资源禀赋竞争力排名变化情况来看，阿根廷资源禀赋竞争力排名上升最快，分别从第八名上升到第五名，表现在近年来阿根廷的农田面积与草地面积

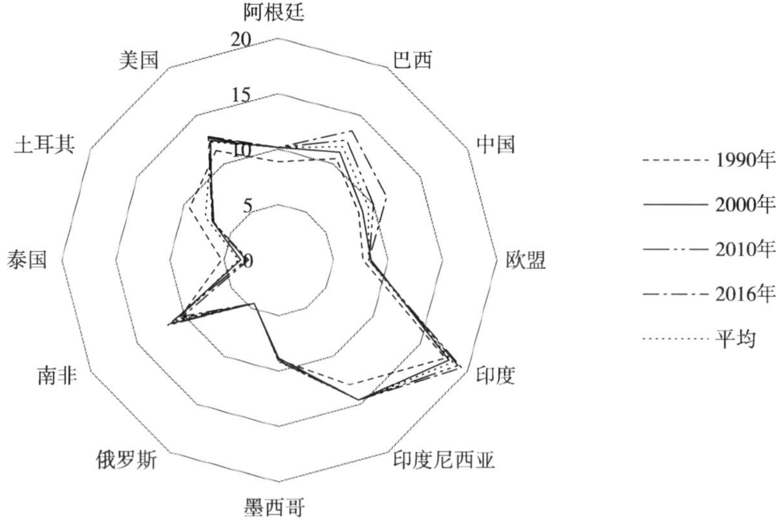

图8　1990年、2000年、2010年、2016年肉鸡资源禀赋竞争力比较

比重增加，饲料粮种植比重也增加了66%，促进了资源禀赋竞争优势的增加。南非排名下降最快，从第四名落到第六名。

中国的资源禀赋竞争力尽管从第九位增长到第六位，得分也有了一定的提高，对中国肉鸡产业发展朝着向好的方向。但总体来看中国肉鸡资源禀赋竞争力在12个国家中的平均得分较低（7.58），排名也是落后。与资源禀赋竞争力优势国家相比，中国资源结构不利于肉鸡产业发展，农田面积与草地面积的比值仅为0.33。虽然中国肉鸡饲料粮比重的提高，与巴西、美国等优势国家缩小，国内资源配置向着肉鸡产业有利方向发展，但在肉鸡饲料自给率上，优势国家几乎全部自给，中国肉鸡资源禀赋竞争力仍有待提升（表3）。

表3　12国家（地区）肉鸡资源禀赋竞争力比较

年份	1990	1995	2000	2005	2010	2016	平均
阿根廷	8.85（8）	9.78（6）	10.15（6）	11.41（6）	12.64（4）	12.61（5）	10.91（5）
巴西	10.56（5）	11.05（4）	11.22（5）	11.94（4）	12.48（5）	13.44（3）	11.78（4）
中国	8.45（9）	8.70（8）	8.85（7）	9.54（7）	10.00（7）	11.39（6）	9.49（7）
欧盟	7.71（10）	8.14（10）	8.43（9）	8.43（9）	8.26（9）	8.23（9）	8.20（9）
印度	17.62（1）	17.84（1）	18.01（1）	18.67（1）	18.97（1）	19.36（1）	18.41（1）
印度尼西亚	12.98（2）	13.41（2）	14.57（2）	16.57（2）	17.44（2）	17.84（2）	15.47（2）

（续）

年份	1990	1995	2000	2005	2010	2016	平均
墨西哥	8.96（7）	9.71（7）	8.83（8）	9.13（8）	9.05（8）	9.08（8）	9.13（8）
俄罗斯	4.50（12）	6.90（11）	5.91（11）	6.93（11）	6.38（11）	7.43（10）	6.34（11）
南非	10.60（4）	9.80（5）	11.47（4）	11.47（5）	11.77（6）	10.15（7）	10.87（6）
泰国	5.21（11）	4.42（12）	3.47（12）	3.17（12）	2.98（12）	2.76（11）	3.67（12）
土耳其	9.42（6）	8.56（9）	6.99（10）	7.66（10）	6.85（10）	7.03（12）	7.75（10）
美国	11.39（3）	11.83（3）	12.45（3）	12.49（3）	12.66（3）	12.83（4）	12.27（3）

注：（）内为排名。

（2）生产竞争力。1990—2016 年，12 个国家（地区）的生产竞争力水平整体呈明显增加趋势，肉鸡生产在进步。尽管饲料成本的上升导致肉鸡经济效率下降，但肉鸡消费的上升驱动了肉鸡生产占肉类比重的增长，技术进步推动肉鸡技术效率的增加，促进了生产竞争力水平整体快速发展。

从国家（地区）来看，南非的生产竞争力水平平均得分最高，为 9.03。南非的肉鸡国内生产比重为 0.47，肉鸡生产占肉类生产的比重较高；鸡肉价高、粮价低，使得肉鸡经济效率较高（4.03），综合起来，南非肉鸡生产竞争力具有较强的竞争优势。阿根廷排在第二位，生产竞争力水平平均得分为 7.06，阿根廷的肉鸡技术效率较高（2.37），为 2 国（地区）之首，技术效率的高位拉动了该国肉鸡的生产竞争优势。另外，阿根廷肉鸡生产竞争力排名上升最快，1990 年仅排第六名，但到 2010 年超过南非上升到第一名。巴西、美国、印度尼西亚紧随其后，在 12 个国家（地区）中资源禀赋竞争力水平平均得分排名第三、第四、第五位。中国的生产竞争力平均得分最低，竞争力最弱。泰国的生产竞争力排名下降最快，从第二名下降到第六位，泰国的肉鸡价格低廉，经济效率空间较小，经济效率水平仅为 2.58，远小于肉鸡经济效率最高的国家俄罗斯（4.88），这是拉低泰国肉鸡生产竞争力的主要原因。

从生产竞争力水平变化情况来看，以印度尼西亚得分的增长最为显著，排名也从第 10 位上升到第 7 位，生产竞争力增加明显。印度尼西亚的肉鸡生产占其肉类生产的 53%，占有重要地位，肉鸡经济效率也逐渐增加，年均增长 2.6%，肉鸡生产竞争优势越来越大。

中国的肉鸡生产竞争力排名长期排名倒数，国内肉鸡生产占肉类生产的比重平均 14%，与优势国家的 50%之间差距明显。国内肉鸡生产比重低是造成中国肉鸡生产竞争力低于优势国家的主要原因。而肉鸡经济效率也处于较低水平，技术效率也与优势国家有一定的差距，拉低了中国肉鸡生产竞争力。中国肉鸡生产竞争力一直表现较低，仅为3～4之间。2016年中国肉鸡生产竞争力为3.81，与阿根廷（10.97）、巴西（10.33）等优势国家之间差距显著。总体来说中国肉鸡生产竞争力在12个考察国家（地区）中也不具有竞争优势（表4、图9）。

表4　12国家（地区）肉鸡生产竞争力比较

年份	1990	1995	2000	2005	2010	2016	平均
阿根廷	5.83（6）	7.50（2）	7.99（4）	8.91（4）	9.90（1）	10.97（1）	8.52（2）
巴西	6.34（4）	5.86（6）	7.73（5）	7.86（1）	9.61（2）	10.33（2）	7.95（5）
中国	3.68（12）	3.51（12）	3.04（12）	3.76（12）	4.01（12）	3.81（12）	3.64（12）
欧盟	4.81（9）	5.80（7）	5.05（10）	5.62（11）	4.99（11）	6.08（11）	5.39（11）
印度	5.05（7）	3.91（11）	3.93（11）	5.75（10）	6.41（10）	7.87（10）	5.49（10）
印度尼西亚	4.36（10）	5.55（8）	6.41（8）	8.29（6）	8.74（4）	9.16（4）	7.08（7）
墨西哥	6.36（3）	6.87（5）	8.78（2）	9.59（2）	8.61（6）	8.99（6）	8.20（3）
俄罗斯	4.88（8）	4.14（9）	5.55（9）	7.50（8）	7.80（8）	8.08（9）	6.33（9）
南非	7.70（1）	8.58（1）	9.48（1）	9.90（1）	9.46（3）	9.09（5）	9.03（1）
泰国	6.59（2）	7.45（3）	7.40（6）	7.28（9）	7.39（9）	8.32（7）	7.40（6）
土耳其	4.32（11）	4.07（10）	6.56（7）	8.37（5）	8.64（5）	8.09（8）	6.68（8）
美国	6.03（5）	7.30（4）	8.27（3）	9.26（3）	8.27（7）	9.30（3）	8.07（4）

注：（）内为排名。

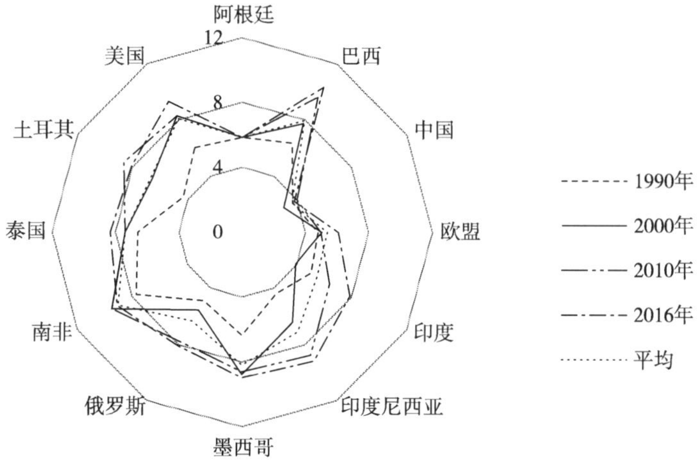

图9　1990年、2000年、2010年、2016年肉鸡生产竞争力比较

(3) 消费竞争力。1990—2016 年，12 个国家（地区）的消费竞争力水平整体呈增加趋势，有利于肉鸡产业竞争力提升。尽管人均肉鸡消费增长率有所降低，但随着人均肉鸡消费量增加、人均肉鸡消费差距减小和国内肉鸡消费比重的增加，使得肉鸡的消费竞争力水平整体增长。

从国家（地区）来看，南非的消费竞争力水平平均得分最高（11.65）。南非肉鸡消费竞争力较强，不仅人均肉鸡消费量 23.87 千克/人，国内肉鸡消费量占肉类消费比重平均为 50%，人均肉鸡消费增长率为 5%，均处于领先位置。反映了南非肉鸡消费具有较强的竞争力。巴西肉鸡消费竞争力提升较快，从 1990 年的第七位上升到 2016 年的第三位，消费竞争力得分 12.78，仅与第二位的美国相差 0.39。巴西人均肉鸡消费量年均 30.32 千克/人，位列参考国家（地区）第二，与消费竞争力最高的美国的差距相较其他国家最小，国内肉鸡消费比重为 38%，消费竞争优势显著。印度的消费竞争力的平均得分较低，国内经济低迷影响印度国内肉类消费量，与欧美等发达国家差距明显，尽管印度肉鸡消费占肉类消费的比重和人均肉鸡消费增长率越来越大，但整体来看印度的肉鸡消费竞争力却不高，在 12 个考察国家（地区）中不具有竞争优势。

从消费竞争力水平变化情况来看，以阿根廷得分的增长最为显著，消费竞争力增加明显，得益于阿根廷人均肉鸡消费量的快速上升和国内肉鸡消费比重的提高，增长率分别为 267%和 212%，促进了阿根廷肉鸡产业发展。

从消费竞争力排名变化情况来看，巴西消费竞争力排名上升最快，从第七名上升到第三名。泰国的排名下降最快，从第三名跌落到第七名。

尽管中国消费竞争力得分在不断增加，但 1990—2016 年消费竞争力排名一路下滑，从第 10 名跌到倒数第一。说明中国肉鸡消费竞争力在 12 个考察国家（地区）中不具有竞争优势，并且竞争优势在不断下降。人均肉鸡消费量和国内肉鸡消费比重低是中国肉鸡消费竞争力与优势国家之间差距较大的最重要的原因。这也凸显了中国居民对肉类消费固有习惯对肉鸡消费竞争力造成了不利影响。消费竞争力不足对中国肉鸡产业国际竞争力影响较大，因此要着力提高中国肉鸡消费竞争力（表 5、图 10）。

表 5　12 国家（地区）肉鸡消费竞争力比较

年份	1990	1995	2000	2005	2010	2016	平均
阿根廷	6.68（11）	8.50（8）	9.06（9）	9.32（9）	10.38（8）	11.33（7）	9.21（8）
巴西	8.63（7）	9.89（5）	10.40（5）	9.91（7）	11.61（4）	12.78（3）	10.54（6）
中国	6.77（10）	7.94（10）	8.06（11）	8.09（12）	8.10（12）	8.27（12）	7.87（12）

（续）

年份	1990	1995	2000	2005	2010	2016	平均
欧盟	7.59（8）	8.00（9）	8.48（10）	8.95（10）	8.96（11）	9.53（11）	8.58（10）
印度	6.53（12）	6.84（12）	7.66（12）	8.55（11）	9.65（10）	9.99（10）	8.20（11）
印度尼西亚	9.14（4）	10.14（4）	11.06（3）	10.51（6）	11.14（6）	11.56（6）	10.59（5）
墨西哥	8.78（6）	9.68（7）	10.36（6）	11.66（4）	11.54（5）	12.17（4）	10.70（4）
俄罗斯	7.02（9）	7.94（11）	9.36（8）	9.81（8）	9.75（9）	10.99（8）	9.15（9）
南非	10.36（1）	10.35（3）	11.27（1）	11.86（3）	12.87（1）	13.18（1）	11.65（1）
泰国	9.39（3）	10.51（1）	10.33（7）	10.61（5）	10.39（7）	10.55（9）	10.30（7）
土耳其	9.10（5）	9.76（6）	10.67（4）	12.02（2）	12.32（3）	11.92（5）	10.96（3）
美国	9.73（2）	10.39（2）	11.20（2）	12.41（1）	12.34（2）	13.17（2）	11.54（2）

注：（）内为排名。

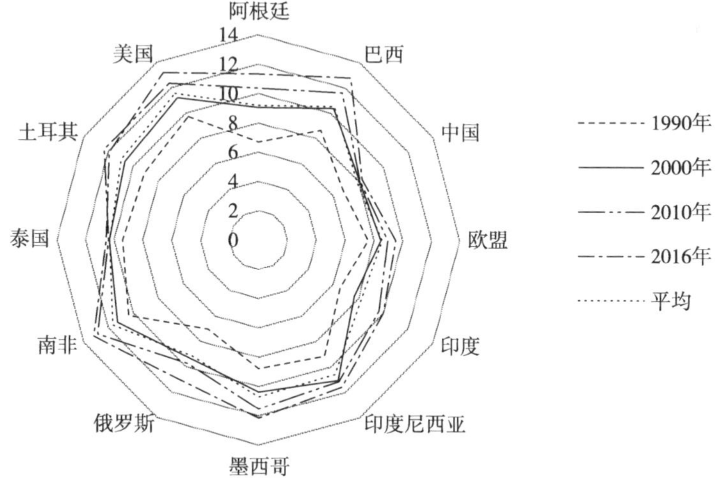

图 10　1990—2016 年肉鸡消费竞争力比较

（4）贸易竞争力。1990—2016 年，12 个国家（地区）的贸易竞争力水平整体呈波动变化。从国家（地区）来看，欧盟的贸易竞争力水平平均得分最高，为 20.47。欧洲肉鸡在国内市场自给率为 107%，在满足了国内需求的同时，国际市场占有率平均也达到 41%，可以说欧洲的肉鸡贸易竞争力水平高，竞争优势强。巴西排在第二位，贸易竞争力水平平均得分为 16.63。从巴西国内市场来看，国内市场自给率为 133%，供过于求。从国际贸易市场来看，不论是国际市场占有率（18%），还是考虑了进口的贸易竞争力指数（几乎等于1），巴西的国际贸易竞争力和国内贸易竞争力优势明显，特别是2005年以后，超过欧盟，跃居考察国家（地区）第一位。俄罗斯贸易竞争力平均得分最低，竞争力最弱。

中国的肉鸡贸易竞争力排名在1995—2003年从第九位升至第五位，但很快又调回了第八位。目前，中国肉鸡国内市场自给率为96%，基本满足了国内需求，但优势国家的肉鸡国内市场自给率不仅完全自给，还能大量出口，使得净进口量为负。相比优势国家的国内市场绝对满足，中国肉鸡生产还有一定差距，是造成中国肉鸡贸易竞争力在国际比较中不足的主要原因之一。但在国际贸易中，国际市场占有率为9%，虽然居第四位，但也仅仅达欧洲的23%、巴西美国的50%，出口份额较低，优势较弱，这也是造成中国肉鸡贸易竞争力与优势国家之间差距的主要原因。总体来说，中国肉鸡贸易竞争力在12个考察国家（地区）中也表现较弱，优势不足（表6、图11）。

表6　12国家（地区）肉鸡贸易竞争力比较

年份	1990	1995	2000	2005	2010	2016	平均
阿根廷	6.46（7）	3.16（9）	3.68（8）	10.13（5）	10.53（5）	9.96（6）	7.32（8）
巴西	13.27（4）	13.19（3）	13.88（4）	20.08（1）	20.14（1）	19.23（1）	16.63（2）
中国	6.12（9）	10.35（5）	11.47（5）	8.22（8）	7.87（8）	7.87（8）	8.65（7）
欧盟	25.59（1）	21.25（1）	19.61（1）	19.43（2）	18.53（2）	18.40（2）	20.47（1）
印度	9.94（5）	9.94（6）	9.94（6）	9.38（7）	9.42（7）	9.80（7）	9.74（6）
印度尼西亚	5.39（10）	6.87（8）	2.68（10）	1.72（10）	3.54（9）	1.78（11）	3.66（9）
墨西哥	3.35（11）	1.69（11）	1.58（11）	1.41（11）	1.63（11）	1.38（12）	1.84（11）
俄罗斯	1.71（12）	0.36（12）	0.56（12）	0.43（12）	1.27（12）	3.94（9）	1.38（12）
南非	6.27（8）	2.09（10）	3.63（9）	1.93（0）	2.62（10）	2.92（10）	3.24（10）
泰国	13.65（3）	12.98（4）	14.36（3）	13.12（4）	14.11（4）	15.66（3）	13.98（4）
土耳其	9.47（6）	9.71（7）	9.86（7）	10.06（6）	10.49（6）	10.98（5）	10.09（5）
美国	15.67（2）	18.94（2）	17.62（2）	15.53（3）	15.07（3）	13.59（4）	16.07（3）

注：（ ）内为排名。

（三）小结

中国肉鸡产业国际竞争力经历了快速增长、稳步发展和波动变化三个阶段。消费竞争力和生产竞争力不足是影响中国肉鸡产业竞争力总体不高的短

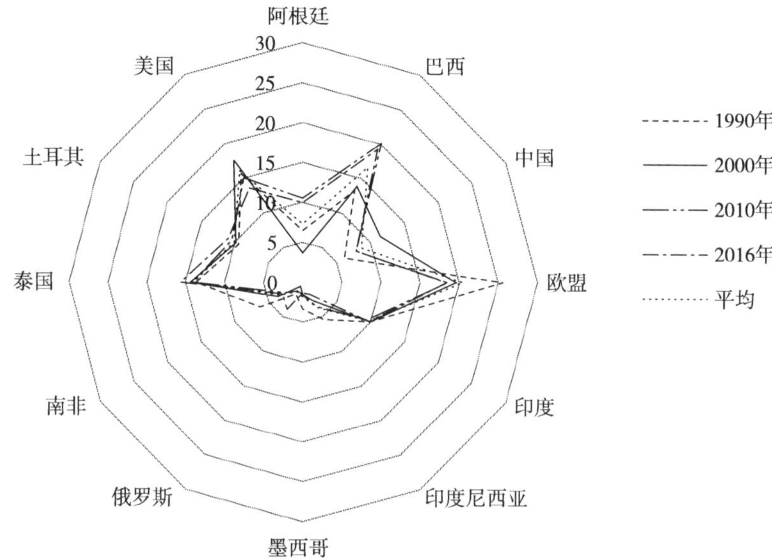

图11 1990年、2000年、2010年、2016年肉鸡贸易竞争力比较

板。而中国肉鸡产业国际竞争力的变化主要决定于贸易竞争力，受经济环境和疫病影响，贸易竞争力的波动变化带动了肉鸡产业国际竞争力的变化。

从四个分项竞争力来看。从资源禀赋竞争力来看，尽管饲料粮比重增加，推动了资源禀赋竞争力的增长，国内资源配置朝有利于肉鸡产业发展的方向，但中国农田面积小于草地面积的农业资源结构特征，总体不利于肉鸡产业发展，是中国资源禀赋竞争力得分不高的主要原因。肉鸡饲料自给率的下降也一定程度上拉低了得分。从生产竞争力来看，肉鸡的生产竞争力受到技术效率不足的制约，肉鸡价格的不稳定、较高的饲料成本和低迷的消费也不利于肉鸡生产，此外肉鸡生产还受到疫病风险等外部不确定因素的影响。从消费竞争力来看，中国人均肉鸡消费量在不断增加，人均肉鸡消费差距也比较大，说明中国肉鸡消费具有较大的发展潜力，但目前中国肉鸡消费比重依然较低，说明消费者对肉鸡的选择并不强烈，拉低了消费竞争优势。从贸易竞争力来看，中国肉鸡国内市场基本自给，国际市场上优势不足，这也是导致中国肉鸡贸易竞争力不强的主要原因。一方面肉鸡产品出口增加的同时，进口也不断增加，使得贸易竞争力指数不高，接近平均水平，使得整体得分不高；另一方面在国际市场占有率指标的变化影响了贸易竞争力整体的变化，近几年中国肉鸡出口市场份额表现出了下降且增长难度大的趋势。

按大洲分区域来看，南美洲的肉鸡国际竞争力呈较明显的波动增加趋势，优势高于亚洲和欧洲和北美洲，巴西、阿根廷的肉鸡竞争力的快速增长，改变了世界肉鸡产业发展的格局。从肉鸡国际竞争力总指标来看，在 2010 年后形成了巴西第一、美国第二、印度第三、欧盟第四的局面。其中巴西的四个分项竞争力都处在较强的水平，资源禀赋竞争力第四、生产竞争力第二、消费竞争力第三、贸易竞争力第一。美国的肉鸡产业国际竞争力仅次于巴西，排在第二位，四个分项竞争力除消费竞争力高于巴西，其余都仅次于巴西，均处于较强水平。印度的肉鸡产业国际竞争力的优势在于其资源禀赋竞争力强，水平居首位。欧盟的肉鸡产业国际竞争力优势来自于其贸易竞争力较强，居第二位。而中国的肉鸡国际竞争力虽然有所增加，但排名依然靠后，与巴西、美国等优势国家的差距依然显著，仅为巴西的 56%和美国的 65%，中国肉鸡产业国际竞争力不足，因此要继续重视提高中国肉鸡生产、贸易、消费竞争力，扎实推进中国肉鸡产业的发展。

根据分项竞争力的分析，从资源禀赋竞争力来看，印度的资源禀赋竞争力最强，俄罗斯的增长最为显著，阿根廷的排名上升最快。中国排名第六，尽管有所增长，对中国肉鸡产业发展朝着向好的方向，但依然竞争优势不明显。中国肉鸡资源禀赋竞争力仍有待提升。从生产竞争力来看，南非的生产竞争力最强，印度尼西亚的增长最为显著，阿根廷的排名上升最快。中国长期排名倒数，不具有竞争优势。从消费竞争力来看，南非的消费竞争力最强，阿根廷的增长最显著，巴西的排名上升最快。中国的消费竞争力得分增加但排名下滑至倒数，优势下降。从贸易竞争力来看，欧盟和巴西的贸易竞争力较强，而中国近 15 年都排名靠后，仅为第 8 位，也不具有明显的竞争优势。

六、结论及建议

(一) 研究结论

本研究在对肉鸡产业国际竞争力的研究中，得到四条主要结论：

(1) 本研究通过对大量文献的研读，在国内外学者对肉鸡国际竞争力研究的基础上，以比较优势理论和波特的钻石模型为理论基础，结合肉鸡产业的特点，从产业系统出发，遵循比较优势、客观性、可操作性、数据可获得性、独立性原则，构建了包括三个层次、两级指标的肉鸡产业国际竞争力评价体系。指标体系由资源禀赋竞争力、生产竞争力、消费竞争力、贸易竞争力四个一级指标构成，进一步分解了 13 个二级指标。通过变异系数法确定了指标权重，从而对肉鸡产业竞争力进行评价。

（2）中国肉鸡生产自1980年以来呈现出先快后稳的增长趋势。尽管产量位居世界前列，但与考察国家（地区）相比，中国国内肉鸡生产比重较低、与优势国家的差距变大；经济效率水平较低；肉鸡技术效率水平排名靠后，优势不足。中国肉鸡消费稳步增加，尽管肉鸡消费量世界第二，但人均肉鸡消费量依然低于世界平均水平，与优势国家相比，中国肉鸡消费潜力巨大。国内肉鸡消费比重虽然不断增加，但与其他考察国家（地区）相比，肉鸡消费比重依然较低。从肉鸡贸易来看，在中国肉鸡国内市场基本自给。在国际市场贸易中，贸易量不断增加，肉鸡国际市场占有率排名靠前有一定优势，但出口份额难以扩大；贸易竞争力指数接近平均水平，竞争优势不足。

（3）中国肉鸡产业国际竞争力经历了快速增长（1990—1995年）、稳步发展（1996—2002年）和波动变化（2003年至今）三个阶段。消费竞争力和生产竞争力不足是影响中国肉鸡产业竞争力总体不高的短板。具体来说，从资源禀赋竞争力来看，中国农田面积小于草地面积的农业资源结构特征，总体不利于肉鸡产业发展。虽然饲料粮比重较高且增加，国内资源配置朝有利于肉鸡发展的方向转变，但是肉鸡饲料自给率下降说明饲料粮资源依然不足。肉鸡的生产竞争力受到技术效率不足的制约，肉鸡价格的不稳定、较高的饲料成本和不足的消费也不利于肉鸡生产，此外肉鸡生产还受到疫病风险等外部不确定因素的影响。中国人均肉鸡消费量在不断增加，人均肉鸡消费差距也比较大，说明中国肉鸡消费具有较大的发展潜力。但中国肉鸡消费比重依然较低，说明消费者对肉鸡的选择并不强烈，拉低了消费竞争优势。中国肉鸡国内市场基本自给，但在国际市场上，一方面肉鸡产品出口增加的同时，进口也不断增加，使得贸易竞争力指数不高，接近平均水平，使得整体得分不高；另一方面受到世界经济环境震荡、疫病及非关税贸易壁垒的影响，中国肉鸡出口市场份额在近几年表现出了下降并增长难度大的趋势，使得国际市场上优势不足，影响了贸易竞争力增加。

（4）在国际比较中，按大洲分区域来看，南美洲的肉鸡国际竞争力呈较明显的波动增加趋势，优势高于亚洲、欧洲和北美洲，巴西、阿根廷的肉鸡竞争力快速增长，改变了世界肉鸡产业发展的格局。从肉鸡国际竞争力总指标来看，考察国家（地区）的肉鸡产业国际竞争力2010年后形成了巴西第一、美国第二、印度第三、欧盟第四的局面。而中国的肉鸡国际竞争力虽然有所增加，但排名依然靠后，与巴西、美国等优势国家的差距显著，仅为巴西的56％和美国的65％，肉鸡产业国际竞争力不足。具体从分项竞争力比较，中国肉鸡资源禀赋竞争力排名第六，竞争优势不明显，但排名呈不断增加的趋势，有利于肉鸡产业发展。从生产竞争力来看，中国长期排名倒数，不具有竞争优势。从消费竞争力来看，中国的消费竞争力得分增加但排名下滑至倒数，优势下降。从贸易竞争力来看，中国近 15 年都排名靠后，仅为第 8 位，也不具有明显的竞争优势。

（二）对策建议

针对中国肉鸡产业国际竞争力不足，结合本研究结论，提出提高中国肉鸡产业竞争力的五点建议：

1. 保证农业用地面积，寻找可替代玉米豆粕的肉鸡饲料粮，确保饲料粮的稳定供应

由于中国资源结构本身不利于肉鸡产业发展，因此在现有的农业资源下，一方面政府应继续推进基本农田保护政策，严格监管打击任何减少基本农田面积的违反“五不准”行为，充分加大对农田的保护，以保证农业用地面积；另一方面，增加稳定饲料生产，促进粮经饲三元结构调整。充分调动各类经营主体的积极性，通过积极培育壮大种粮大户、家庭农场、农民合作社、龙头企业等新型粮食生产经营主体，推广绿色生产技术，提高饲料粮产量和质量，从而推进农业资源配置向着肉鸡产业发展利好的方向努力。同时鼓励农业高等院校、科研院所、创新企业等对饲料粮的科学研究，寻找可替代玉米豆粕的肉鸡饲料粮，减少对玉米和大豆的需求压力，扩大肉鸡饲料粮选择的多样性，从而缓解中国肉鸡饲料粮资源不足的压力。

2. 提高肉鸡的生产加工技术水平，控制生产成本，保证经济效益

生产竞争力较低是中国肉鸡国际竞争力不高的重要原因，也是生产者和政府应该给予高度重视的问题。从生产层面，要以提高肉鸡的技术效率和经济效率为目标。在肉鸡生产上，继续升级肉鸡产业基础设施、扩大生产加工设备及人力投入的效率，充分发挥规模化养殖在提高资源利用率和综合生产力上的优势。增强企业资源利用效率意识，降低生产成本，提高经济效益。政府部门也要积极配合企业，在鸡舍建设改造、生产加工设备投入上给予政策支持，适当予以信贷支持、补贴、奖励、税收减免等优惠，推动新型科技设备在肉鸡生产中的应用。同时，随着规模化养殖的推进，生产者在肉鸡养殖上的风险也越来越大，政府可以建立农业保险制度，降低生产风险，保证经济效益，有利于生产竞争力的提升。

3. 加大对消费者肉鸡营养安全知识宣传，合理引导消费，提高肉鸡消费量

中国肉鸡的消费竞争力非但不足还有下降的趋势，这不利于中国肉鸡产业竞争力的提升。由于中国居民存在肉类消费固有习惯，一时很难改变，再加上媒体宣传辟谣不及时、不到位引起的对肉鸡生产的误解长期存在。因此，对于中国肉鸡消费量的提升主要是宣传引导为主。政府、产业协会、企业可以联合媒体，特别是微信、微博、抖音等新媒体行业，加大对肉鸡营养、安全知识的宣传普及，及时辟谣，改变固有观念，提高消费者对肉鸡的认识。餐饮行业、美食博主可发挥行业特长，积极推进鸡肉美食的制造和研发，抓住鸡肉高蛋白、高营养、低脂肪、低热量、低胆固醇的营养优势，和价格低、高性价比的价格优势，在当下社会倡导绿色、健康的消费理念的形势下，合理引导消费，提高肉鸡消费量，从而有利于肉鸡消费竞争力的提升。

4. 提高肉鸡产品质量，支持企业品牌建设，获取更多的国际市场份额

中国肉鸡贸易竞争力不足的原因主要是国际市场优势较弱。因此，提高肉鸡产品质量，树立良好的中国肉鸡产品品牌形象，严格遵守出口检疫检测标准，坚决打击食品安全问题等是提升肉鸡贸易竞争力的关键。政府部门制定出台全国统一标准的严格的肉鸡检测检疫安全标准，规范产品认证认可和标识，充分利用物联网、5G、“互联网+”等数字技术建立一套全国统一的，在生产加工整个过程中可追溯的监管系统，对养殖、加工、运输、销售、消费每一个过程进行监管，对入市的肉鸡产品严格把关，避免出现食品安全问题，对不符合卫生安全标准或质量不合格的产品，要及时有效追责，严格执行违规处罚制度，从根本上确保食品安全，恢复国内、国际消费者对肉鸡产品的消费信心。

同时，继续支持肉鸡企业的品牌建设，鼓励培养畜产品生产加工领域的龙头企业，以国际化的标准打造品牌效应。制定区域品牌标准，积极开展品牌的推荐认证。对认证的名牌产品应加大营销推介力度，重点树立品牌良好的信誉，提升国际形象，从而进一步打造有中国特色的肉鸡品牌，挽回国际消费者对中国肉鸡产品的信心，开拓国外市场，为中国肉鸡出口贸易创造更多机会。肉鸡制品作为中国唯一顺差的畜产品，政府要予以重视，加强对外谈判交涉，签订中国与重点市场国家和地区的双边检验检疫和优惠贸易协定，为中国肉鸡产品出口创造有利环境。

5. 建立合适肉鸡产业的风险防范机制，预防和减小突发事故对肉鸡产业系统带来的冲击

中国肉鸡产业比较脆弱，相关产业联系紧密，相互依赖程度高，抗风险弹性较小，易受到国际经济形势、疫病风险等不确定因素的影响，不稳定的环境不利于中国肉鸡产业国际竞争力的提升。特别是2020年初新冠肺炎疫情的发生，使得肉鸡产业在疫情初期遭到重创。因此，主动建立合适的风险防范机制，在未来未知的突发事故下，及时执行相应防护机制，减小对肉鸡产业系统带来的冲击。

参考文献

[1] 陈琼．中国肉鸡生产的成本收益与效率研究［D］．北京：中国农业科学院，2013.

[2] 陈琼，等．中国肉鸡生产现状与存在的问题分析［J］．中国食物与营养，2013，19（7）：27－31.

[3] 陈长喜．肉鸡产业技术体系生产监测与产品质量可追溯平台设计［J］．农业机械学报 2010，41（8）：100－106.

[4] 陈迪，等．中国花生产业国际竞争力影响因素分析——基于生产环节指标的实证分析［J］．农业技术经济，2013，11（14）：112－119.

[5] 董银果，等，2005. SPS 措施及相关因素影响中国猪肉出口贸易的量化分析［J］．中国农村经济，2005，10（10）：72－77.

[6] 郭佩佩．泰国大米国际竞争力的研究［D］．杭州：浙江大学，2014.

[7] 黄泽颖，等．高致病性禽流感对中国肉鸡产业的影响［J］．中国农业科技导报，2016，18（1）：189－199.

[8] 黄泽颖．中国肉鸡产业高致病性禽流感影响与防控的经济研究［D］．北京：中国农业科学院，2016.

[9] 金碚．竞争力经济学［M］．广东：广东经济出版社，2003.

[10] 贾新刚．中美生猪国际竞争力比较研究［D］．成都：西南财经大学，2014.

[11] 李建平．中国畜产品比较优势和国际竞争力的实证分析［J］．管理世界，2002，14（1）：83－92.

[12] 刘雪．中国蔬菜产业的国际竞争力研究［D］．北京：中国农业大学，2002.

[13] 刘丹鹤．世界肉鸡产业发展模式及比较研究［J］．世界农业，2008（4）：9－13.

[14] 刘学忠．中国可食用畜产品出口的问题及对策［J］．经济纵横，2008（4）：77－80.

[15] 刘合光，等．中国蛋鸡产业国际竞争力分析［J］．中国家禽，2009，31（23）：6－10.

[16] 刘春芳，等．中国肉鸡产业发展历程及趋势［J］．农业展望，2011，7（8）：36－40.

[17] 刘铮．中国柑橘产业国际竞争力动态［D］．武汉：华中农业大学，2012.

[18] 刘淑梅．中国农业竞争力评价与提升对策研究［D］．长春：吉林大学，2013.

[19] 黎寿丰，等．中国肉鸡种业发展战略思考与建议［J］．中国家禽，2017，39（1）：1－5.

[20] 迈克尔·波特．竞争优势［M］．北京：华夏出版社，1997.

[21] 迈克尔·波特．国际竞争优势［M］．北京：华夏出版社，2002.

[22] 欧阳儒彬．中国肉鸡产业供给侧结构性改革经济学研究［D］．北京：中国农业科学院，2019.

[23] 乔娟．中国主要家畜肉类产品国际竞争力变动分析［J］．中国农村经济，2001（7）：

37－43.

[24] 曲国明．中美创意产业国际竞争力比较——基于RCA、TC和“钻石”模型的分析[J]．国际贸易问题，2012（3）：79－89.

[25] 瞿丞，等．中国肉鸡生产加工现状与发展趋势[J]．食品与发酵工业，2019，45（8）：258－266.

[26] 申秋红．中国家禽产业的经济分析[D]．北京：中国农业科学院，2008.

[27] 栗成良．中国畜产品国际竞争力研究[D]．泰安：山东农业大学，2009.

[28] 陶艳红，等．中国柑橘产品国际竞争力分析[J]．农业技术经济，2016（3）：85－92.

[29] 王定祥，等．畜产品质量安全管理的国际比较研究[J]．农业经济问题，2003（11）66－70，80.

[30] 王盛威．中国蛋鸡产业国际竞争力研究[D]．北京：中国农业科学院，2011.

[31] 王贝贝．中国和澳大利亚畜产品贸易波动因素分析[J]．中国农业大学学报，2016（2）：160－167.

[32] 王玲玲．中国生猪产品国际竞争力研究[D]．泰安：山东农业大学，2017.

[33] 王燕明．2016年全球肉鸡生产、贸易及产业经济政策研究[J]．中国家禽，2017，39（2）：1－5.

[34] 王少杰，等．区域差异视角下的普惠金融发展测度研究——基于变异系数法的实证分析[J]．华北金融，2018（12）：58－63.

[35] 向洪金．中国“双反”措施的产业救济效果与福利效应——基于可计算局部均衡COMPAS模型的研究[J]．产业经济研究，2012（2）：1－8.

[36] 辛翔飞，等．中国肉鸡产业发展现状、影响因素及对策建议[J]．中国家禽，2015a，36（15）：2－5.

[37] 辛翔飞，等．中国肉鸡产业当前发展形势特点、问题与政策建议[J]．中国家禽，2015，37（7）：1－6.

[38] 辛翔飞，等．中国肉鸡产业经济问题研究综述[J]．世界农业，2016（2）：174－178.

[39] 辛翔飞，等．2018年中国肉鸡产业形势分析与对策建议[J]．中国家禽，2019，41（3）：68－72.

[40] 徐国冲，等．中国城市治理的评估与发展——基于变异系数法的聚类分析[J]．发展研究，2019（9）：45－57.

[41] 余鲁．基于CMS模型的中国畜产品出口波动影响因素分析[J]．农业经济问题，2008.（10）：79－83，112.

[42] 杨跃辉．中国主要花卉产品国际竞争力研究[D]．福州：福建农林大学，2013.

[43] 杨朝武，等．国际肉鸡育种发展现状及未来趋势[J]．中国家禽，2016，38（15）：1－4.

[44] 杨金坤．农产品出口国际竞争力指标体系构建[J]．农业经济，2019（7）：129－130.

[45] 姚雪．中国鸡肉产品国际竞争力及其影响因素研究[D]．南京：南京农业大

学，2015.
[46] 闫凯. 中国肉鸡产品出口流量与潜力研究 [D]. 呼和浩特：内蒙古大学，2015.
[47] 朱小娟. 产业竞争力研究的理论、方法和应用 [D]. 北京：首都经济贸易大学，2004.
[48] 周颖. 中国贸易产业竞争力研究 [D]. 上海：华东师范大学，2004.
[49] 周振亚. 中日禽肉贸易与对策研究 [D]. 北京：中国农业科学院，2006.
[50] 赵孟惟. 基于变异系数法对中国普惠金融发展水平测度的研究 [J]. 吉林金融研究，2019 (1)：14－18，37.
[51] 张瑞荣. 中国肉鸡产业国际竞争力的分析 [J]. 中国农村经济，2010 (7)：28－38，46.
[52] 张瑞荣. 中国肉鸡产品国际贸易研究 [D]. 北京：中国农业科学院，2011.
[53] 张瑞荣，等. 全球肉鸡产品现状分析 [J]. 中国畜牧杂志，2011，47 (10)：53－55.
[54] 张瑞荣，等. 肉鸡产品价格预测模型分析 [J]. 农业技术经济，2013 (8)：23－31.
[55] 张瑞荣，等. 中国肉鸡产品出口变动轨迹分析 [J]. 农业技术经济，2015 (5)：85－91.
[56] 张磊. 中国水果出口影响因素及竞争力的研究 [D]. 无锡：江南大学，2013.
[57] 张瑞娟. 中国肉鸡产业发展现状及趋势 [J]. 江苏农业科学，2016，44 (1)：448－451.
[58] 张怡，等. 2018 年全球肉鸡生产、贸易及产业经济政策研究报告 [J]. 中国家禽，2019，41 (2)：70－74.
[59] Alessandro Banterle. International Trade and Competitiveness Analysis in the European Union [C]. the Case of Prepared Meat Sector. European Association of Agricultural Economists (EAAE) 98th Seminar，2006.
[60] A. Belová L，Smutka E et al.. Competitiveness of Domestic Production of Poultry Meat on the EU Market and on the World Market [R]. AGRIS on－line Papers in Economics and Informatics，2012：11－25.
[61] Atilla Jambor. The Export Competitiveness of Global Cocoa Traders [J]. Agris online Papers in Economics and Informatics，2017 (9)：27－37.
[62] Bureau，J. C. et al.. Comparing EU and US Trade Liberalisation under the Uruguay Round Agreement on Agriculture [J]. European Review of Agricultural Economics，2000，27 (3)：1－22.
[63] Constanza Valdes et al.. Brazil's Broiler Industry：Increasing Efficiency and Trade [J]. International Food and Agribusiness Management Association (IFAMA) International Food and Agribusiness Management Review，2015 (7)：263－275.
[64] Exports. U. S. International Trade Commission. China's Agricultural Trade：Competitive Conditions and Effects on U. S [R]. Investigation No. 332－518，2011.
[65] Harjanto Djunaidi. Is the U. S. Losing its Competitiveness in the Global Chicken Markets：A Spatial Equilibrium Analysis [R]. 2005.

[66] Hellin, Jon et al.. India's Poultry Revolution: Implications for its Sustenance and the Global Poultry Trade [J]. International Food and Agribusiness Management Review, 2015, 18 (A): 151-164.

[67] Ismat Ara Begum. An Assessment of Vertically Integrated Contract Poultry Farming: A Case Study in Bangladesh [J]. International Journal of Poultry Science, 2005, 4 (3): 167-176.

[68] Jamas S. Eales. Simultaneity And Structural Change In U. S. Meat Demand [J]. American Journal of Agricultural Economics, 1993, 75 (2): 259.

[69] John A. Smith DVM. U. S. Broiler Industry and the AI Challenge [R]. Agricultural Outlook Forum Presented, 2006 (2) .

[70] James M. MacDonald. The Economic Organization of U. S. Broiler Production [R]. Economic Research Service/USDA (6), 2008.

[71] Juan Carlos Martin et al.. Regional Spanish Tourism Competitiveness [J]. The Journal of ERSA, 2017, 4 (3): 153-173.

[72] Mark R. Metcalfe. Environmental Regulation and Implications for Competitiveness in InternationalPork Trade [J]. Journal of Agricultural and Resource Economics, 2002, 27 (1): 222-243.

[73] OECD. Technology and Economy: The Key Relationship [R]. Paris, 1992: 237.

[74] Ranjit Singh. Competitiveness of the Broiler Industry in Trinidad and Tobago: Pre and Post Liberalization [J]. The Journal of the Agro-Economic Society, 2001, 4 (2) .

[75] Richard Nehring et al.. What's Driving U. S. Broiler Farm Profitability [J]. International Food and Agribusiness Management Review, 2015 (7): 59-78.

[76] Satheash V. Risk Behavior and Rational Expectations in the U. S. Broiler Market [J]. American Journal of Agricultural Economics, 1989, 7 (4): 892-902.

[77] Selva Gianluca. Analysis of the Competitiveness of the Pork Industry in Denmark [R]. European Association of Agricultural Economists (EAAE), 2005.

[78] Viet Van Hoang. Agricultural Competitiveness of Vietnam by the RCA and the NRCA Indices, and Consistency of Competitiveness Indices [J]. Agris on-line Papers in Economics and Informatics, 2017 (9): 53-67.

[79] Winter S Schumpeterian. Competition in Alternative Technological Regimes? [J]. Journal of Economic Behavior and Organization, 1984 (5): 287-320.

从日本肉鸡进口需求看我国肉鸡产品竞争力

裴 璐[1] 王济民[12]

（1. 中国农业科学院农业经济与发展研究所；2. 中国农业科学院办公室）

一、引 言

近年来，国际肉类生产消费趋势变动已经由牛羊肉向肉鸡转移，牛羊肉占比显著下降，由49%下降到26%。而禽肉已经成为世界上第一大肉类，产量也从半个世纪前的13%增长到37%。肉鸡产业是我国畜牧业中产业化、规模化、市场化程度最高的部门，是我国畜牧业中发展潜力最大的产业，在国际贸易中也有巨大的发展前景。作为我国唯一保持贸易顺差的畜产品，肉鸡的出口贸易在我国畜产品国际贸易中占有重要的地位。因此，研究肉鸡产业、研究我国肉鸡竞争力，分析我国肉鸡产品在国际贸易中的地位和优劣势，对指导我国肉鸡生产企业如何在国际市场长远发展，为政府如何制定肉鸡产业调整政策提供一定参考依据。

在对于国内外肉鸡国际竞争力的研究中，国内外学者多从国际竞争力的指标的测算、分析影响肉鸡国际竞争力的原因、肉鸡产品出口制约性因素和出口流量等方面进行讨论。张瑞荣（2005，2011）和姚雪（2015）都测算了市场占有率、显示性比较优势、肉鸡贸易竞争力等指标，分别对影响肉鸡国际竞争力因素进行探索，其中姚雪（2015）分析了影响因素与我国肉鸡产品显示性比较优势指数的相关性，张瑞荣（2011）考察了影响因素对于肉鸡进出口量的关系。黄泽颖（2016）研究了高致病性禽流感对肉鸡进出口量的影响。闫凯（2015）运用引力模型对肉鸡产品的出口流量和潜力进行了分析。胡浩（2007）以日本市场为例，描述了日本肉鸡进口来源国之间的市场份额关系。Valdes（2015）衡量了技术效率对肉鸡竞争力的影响。Belová（2012）用 Lafay 指数测定了禽肉在不同国家之间的比较优势和地位。根据已有研究，不论是直接对国际竞争力的指标的测算，还是影响肉鸡国际竞争力的原因分析，在研究过程中可能会存在两个问题：一是涉及的影响指标较多，数据量较大，数据的获得难度大。二是只能得到最终结果，无法得知竞争力变化的原因。鉴于国内数据统计不完整的现状，本研究采取间接办法，按照“是骡子是马拉出来遛遛”的思路，通过第三方市场的贸易绩效来评价我国肉鸡竞争力。这对于比较我国肉鸡在出口市场上的竞争地位、与其他竞争国家之间的替代互补关系的识别、影响我国肉鸡竞争力的原因等方面具有很强的参考价值。本研究选择日本肉鸡市场作为第三方市场，不仅是因为日本是世界上最大的肉鸡进口国，也是我国肉鸡出口的最大市场。2018 年，我国肉鸡出口总量为 44.7 万吨，其中出口日本为 20.7 万吨，占国内肉鸡出口总量的 46%；2018 年日本肉鸡进口总量为 107.4 万吨，我国肉鸡出口量占日本肉鸡进口总量的 19.3%。由此可见日本是我国重要的肉鸡出口市场，而我国肉鸡产品在日本市场上也有着举足轻重的地位。因此研究日本市场的肉鸡产品进口贸易特点，分析日本肉鸡进口需求，特别是我国肉鸡产品在日本市场的进口需求弹性与其他肉鸡出口主要国家之间的关系，对于促进我国肉鸡产品对日贸易，了解我国肉鸡产品竞争力具有重要意义。

二、日本肉鸡进口贸易现状及特征

（一）日本肉鸡进口贸易现状

1. 日本肉鸡进口市场的总体情况

20 世纪以来，日本肉鸡进口总量呈现了波动增加的趋势，其主要原因是在日本国内市场方面。由于日本农业劳动力老龄化日益严重、从事肉鸡养殖的劳动力逐渐减少导致国内肉鸡生产量减少；随着国内需求市场的不断增加使得日本肉鸡的国内生产量难以满足国内日益增长的消费需求。从国外市场看，国外肉鸡的价格优势明显，比日本国内肉鸡价格低，也促进了日本肉鸡进口量增加。2005—2018 年，日本肉鸡进口量变化分为两个阶段，表现为先下降后上升。第一阶段为 2005—2009 年，是波动下降阶段。主要原因是由于 2003 年禽流感疫情的暴发，日本暂停和限制了从中国、泰国、美国的肉鸡进口，直到 2007 年随着疫情缓解，对中国、泰国、美国的进口限制解除，日本国内消费者价格低廉食品消费需求的增加，进口量开始小幅增加。但由于 2008 年期末库存的增加、日本经济衰退以及食品安全问题使得日本在 2009 年减少了肉鸡进口量。第二阶段为 2010—2018 年，表现为增长阶段。其中 2010—2013 年表现为快速增长阶段。日本肉鸡进口量从 2009 年的 64.51 万吨增加到 85.44 万吨，增幅达 32.4%。主要原因是 2010 年由于夏季酷暑导致日本国内肉鸡生产量减少和 2011 年日本在大地震影响下消费者以廉价进口鸡肉代替牛肉的需求增加，使得日本肉鸡进口量大幅增加。2013 年以后，日本肉鸡进口进入稳定增长阶段。随着日本国内消费者对于进口肉鸡产品的喜好以及加工业对于进口肉鸡的需求不断增加，肉鸡产品的进口量也随之增加。总体来看，2005—2018 年，日本肉鸡进口量虽然有波动变化，但自 2009 年以后，日本肉鸡进口量表现为持续上涨的趋势（图 1）。

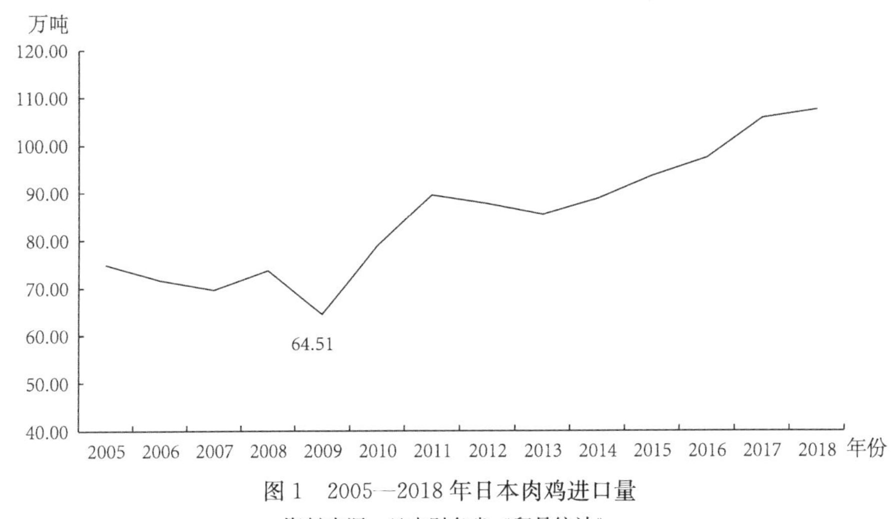

图 1　2005—2018 年日本肉鸡进口量

资料来源：日本财务省《贸易统计》。

从进口来源来看，日本肉鸡进口主要来源国是中国、泰国、美国、巴西，占日本肉鸡总进口量的 99%以上。进口产品主要分为生肉鸡和肉鸡熟制品两大类。由图 2 可知，2017 年以前，巴西是日本肉鸡最大的进口国。2005—2018 年，日本对巴西的肉鸡进口量较稳定，除了在 2003—2007 年全球暴发禽流感疫情的持续影响和 2009 年由于期末库存的增加、日本经济衰退的原因减少了肉鸡进口量，进口量总体保持在 38 万～42 万吨。进口产品主要以生鸡肉为主。美国是日本肉鸡第四进口国，肉鸡进口量一直保持在 2 万～3 万吨，相对于其他三国较少。泰国作为近年来肉鸡产业快速发展的国家，2005—2018 年，日本对泰国肉鸡进口量呈稳步增加趋势，特别是 2014 年日本开放对泰国的生肉鸡进口之后，日本对泰国肉鸡的进口量上升幅度明显，并在 2017 年超越巴西成为日本肉鸡第一大进口国，进口产品有生鸡肉和鸡肉熟制品。我国肉鸡在日本肉鸡进口市场上也占据一定的份额，是日本肉鸡第三大进口国。但在进口量上呈现波动趋势，主要原因是2007年底中国的“毒饺子案”以及2015年中国上海“福喜事件”，使日本消费者对我国肉鸡食品安全的信任度下降，导致日本对我国肉鸡进口量的波动变化。但由于我国肉鸡产品具有价格优势，以及日本国内消费者对廉价鸡肉的需求不断增加，自2016年起，日本对我国肉鸡的进口量逐渐回升，所以我国肉鸡产品在日本市场上具有一定的竞争优势。日本对我国肉鸡进口产品以肉鸡熟制品为主。

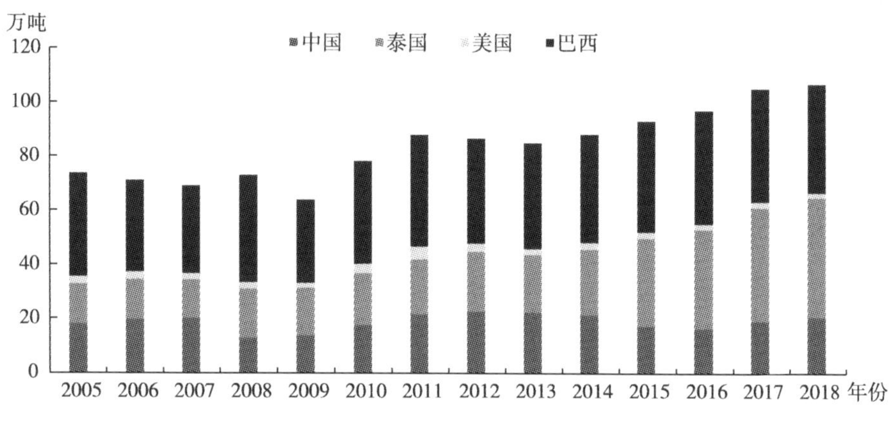

图2　2005—2018年日本主要肉鸡进口国家进口量

资料来源：日本财务省《贸易统计》。

2. 日本生肉鸡进口情况

日本生肉鸡进口量自2005年呈现波动增加的趋势，于2017年达到历史高峰56.94万吨，2018年进口量达到56万吨，较上一年有小幅下降，减少了1.6%，主要受国内产量的增加和库存过剩的影响，但进口量依然保持高位。进口国主要为巴西、美国、泰国，占生肉鸡进口总量的97%以上。其中巴西为日本生肉鸡进口的第一大国，随着巴西冷冻鸡出口量的不断增加，除了在2003—2007年全球暴发禽流感疫情的持续影响和2009年由于期末库存的增加、日本经济衰退的影响外，日本进口巴西生肉鸡量基本保持稳定。但日本对巴西肉鸡进口份额有所下降，从90%下降到71.7%。近年来，随着泰国肉鸡产业快速发展，在2014年，泰国生鸡肉通过了日本食品安全部门的检测，获得了生肉鸡的进口许可，日本增加了泰国的生肉鸡进口量。自2014年以来，泰国生肉鸡进口量快速增加，占据了一定的日本生肉鸡进口市场份额，成为日本生肉鸡第二大进口国，一定程度影响了巴西在日本生肉鸡市场中的绝对地位。2018 年，日本进口泰国生肉鸡 13.9 万吨，较上一年增长了 9.2%，占生肉鸡进口份额 24.8%。美国生肉鸡进口量基本保持在 2 万～3 万吨，2018 年进口量 1.69 万吨，占生肉鸡进口总量的 3%（图 3）。

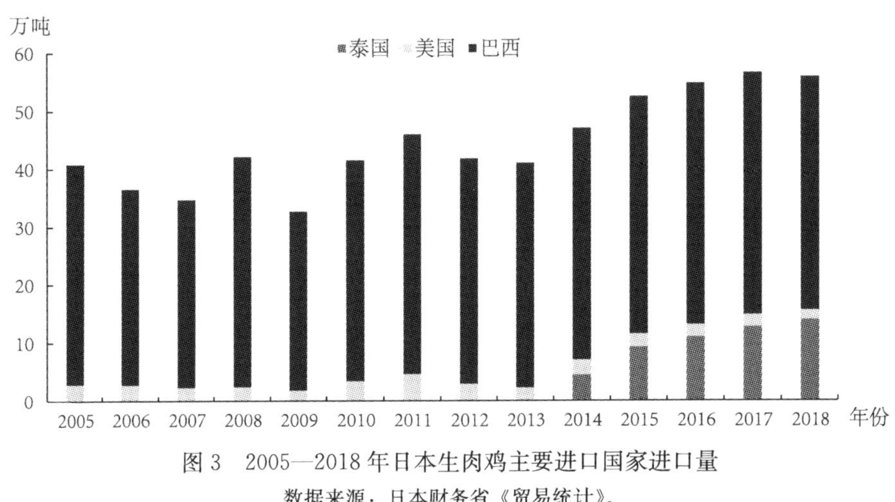

图 3　2005—2018 年日本生肉鸡主要进口国家进口量

数据来源：日本财务省《贸易统计》。

而中国生肉鸡由于非关税贸易壁垒的原因，日本未全面开放中国生肉鸡进口，对于中国生肉鸡的进口量较少，中国在日本生肉鸡市场不具有竞争优势。

3. 日本肉鸡熟制品进口情况

由于生肉鸡在国际运输过程中在保证新鲜的情况下对包装和保存的要求严格，不利于长时间运输。因此，日本对于肉鸡熟制品的进口需求增大。2005—2018 年，日本进口肉鸡熟制品进口量由 32.9 万吨到 51.4 万吨，增幅接近 56%，特别 2017 年，年增幅 15%，预计肉鸡熟制品进口量有继续上升的趋势（图 4）。

进口来源国主要为中国、泰国，占日本肉鸡熟制品进口量的 98%以上。2003 年由于中国和泰国的禽流感影响，日本暂停了从中国和泰国的生肉鸡进口，允许进口两国经过热处理的肉鸡熟制品。2005—2018 年，日本进口泰国肉鸡熟制品逐年增加，并在 2008 年和 2015 年出现了较大幅度的增长，年增长率达到 26%和 18%。而日本进口中国肉鸡熟制品量呈现波动趋势，在 2008 年以前，进口中国肉鸡熟制品的量大于进口泰国的量。由于 2007 年底的“毒饺子案”，日本政府和消费者对于中国食品的安全问题提出了质疑。2008 年，日本减少了中国的进口量。2009—2014 年，随着消费量的不断增加和日本海关对质量的严格监控，中国进口量增加，和泰国持平。但在 2015 年发生上海“福喜事件”，上海福喜食品有限公司使用过期变质肉鸡为原料制作肉鸡熟制品

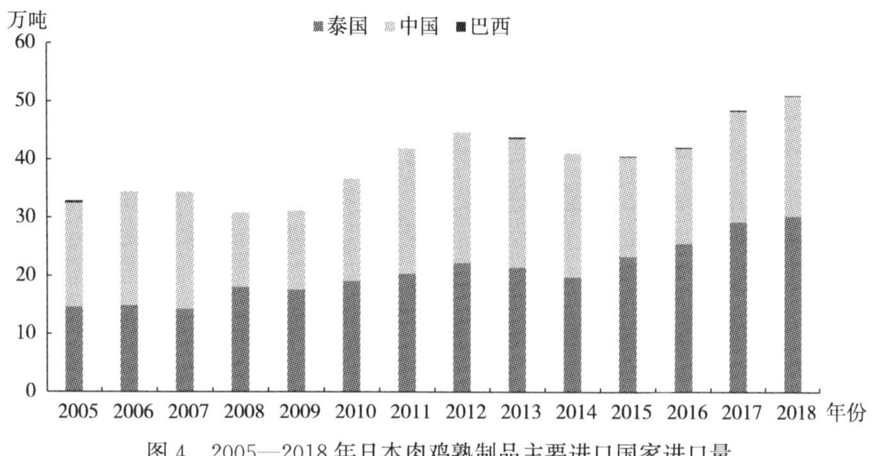

图4　2005—2018年日本肉鸡熟制品主要进口国家进口量

数据来源：日本财务省《贸易统计》。

供应国内肯德基、麦当劳等世界快餐连锁店，使得中国肉鸡熟制品在日本消费者中信任度再次下降，从而日本减少了中国肉鸡熟制品的进口。由于两次食品安全问题导致的日本肉鸡熟制品市场需求缺口，日本政府将进口目标转移到了泰国，促进了同期泰国肉鸡熟制品进口量的大幅增加。但由于我国肉鸡产品具有价格优势，以及日本国内消费者对快餐行业以及便利店鸡肉熟食以及鸡肉半成品的喜好不断增加，日本进口我国肉鸡熟制品量逐渐回升，我国仍然是日本肉鸡熟制品的主要进口供应商，在日本市场上仍具有竞争优势（图5）。

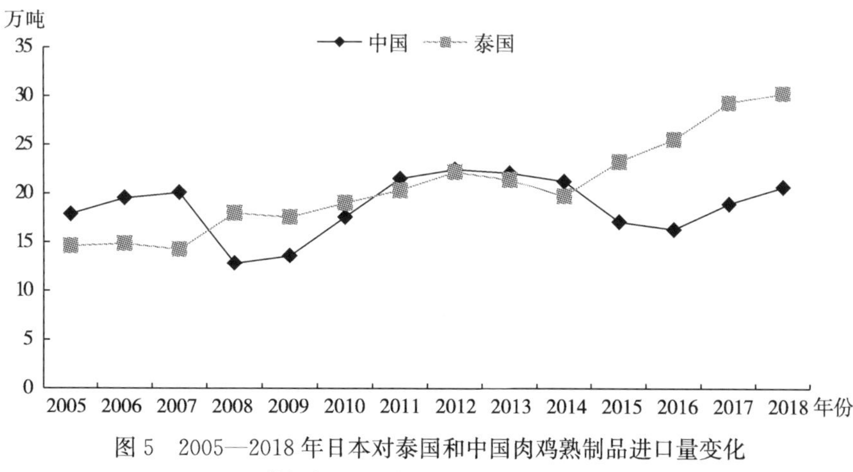

图5　2005—2018年日本对泰国和中国肉鸡熟制品进口量变化

数据来源：日本财务省《贸易统计》。

（二）日本肉鸡进口贸易特征

1. 进口市场集中度高

自 2005 年以来，日本肉鸡进口量波动上升。主要进口国家主要集中于中国、泰国、美国、巴西。从日本肉鸡主要进口国的进口总量大小来看，2008 年和 2017 年为两个分水岭。2008 年以前日本对巴西的肉鸡进口量最大，中国和泰国位居其后。由于中国肉鸡产品的食品安全问题，在 2008 年，泰国超越中国成为日本肉鸡第二大进口国。由于 2014 年泰国重新进入日本生鸡肉进口市场，使日本对泰国的进口肉鸡产品由肉鸡熟制品增加为肉鸡熟制品和生鸡肉两种，在 2017 年，泰国超越巴西成为日本肉鸡第一大进口国。从日本肉鸡进口产品来看，日本生肉鸡进口国主要是巴西、泰国、美国。日本肉鸡熟制品的主要进口国家是中国和泰国，两国进口量合计份额达 98%。

2. 进口结构由生肉鸡向肉鸡熟制品转移

肉鸡熟制品在加工过程中，经过热处理可以杀死新鲜、冷藏或者冷冻的生肉鸡中存在的疾病，符合日本海关食品检疫的要求。当禽流感等疾病暴发时，对肉鸡熟制品的进口通常不会受阻碍。同时，随着日本国内城市生活节奏的加快，便利店食品和快餐食品的需求不断增加，肉鸡熟制品为日本国内日渐兴起的快餐行业提供了便利。对于肉鸡熟制品，切割、剔除新鲜肉鸡和熟食制作属劳动密集型；日本进口原材料在国内加工成熟制品，人工成本高；中国和泰国劳动力成本相对较低，使得肉鸡熟制品价格比国内产品更具有优势，在日本市场更具有竞争力。根据 Davis 和 Dyck（2015）的研究，自 1996 至 2015 年，日本的肉鸡进口从生肉鸡逐渐转向肉鸡熟制品。2016—2018 年，日本生肉鸡进口量由 55.1 万吨增长到 56 万吨，增长 1%。肉鸡熟制品进口量由 42.2 万吨增长到 51.4 万吨，增幅接近 21.8%，2017 年增长率 15%，预计肉鸡熟制品进口量有继续上升的趋势。

中国在日本肉鸡进口市场上，由于中国自身食品安全问题，导致日本对中国肉鸡的进口量下降。但从日本的肉鸡进口产品从生肉鸡逐渐转向肉鸡熟制品的趋势来看，中国作为日本第二大鸡肉熟制品进口国，在日本肉鸡进口市场上仍存在竞争优势。本研究从日本肉鸡进口需求角度出发，分别探讨日本进口生鸡肉和肉鸡熟制品贸易中，中国和巴西、泰国、美国之间的竞争关系。从而进一步了解中国在日本肉鸡进口市场的地位。

三、模型介绍、数据来源及估计方法

（一）模型介绍

针对进口需求的分析使用较多的方法有两种：一是利用生产函数和利益最大化或者成本最小化推导进口产品需求曲线；二是利用效用函数和效用最大化推导进口产品需求曲线。符合需求性质的函数模型主要有：Rotterdam 模型、CBS 模型、一阶差分的 LA/AIDS 模型、NBR 模型。根据数据特征，本研究运用似然比检验来选择最合适的进口需求模型。

1. Rotterdam 模型

Rotterdam 模型对数据的完整性要求较低，为研究者常用。由 Barten（1964）和 Theil（1965）提出，以一组偏微分方程开始，差分法进行整理，求方程组在受预算约束的条件下的消费者效用最大化问题，即消费者在既定的收入水平和商品价格下选择最大的消费量（罗利平等，2013）。产品进口效用水平最大化的环境中，日本对于肉鸡的进口需求取决于日本国民收入（支出）水平和进口国家的商品价格水平决定，该模型的表达式为

$$\omega_i \mathrm{dln} q_i = \beta_i \mathrm{dln} Q + \sum_j^n \gamma_{ij} \mathrm{dln} p_j \quad i,j = 1,2,\cdots,n$$

ω_i 为日本从 i 国进口肉鸡的预算份额；q_i 为日本进口国肉鸡的数量。β_i 为日本进口 i 国肉鸡的边际支出弹性；$\mathrm{dln}Q = \sum_{j=1}^n \omega_j \mathrm{dln} p_j$ 为 Divisia 数量指数，和进口总量成一定比例。其系数 β_i 可以用来反映美国从不同来源国进口肉鸡的优先次序；p_j 为日本从 j 国进口的肉鸡价格。实际估计中，$\omega_i = 0.5\ (\omega_i - \omega_{i-1})$，$\mathrm{dln} q_i = \ln q_i - \ln q_{i-1}$，$\mathrm{dln} p_i = \ln p_i - \ln p_{i-1}$。模型假定 β_i、γ_{ij} 为常数，β_i、γ_{ij} 为待估计参数。

另外，模型需满足加总性：$\sum_{i=1}^n \beta_i = 1$，$\sum_{i=1}^n \gamma_{ij} = 0$；齐次性：$\sum_{j=1}^n \gamma_{ij} = 0$；对称性：$\gamma_{ij} = \gamma_{ji}$ 三个约束条件。

2. CBS 模型

CBS 模型由 Keller and van Driel（1985）提出，表达式为

$$\omega_i [\mathrm{dln} q_i - \sum_j \omega_j \mathrm{dln} q_j] = \beta_i [\mathrm{dln} x - \sum_j \omega_j \mathrm{dln} p_j] + \sum_j \gamma_{ij} \mathrm{dln} p_j$$

$$i,j = 1,2,\cdots,n$$

ω_j 为日本从 i 国进口肉鸡的预算份额，即日本从 i 国进口肉鸡的金额占日

本肉鸡进口总额的比重；q_i、p_i 为日本进口 i 国肉鸡的数量和价格。实际估计中，$\omega_i=0.5$（$\omega_i-\omega_{i-1}$），$\mathrm{dln}q_i=\ln q_i-\ln q_{i-1}$，$\mathrm{dln}p_i=\ln p_i-\ln p_{i-1}$。$\beta_i$、$\gamma_{ij}$ 为待估计参数。

根据对数差分法，

$$\mathrm{dln}m=\sum_i \omega_i \mathrm{dln}q_i+\sum_i \omega_i \mathrm{dln}p_i$$

其中 $\mathrm{dln}Q=\sum_i \omega_i \mathrm{dln}q_i$ 为 Divisia 数量指数，$\mathrm{dln}P=\sum_i \omega_i \mathrm{dln}p_i$ 为 Divisia 价格指数，m 为进口总量。则 CBS 模型表达式变为

$$\omega_i \mathrm{dln}q_i=(\beta_i+\omega_i)\mathrm{dln}Q+\sum_j \gamma_{ij}\,\mathrm{dln}p_j$$

$\beta_i+\omega_i$ 为日本进口 i 国肉鸡的边际支出弹性，来反映日本从不同来源国进口肉鸡的优先次序。

另外，模型需满足加总性：$\sum_{i=1}^{n}\beta_i=0$，$\sum_{i=1}^{n}\gamma_{ij}=0$；齐次性：$\sum_{j=1}^{n}\gamma_{ij}=0$；对称性：$\gamma_{ij}=\gamma_{ji}$ 3 个约束条件。

3. AIDS 模型

AIDS 模型根据 Deaton 和 Muellbauer（1980），表达式为：

$$\omega_i=\alpha_i+\sum_j \gamma_{ij}\ln p_j+\beta_i\ln(Y/P^*)+u_i$$

ω_i 为日本从 i 国进口肉鸡的预算份额，即日本从 i 国进口肉鸡的金额占日本肉鸡进口总额的比重。Y 是进口肉鸡的总支出，u_i 为扰动项。P^* 定义为：

$$P^*=\alpha_0+\sum_j \alpha_i\ln p_i+\frac{1}{2}\sum_j\sum_i \gamma_{ij}\ln p_i\ln p_j$$

在实际估计中，$\ln P^*=\sum_j \omega_i\ln p_i$，其中 $\omega_i=0.5(\omega_i-\omega_{i-1})$。$\mathrm{dln}Q=\sum_i \omega_i \mathrm{dln}q_i$ 是 Divisia 数量指数，$\mathrm{d}\omega_i^*=\omega_i-\omega_i-1$，差分法整理得：

$$\mathrm{d}\omega_i^*=\sum_j \gamma_{ij}\ln p_j+\beta_i\ln Q$$

模型需满足加总性：$\sum_{i=1}^{n}\beta_i=0$，$\sum_{i=1}^{n}\gamma_{ij}=0$；齐次性：$\sum_{j=1}^{n}\gamma_{ij}=0$；对称性：$\gamma_{ij}=\gamma_{ji}$ 三个约束条件。

4. NBR 模型

根据 Neves（1987），NBR 模型表达式为：

$$\mathrm{d}\omega_i^*+\omega_i\mathrm{dln}Q=\sum_j \gamma_{ij}\ln p_j+\beta_i\ln Q$$

在实际估计中，$\ln P^{*} = \sum_{j}\omega_i \ln p_i$，其中 $\omega_i = 0.5(\omega_i - \omega_{i-1})$。$\mathrm{dln}Q = \sum_{i}\omega_i \mathrm{dln}q_i$ 是 Divisia 数量指数，$\mathrm{d}\omega_i^{*} = \omega_i - \omega_{i-1}$。模型满足加总性：$\sum_{i=1}^{n}\beta_i = 1$，$\sum_{i=1}^{n}\gamma_{ij} = 1$；齐次性：$\sum_{j=1}^{n}\gamma_{ij} = 0$；对称性：$\gamma_{ij} = \gamma_{ji}$ 三个约束条件。

（二）数据来源及估计方法

本研究采用的肉鸡进口数据分为肉鸡熟制品和生肉鸡的进口数据：肉鸡熟制品为 2015 年 1 月至 2018 年 12 月间日本从中国、巴西、美国、泰国进口数量和金额的月度数据。生肉鸡为 2005 年 1 月至 2018 年 12 月间日本从中国、巴西、美国、泰国进口数量和金额的月度数据。均来源于日本财务省贸易统计数据库（TSDMDF）。进口价格通过进口金额除以进口量获得。进口量单位为万吨，进口金额单位为亿日元。

由于需求系统中，多个方程是从同一个最大化问题推导而来，存在跨方程的参数约束，本研究采用似不相关回归法（SUR）估计系统方程，SUR 模型需满足各个方程变量之间没有内在联系但各方程的扰动项之间存在相关性。运用 Stata14 进行实际估计的过程中，分别讨论生肉鸡和肉鸡熟制品两个需求系统方程，需求系统包括“中国”、“泰国”、“美国”、“巴西”、“其他国家”五个方程，六个列向量和三个约束条件（加总性、齐次性和对称性），由于日本对各国肉鸡的进口份额之和为 1，误差协方差矩阵奇异，所以在计算时，模型删除“其他国家”这一方程，“其他国家”的估计参数由三个约束条件计算得出。

四、日本肉鸡进口需求分析

（一）日本生肉鸡进口需求分析

1. 扰动项的同期相关检验

生肉鸡进口需求系统包括“中国”、“泰国”、“美国”、“巴西”、“其他国家”五个方程，六个列向量和三个约束条件（加总性、齐次性和对称性）。四个模型均表明由于系统方程中自变量相同，故五个方程的扰动项在理论上可能存在相关性。运用 BP 独立性检验法，检验原假设 H_0：各方程的扰动项“无同期相关”。LM 统计量的计算结果显示了检验结果。

根据表 1，Rotterdam、CBS、AIDS、NBR 四个模型方程 LM 检验结果在 1%水平上均拒绝各方程扰动项相互独立的原假设，即各方程的扰动项同期不相关，满足似不相关回归条件。因此，用似不相关回归进行系统估计可以提高估计效率。

表 1　四种模型的 LM 统计量计算结果

	Rotterdam	CBS	AIDS	NBR
χ^2	169.538 (6)	165.845 (6)	161.732 (6)	174.865 (6)
P	0.000	0.000	0.000	0.000
结论	拒绝	拒绝	拒绝	拒绝

注：卡方分布中，自由度为 6，0.01 显著性水平的临界值为 16.812。

2. 参数约束性检验

运用对数似然比检验（LRT）来检验齐次性和对称性是否满足四个模型以及选择合适的模型。对数似然比检验的检验统计量定义为 $LRT = 2[\log L(\theta 1) - \log L(\theta 2)]$，$\theta 1$ 表示为未约束模型，$\theta 2$ 表示受约束模型。该似然比值服从卡方分布，自由度为未受约束模型与受约束模型估计参数的数量之差。运用 Stata14.0 对肉鸡熟制品需求系统进行加和性、齐次性、对称性的检验结果见表 2。

据表 2 可知，仅有 Rotterdam 模型和 NBR 模型均满足齐次性、对称性约束，在模型的选择上，Rotterdam 模型在显著性水平为 0.01 下 P 值最大，故选择 Rotterdam 模型作为日本生肉鸡进口需求的分析模型。

表 2　四种模型的似然比检验及模型选择

	Rotterdam	CBS	AIDS	NBR
齐次性 χ^2	1.51 (4)	3.22 (4)	2.07 (4)	1.00 (4)
P 值	0.824 1	0.521 2	0.722 5	0.910 2
齐次性对称性 χ^2	5.92 (10)	8.59 (10)	6.19 (10)	5.4 (10)
P 值	0.822 1	0.571 5	0.798 9	0.862 7
加和性齐次性对称性 χ^2	9.2 (11)	59.1 (11)	53.7 (11)	10.7 (11)
P 值	0.603	0	0	0.468 8
模型选择	√			

注：卡方分布中，自由度为 4，0.01 显著性水平的临界值为 13.277；自由度为 10，0.01 显著性水平的临界值为 23.209；自由度为 11，0.01 显著性水平的临界值为 24.725。

3. 生肉鸡进口需求 Rotterdam 模型参数估计

生肉鸡进口需求 Rotterdam 模型估计结果见表 3。

表 3　生肉鸡进口需求 Rotterdam 模型的参数估计

来源国	β_i	γ_{ij}				
		中国	泰国	美国	巴西	其他国家
中国	0.015 3**	−0.008 2*	−0.013 1**	−0.001 3	0.021 3***	0.001 3
	(2.29)	(−1.71)	(−2.34)	(−0.37)	(2.59)	(0.87)
泰国	0.014 5*		−0.042 9	0.009 4	0.037 6	0.009 0
	(1.81)		(−1.64)	(0.67)	(1.38)	(1.33)
美国	0.019***			−0.027 5*	0.016 5	0.002 9
	(3.71)			(−1.92)	(0.93)	(0.57)
巴西	0.947 5***				−0.074 4*	−0.001 0
	(79.47)				(−1.93)	(−0.14)
其他国家	0.003 7*					−0.012 2***
	(1.82)					(−2.83)

注：括号内的数据为相应参数估计量的 t 统计值，*、**、*** 分别表示在 10%、5%、1%水平下是显著的，常数项均不显著，在此省略。

4. 生肉鸡系统需求弹性计算与分析

根据 Rotterdam 模型估计的参数计算了支出弹性、古诺非补偿价格弹性。古诺非补偿价格弹性包括替代效应和收入效应。对各个弹性 θ 的计算公式为：约束条件下的支出弹性，$\theta_i=\dfrac{\beta_i}{\omega_t}$，古诺价格弹性 $\varepsilon_{ij}=\dfrac{\gamma_{ij}}{\bar{\omega}_t}-\theta\bar{\omega}_J$。$\bar{\omega}_t$ 为样本中各月的支出份额的平均值，当 $i=j$ 为自价格弹性和 $i\neq j$ 为交叉价格弹性。

根据表 4，从支出弹性看，日本对来自中国、泰国、美国、巴西、其他国家的生肉鸡的支出弹性分别为 13.833 2、0.172 1、0.411 1、1.114 9、0.199 7，当日本生肉鸡进口总支出增加 10%时，进口量分别显著增加 138.3%、1.721%、4.111%、11.149%，1.997%。但由于日本对中国生肉鸡进口量较小，有的月份进口量几乎为 0，对总量增加影响不大。所以当日本生肉鸡进口需求增加时，对巴西的生肉鸡偏好强烈。对中国而言，由于检测标准不达标，日本没有开放对中国生肉鸡的进口，虽然支出弹性较大，但是进口量较少，在日本限制中国生肉鸡进口的情况下，中国生肉鸡在日本生肉鸡市场不具有竞争力。

表 4　生肉鸡进口需求系统支出弹性和价格弹性

来源国	支出弹性	中国	泰国	美国	巴西	其他国家
		古诺非补偿价格弹性				
中国	13.833 2**	**−7.445 5***	−13.025 0**	−1.830 6	7.569 3***	0.898 5
泰国	0.172 1*	−0.155 3**	**−0.523 7**	0.103 8	0.299 7	0.103 4
美国	0.411 1***	−0.029 0	0.169 7	**−0.615 6**	0.007 5	0.056 2
巴西	1.114 9***	0.023 9***	−0.049 8	−0.032 0	**−1.035 1***	−0.021 8
其他国家	0.199 7*	0.068 6	0.468 3	0.149 8	−0.223 4	**−0.662 2*** **

结合回归结果，从自价格来看，日本对生肉鸡的进口国的自价格弹性均为负，说明都不具有竞争力。其中中国的自价格弹性最大且绝对值大于 1，虽然显著富有弹性，但不排除由于进口限制、进口量较少的影响。巴西自价格绝对值大于 1，富有弹性。

从交叉价格来看，中国与泰国、美国均为互补关系，与巴西、其他国家为替代关系。日本对巴西生鸡肉进口受自价格影响显著且大于受其他国家价格的影响，且与中国为显著替代关系，与泰国、美国、其他国家为互补关系。泰国与中国为显著互补关系，泰国和美国的自价格影响均大于双方价格影响，且泰国与美国之间为替代关系。

就中国生肉鸡出口日本而言，受巴西生肉鸡价格影响较大（7.569 3），大于自价格（7.445 5）影响，而巴西生肉鸡需求受中国价格影响（0.023 9）较小，两者为显著替代关系。但对于巴西生肉鸡而言，自价格的影响明显大于其他国家的交叉价格的影响，在日本市场上占主动地位。

（二）日本肉鸡熟制品进口需求分析

1. 扰动项的同期相关检验

肉鸡熟制品进口需求系统包括“中国”、“泰国”、“美国”、“巴西”、“其他国家”五个方程，六个列向量和三个约束条件（加总性、齐次性和对称性）。四个模型均表明由于系统方程中自变量相同，故五个方程的扰动项在理论上可能存在相关性。运用 BP 独立性检验法，检验原假设 H0：各方程的扰动项“无同期相关”，LM 统计量计算结果显示了检验结果。

根据表 5，Rotterdam、CBS、AIDS、NBR4 个模型方程 LM 检验结果在 1%水平上均拒绝各方程扰动项相互独立的原假设，即满足似不相关回归条件。

因此，用似不相关回归进行系统估计可以提高估计效率。

表 5 四种模型的 LM 统计量计算结果

	Rotterdam	CBS	AIDS	NBR
χ^2	52.649 (6)	52.741 (6)	63.142 (6)	60.996 (6)
P	0.000	0.000	0.000	0.000
结论	拒绝	拒绝	拒绝	拒绝

注：卡方分布中，自由度为 6，0.01 显著性水平的临界值为 16.812。

2. 参数约束性检验

运用对数似然比检验（LRT）来检验齐次性和对称性是否满足四个模型以及选择合适的模型。对数似然比检验的检验统计量定义为 $\mathrm{LRT}=2[\log L(\theta 1)-\log L(\theta 2)]$，$\theta 1$ 表示为未约束模型，$\theta 2$ 表示受约束模型。该似然比值服从卡方分布，自由度为未受约束模型与受约束模型估计参数的数量之差。运用 Stata14.0 对肉鸡熟制品需求系统进行加和性、齐次性、对称性的检验结果见表 6。

表 6 四种模型的似然比检验及模型选择

	Rotterdam	CBS	AIDS	NBR
齐次性 χ^2	2.3 (4)	2.52 (4)	1.88 (4)	1.67 (4)
P 值	0.680 3	0.640 6	0.758 6	0.795 5
齐次性对称性 χ^2	5.12 (10)	5.7 (10)	6.45 (10)	5.29 (10)
P 值	0.882 9	0.840 2	0.775 9	0.871 1
加和性齐次性对称性 χ^2	12.68 (11)	6.88 (11)	7.85 (11)	14.02 (11)
P 值	0.315 0	0.808 4	0.726 8	0.232 1
模型选择		√		

注：卡方分布中，自由度为 4，0.01 显著性水平的临界值为 13.277；自由度为 10，0.01 显著性水平的临界值为 23.209；自由度为 11，0.01 显著性水平的临界值为 24.725。

如表 6 可知，Rotterdam 模型、CBS 模型、AIDS 模型、NBR 模型均满足齐次性、对称性约束，在模型的选择上，由于数据对于四个模型均满足，又 CBS 模型在显著性水平为 0.01 下 P 值最大，故选择 CBS 模型作为日本肉鸡熟制品进口需求的分析。

3. 肉鸡熟制品进口需求 CBS 模型参数估计

肉鸡熟制品进口需求 CBS 模型估计结果见表 7。

表 7　肉鸡熟制品进口需求 CBS 模型的参数估计

来源国	β_i	γ_{ij}				
		中国	泰国	美国	巴西	其他国家
中国	0.114 2***	0.348 8	−0.338 0	−0.000 7	−0.009 1	−0.000 85
	(2.65)	(1.41)	(−1.37)	(−0.41)	(−0.62)	(−0.07)
泰国	−0.114 6***		0.330 6	0.001 1	0.002 3	0.003 9
	(−2.64)		(1.34)	(0.67)	(0.16)	(0.33)
美国	−0.001 0			−.0 005***	0.000 2*	−0.000 2*
	(−0.78)			(−9.13)	(1.96)	(−1.81)
巴西	−0.000 7*				0.007 4*	−0.000 7
	(−0.28)				(1.76)	(−0.36)
其他国家	0.002 0					−0.002 1
	(0.92)					(−0.99)

注：括号内的数据为相应参数估计量的 t 统计值，*、**、*** 分别表示在 10%、5%、1%水平下是显著的，常数项均不显著，在此省略。

4. 肉鸡熟制品系统需求弹性计算与分析

根据 CBS 模型估计的参数计算了支出弹性、古诺非补偿价格弹性。古诺非补偿价格弹性包括替代效应和收入效应。对各个弹性 θ 的计算公式为：约束条件下的支出弹性，$\theta_i=\frac{\beta_i}{\omega_t}+1$，古诺价格弹性 $\varepsilon_{ij}=\frac{\gamma_{ij}}{\omega_t}-\theta\overline{\omega_J}$。$\overline{\omega_t}$ 为样本中各月的支出份额的平均值，当 $i=j$ 为自价格弹性和 $i\neq j$ 为交叉价格弹性。

表 8　肉鸡熟制品进口需求系统支出弹性和价格弹性

来源国	支出弹性	中国	泰国	美国	巴西	其他国家
		古诺非补偿价格弹性				
中国	1.305 5***	**0.444 3**	−1.713 6	−0.002 3	−0.027 4	−0.006 6
泰国	0.815 3***	−0.850 0	**0.027 7**	0.001 5	0.002 0	0.003 7
美国	−1.563 1	−1.174 5	3.839 2	**−1.211 8*** **	0.503 5*	−0.393 0*
巴西	0.686 4*	−4.392 3	0.629 6	0.088 0	**3.342 5***	−0.354 2
其他国家	1.611 7	−0.864 2	0.202 9	−0.048 19*	−0.241 7	**−0.647 5**

从表 8 看出，支出弹性除美国以外均为正，对来自中国、泰国、巴西、其他国家的肉鸡熟制品的支出弹性分别为 1.305 5、0.815 3、0.686 4、1.611 7，且中国、泰国、巴西具有显著性。当日本肉鸡熟制品进口总支出增加 10%时，对来自中国、泰国、巴西、其他国家的肉鸡熟制品进口量分别增加 13.1%、8.1%、6.8%、16.1%，但由于从巴西、其他国家进口肉鸡熟制品量较少，对总量增加的影响不大，所以当日本肉鸡熟制品进口需求增加时，对中国的肉鸡熟制品偏好比泰国、巴西、其他国家更强烈。对中国而言，中国肉鸡熟制品出口商获益强于泰国、巴西，说明中国肉鸡熟制品具有一定的品牌优势。此外，进口美国肉鸡熟制品的支出弹性为−1.563 1，不具有竞争力。

从自价格来看，日本对美国的肉鸡熟制品的进口，自价格弹性为负，且绝对值为 1.211 8，说明日本市场对美国肉鸡熟制品的进口需求虽显著富有弹性，但不具有竞争力，价格越高，需求越小。同样日本对其他国家的肉鸡熟制品进口自价格弹性也为负，不具有竞争力。日本对巴西的肉鸡熟制品进口自价格弹性为正，富有弹性，虽然竞争力强，但是整体进口量较小。日本对中国和泰国肉鸡熟制品的进口，自价格弹性为正且小于 1，缺乏弹性，表现出刚需特征，但由于中国的自价格弹性（0.444 3）大于泰国（0.027 7），所以当日本进口肉鸡熟制品时，中国肉鸡熟制品的自价格变化比泰国更敏感，中国肉鸡熟制品更具有竞争力，适度提高价格并不会减少日本对中国肉鸡熟制品的进口需求。

从交叉价格来看，就中国肉鸡熟制品而言，受泰国肉鸡熟制品价格影响较大；泰国肉鸡熟制品需求受中国价格影响也比较大，两者均大于自价格影响，且为互补关系。当中国肉鸡熟制品价格上涨 10%时，进口泰国肉鸡熟制品将下降 17.1%；当泰国肉鸡熟制品价格上涨 10%时，进口中国肉鸡熟制品将下降 8.5%。由此可以看出，日本对泰国肉鸡熟制品的进口需求对中国肉鸡熟制品价格更敏感。考虑到回归结果中国、泰国价格系数的显著性并不理想，可以认为价格因素对日本肉鸡熟制品进口影响并不大。另外中国与美国、巴西、其他国家也为互补关系，泰国与美国、巴西、其他国家为替代关系。

综上所述，我国在日本进口肉鸡熟制品贸易中，表现为需求刚性，价格的改变对日本进口量变化影响较小。主要影响因素是日本肉鸡熟制品的进口预算，即进口需求。对主要来源国而言，泰国的肉鸡熟制品价格一定程度影响了日本对我国的进口量，但是由于日本对泰国肉鸡熟制品的进口需求对我国价格更敏感，降低我国生鸡肉的成本，有利于进口需求的增加和竞争力的提升。

五、结论与建议

本研究以世界肉鸡产品进口大国日本作为第三方市场，对日本肉鸡进口的贸易现状、贸易特征进行分析。基于日本 2005—2018 年生肉鸡进口月度数据和 2015—2018 年肉鸡熟制品进口月度数据，运用 Rotterdam 模型和 CBS 模型估计我国肉鸡产品在日本市场上的支出弹性和价格弹性，间接评估我国肉鸡产品国际竞争力，得出：

其一，日本肉鸡进口贸易特征主要有两点：一是进口结构由生肉鸡向肉鸡熟制品转移。由于日本政府对于食品安全的重视和国内快节奏的生活方式的需求，肉鸡熟制品进口量有持续上升，比例不断增大，有由生肉鸡逐渐向肉鸡熟制品转移的趋势。二是日本肉鸡进口市场集中度较高。主要表现为生肉鸡的进口主要国家为巴西、泰国；肉鸡熟制品进口国家主要是泰国、中国。

其二，在日本生肉鸡进口贸易中，我国主要竞争国为巴西，市场价格是主要制约因素。美国和泰国竞争力差别不明显。不论是进口选择的优先性还是价格的主动性，巴西占有绝对优势。我国虽然支出弹性较大，但由于未达到日本进口生肉鸡检测标准，日本没有开放对我国生肉鸡的大量进口，使得进口量较小，我国生肉鸡在日本生肉鸡市场上不具有竞争力。由于日本对于进口生肉鸡检测标准很严格，这对于进口国肉鸡生产有很高的要求，这也提醒我国肉鸡养殖和加工企业在规范养殖，做好卫生安全检疫检测方面要严格把关，提高产品质量，为我国肉鸡企业今早取得进口资质做好准备。

其三，在日本进口肉鸡熟制品贸易中，我国的熟肉鸡制品具有很强的竞争力。我国与泰国肉鸡熟制品呈互补关系，表现为需求刚性，价格的变化对日本进口量变化影响较小。日本对泰国肉鸡熟制品的进口量对我国价格更敏感。影响日本进口我国肉鸡熟制品的主要因素有三点。一是日本肉鸡熟制品的国内需求；二是泰国的肉鸡熟制品价格也有一定程度影响；最重要的第三点是由于我国食品安全问题严重影响了我国肉鸡熟制品在日本的信任度。因此，强化规范养殖、严格管控卫生安全检疫检测、进一步降低我国生肉鸡生产成本、树立良好的品牌形象、开发新产品等可以提高我国肉鸡在日本市场的竞争力。随着日本肉鸡进口市场从生肉鸡向肉鸡熟制品的转移，有利于扩大我国出口。

其四，从两次日本减少中国肉鸡熟制品进口事件中，我们所面临的不仅仅是食品质量安全问题，更重要的是政府与企业监管不到位，导致非法行为没有得到及时控制。一方面要加强企业对于食品质量的严格把关，另一方面政府对于企业也要严格监控，才能增强世界消费者对于我国产品的信任度，有利于提高我国产品在世界市场上的地位和竞争力。

参考文献

[1] 张瑞荣，毛藤熹，闫凯．中国肉鸡产品出口变动轨迹分析 [J]. 农业技术经济，2015 (5)：85-91.

[2] 张瑞荣．中国肉鸡产品国际贸易研究 [D]. 北京：中国农业科学院，2011.

[3] 姚雪．我国肉鸡产品国际竞争力及其影响因素研究 [D]. 南京：南京农业大学，2015.

[4] 黄泽颖，王济民．高致病性禽流感对我国肉鸡产业的影响 [J]. 中国农业科技导报，2016，18 (1)：189-199.

[5] 闫凯．中国肉鸡产品出口流量与潜力研究 [D]. 呼和浩特：内蒙古大学，2015.

[6] 胡浩，刘灿．我国肉鸡产品出口的制约性因素分析——基于出口市场及产品特征的研究 [J]. 中国家禽，2007 (24)：9-11，15.

[7] Constanza Valdes, Charlie Hallahan, and David Harvey. Brazil's Broiler Industry: Increasing Efficiency and Trade [J]. International Food and Agribusiness Management Association (IFAMA) International Food and Agribusiness Management Review, 2015 (7): 263-275.

[8] A. Belová L, Smutka E, Rosochatecká A, et al.. Competitiveness of Domestic Production of Poultry Meat on the EU Market and on the World Market [R]. AGRIS on-line Papers in Economics and Informatics, 2012: 11-25.

[9] Theil H, Clements K W. A differential approach to U.S. import demand [J]. Economics Letters, 1978, 1 (3): 249-252.

[10] 罗利平，蒋勇，胡友．日本花卉进口需求弹性分析及我国的策略选择 [J]. 现代日本经济，2013 (3)：88-95.

[11] Deaton A, Muellbauer J. An Almost Ideal Demand System [J]. The American Economic Review. 1980, 70 (3): 312-326.

我国肉类产品国际贸易竞争力测度评价

刘晨阳[1] 辛翔飞[1] 李 军[2] 王祖力[1] 杨 春[1] 王济民[13]

（1. 中国农业科学院农业经济与发展研究所；
2. 中国农业大学经济管理学院；3. 中国农业科学院办公室）

一、贸易竞争力测算方法

（一）国际市场占有率

国际市场占有率（World Market Share，WMS）指一国某种产品出口额在世界该产品出口总额中所占的份额，是直接体现一国出口的某种产品在国际市场上的总体国际竞争力的重要指标，反映国际竞争力的实现程度。可用公式表示为：

$$WMS_i^k = \frac{X_{iw}^k}{X_{ww}^k} \times 100\% \tag{1}$$

其中，X_{iw}^k表示 i 国 k 产品出口额，X_{ww}^k表示世界 k 产品出口总额。WMS_i^k 的取值在 0 和 100%之间；WMS_i^k 的值越大时，表明 i 国 k 产品的国际市场份额也越高。

（二）贸易竞争力指数

贸易竞争力指数（Trade Comparativeness，TC）指一国某产品的净出口额与进出口总额之比，该指标可以反映一国生产的某种产品是净进口还是净出口，以及净进口或净出口的相对规模，从而反映相对于世界市场上由其他国家或地区所供应的该产品而言，一国生产的同种产品是处于竞争优势还是劣势以及优劣的程度。可用公式表示为：

$$TC_i^k = \frac{X_{iw}^k - M_{iw}^k}{X_{iw}^k + M_{iw}^k} \tag{2}$$

其中，X_{iw}^k和M_{iw}^k分别表示 i 国 k 产品的出口额和进口额，且 TC_i^k 的取值在－1和1之间。当 $TC_i^k>0$ 时，表明 i 国 k 产品具有出口竞争优势，且 TC_i^k 的值越接近1，i 国 k 产品的出口竞争优势越强，净出口相对规模也越大；当 $TC_i^k<0$ 时，表明 i 国 k 产品处于出口竞争劣势，且 TC_i^k 的值越接近－1，i 国 k 产品的出口竞争劣势越强，净进口相对规模也越大。

（三）显示性比较优势指数

显示性比较优势指数（Revealed Comparative Advantage，RCA）指一国某种产品出口额占该国所有产品出口总额的比重与世界该产品出口额占世界所有产品出口总额的比重的比率，是分析一国某种产品是否具有出口比较优势的重要指标。可用公式表示为：

$$RCA_i^k = \frac{X_{iw}^k / X_{iw}^t}{X_{uw}^k / X_{uw}^t} \tag{3}$$

其中，X_{iw}^k 表示 i 国 k 产品出口额，X_{iw}^t 表示 i 国所有产品出口总额，X_{uw}^k 表示世界 k 产品出口额，X_{uw}^t 表示世界所有产品出口总额。一般认为，当 $RCA_i^k \geqslant 2.5$ 时，表明 i 国 k 产品具有很强的出口比较优势；当 $1.25 \leqslant RCA_i^k < 2.5$ 时，表明 i 国 k 产品具有较强的出口比较优势；当 $0.8 \leqslant RCA_i^k < 1.25$ 时，表明 i 国 k 产品具有一定出口比较优势；当 $RCA_i^k < 0.8$ 时，表明 i 国 k 产品不具有出口比较优势。

二、猪肉贸易竞争力测算分析

中国是猪肉生产和消费大国，贸易小国。从世界猪肉生产形势来看，产能主要集中在中国、欧盟、美国和巴西等国家和地区。2018年全球猪肉产量为1.21亿吨。其中，中国5 498.39万吨，占比45.49%；欧盟2 407.51万吨，占比19.92%；美国1 194.30万吨，占比9.88%；三国（地区）猪肉产量约占全球总产量的四分之三。在欧盟国家中，德国是最大的猪肉生产国，2018年猪肉产量536.99万吨，在欧盟国家中占比22.30%；丹麦是典型的出口导向型国家，其产出的农产品三分之二出口到国际市场，2018年猪肉产量158.32万吨，在欧盟占比6.58%。巴西是美洲第二大猪肉生产国，2018年猪肉产量378.77万吨，在全球占比3.13%。从世界猪肉贸易形势来看，猪肉出口国高度集中，主要集中美国、欧盟、加拿大和巴西；猪肉进口国相对较分散，中国、日本、墨西哥和俄罗斯等是进口大国。本报告选取美洲的美国和巴西、欧盟的德国和丹麦、亚洲的日本等国，与中国生猪产品贸易竞争力进行比较分析。

（一）世界猪肉贸易总体情况

世界猪肉贸易市场规模巨大，2018 年世界各国猪肉进口量达到 1 382.89 万吨，贸易金额达到 362.08 亿美元；出口量达到 1 526.39 万吨，出口贸易金额达到 367.10 亿美元。总体来看，全球猪肉贸易洲际间流动主要是从欧洲与美洲流向亚洲。欧洲、美洲主导全球猪肉产品出口贸易，猪肉出口量占全球猪肉出口总量的比重超过 95%。全球主要猪肉净进口国为中国、日本、墨西哥、韩国和俄罗斯等。猪肉出口国高度集中，主要集中于美国、欧盟、加拿大和巴西，猪肉出口量占世界猪肉出口总量的比重超过 90%。猪肉进出口贸易以生鲜冷冻猪肉贸易为主，猪肉熟制品不到贸易量的 10%。2018 年世界各国出口生鲜冷冻猪肉 1 283.60 万吨，出口额 3 466.14 亿美元，分别占世界猪肉出口总量和总金额的 92.82%和 95.73%。

中国是猪肉进口大国，进口贸易规模逐年扩大。2018 年中国猪肉进口量达到 213.99 万吨，进口额达到 35.96 亿美元。进口产品以生鲜冷冻猪肉（含杂碎）为主，且比重逐年增加，目前生鲜冷冻猪肉进口比重已接近 100%。生鲜冷冻猪肉产品进口中，猪杂碎比重一直保持较高比重，近年来虽有下降，但仍约占进口总量 60%的份额。中国猪肉出口规模较小，且近年来呈现逐步下降趋势，2018 年中国猪肉出口量仅为 15.58 万吨，出口额仅为 6.60 亿元。中国猪肉主要以生鲜冷冻肉形式出口，也有部分以猪肉熟制品的形式出口，熟制品占到猪肉总出口量的 30%～40%。

从世界其他猪肉主产国和主要贸易国来看：①美国。美国猪肉出口量相对较大，进口相对较少。美国 2017 年和 2018 两年猪肉出口量均已突破 20.00 亿美元，95%出口产品主要为生鲜肉类，熟制品出口相对较少。②巴西。巴西是猪肉出口型国家，以出口为主，仅有少量进口。近年来巴西猪肉出口金额在 7.00 亿美元，其中生鲜肉占比 98%以上，熟制品占比不到 2%。③德国。德国猪肉的贸易规模也很大，其中出口规模为进口规模的 2 倍以上，2018 年进口额为 20.46 亿美元，出口额为 56.09 亿美元，生肉进出口占比 95%左右，熟肉制品占比 5%左右。④丹麦。丹麦每年的猪肉出口规模对较大，2018 年出口量为 129 万吨，出口额为 30.71 亿美元，而进口规模仅相当于出口量的 1/10 左右，从种类来看，丹麦近年来生肉进口比例逐年降低，稳定在 75%左右，而生肉出口比例逐年提升，达到了 95%以上。⑤日本。日本国内猪肉存在较大的供需缺口，猪肉贸易以进口为主，是典型的猪肉净进口国，每年进口量在 100 万吨以上，进口的 80%以上为生鲜猪肉，也有不到 20%的猪肉熟制品；

出口则以猪肉熟制品为主，占到总出口规模的70%～80%。

（二）国际市场占有率

中国猪肉国际市场占有率大幅下降后，长期维持在较低水平。1995—2018年，中国猪肉国际市场占有率均值为2.55%，保持在相对较低水平，与美国、德国、丹麦等发达国家有较大差距。从变化趋势看，呈现“下降—回升—再降”趋势，1995年为3.03%，2018年降至2.15%。近年受非洲猪瘟疫情影响，中国猪肉市场自给率总体呈下降趋势，进口连创新高，预计国际市场占有率仍会保持在相对较低水平。

从国际市场看，西欧和美国是国际猪肉贸易重要的出口地区。德国、丹麦和美国是出口猪肉国际市场占有率相对较高的三个国家。其中德国受益于国内扶持政策，生猪养殖规模不断扩大，德国在2009年之前出口猪肉国际市场占有率水平不断攀升，最高占到17.50%，近十年来有小幅下降趋势，但始终维持在15%以上水平。从美国1995—2018年数据来看，美国的出口猪肉国际市场占有率水平总体呈现逐年攀升的趋势，2018年国际市场占有率水平为15.39%，占有率超过德国。丹麦2018年出口猪肉国际市场占有率为7.98%，在国际市场上有一定的影响力，但从长期趋势来看，丹麦出口猪肉国际市场占有率总体呈现逐年下降的趋势。巴西也是国际猪肉市场上重要的猪肉出口国之一，2018年巴西出口猪肉国际市场占有率为3.21%。日本由于养殖规模较小，国内市场需求大的原因，猪肉对外出口量相对较小，2018年日本出口猪肉国际市场占有率仅为0.04%（图1）。

（三）贸易竞争力指数

中国猪肉贸易竞争力指数从正转负，且贸易逆差持续扩大。中国猪肉贸易竞争力指数呈现出明显的两阶段特征，1995—2007年贸易竞争力指数保持在较高水平，2008—2018年贸易竞争力指数快速下降后保持低位。与丹麦、美国、德国、日本等发达国家相比，中国猪肉贸易竞争力指数存在较大差距。巴西由于其猪肉净出口规模相对较大，巴西的猪肉贸易竞争力指数多年连续接近于1，表现出十分强劲的贸易竞争力。丹麦、美国、德国的贸易竞争力也维持在相对较高的水平，其中丹麦的猪肉贸易竞争力有小幅下降趋势，2018年贸易竞争力指数为0.76，而美国、德国的贸易竞争力呈现逐年上涨的态势，2018两国贸易竞争力分别为0.58和0.37，在国际猪肉市场上也表现出较强的竞争力。日本国内由于巨大的猪肉供给缺口，净进口猪肉规模相对较大，贸易竞争力指数常年趋近于一1（图 2）。

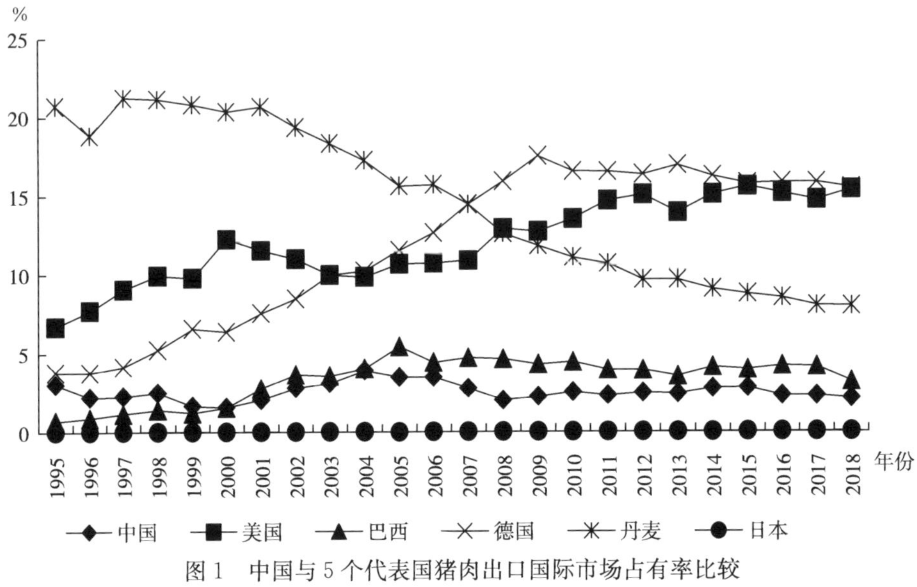

图 1　中国与 5 个代表国猪肉出口国际市场占有率比较

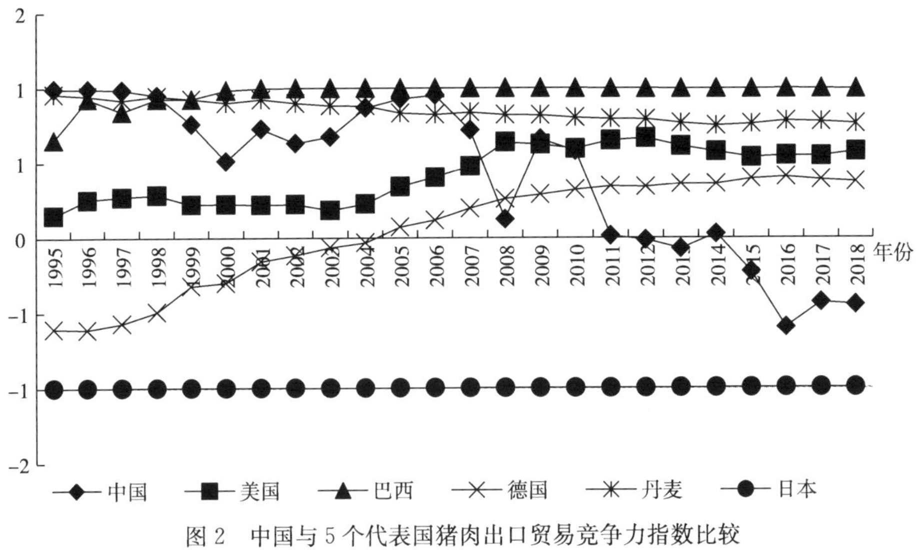

图 2　中国与 5 个代表国猪肉出口贸易竞争力指数比较

（四）显示性比较优势指数

中国猪肉显示性比较优势指数大幅下降，并长期处于较低水平。中国猪肉显示性比较优势指数在20世纪90年代呈现迅速下降趋势，从1995年的1.19下降到2000年的0.53，从具有一定的比较优势迅速转变为不具有出口比较优势；20世纪初虽然略有回调，但回调期很短，2004年之后中国猪肉显示性比较优势指数继续呈现缓慢的波动下降趋势，到2018年下降至0.47。丹麦猪肉显示性比较优势指数也呈现不断下降趋势，但是相比较而言，丹麦猪肉显示性比较优势指数在2.5以上，仍具有很强的出口比较优势。德国猪肉显示性比较优势指数逐年上升，2008年后德国发展为具有很强的猪肉出口比较优势的国家。美国2018年猪肉显示性比较优势指数为1.62，拥有国际市场上较强的出口贸易优势。巴西猪肉显示性比较优势指数在1995—2004年间呈现逐步上升趋势，1995年为0.233，2005年达到历史最高值1.31，上升到$1.25 \leqslant RCA_i^k < 2.5$的较强出口比较优势区间；2005年后呈现逐步下降趋势，2018年降为0.62，不再具有出口比较优势。日本猪肉显示性比较优势指数长期处于接近于0的状态，一直不足0.1，反映出日本完全不具备出口猪肉比较优势（图3）。

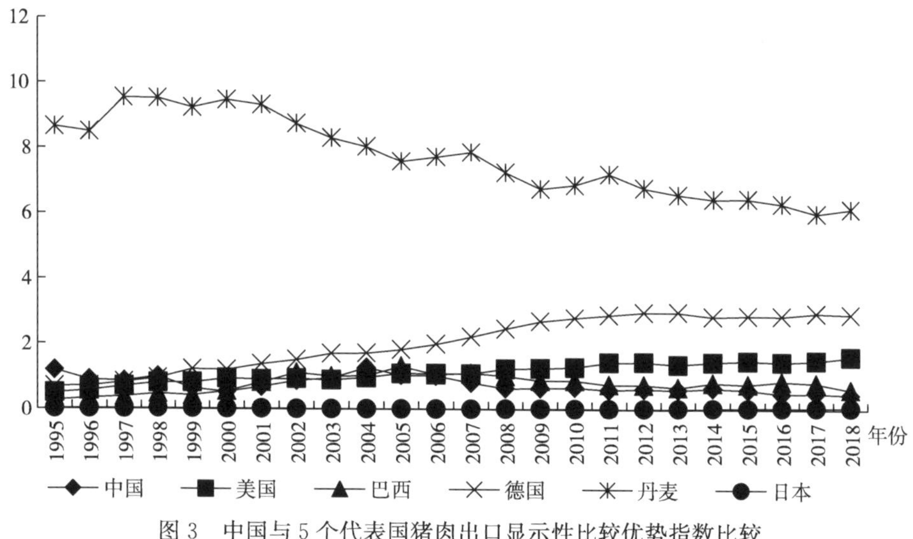

图3　中国与5个代表国猪肉出口显示性比较优势指数比较

三、鸡肉贸易竞争力测算分析

中国是鸡肉生产大国，鸡肉在我国肉类产品贸易中占有重要地位。从世界肉鸡生产形势来看，美国、中国、巴西和欧盟是世界肉鸡四大主产国（地区），从世界肉鸡贸易形势来看，巴西、美国和欧盟是世界最主要的三大肉鸡出口国

(地区)。其中，荷兰是欧盟最大的肉鸡出口国。此外，新兴经济体国家如泰国、乌克兰和俄罗斯肉鸡出口增长显著。本报告选取了巴西、美国、泰国，以及欧盟中的荷兰、法国、德国为代表，同中国开展鸡肉竞争力比较分析。

(一) 世界鸡肉贸易总体情况

世界禽肉贸易以鸡肉为主，占总禽肉贸易量的 90%以上。从世界鸡肉贸易总体情况来看，鸡肉贸易量持续增长。2018 年世界各国鸡肉进口量为 1 548.09万吨，出口量为 1 670.37 万吨。美国、中国、巴西和欧盟作为世界肉鸡四大主产国（地区），肉鸡产量约占世界肉鸡总产量的 60%，其中，巴西、美国和欧盟也是世界肉鸡主要出口国（地区），肉鸡出口量约占世界肉鸡总出口量的 60%。此外，新兴经济体国家如泰国、乌克兰和俄罗斯肉鸡出口增长显著，成为肉鸡出口量较多的国家（图 4）。

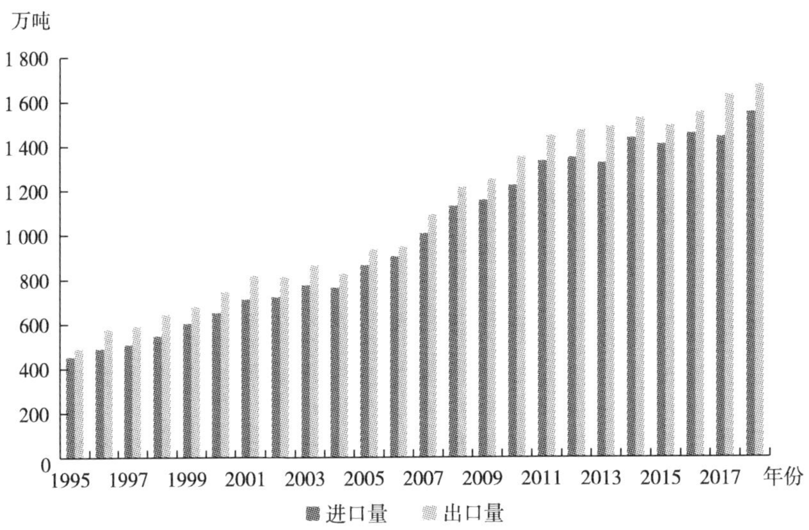

图 4　1995—2018 年世界各国鸡肉进出口量变化趋势

鸡肉贸易产品包括鸡肉生鲜冷冻产品和鸡肉熟制品两大类，鸡肉生鲜冷冻产品在全球肉鸡国际贸易中占主要比重，占比超过 85%。鸡肉生鲜冷冻产品贸易中，冷冻鸡块占主导地位，占鸡肉生鲜冰冻产品贸易总量的一半以上，其次是冷冻整鸡和鲜、冷整鸡（图 5）。

中国进口量相对较大，且逐年增加。近几年鸡肉进口量在 50 万吨左右，绝大多数进口鸡肉为生鲜冷冻鸡肉产品；中国鸡肉出口量受国内外市场因素影

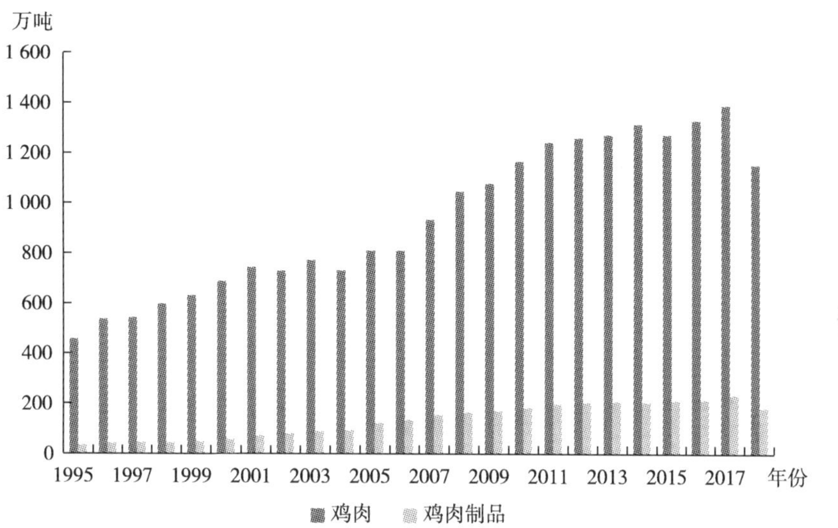

图 5　1995—2018 年世界鸡肉生鲜冷冻及鸡肉制品变化趋势

响存在一定的周期性波动，近三年中国鸡肉出口量在 45 万吨左右。在进口贸易中，生鲜冷冻产品占主要比重，熟食制品占比非常小，近年鸡肉熟食制品进口额不足 8%，但在出口贸易中，近年鸡肉熟食制品出口额大致维持在 50%左右的水平（历史最高达到 70%）。

长期以来，巴西是世界最大的鸡肉出口国，2018 年出口量为 393.40 万吨，占全球鸡肉出口总量的 23.55%，同时巴西也是最大的冷冻鸡肉出口国。近几年巴西鸡肉出口量一直维持在 400 万吨左右，绝大部分出口为生鲜冷冻鸡肉，巴西在国际鸡肉市场竞争优势明显。巴西作为鸡肉出口大国，鸡肉进口量相对较少，2018 年巴西鸡肉进口量只有 0.34 万吨。

2004 年至今，美国是除巴西以外世界最大的鸡肉出口国，2018 年出口量为 352.85 万吨，占全球总量的 21.12%。近十年美国肉鸡出口量一直在 300 万吨以上，90%以上为生鲜冷冻鸡肉，熟制品的占比相对较低。同样，美国作为鸡肉出口大国，进口量较小，2015 年以后美国鸡肉进口量突破 10 万吨，2018 年进口量为 11.34 万吨，进口鸡肉中生鲜冷冻肉占比 56%，熟制品占比 44%。

欧盟是世界第三大肉鸡出口地区，2018 年出口量为 142.50 万吨（欧盟各成员国内部的贸易流通不计算在内）。其中，荷兰是欧洲第一大鸡肉出口国，2018 年出口量达到 134.99 万吨；法国进、出口数量均在 40 万吨左右；德国进口数量在 60 万吨以上，出口数量为 50 万吨。荷兰和法国鸡肉出口均以生鲜冷冻肉为主，熟制品相对较少；德国鸡肉出口熟制品比重相对偏高，2018 年德国出口产品生熟占比为 6∶4 左右。

近年来，新兴经济体国家如泰国、乌克兰和俄罗斯肉鸡出口增长显著，成为肉鸡出口量较多的国家和地区。目前，泰国位居世界肉鸡第四大出口国。泰国是肉鸡养殖大国，鸡肉进口量相对较少，主要以鸡肉出口为主，2018 年泰国出口鸡肉 86.38 万吨，进口量仅为 0.17 万吨，泰国 70%以上的鸡肉是以熟制品的形式出口，生鲜冷冻肉占出口鸡肉比重的 30%左右。

（二）国际市场占有率

中国鸡肉国际市场占有率大幅下降，并维持在较低水平。中国作为世界四大鸡肉生产国（地区）之一，中国出口鸡肉产品曾经占有较大国际市场份额（图 6），1995 年中国出口肉鸡产品金额国际市场占有率为 8.31%，2000 年达到 10.26%，为历史最高点。但之后，呈断崖式下降趋势，中间出现小幅度反弹，2005 年之后总体维持在 5%左右，国际市场占有率偏低。

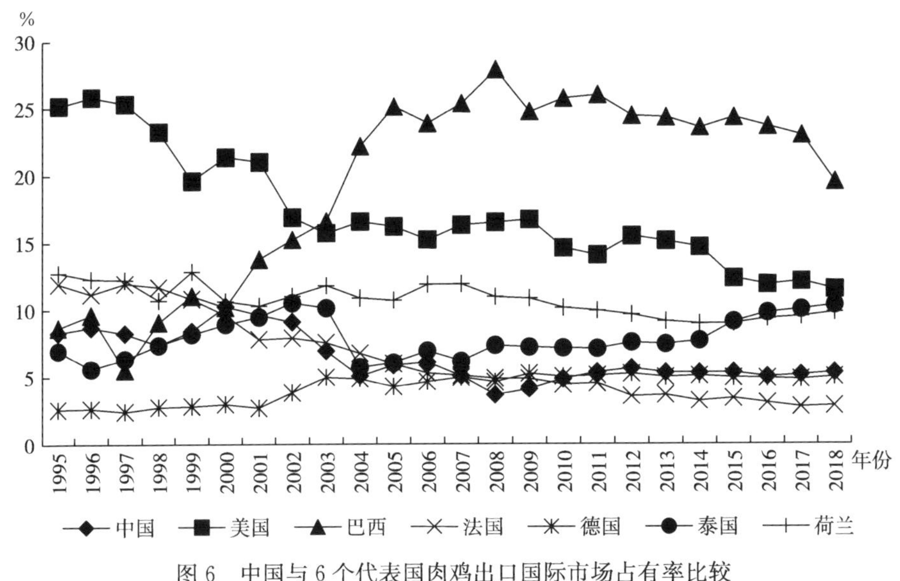

图 6 中国与 6 个代表国肉鸡出口国际市场占有率比较

从国际市场看，巴西出口鸡肉国际市场占有率从低于中国持续增长到明显超越中国；美国出口鸡肉国际市场占有率虽然明显下降，但一直明显高于中国；欧盟中的鸡肉主要出口国法国、德国国际市场占有率偏低于中国。

（1）巴西。1995—2018 年，作为当前世界四大鸡肉生产国（地区）之一、世界鸡肉出口第一大国的巴西，其出口鸡肉的国际市场占有率从 8.68%持续上升并稳定在 24%左右，其中自 2002 年起超越中国后均高于 15%，2008 年为历史最高点，高达 27.86%。

（2）美国。美国出口肉鸡的国际市场占有率从 1995 年的 25.19%降至 2018 年的 11.51%，美国出口鸡肉国际市场占有率虽呈现明显下降趋势，但国际市场份额一直明显高于中国。

（3）欧盟。与欧盟中的荷兰、德国和法国比较，目前中国出口肉鸡的国际市场占有率明显高于上述三个国家。1995—2018 年法国、德国和荷兰分别从 11.93%、2.60%以及 12.76%调整为 2.86%、5.01%和 9.79%；其中，法国和荷兰呈现出明显的下降趋势，并于近几年相对稳定保持在 3%和 10%左右水平，德国呈现缓慢的增长趋势。

（4）泰国。1995—2018 年泰国出口鸡肉的国际市场占有率从 6.95%调整为 10.33%。与中国出口鸡肉的国际市场占有率先增后降的趋势不同，泰国出口鸡肉的国际市场占有率 2005 年之前经历了先增后降的趋势，在 2005 年之后呈现出较为稳定的增长趋势。

（三）贸易竞争力指数

中国鸡肉贸易竞争力指数从正转负，从贸易顺差转为贸易逆差。贸易竞争力指数通过净出口贸易额来反映竞争力状况，中国鸡肉贸易竞争力指数在 1995—2008 年间总体呈明显的波动下降趋势，且在 2007 年从之前的正值转为负值；2010—2018 年的十年间一直在 0.2 左右波动。

与主要出口国对比，巴西、美国、荷兰、泰国为净出口国，鸡肉贸易竞争力指数明显高于中国，贸易竞争力极强。其中，1995—2018 年，巴西和泰国鸡肉贸易竞争力指数基本维持在 1.0 左右。虽然美国鸡肉贸易竞争力指数略有下降趋势，从 1.00 降至 0.76，但也仍居世界高位。荷兰作为欧盟主要鸡肉出口国，贸易竞争力优势明显且表现稳定，1995—2003 年间荷兰鸡肉贸易竞争力指数有所下降，2004—2018 十余年间鸡肉贸易竞争力指数普遍维持在 0.3 以上，且变动幅度不大。法国鸡肉贸易竞争力指数经历了 1995—2018 年间从 0.59 到−0.22 的持续大幅下降，总体来看 2012 年之后法国一直在负值区间内波动。德国虽然呈现波动上升趋势，从 1995 年的−0.61 波动上升至 2018 年的−0.12，但近几年一直稳定在−0.2～0 的区间范围，没有突破 0，总体来看 2007 年之后德国与中国鸡肉贸易竞争力指数大致相当。从 2018 年的数据来看，法国、德国肉鸡贸易竞争力指数低于中国（图 7）。

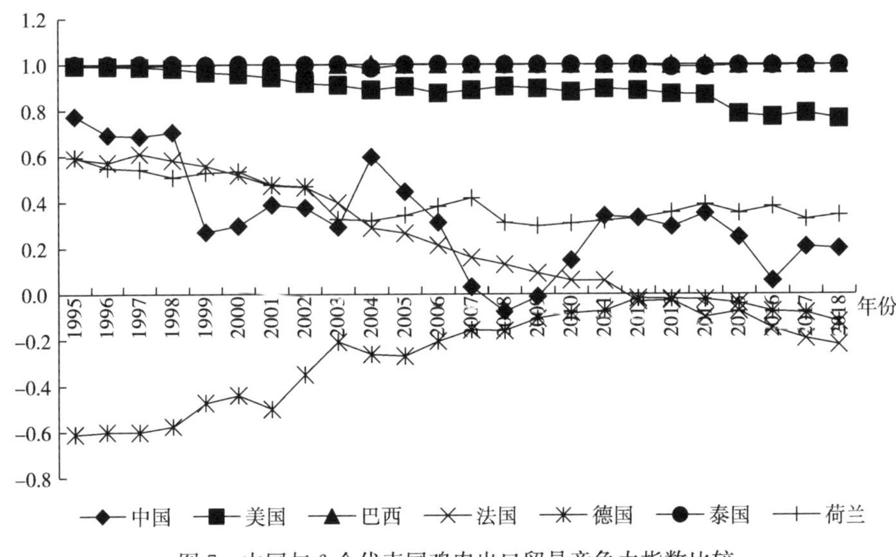

图 7　中国与 6 个代表国鸡肉出口贸易竞争力指数比较

（四）显示性比较优势指数

中国鸡肉显示性比较优势指数大幅下降，并维持在历史较低水平。1995—2018 年，中国鸡肉显示性比较优势指数从高位水平总体上不断减弱，呈现出继大幅下降之后又持续小幅波动下降的趋势（图 8）。其中，1995—2000 年中

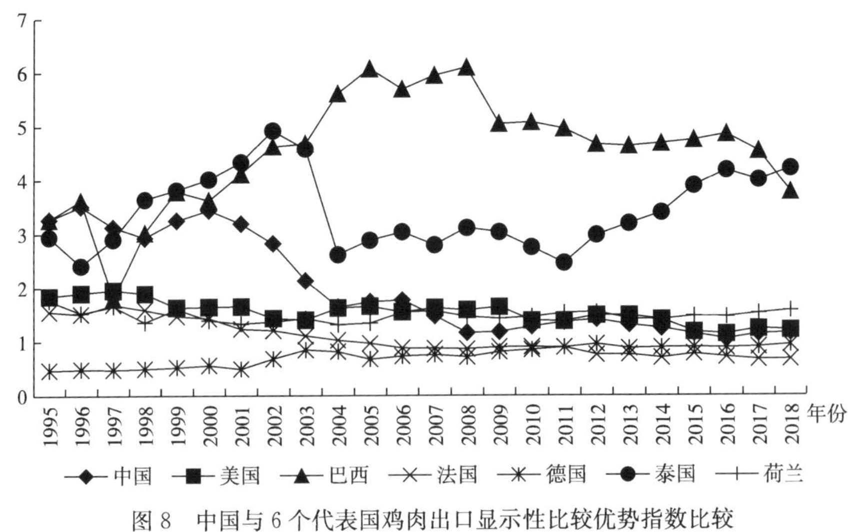

图 8　中国与 6 个代表国鸡肉出口显示性比较优势指数比较

国肉鸡显示性比较优势指数大于 3，中国鸡肉具有很强的出口比较优势，1996 年中国鸡肉显示性比较优势指数达到历史最高点 3.52，2000—2004 年持续急速大幅下降。2002 年降至 2.82，但仍大于 2.5，中国鸡肉仍具有很强的出口比较优势；2004 年进一步降至 1.64；2004 年后显示性比较优势指数持续处于较低水平，总体呈现小幅波动下降趋势，2018 年降至 1.16，但仍处于具有一定出口比较优势区间。说明近几年我国肉鸡产业的出口比较优势从很强转换到一般区间。

与主要出口国对比，当前巴西、泰国和美国鸡肉显示性比较优势指数高于中国，而荷兰、德国和法国则低于中国。其中，巴西、泰国鸡肉显示性比较优势均高于 2.5，具有很强的出口比较优势；美国与荷兰鸡肉出口显示性比较优势处于具有较强区间；德国处于具有一定出口比较优势区间；法国处于不具有鸡肉出口比较优势区间。从历史演变趋势来看，1995—2000 年中国肉鸡显示性比较优势指数高于除巴西外的其他国家；2000 年以来，伴随着中国肉鸡显示性比较优势指数的持续走低，以及巴西鸡肉显示性比较优势指数的大幅增长，巴西鸡肉显示性比较优势指数远超中国及其他国家。2012 年以来，泰国鸡肉显示性比较优势呈现较为明显的上升趋势，持续拉大与中国的差距，且在 2018 年泰国超越巴西，跃居首位。美国鸡肉出口显示性比较优势指数总体呈现微弱的波动下降趋势，由较强出口比较优势的区间转变为具有一定的出口优势区间。欧盟三国中，荷兰鸡肉显示性比较优势指数表现相对稳定；但法国鸡肉显示性比较优势指数呈现持续弱化趋势，从 1995 年的 1.56 降至 2018 的 0.67，从很强的鸡肉出口比较优势演变为不具有鸡肉出口比较优势；德国鸡肉显示性比较优势指数呈现较为稳定的缓慢增长趋势，从 1996 年的 0.47 上升到 2018 年的 0.94，从不具有鸡肉出口比较优势演变为具有一定的鸡肉出口比较优势。

四、牛肉贸易竞争力测算分析

中国是牛肉生产大国但却是出口小国，贸易逆差逐年拉大。从世界牛肉生产情况来看，美国、巴西、欧盟、中国、印度、阿根廷和澳大利亚是 2018 年产量超过 200 万吨的国家（地区）；从世界肉牛贸易形势来看，巴西、印度、澳大利亚、新西兰、加拿大、阿根廷和乌拉圭是 2018 年出口量超过 40 万吨的国家，美国、中国、日本、韩国、俄罗斯是 2018 年进口量超过 40 万吨的国家。本文选取了阿根廷、巴西、澳大利亚、乌拉圭以及新西兰五个中国牛肉主要来源国和主产国作为代表，同中国开展牛肉竞争力比较分析。

（一）世界肉牛贸易总体情况

牛肉贸易是世界农产品贸易的重要组成部分，2018 年世界牛肉出口量已超过 1 000 万吨，达到 1 169.46 万吨；出口额超过 500 亿美元，达到 545.25 亿美元。美国、巴西、欧盟和中国是世界肉牛四大主产国（地区），2018 年肉牛产量分别为 1 221.92 万吨、990.00 万吨、797.35 万吨、645.51 万吨，四大主产国（地区）牛肉产量约占全球牛肉总产量的 60%。巴西、印度、澳大利亚和美国是世界肉牛四大主要出口国，2018 年牛肉出口量分别为 189.27 万吨、111.12 万吨、151.32 万吨、132.16 万吨，四大主要出口国牛肉出口量约占全球牛肉出口总量的 50%。

世界牛肉产品贸易以生鲜冷冻牛肉为主，2018 年世界牛肉产品出口 1 169.46 万吨，出口额达 545.25 亿美元，其中，出口生鲜冷冻牛肉 1 119.90 万吨，出口额 519.60 亿美元，占比分别为 95.76%和 95.29%。

中国是牛肉进口大国，且进口量呈现逐年攀升趋势，2018 年我国共进口牛肉 107 万吨，进口金额 49 亿美元，其中生鲜冷冻牛肉是进口的主要类型，占到牛肉进口量的 95%以上。我国牛肉贸易存在较大的逆差，相比于进口量，牛肉出口量相对较小。近几年牛肉出口量均在 10 万吨以下，2017 年出口仅有不到 4 万吨。出口牛肉产品生熟比例大致在 8：2 左右。

从世界其他牛肉主产国和主要贸易国来看：①阿根廷。阿根廷是牛肉生产大国，牛肉贸易以出口贸易为主，每年的出口贸易量波动较大，近十年出口量大致在 15 万～20 万吨，出口金额在 10 亿美元左右。出口的主要是生鲜牛肉，占到出口牛肉总量的 80%以上。②巴西。巴西的牛肉出口量很大，早在 2004 年牛肉出口量就已经超过了 100 万吨，2018 年牛肉出口量达到 160 万吨以上的规模，可以看出巴西出口量每年都在增加。2018 年出口额达到 63.99 亿美元，进口额仅 2.30 亿美元，贸易顺差优势十分明显。③澳大利亚。澳大利亚的牛肉出口量也在百万吨以上，2018 年牛肉出口量 136.02 万吨，出口额 70.66 亿美元，出口中生鲜冷冻牛肉的比重在 90%以上，澳大利亚的牛肉进口数量总体呈现增长趋势，2015 年和 2016 年牛肉进口超过万吨，近两年有所下降，2018 年牛肉进口量只有 0.87 万吨，进口金额为 0.55 亿美元。④乌拉圭。乌拉圭虽是小国，但在牛肉贸易方面有着重要地位。近两年乌拉圭牛肉出口量在 30 万吨以上，贸易额在 15 亿美元以上。⑤新西兰。新西兰牛肉出口量也较大，2014 年以后牛肉出口量在 40 万吨以上，此后逐年增多，到 2018 年接近

50 万吨，出口额在 20 亿美元以上，96%以上出口牛肉为冷鲜牛肉，熟制品很少。新西兰也有少量牛肉进口，但每年数量不足 1 万吨，金额不足 5 000 万美元。

（二）国际市场占有率

中国牛肉国际市场占有率一直处于较低水平，且近年来持续下降。1995—2018 年，中国牛肉国际市场占有率均值为 0.49%，2018 年国际市场占有率仅为 0.17%，长期保持在较低水平，与巴西、澳大利亚、新西兰等国家差距较大。

从国际市场看，澳大利亚牛肉国际市场占有率始终高于 11%；巴西牛肉国际市场占有率呈明显上升趋势，1995 年巴西牛肉国际市场占有率为 2.83%，2006 年后升至 15%以上，在国际市场上与澳大利亚拥有相似份额；阿根廷、乌拉圭以及新西兰也是牛肉出口大国，2018 年三国牛肉国际市场占有率分别为 4.14%、3.41%、4.64%，明显低于澳大利亚和巴西（图 9）。

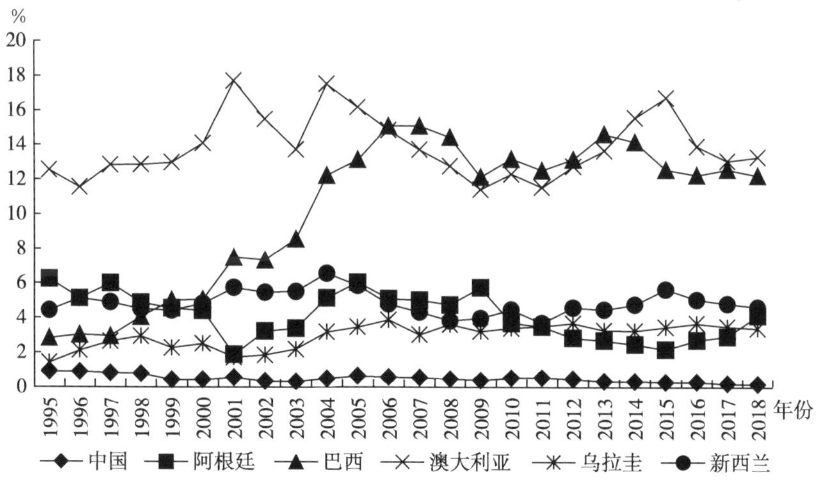

图 9　中国与 5 个代表国牛肉出口国际市场占有率比较

（三）贸易竞争力指数

中国牛肉贸易竞争力指数从正转负，从贸易顺差转为贸易逆差。中国牛肉贸易竞争力指数 1995 年为 0.94，2012 年起由正转负下降为−0.17，到 2018 年进一步下降为−0.97，与巴西、阿根廷、乌拉圭、澳大利亚、新西兰等国家相比，存在较大差距。

从国际市场看，阿根廷、乌拉圭、澳大利亚、新西兰牛肉净出口规模相对较大，贸易竞争力指数多年连续趋近于1，表现出十分强劲的贸易竞争力。巴西牛肉贸易竞争力指数呈现明显上升趋势，1995年巴西贸易竞争力指数为0.46，2003年升至0.93后维持在相对较高的水平，2018年为0.98（图10）。

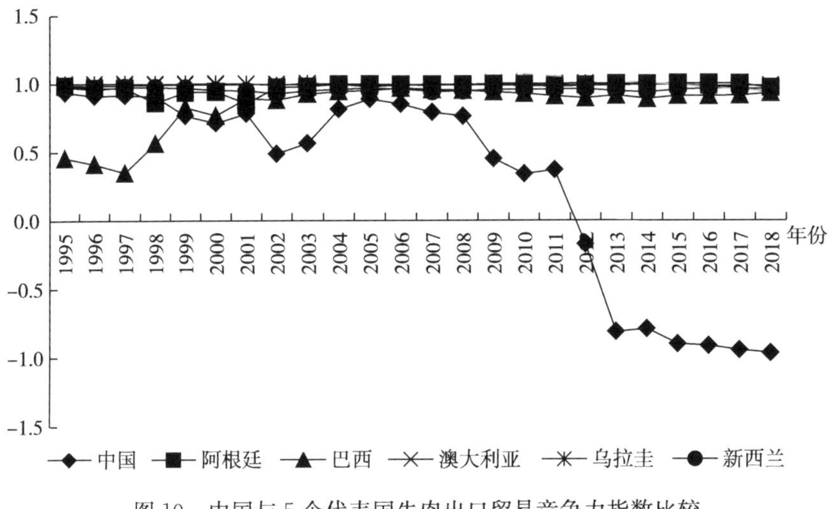

图10　中国与5个代表国牛肉出口贸易竞争力指数比较

（四）显示性比较优势指数

中国牛肉的显示性比较优势指数持续偏低，不具有出口比较优势。中国牛肉显示性比较优势指数自1995年起均小于0.8，表明中国牛肉出口处于弱势地位。

从国际市场看，1995—2018年澳大利亚牛肉显示性比较优势指数多大于10，2001年上升为17.74之后下降幅度较大，2009年牛肉显示性比较优势指数跌破10，随后呈现积极的上升趋势，2015年攀升至17.77，说明澳大利亚牛肉出口优势极其明显。乌拉圭牛肉显示性比较优势指数呈现“上升—下降—上升”趋势，1995年牛肉显示性比较优势指数为6.66，2018年为10.65，历年均值为10.19，说明乌拉圭牛肉具有很强的出口优势。新西兰牛肉显示性比较优势指数均大于2.5，具有很强的出口比较优势。阿根廷牛肉显示性比较优势指数变化较大，除2001年和2015年外，其他年份均大于1，具有一定的出口比较优势。巴西牛肉显示性比较优势指数呈波动上升趋势，近年来稳定在2.5左右，具有很强的出口比较优势（图11）。

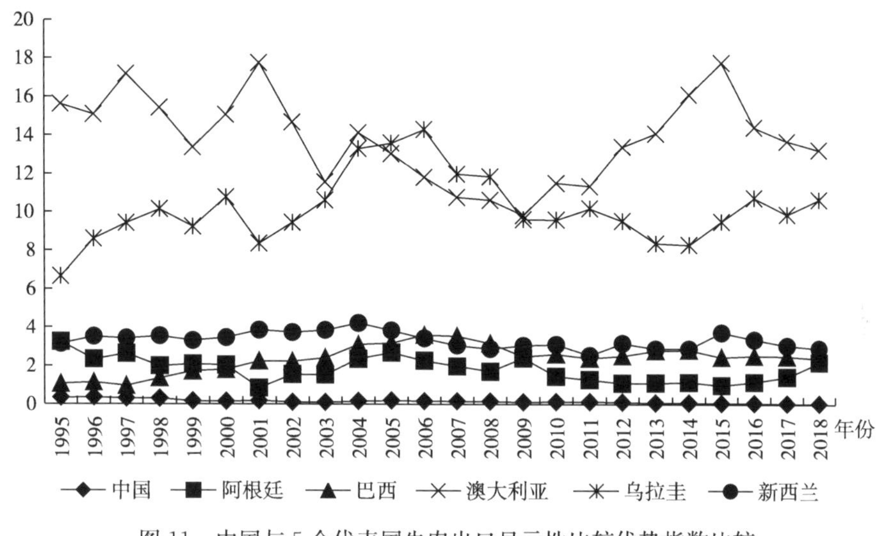

图 11　中国与 5 个代表国牛肉出口显示性比较优势指数比较

五、羊肉贸易竞争力测算分析

中国是典型的羊肉生产大国、进口大国和出口小国。从世界羊肉生产形势来看，近半个世纪，世界羊肉保持了较为稳定的上升趋势，中国、印度、澳大利亚、巴基斯坦和新西兰是世界前五大羊肉生产国。目前，绵羊肉和山羊肉分别约占世界羊肉总产量的 62%、38%，中国、澳大利亚、新西兰、土耳其和英国是世界前五大绵羊肉生产国，中国、印度、巴基斯坦、尼日利亚和孟加拉是世界前五大山羊肉生产国。从世界羊肉贸易形势来看，世界羊肉贸易量总体保持增长趋势，澳大利亚、新西兰、英国、爱尔兰和荷兰是世界前五大羊肉出口国。世界羊肉出口以绵羊肉为主（2018 年绵羊肉出口量占世界羊肉出口总量的比重超过 95%），澳大利亚、新西兰、英国、爱尔兰和荷兰是世界五大绵羊肉出口国，澳大利亚、中国、新西兰、巴西斯坦和法国是世界五大山羊肉出口国。本报告选取了澳大利亚、新西兰、爱尔兰、英国和印度五国作为代表，同中国开展羊肉竞争力比较分析。

（一）世界羊肉贸易总体情况

相比其他肉类，羊肉国际贸易量相对较小，2018 年羊肉贸易量仅占世界肉类贸易总量 2.65%。2013 年以后，世界羊肉的进口贸易量在 110 万吨左右，出口贸易量在 120 万吨左右（图 12）。2018 年进口额 75.34 亿美元，出口额 77.52 亿美元。中国、印度、澳大利亚、巴基斯坦和新西兰作为世界五大羊肉主产国，羊肉产量占世界羊肉总产量的 45.91%。世界羊肉出口以绵羊肉为主，世界羊肉主要出口国基本保持了较为稳定的格局，新西兰、澳大利亚、英国、爱尔兰和西班牙一直占据前五大羊肉出口国的位置。其中，新西兰、澳大利亚一直是世界羊肉出口最多的两个国家，近年来新西兰羊肉出口量呈现下降趋势，而澳大利亚羊肉出口量不断上升，澳大利亚超越新西兰成为世界第一大羊肉出口国。此外，就山羊肉而言，澳大利亚、中国、法国、巴基斯坦和新西兰是世界五大山羊肉出口国，其中澳大利亚是最主要的山羊肉出口国。

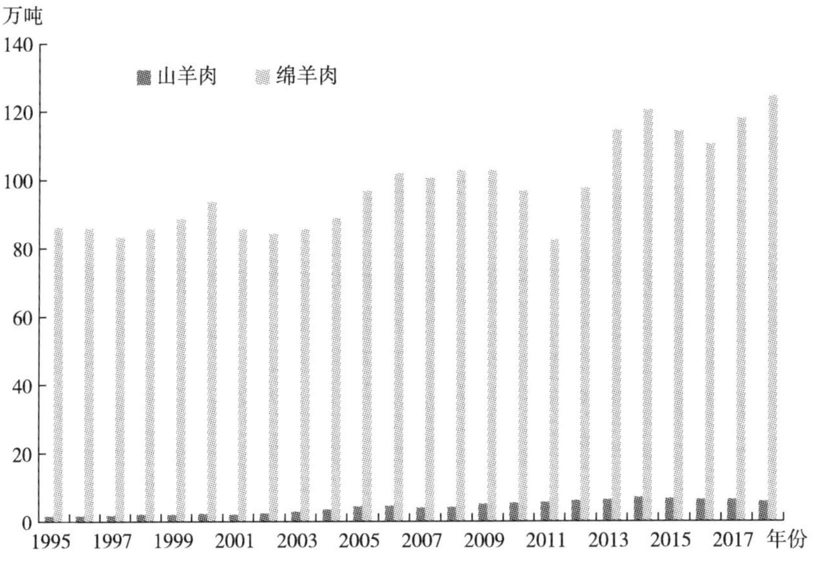

图 12　1995—2018 年世界山羊肉、绵羊肉出口量

中国是羊肉生产和消费大国，自给能力不足，羊肉进口数量较多，出口量较小。2018 年中国羊肉产量 475.07 万吨，出口 0.33 万吨，进口 31.90 万吨，进口量占到世界羊肉贸易总量的 30%左右。从出口量变动趋势来看，2006 年前中国羊肉出口整体呈上升趋势，2006 年达到历史最高峰 3.34 万吨后，呈现明显下跌趋势，2018 年出口量 0.33 万吨，较历史峰值下降幅度超过 90%。从进口变动趋势来看，2014 年前中国羊肉进口平稳增长，之后，受国内经济增速放缓和国内突发疫病导致国内羊肉价格断崖式下跌影响，羊肉进口呈现

出2015年和2016年大幅下降，之后又快速回暖、大幅反弹增长的V形变动趋势，2018年进口量达到历史最高点31.90万吨，且有继续大幅增长的趋势。

从世界其他羊肉主产国和主要贸易国来看：①澳大利亚和新西兰。澳大利亚和新西兰是世界羊肉出口的主力国，2018年澳大利亚出口羊肉49.2万吨，占到世界羊肉总出口量的40%，进口量相对较少，不足1 000吨。新西兰近几年出口羊肉数量均在40万吨左右，与澳大利亚两国合计占到世界羊肉出口量的近70%。②英国。英国羊肉进出口数量大致相同，2018年英国进口羊肉7.80万吨，出口羊肉8.32万吨，羊肉出口数量稍多于进口数量。③爱尔兰。爱尔兰每年出口羊肉4万～5万吨左右，且呈现逐年上涨趋势；爱尔兰羊肉进口量也呈现逐年增加趋势，从1997年的1 000余吨增长至2018年的5 000余吨，但进口规模总体较小。④印度。印度作为世界第二大羊肉主产国，以山羊肉为主，但印度羊肉出口规模较小，近年来每年有2万吨左右的羊肉出口规模，2018年羊肉出口量有所降低，只有1.88万吨，进口量只有100余吨。

（二）国际市场占有率

中国羊肉国际市场占有率长期偏低，且近十年持续下降。中国属于典型的羊肉生产大国，贸易小国，1995—2018年，中国羊肉国际市场占有率均值为0.66%，历史最高值仅为1.62%，2018年更是降至0.43%，长期处于较低水平，与澳大利亚、新西兰等发达国家有较大差距。

从国际市场看，澳大利亚、新西兰羊肉具有较强贸易竞争力，其次为爱尔兰和英国，印度没有明显的贸易竞争优势。近年来，全球羊肉贸易量约为150万吨左右，澳大利亚和新西兰占70%左右。澳大利亚和新西兰虽同为世界两大最主要羊肉出口国，但其出口羊肉国际市场占有率变动趋势存在显著差异。澳大利亚出口羊肉国际市场占有率近年上升迅速，1995年为19.05%，到2018年增长至35.17%；新西兰羊肉国际市场占有率虽有所下滑，但仍保持在30%以上。继澳大利亚和新西兰之后，英国羊肉出口国际市场占有率居世界第三，但与澳大利亚和新西兰存在明显差距，且近年来呈现缓慢的持续下降趋势，2018年为6.11%。同期，爱尔兰羊肉出口国际占有率波动中略有下降，1995年爱尔兰羊肉的国际市场占有率为7.52%，2001年上升至10.63%，但2002年随之下降为6.32%，近年来爱尔兰国际市场占有率仍处于相对较低的状态，2018年国际市场占有率为4.51%。印度国际市场占有率与中国较为相似，长期以来占有率极低，近年来虽略有上升，但仍处于较低水平，从

1995 年 0.86%波动上升为 2018 年 1.43%，其中 2009 年升至最高点 3.13%（图 13）。

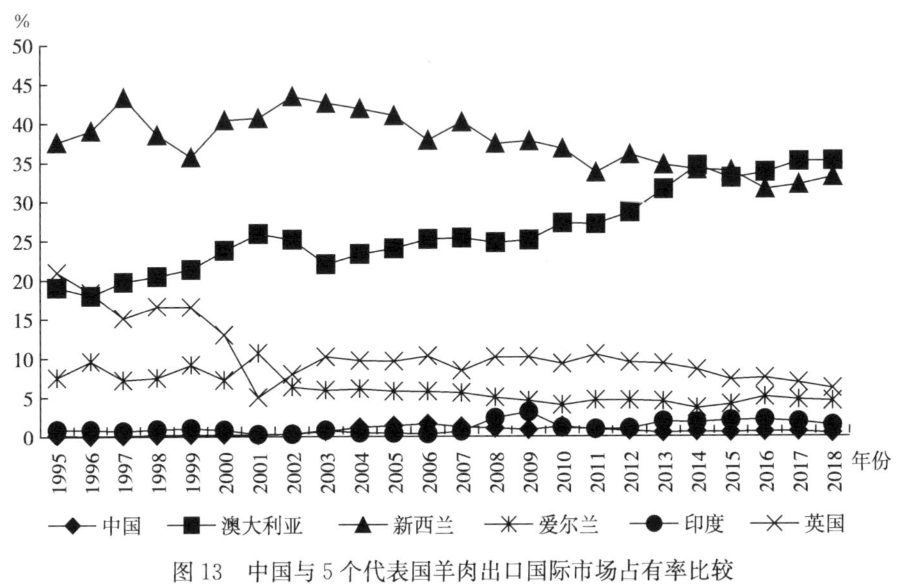

图 13　中国与 5 个代表国羊肉出口国际市场占有率比较

（三）贸易竞争力指数

中国羊肉贸易竞争力指数多数年份为为负且近年来持续下降，贸易逆差持续扩大。中国由于存在较大的羊肉供给缺口，净进口羊肉规模相对较大，贸易竞争力指数近年来趋近于−1。从指标变动趋势看，中国羊肉贸易竞争力指数大致呈现出“先降后升再降”的态势，1995—2004 年贸易竞争力指数持续下降且由正转负，1995 年中国羊肉贸易竞争力指数为 0.29，2004 年为−0.01，2005、2006 年经历短暂回升后，2007—2018 年贸易竞争力指数波动下降，贸易逆差持续扩大，竞争力持续减弱。

从国际市场看，与澳大利亚、新西兰、爱尔兰、印度等国家相比，中国羊肉贸易竞争力指数存在非常大的差距。澳大利亚、新西兰、印度羊肉贸易竞争力指数多年连续接近于 1，1995—2018 年三国的羊肉贸易竞争力指数平均值均在 0.99 以上，表现出十分强劲的贸易竞争力。其中，澳大利亚、新西兰为世界两大最主要的羊肉出口国，印度虽然出口规模不大，但进口规模更小，使其保持了长期净出口的状态。爱尔兰羊肉贸易竞争力指数也维持在相对较高的水平，近年来虽有小幅下降趋势，但仍保持在 0.80 以上，2018 年其羊肉贸易竞争力指数为0.83。英国羊肉贸易竞争力指数长期为负值，说明英国羊肉贸易为逆差，但其羊肉贸易竞争力指数绝对值明显小于中国，表明中国羊肉出口贸易竞争力较英国更弱（图14）。

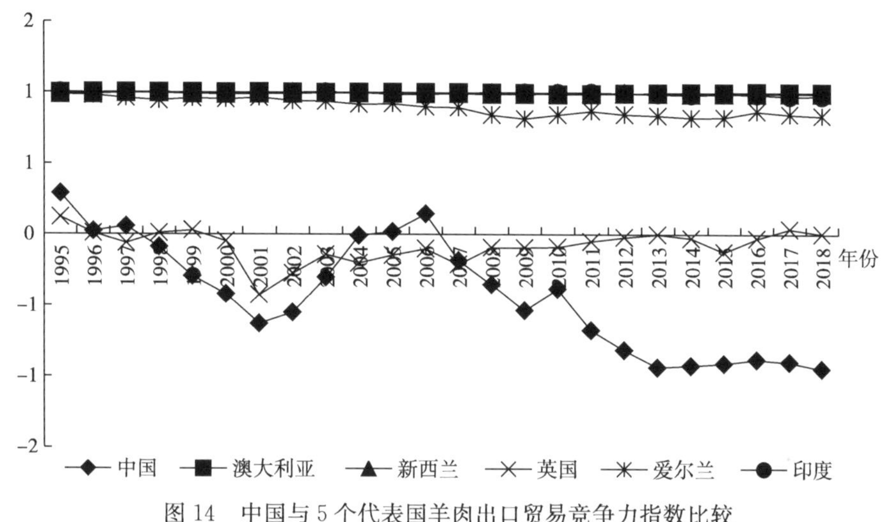

图14 中国与5个代表国羊肉出口贸易竞争力指数比较

（四）显示性比较优势指数

中国羊肉显示性比较优势指数持续偏低，不具有出口比较优势。1995—2018年中国羊肉显示性比较优势指数均小于0.8，不具有比较优势，国际竞争力较弱。

从国际市场看，澳大利亚和新西兰羊肉出口均呈现出较强的国际竞争力，显示性比较优势指数普遍在20以上。但近十年来两国羊肉出口显示性比较优势指数变动趋势显著不同，1995年新西兰羊肉出口显示性比较优势指数大于澳大利亚，但1995年以后新西兰一直处于波动下降的趋势，而澳大利亚在2003年以后增长迅猛，2011年超过新西兰后仍持续上升，2018年澳大利亚羊肉显示性比较优势指数为34.94，处于明显的领先地位。英国和爱尔兰的羊肉显示性比较优势指数波动相对平稳，虽然与澳大利亚和新西兰相比存在较大差距，但是羊肉显示性比较优势指数均在2.5以上，仍具有很强的出口比较优势。印度羊肉出口显示性比较优势指数部分年份又明显波动，但整体明显偏低，虽然略高于中国，但明显低于上述其他几个国家，总体来看几乎不具备羊肉出口比较优势（图15）。

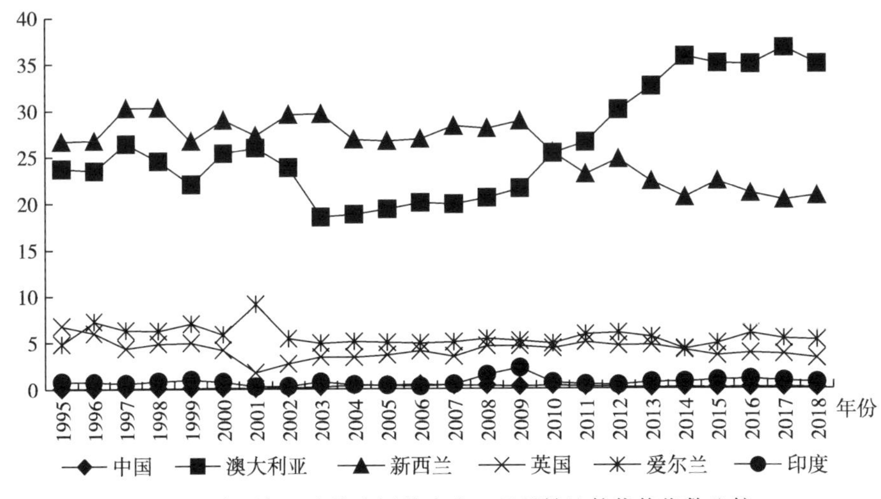

图 15　中国与 5 个代表国羊肉出口显示性比较优势指数比较

附表 1（1）　猪肉竞争力指标测算结果——国际市场占有率

单位：%

年份	中国	美国	巴西	德国	丹麦	日本
1995	13.010	5.915	0.619	3.346	18.273	0.012
1996	11.183	6.851	0.799	3.360	16.737	0.013
1997	3.571	7.913	1.016	3.620	18.551	0.009
1998	2.473	8.674	1.235	4.562	18.451	0.016
1999	1.815	9.266	1.156	6.220	19.692	0.017
2000	1.793	11.566	1.468	6.024	19.206	0.014
2001	2.369	11.208	2.686	7.338	20.069	0.017
2002	2.953	10.271	3.420	7.930	18.098	0.006
2003	3.323	9.524	3.406	9.522	17.513	0.007
2004	4.117	9.558	3.915	9.929	16.747	0.005
2005	3.733	10.677	5.432	11.543	15.628	0.005
2006	3.925	11.163	4.601	13.190	16.355	0.006
2007	3.389	11.503	4.973	15.272	15.250	0.007
2008	3.143	13.696	4.912	16.863	13.367	0.011
2009	3.174	13.422	4.531	18.446	12.475	0.011
2010	3.360	13.897	4.573	16.980	11.382	0.013

（续）

年份	中国	美国	巴西	德国	丹麦	日本
2011	3.126	15.221	4.092	17.107	11.068	0.011
2012	2.892	14.597	3.820	15.837	9.354	0.010
2013	2.984	13.952	3.556	16.949	9.672	0.016
2014	3.512	15.231	4.169	16.395	9.159	0.021
2015	3.368	15.451	3.941	15.623	8.679	0.026
2016	3.209	14.990	4.168	15.676	8.421	0.031
2017	3.439	14.419	4.067	15.499	7.852	0.033
2018	1.799	15.693	3.230	15.281	8.365	0.043

附表1（2） 猪肉竞争力指标测算结果——贸易竞争力指数

年份	中国	美国	巴西	德国	丹麦	日本
1995	0.779	0.150	0.655	−0.606	0.960	−0.999
1996	0.769	0.253	0.928	−0.613	0.946	−0.999
1997	0.283	0.272	0.841	−0.571	0.919	−0.999
1998	−0.020	0.286	0.926	−0.494	0.945	−0.998
1999	−0.257	0.223	0.926	−0.321	0.926	−0.999
2000	−0.311	0.226	0.985	−0.298	0.900	−0.999
2001	−0.120	0.221	0.997	−0.155	0.924	−0.999
2002	−0.031	0.225	0.999	−0.116	0.899	−1.000
2003	0.037	0.184	0.999	−0.064	0.882	−0.999
2004	0.204	0.226	0.999	−0.032	0.880	−1.000
2005	0.241	0.341	0.999	0.072	0.832	−1.000
2006	0.222	0.404	0.999	0.117	0.823	−0.999
2007	0.051	0.478	0.999	0.196	0.837	−0.999
2008	−0.254	0.639	0.999	0.260	0.821	−0.999
2009	−0.133	0.624	0.998	0.288	0.818	−0.999
2010	−0.099	0.595	0.998	0.320	0.801	−0.998
2011	−0.337	0.650	0.997	0.343	0.794	−0.999
2012	−0.338	0.665	0.996	0.339	0.790	−0.999
2013	−0.362	0.612	0.995	0.359	0.765	−0.998

（续）

年份	中国	美国	巴西	德国	丹麦	日本
2014	−0.299	0.574	0.994	0.359	0.747	−0.997
2015	−0.438	0.537	0.995	0.394	0.759	−0.996
2016	−0.611	0.549	0.996	0.407	0.779	−0.996
2017	−0.496	0.546	0.995	0.388	0.775	−0.995
2018	−0.690	0.580	0.999	0.465	0.813	−0.994

附表 1（3） 猪肉竞争力指标测算结果——显示性比较优势指数

年份	中国	美国	巴西	德国	丹麦	日本
1995	5.113	0.433	0.233	0.611	7.639	0.015
1996	4.522	0.505	0.301	0.624	7.551	0.018
1997	1.353	0.610	0.331	0.721	8.329	0.013
1998	0.982	0.706	0.411	0.825	8.308	0.022
1999	0.700	0.770	0.396	1.154	8.745	0.022
2000	0.602	0.891	0.522	1.131	8.941	0.018
2001	0.786	0.883	0.803	1.339	9.054	0.018
2002	0.916	0.871	1.039	1.408	8.179	0.008
2003	1.022	0.852	0.959	1.622	7.937	0.011
2004	1.333	0.937	0.991	1.663	7.811	0.007
2005	1.102	1.091	1.314	1.821	7.587	0.007
2006	1.137	1.136	1.097	2.066	8.044	0.009
2007	0.987	1.145	1.165	2.331	8.302	0.011
2008	0.999	1.314	1.074	2.604	7.679	0.017
2009	0.914	1.321	0.925	2.830	7.115	0.016
2010	0.882	1.320	0.902	2.865	7.052	0.018
2011	0.798	1.492	0.781	2.988	7.458	0.016
2012	0.723	1.404	0.730	2.874	6.559	0.016
2013	0.737	1.375	0.678	2.970	6.578	0.025
2014	0.827	1.466	0.829	2.870	6.500	0.035
2015	0.724	1.479	0.769	2.839	6.391	0.040
2016	0.672	1.441	0.856	2.830	6.234	0.047
2017	0.761	1.473	0.803	2.891	5.883	0.051
2018	0.393	1.654	0.625	2.874	6.450	0.065

附表 2（1） 鸡肉竞争力指标测算结果——国际市场占有率

单位:%

年份	中国	美国	巴西	法国	泰国	荷兰
1995	12.798	25.193	8.683	11.933	6.952	12.764
1996	14.582	25.813	9.616	11.170	5.598	12.281
1997	14.529	25.337	5.520	11.956	6.345	12.223
1998	12.792	23.250	9.075	11.692	7.380	10.712
1999	14.636	19.615	11.050	10.819	8.188	12.838
2000	16.546	21.378	10.190	9.610	8.922	10.647
2001	14.246	21.013	13.762	7.815	9.467	10.298
2002	13.145	16.904	15.215	7.914	10.515	11.030
2003	10.158	15.712	16.616	7.570	10.132	11.801
2004	5.995	16.582	22.169	6.760	5.727	10.867
2005	6.941	16.210	25.107	5.986	6.062	10.700
2006	8.037	15.221	23.864	5.280	6.947	11.880
2007	7.200	16.318	25.360	5.121	6.173	11.907
2008	5.701	16.516	27.855	4.893	7.340	10.949
2009	6.668	16.722	24.721	4.872	7.221	10.838
2010	8.167	14.611	25.735	4.436	7.142	10.135
2011	8.350	14.066	25.985	4.524	7.106	9.940
2012	7.740	15.493	24.443	3.567	7.567	9.634
2013	7.309	15.129	24.327	3.666	7.445	9.133
2014	7.749	14.671	23.566	3.212	7.701	8.961
2015	8.211	12.336	24.331	3.420	9.102	8.982
2016	7.980	11.855	23.666	3.084	9.781	9.339
2017	7.972	12.111	22.997	2.785	10.025	9.488
2018	8.215	11.507	19.517	2.863	10.326	9.790

附表 2（2） 鸡肉竞争力指标测算结果——贸易竞争力指数

年份	中国	美国	巴西	法国	泰国	荷兰
1995	0.090	0.994	0.997	0.590	1.000	0.595
1996	0.179	0.992	0.997	0.572	1.000	0.549
1997	0.138	0.987	0.991	0.609	1.000	0.541
1998	0.130	0.981	0.995	0.581	0.999	0.508
1999	−0.001	0.964	0.999	0.556	0.996	0.528
2000	0.063	0.957	0.999	0.518	1.000	0.533
2001	0.117	0.941	1.000	0.472	0.999	0.474
2002	0.115	0.917	0.999	0.464	0.997	0.467
2003	0.059	0.909	0.999	0.396	0.999	0.325
2004	0.027	0.888	1.000	0.287	0.982	0.319
2005	0.042	0.903	1.000	0.263	0.998	0.341
2006	0.006	0.873	1.000	0.211	0.999	0.380
2007	−0.152	0.887	0.999	0.158	0.999	0.417
2008	−0.263	0.902	1.000	0.128	0.997	0.310
2009	−0.243	0.894	1.000	0.089	0.997	0.295
2010	−0.135	0.879	0.999	0.058	0.997	0.306
2011	−0.077	0.892	0.998	0.057	0.997	0.317
2012	−0.028	0.885	0.998	−0.033	0.997	0.330
2013	−0.026	0.870	0.997	−0.028	0.987	0.354
2014	−0.056	0.867	0.997	−0.101	0.988	0.389
2015	−0.046	0.783	0.997	−0.075	0.994	0.352
2016	−0.124	0.771	0.998	−0.149	0.994	0.380
2017	−0.075	0.787	0.998	−0.196	0.995	0.324
2018	−0.047	0.763	0.997	−0.223	0.996	0.343

附表 2（3） 鸡肉竞争力指标测算结果——显示性比较优势指数

年份	中国	美国	巴西	法国	泰国	荷兰
1995	5.029	1.844	3.265	1.556	2.945	1.766
1996	5.896	1.903	3.620	1.512	2.413	1.529
1997	5.506	1.954	1.798	1.689	2.905	1.656
1998	5.081	1.892	3.024	1.589	3.641	1.359
1999	5.643	1.629	3.788	1.471	3.813	1.601
2000	5.553	1.646	3.623	1.430	4.015	1.394
2001	4.724	1.655	4.115	1.236	4.330	1.332
2002	4.078	1.434	4.625	1.208	4.923	1.369
2003	3.125	1.405	4.677	1.108	4.580	1.431
2004	1.941	1.626	5.610	1.028	2.621	1.315
2005	2.049	1.657	6.073	0.970	2.884	1.345
2006	2.328	1.548	5.690	0.882	3.038	1.547
2007	2.097	1.624	5.944	0.875	2.796	1.567
2008	1.811	1.584	6.092	0.865	3.113	1.461
2009	1.920	1.646	5.047	0.898	3.035	1.429
2010	2.143	1.388	5.077	0.900	2.753	1.459
2011	2.132	1.379	4.958	0.893	2.462	1.531
2012	1.936	1.490	4.668	0.755	2.980	1.549
2013	1.804	1.491	4.637	0.763	3.194	1.423
2014	1.823	1.412	4.685	0.699	3.396	1.409
2015	1.764	1.181	4.750	0.775	3.898	1.474
2016	1.670	1.139	4.860	0.715	4.186	1.468
2017	1.763	1.237	4.544	0.667	4.003	1.530
2018	1.793	1.213	3.778	0.672	4.219	1.580

附表 3（1） 牛肉竞争力指标测算结果——国际市场占有率

年份	中国	阿根廷	巴西	澳大利亚	乌拉圭	新西兰
1995	0.94	6.24	2.83	12.53	1.40	4.43
1996	0.95	5.12	3.03	11.54	2.11	5.12
1997	0.87	5.99	2.94	12.83	2.64	4.89
1998	0.84	4.88	4.05	12.86	2.93	4.51
1999	0.48	4.55	5.02	12.97	2.27	4.43
2000	0.52	4.41	5.05	14.08	2.50	4.81
2001	0.65	1.87	7.50	17.70	1.72	5.73
2002	0.49	3.22	7.33	15.48	1.85	5.47
2003	0.44	3.40	8.56	13.72	2.19	5.51
2004	0.56	5.15	12.24	17.53	3.19	6.57
2005	0.70	6.06	13.14	16.18	3.48	5.87
2006	0.63	5.11	15.11	14.85	3.89	4.81
2007	0.67	5.03	15.10	13.73	3.04	4.34
2008	0.61	4.77	14.44	12.79	3.63	3.84
2009	0.79	5.75	12.15	11.44	3.23	3.99
2010	0.79	3.71	13.20	12.33	3.42	4.48
2011	0.79	3.50	12.54	11.56	3.52	3.71
2012	0.73	2.86	13.17	12.76	3.70	4.61
2013	0.73	2.70	14.62	13.67	3.29	4.48
2014	0.67	2.48	14.17	15.57	3.25	4.77
2015	1.03	2.20	12.59	16.74	3.48	5.66
2016	0.85	2.73	12.27	13.92	3.68	5.06
2017	0.45	2.94	12.63	13.12	3.50	4.84
2018	0.16	4.32	12.38	13.67	3.47	4.64

附表 3（2） 牛肉竞争力指标测算结果——贸易竞争力指数

年份	中国	阿根廷	巴西	澳大利亚	乌拉圭	新西兰
1995	—0.389	0.984	0.459	0.986	0.999	0.975
1996	—0.398	0.969	0.414	0.983	0.998	0.957
1997	—0.450	0.965	0.351	0.988	0.999	0.974
1998	—0.446	0.861	0.564	0.991	0.997	0.972
1999	—0.679	0.936	0.827	0.992	0.999	0.967
2000	—0.661	0.940	0.766	0.993	0.999	0.951
2001	—0.611	0.854	0.889	0.994	0.998	0.947
2002	—0.673	0.971	0.881	0.995	0.989	0.926
2003	—0.707	0.977	0.923	0.991	0.999	0.945
2004	—0.555	0.993	0.941	0.990	0.995	0.959
2005	—0.505	0.994	0.947	0.986	0.975	0.965
2006	—0.544	0.991	0.965	0.987	0.988	0.959
2007	—0.540	0.991	0.956	0.989	0.986	0.941
2008	—0.602	0.992	0.950	0.989	0.991	0.944
2009	—0.586	0.994	0.937	0.986	0.999	0.955
2010	—0.627	0.991	0.927	0.983	0.998	0.954
2011	—0.642	0.986	0.907	0.977	0.997	0.956
2012	—0.712	0.987	0.892	0.981	0.999	0.958
2013	—0.852	0.996	0.911	0.986	0.994	0.943
2014	—0.871	0.994	0.886	0.988	0.989	0.933
2015	—0.831	0.999	0.908	0.987	0.988	0.952
2016	—0.876	0.999	0.905	0.982	0.979	0.960
2017	—0.936	0.998	0.910	0.982	0.965	0.957
2018	—0.967	0.968	0.931	0.982	0.929	0.963

附表 3（3） 牛肉竞争力指标测算结果——显示性比较优势指数

年份	中国	阿根廷	巴西	澳大利亚	乌拉圭	新西兰
1995	0.370	3.239	1.064	15.607	6.656	3.140
1996	0.386	2.330	1.140	15.075	8.600	3.509
1997	0.329	2.626	0.959	17.167	9.416	3.420
1998	0.333	1.989	1.351	15.409	10.133	3.541
1999	0.185	2.083	1.720	13.366	9.236	3.309
2000	0.176	2.028	1.797	15.055	10.755	3.454
2001	0.215	0.845	2.241	17.744	8.359	3.846
2002	0.151	1.546	2.227	14.658	9.443	3.725
2003	0.135	1.530	2.409	11.537	10.604	3.839
2004	0.182	2.354	3.097	14.120	13.288	4.214
2005	0.206	2.677	3.179	13.032	13.584	3.824
2006	0.182	2.254	3.602	11.801	14.293	3.420
2007	0.196	1.978	3.540	10.761	11.967	3.059
2008	0.193	1.707	3.159	10.609	11.829	2.876
2009	0.227	2.402	2.481	9.826	9.611	3.047
2010	0.208	1.452	2.605	11.493	9.587	3.104
2011	0.202	1.275	2.393	11.331	10.173	2.540
2012	0.183	1.096	2.516	13.398	9.530	3.164
2013	0.181	1.112	2.787	14.089	8.373	2.886
2014	0.158	1.147	2.818	16.098	8.288	2.886
2015	0.222	0.991	2.457	17.773	9.508	3.731
2016	0.177	1.165	2.519	14.412	10.733	3.368
2017	0.100	1.434	2.495	13.712	9.899	3.055
2018	0.035	2.272	2.396	13.582	10.817	2.908

附表 4（2） 羊肉竞争力指标测算结果——显示性比较优势指数

年份	中国	澳大利亚	新西兰	英国	爱尔兰	印度
1995	0.107	23.732	26.675	26.675	4.838	0.806
1996	0.087	23.503	26.773	26.773	7.257	0.744
1997	0.067	26.408	30.286	30.286	6.299	0.606
1998	0.130	24.524	30.300	30.300	6.238	0.831
1999	0.098	22.024	26.694	26.694	7.024	0.983
2000	0.113	25.379	28.984	28.984	5.831	0.761
2001	0.089	25.952	27.295	27.295	9.086	0.255
2002	0.108	23.804	29.565	29.565	5.398	0.283
2003	0.216	18.491	29.638	29.638	4.886	0.740
2004	0.387	18.763	26.870	26.870	5.072	0.436
2005	0.415	19.340	26.695	26.695	4.979	0.368
2006	0.479	20.014	26.929	26.929	4.887	0.256
2007	0.381	19.865	28.307	28.307	4.998	0.472
2008	0.361	20.535	28.030	28.030	5.365	1.491
2009	0.309	21.530	28.849	28.849	5.130	2.249
2010	0.403	25.367	25.444	25.444	4.836	0.659
2011	0.252	26.555	23.106	23.106	5.821	0.448
2012	0.197	30.020	24.726	24.726	5.975	0.391
2013	0.138	32.541	22.319	22.319	5.528	0.694
2014	0.158	35.755	20.581	20.581	4.247	0.734
2015	0.142	35.583	22.720	22.720	4.935	0.929
2016	0.142	34.965	21.073	21.073	5.947	1.025
2017	0.154	37.124	20.538	20.538	5.415	0.846
2018	0.097	35.915	21.348	21.348	5.358	0.682

附表 4（1） 羊肉竞争力指标测算结果——国际市场占有率

单位：%

年份	中国	澳大利亚	新西兰	英国	爱尔兰	印度
1995	0.273	19.054	37.594	20.972	20.972	0.865
1996	0.215	17.994	39.063	18.386	18.386	0.867
1997	0.176	19.741	43.284	15.094	15.094	0.697
1998	0.327	20.462	38.561	16.598	16.598	0.911
1999	0.253	21.372	35.719	16.538	16.538	1.047
2000	0.337	23.743	40.404	12.957	12.957	0.823
2001	0.270	25.884	40.671	4.996	4.996	0.293
2002	0.348	25.136	43.401	7.933	7.933	0.335
2003	0.703	21.996	42.574	10.160	10.160	0.783
2004	1.194	23.294	41.868	9.660	9.660	0.491
2005	1.404	24.012	40.992	9.593	9.593	0.446
2006	1.653	25.190	37.851	10.257	10.257	0.338
2007	1.310	25.350	40.174	8.382	8.382	0.680
2008	1.137	24.747	37.404	10.110	10.110	2.359
2009	1.074	25.064	37.751	10.124	10.124	3.131
2010	1.536	27.211	36.754	9.265	9.265	1.124
2011	0.988	27.091	33.717	10.428	10.428	0.937
2012	0.788	28.589	35.985	9.431	9.431	1.002
2013	0.559	31.571	34.665	9.266	9.266	1.882
2014	0.673	34.574	34.038	8.494	8.494	1.796
2015	0.660	33.513	34.493	7.366	7.366	2.060
2016	0.679	33.767	31.646	7.477	7.477	2.146
2017	0.697	35.512	32.524	6.929	6.929	1.894
2018	0.446	36.156	34.054	6.330	6.330	1.469

争力指数为 0.83。英国羊肉贸易竞争力指数长期为负值，说明英国羊肉贸易为逆差，但其羊肉贸易竞争力指数绝对值明显小于中国，表明中国羊肉出口贸易竞争力较英国更弱（图 14）。

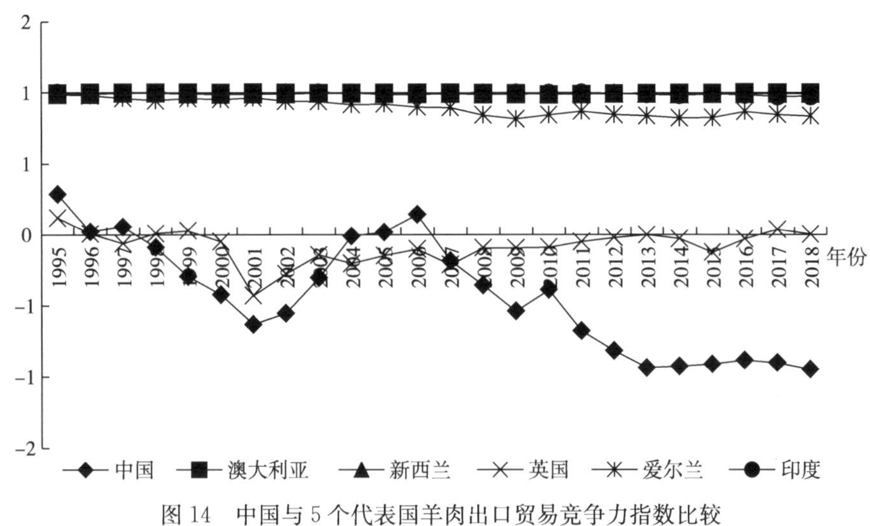

图 14　中国与 5 个代表国羊肉出口贸易竞争力指数比较

（四）显示性比较优势指数

中国羊肉显示性比较优势指数持续偏低，不具有出口比较优势。1995—2018 年中国羊肉显示性比较优势指数均小于 0.8，不具有比较优势，国际竞争力较弱。

从国际市场看，澳大利亚和新西兰羊肉出口均呈现出较强的国际竞争力，显示性比较优势指数普遍在 20 以上。但近十年来两国羊肉出口显示性比较优势指数变动趋势显著不同，1995 年新西兰羊肉出口显示性比较优势指数大于澳大利亚，但 1995 年以后新西兰一直处于波动下降的趋势，而澳大利亚在 2003 年以后增长迅猛，2011 年超过新西兰后仍持续上升，2018 年澳大利亚羊肉显示性比较优势指数为 34.94，处于明显的领先地位。英国和爱尔兰的羊肉显示性比较优势指数波动相对平稳，虽然与澳大利亚和新西兰相比存在较大差距，但是羊肉显示性比较优势指数均在 2.5 以上，仍具有很强的出口比较优势。印度羊肉出口显示性比较优势指数部分年份又明显波动，但整体明显偏低，虽然略高于中国，但明显低于上述其他几个国家，总体来看几乎不具备羊肉出口比较优势（图 15）。

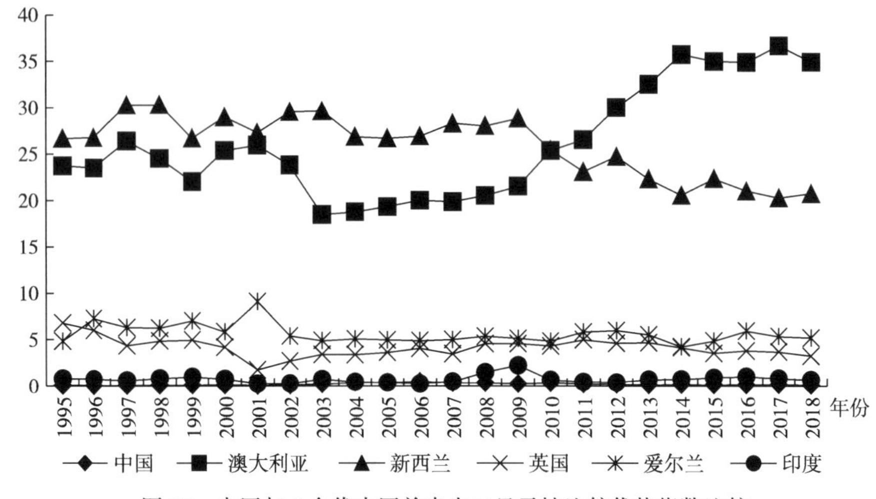

图 15　中国与 5 个代表国羊肉出口显示性比较优势指数比较

附表 1（1）　猪肉竞争力指标测算结果——国际市场占有率

单位：%

年份	中国	美国	巴西	德国	丹麦	日本
1995	13.010	5.915	0.619	3.346	18.273	0.012
1996	11.183	6.851	0.799	3.360	16.737	0.013
1997	3.571	7.913	1.016	3.620	18.551	0.009
1998	2.473	8.674	1.235	4.562	18.451	0.016
1999	1.815	9.266	1.156	6.220	19.692	0.017
2000	1.793	11.566	1.468	6.024	19.206	0.014
2001	2.369	11.208	2.686	7.338	20.069	0.017
2002	2.953	10.271	3.420	7.930	18.098	0.006
2003	3.323	9.524	3.406	9.522	17.513	0.007
2004	4.117	9.558	3.915	9.929	16.747	0.005
2005	3.733	10.677	5.432	11.543	15.628	0.005
2006	3.925	11.163	4.601	13.190	16.355	0.006
2007	3.389	11.503	4.973	15.272	15.250	0.007
2008	3.143	13.696	4.912	16.863	13.367	0.011
2009	3.174	13.422	4.531	18.446	12.475	0.011
2010	3.360	13.897	4.573	16.980	11.382	0.013

附表 4（3） 羊肉竞争力指标测算结果——显示性比较优势指数

年份	中国	澳大利亚	新西兰	英国	爱尔兰	印度
1995	0.107	23.732	26.675	26.675	4.838	0.806
1996	0.087	23.503	26.773	26.773	7.257	0.744
1997	0.067	26.408	30.286	30.286	6.299	0.606
1998	0.130	24.524	30.300	30.300	6.238	0.831
1999	0.098	22.024	26.694	26.694	7.024	0.983
2000	0.113	25.379	28.984	28.984	5.831	0.761
2001	0.089	25.952	27.295	27.295	9.086	0.255
2002	0.108	23.804	29.565	29.565	5.398	0.283
2003	0.216	18.491	29.638	29.638	4.886	0.740
2004	0.387	18.763	26.870	26.870	5.072	0.436
2005	0.415	19.340	26.695	26.695	4.979	0.368
2006	0.479	20.014	26.929	26.929	4.887	0.256
2007	0.381	19.865	28.307	28.307	4.998	0.472
2008	0.361	20.535	28.030	28.030	5.365	1.491
2009	0.309	21.530	28.849	28.849	5.130	2.249
2010	0.403	25.367	25.444	25.444	4.836	0.659
2011	0.252	26.555	23.106	23.106	5.821	0.448
2012	0.197	30.020	24.726	24.726	5.975	0.391
2013	0.138	32.541	22.319	22.319	5.528	0.694
2014	0.158	35.755	20.581	20.581	4.247	0.734
2015	0.142	35.583	22.720	22.720	4.935	0.929
2016	0.142	34.965	21.073	21.073	5.947	1.025
2017	0.154	37.124	20.538	20.538	5.415	0.846
2018	0.097	35.915	21.348	21.348	5.358	0.682

充分发挥政府、企业和社会三方作用 加快推进畜禽养殖废弃物资源化利用

王济民[1,2]

（1. 中国农业科学院农业经济与发展研究所；2. 中国农业科学院办公室）

2017 年 6 月国务院办公厅印发了《关于加快推进畜禽养殖废弃物资源化利用的意见》（国办发〔2017〕48 号），明确提出坚持政府支持、企业主体、市场化运作的方针，以农用有机肥和农村能源为主要利用方向，全面推进畜禽养殖废弃物资源化利用。但各地畜禽废弃物资源化利用方面一直存在种养结合不紧密、畜禽粪肥还田难，支持政策不足等问题。加快推进畜禽废弃物资源化利用，要尽快建立企业主体、政府支持，社会参与的市场化运行机制。

一、坚持企业主体，推动市场化运作

在市场经济体制下，养殖场户和企业是畜牧业生产经营的主体，畜禽废弃物是畜牧业生产的自然产物，畜禽养殖者既有通过为社会提供优质畜产品获取最大化利润的权利，也有在法律法规约束下将畜牧养殖所生产的废弃物进行有效处理和资源化利用的义务。畜禽养殖企业既是养殖主体，也是养殖废弃物处理的主体，畜禽养殖废弃物资源化利用既是养出来，也是管出来的。充分发挥企业主体地位，坚持企业主体投入，推行“谁污染，谁治理”的责任机制，是实现废弃物资源化利用的必由之路。

（一）加大种养结合，实现循环发展

从国内外的实践经验看，粪污还田是资源化的根本路径。要打通种养结合

通道、促进种养一体、实现生产生态协调发展，建立植物生产、动物转化、微生物还原的循环生态系统，就必须加快种养融合。为此，养殖企业要以建立新型种养关系为重点，以适度规模养殖为依托，总结形成一批资金投入少、运行成本低、处理效果佳、环境效益好的种养结合生态养殖模式，探索建立“以地定养、以养肥地”的农牧循环机制，实现种养的深度对接，促进畜禽粪污就地就近利用。

（二）加快畜牧业转型升级，提升畜牧业现代化水平

大力推行减量化技术和设备，建设自动喂料、自动饮水、环境控制等现代化装备，推广节水、节料等清洁养殖工艺和干清粪、微生物发酵等实用技术。推行标准化、规范化饲养，加强规模养殖场精细化管理，加快畜禽品种遗传改良进程，落实畜禽疫病综合防控措施，提升母畜繁殖性能，降低发病率和死亡率，提高综合生产能力。以畜牧大县为重点，加大规模养殖场圈舍标准化改造和设备更新力度，配套建设粪污资源化利用设施。

（三）创新资源化利用方式，促进绿色发展

规模养殖场和肥料加工企业要转变生产方式，逐步向规模化、标准化、集约化、产业化方向迈进，延长畜禽废弃物产业链，提畜禽废弃物衍生品的竞争力和末端综合利用水平。创新能源利用模式，以大型沼气工程和生物天然气工程为纽带，推广“畜禽粪污＋清洁能源＋有机肥料”的能源化利用模式，大力推行沼气发电上网，或将提纯后的沼气并入天然气管网、车用燃气、工商企业用气等，实现高值高效利用。

二、强化政府引导，加大政策支持

正确处理政府和市场的关系是加快推进畜禽养殖废弃物资源化利用的关键问题。在资源化利用过程中，由于畜禽粪便等废弃物资源密度低，收集、处理、利用等环节的增值空间小；制造、购买、使用畜禽粪便制造的有机肥的优惠政策不足，生产和使用者盈利空间小，甚至可能亏钱，生产者和使用者效益通常无法与长期享受更多政策优惠和扶持的化肥相比，导致畜禽粪便等优质的肥料资源无法得到利用。推进畜禽养殖废弃物资源化利用必须在充分发挥市场主体作用的前提下，一方面要加强制度建设，引导、规范和约束各类收集、贮存、处理、利用行为，另一方面要加快建立系统完整的畜禽养殖废弃物资源化

政策体系，为畜禽资源化利用提供根本保障。

（一）疏堵结合，正确把握问题本质

畜禽粪污资源化利用，是发展过程中出现的阶段性问题，必须用发展的办法来解决，绝不意味着忽视和放松畜牧业生产，绝不能削弱畜牧业综合生产能力。要坚持“疏堵结合、以疏为主”结合，绝不搞一刀切。我们既不能无视养殖污染而单纯追求生产发展，也不能不顾历史发展阶段和基本条件，因噎废食，随意禁养限养，忘记了畜牧业发展的“初心”。要正确处理好生产生态两者之间的关系，抓住当前主要矛盾和突出问题，整体推进、重点突破，采取针对性的措施，用好环境保护对畜牧业发展的倒逼作用，加快畜牧业转型升级和提质增效，实现更高质量的发展，努力实现保供给和保生态的协调平衡，推动我国畜牧业走上产出高效、产品安全、资源节约、环境友好的可持续发展道路。

（二）高度重视，加大政策支持力度

党的十八大报告指出要把生态文明建设放在突出的战略位置，融入经济建设、政治建设、文化建设和社会建设全过程。各级政府和有关部门要高度重视畜禽养殖废弃物资源化利用工作，整合现有资金，综合运用价格、财税和金融等政策，畜禽养殖废弃物资源化利用用电、用地纳入农业用电、农业用地范畴，探索建立受益者付费机制，鼓励地方对肥、气、电等资源化产品进行价格支持和使用补贴，通过政策激励措施调动生产者和使用者两方面的积极性，提升资源化利用企业和产品的市场竞争力，引导各类市场主体投身畜禽养殖废弃物资源化利用。

（三）建章立制，为畜禽养殖废弃物资源化利用保驾护航

制度为畜禽资源化利用提供根本性保障作用。严格落实畜禽规模养殖环评制度，规范环评内容和要求。完善畜禽养殖污染监管制度，建立畜禽规模养殖场直连直报信息系统，构建统一管理、分级使用、共享直联的管理平台。建立健全属地管理责任制度和绩效评价考核制度，构建种养循环发展机制，实行以地定畜，确保畜禽粪肥科学合理施用，鼓励沼液和经无害化处理的畜禽养殖废水还田利用，争取到 2020 年建立科学规范、权责清晰、约束有力的畜禽养殖废弃物资源化利用制度保障体系。

（四）加大科技投入，强化技术集成

坚持问题导向，加强基础研究和关键技术攻关。在统筹考虑科技创新平台规划布局和现有科技资源的基础上，研究建立科技创新平台，强化畜禽养殖废弃物能源化技术开发。研发推广安全、高效、环保新型饲料产品。加大混合原料发酵、沼气提纯罐装、粪肥沼肥施用等技术和设备的开发普及力度，全面提升畜禽养殖废弃物资源化利用的技术水平。加快建立畜禽粪污综合利用标准体系，重点解决粪肥、沼肥等生产技术规范和检测标准缺乏问题。

三、鼓励社会资本参与，创新多元化投资机制

畜禽养殖废弃资源化利用，中央有要求，群众有期盼，关系种养两个产业，关系城乡两大区域，关系发展与环境两种诉求，是一项全新的系统工程，必须鼓励多方参与，引导各类市场主体投身其中，尤其要加大引入第三方治理和社会服务组织力量，集中发力，开拓多元融资渠道。

（一）多方参与，大力培育运行主体

要加快培植新主体、培育新业态、培养新产业，对于不具备就地就近利用条件的养殖场户，通过专业化生产、市场化运营实现异地利用，把被阻断的种养关系重新建立起来，化解“零散”粪污难题。要推动建立畜禽粪污等农村有机废弃物收集、转化、利用三级网络体系，培育壮大多种形式的粪污处理社会化服务组织，探索建立第三方治理机制，形成多路径、多形式、多层次推进畜禽养殖废弃物资源化利用的新格局。鼓励采取政府和社会资本合作（PPP）等方式，在养殖密集区建立粪污集中处理和利用中心。

（二）撬动社会资金，开拓多元融资渠道

坚持畜禽养殖废弃物能源化利用和肥料化利用相结合，以肥料化利用为基础，以能源化利用为补充，同步解决畜禽养殖污染问题。通过撬动社会资金，支持养殖场改扩建和粪污处理设施改造升级，提升粪污处理设施装备水平。以市场为导向、企业为主体，采取财政扶持、信贷支持等政策措施，引导社会资本参与有机肥、新能源等产业发展，推动养殖过程清洁化、粪污处理资源化、产品利用生态化，建立肥料、沼气相互补充的资源化利用体系，构建产业化发展、市场化经营、科学化管理和社会化服务的畜禽粪污资源化

利用新格局。

（三）加强宣传教育，提升人民群众的参与度和认可度

重点支持种养大户、农民合作社、龙头企业等新型经营主体应用有机肥，发挥其规模化、标准化、集约化作用，增加畜禽废弃物的使用范围。充分利用微信公众号、客户端等新媒体新技术，宣传畜禽养殖资源化利用工作。采用群众喜闻乐见的形式，宣传农业绿色发展理念，解读有机肥政策措施和技术模式，让农民群众充分认识到有机肥在提质增效、节本增效和改善环境方面的重要作用，鼓励社会各界积极参与以畜禽粪污为主的有机肥资源的开发和利用。

我国畜禽粪便资源化利用现状综述与对策建议

刘　春[1]　刘晨阳[1]　辛翔飞[1]　王济民[1,2]

（1. 中国农业科学院农业经济与发展研究所；2. 中国农业科学院办公室）

一、引　　言

畜禽粪便是畜禽消化代谢的直接排泄物，是畜禽养殖最主要的废弃物来源。随着我国畜牧业的迅速发展，规模化畜禽养殖比例不断扩大，畜禽养殖业粪污排放对环境的污染日益加剧，养殖污染已成为我国农业面源污染最主要的贡献者之一（李丹阳等，2019）。目前，我国畜禽粪污年产生量约 38 亿吨，禽粪污资源化利用率为 70%，规模养殖场粪污处理设施装备配套率仅为 63%，畜禽粪便无害化处理及资源化利用效率还有待进一步提升。对畜禽粪便的资源化利用，不仅是国家《中华人民共和国畜牧法》《畜禽规模养殖污染防治条例》等相关环保法律法规的明确要求，同时有利于贯彻落实中央关于生态文明建设，符合畜禽业绿色生产的要求，而且有利于推动乡村振兴战略实施，有利于增强畜牧业可持续发展能力。已有关于畜禽粪便资源化处理利用问题的文献较为丰富，但大多是就某一方面开展研究，缺乏对畜禽粪便资源化利用相关重要问题的系统分析。为更好地推进畜禽粪便资源化利用进程，保障畜牧业可持续发展及乡村振兴战略实施，本研究就畜禽粪便资源化利用相关政策与法规、畜禽粪便对环境的影响、畜禽粪便资源化利用方式、成本收益及影响因素等畜禽粪便资源化利用的关键问题进行全面的综述和深入探讨，分析我国畜禽粪便资源化利用的现状及存在的问题，就进一步推进我国畜禽粪便资源化利用提出对策建议。

二、畜禽粪便资源化利用相关政策与法规梳理

为推进畜禽粪污资源化利用，中央及相关部门先后颁布了《中华人民共和

国畜牧法》《畜禽规模养殖污染防治条例》《畜禽养殖污染防治管理办法》《农业部关于打好农业面源污染防治攻坚战的实施意见》《全国畜禽粪污资源化利用整县推进项目工作方案》(2018—2020 年) 等一系列法律法规，对相关部门及养殖户权责划定、畜禽污染控制、畜禽污染物排放标准、畜禽粪便处理设备补贴标准、治污试点试验等方面做出了统一规范。

改革开放以来至 2000 年，我国畜牧业发展趋势较快，但总量较小，养殖产生的粪便带来的负面影响尚未完全显现，国家未对畜禽粪便治理出台专门的管理办法，但在相关法律法规中已有多处涉及畜禽粪便治理问题。在 1984 年出台的《中华人民共和国水污染防治法》、1989 年出台的《中华人民共和国环境保护法》、1993 年出台的《中华人民共和国农业法》、1995 年出台的《中华人民共和国固体废物污染环境防治法》、2000 年出台的《中华国人民共和国大气污染防治法》等法律法规中与畜禽粪便处理相关的条文。主要包括以下三个核心思想：一是一切单位和个人都有保护环境的义务，二是从事畜禽等动物规模养殖的单位和个人应当对粪便、废水、臭气及其他进行无害化处理或者综合利用，三是国家支持建设畜禽粪便、废水的综合利用或者无害化处理设施。

2000 年以来，随着畜牧业的持续发展，畜禽粪便带来的环境问题越发明显。政府针对畜禽污染进行专项管理，相关法律法规大致分为以下四个方面：

一是制定和修订与畜禽粪便相关的法律法规。①制定与畜牧业相关的法律法规，明确提出畜禽粪便的处理要求。《中华人民共和国畜牧法》(2005 年颁布，2015 年修订) 中针对畜禽养殖过程中产生的畜禽粪便问题，从畜牧业生产经营者需承担的处理义务和国家支持建设粪便利用设施两方面做出明确要求。②对已有法律法规中畜禽粪便处理部分进行修订，增加更具体的条文。如《中华人民共和国水污染防治法》(1984 年颁布，2017 年修订) 中增加县、乡级人民政府应当组织对畜禽粪便污水进行分户收集、集中处理利用等条文内容；《中华人民共和国环境保护法》(1989 年颁布，2014 年修订) 中增加对畜禽养殖场、养殖小区、定点屠宰企业等选址、建设和管理的要求。

二是制定畜禽粪便防治技术标准和排放标准。主要有《畜禽规模养殖污染防治条例》(2013 年颁布，2014 年实行)，《畜禽养殖业污染物排放标准》(2001 年颁布，2003 年实行)，《畜禽养殖业污染防治技术规范》(2001 年颁布，2002 年实行) 等。核心思想主要包括三个方面：①在畜禽养殖前端，对畜禽养殖场的布局选址、环评审批进行严格把控；②在畜禽养殖中端，对在养殖过程中，建设与养殖规模和污染防治需要对应的畜禽粪便无害化处理利用方式和综合利用设施做出明确要求；③在畜禽养殖末端，对畜禽粪便无害化处理环境标准、无害化处理设施的运行和监督作出明确规定。

三是利用税收政策对畜禽养殖户畜禽粪便处理行为作出指引。主要是通过《中华人民共和国环境保护税法》（2016 年颁布，2018 年修订）以及《中华人民共和国环境保护税法实施条例》（2017 年颁布，2018 年修订），明确了直接向环境排放畜禽粪便的养殖经营者具有缴纳环境保护税的义务，并设立养殖经营者是否需要缴纳环境保护税的标准。即达到省级人民政府确定的规模标准并且有污染物排放口的畜禽养殖场，应当依法缴纳环境保护税；依法对畜禽养殖粪便进行综合利用和无害化处理的，不属于直接向环境排放污染物的，不缴纳环境保护税。

四是制定畜禽粪便资源化利用发展规划，开展畜禽粪便综合治理试点工作。《全国农村沼气发展“十三五”规划》（国家发展和改革委员会 2017 年发布），《全国畜禽粪污资源化利用整县推进项目工作方案（2018—2020 年）》（国家发展和改革委员会 2017 年发布，2018 年实施），《关于加快推进畜禽养殖废弃物资源化利用的意见》（国务院 2017 年发布并实施）等规划，在全国范围内开展畜禽粪便综合治理“整县推进”项目，创建种养结合循环农业示范县，并通过对畜牧大县畜禽粪便资源化利用过程中所需的畜禽粪便收集、储存、处理、有机肥和沼气利用等基础设施建设扶持政策和终端产品补贴政策，建立起农牧结合、种养循环的农业可持续发展机制。

三、畜禽粪便资源化利用模式

从畜禽粪便对环境的影响研究可以看出，一方面，畜禽养殖业污染排放已成为我国最重要的农业面源污染源之一（仇焕广等，2013），对环境有重大负面影响，但另一方面，又可以称畜禽粪便为放错地方的资源。对畜禽粪便进行资源化利用，不仅可以保护环境，也可以减少资源浪费。我国畜禽粪便资源化利用方式主要分三种：肥料化利用、能源化利用、饲料化利用（陈俊红等，2011；潘丹等，2015；莫海霞等，2011）。

（一）畜禽粪便肥料化利用

肥料化是畜禽粪便最广泛的资源化利用方式（仇焕广等，2012；曹文学，2017）。畜禽粪便的肥料化利用可以有效降低化肥的使用，改善土壤结构，提高农作物产量。现在国内畜禽粪便的肥料化利用主要有直接还田、堆肥后还田、生产有机肥等方式。多名学者对于畜禽粪便代替化肥的可行性研究表明，通过工厂化好氧发酵处理生产有机肥是一种比较彻底的畜禽粪便处理方式。①从有机肥肥效角度看，有机肥的肥效高，超过目前的氮、磷、钾三元复合肥（王祖力，2011）。通过水稻施用有机肥与无肥和施用纯化肥比较实验，检验有机肥对水稻生产的影响，结果表明，化肥配施有机肥不仅能提高土壤中的有机质、碱解氮和速效钾等养分含量，对水稻具有很好的增产作用，此外，还在一定程度上降低了重金属污染的风险（杨文叶等，2012）。2010 年我国的畜禽粪便可提供的总氮总磷量，分别占当年氮肥和磷肥的 79%和 50%（耿维等，2013）。如果畜禽粪便能够完全实现肥料化利用，则畜禽粪便中养分的化肥替代率达 60%以上（赵俊伟，2016），畜禽粪便在氮磷产量上可以较大程度地代替化肥中的氮磷量。②从有机肥需求角度看，我国有机肥发展潜力巨大，姜茜等（2018）通过对有机肥生产潜力进行测算，认为现在我国商品有机肥的生产潜力为 2.79 亿吨，尚不能满足所有农作物的种植需求。

（二）畜禽粪便能源化利用

畜禽粪便能源化即将粪便进行厌氧发酵，通过微生物的代谢作用，将畜禽粪便中的有机物转化为甲烷和二氧化碳，在生产优质燃料的同时，实现粪污减量、循环利用和保护环境的目的（李尚民等，2017）。目前畜禽粪便能源化利用技术主要有沼气法、气化法、发电利用法。我国畜禽粪便能源潜力非常可观，对煤炭和天然气具有较大的替代作用。其中，在替代煤炭方面，畜禽粪便干物质 1 吨相当于 0.375 吨标准煤（孙敬都等，2019），2011 年我国畜禽粪便产沼气潜力为 757.04 亿立方米，折合 0.54 亿吨标准煤（朱建春等，2014）。此外，在替代天然气方面，畜禽粪便沼气潜力占天然气消费量的 50%～60%，且随着畜禽养殖集约化程度的加深，发展沼气工程的粪便资源潜力会进一步增加（张田等，2012）；生产的沼气可以用于发电和供热，沼渣沼液通过订单农业的模式出售给农户还田使用，形成了热、电、肥联供模式（赵立欣等，2017）。

（三）畜禽粪便饲料化利用

我国在畜禽粪便饲料化利用方面有较久的经验，“畜禽—渔业”相结合的养殖模式很早就出现在我国农耕文化中。畜禽粪污中含有许多未被消化吸收的营养物质。尤其是家禽消化道短，饲料在消化道内停留时间短，粪便中含有未被消化吸收的营养物质的这一特点更为明显。畜禽粪便饲料化可以有效地利用资源。其一，畜禽粪便在经过处理后作为动物饲料添加剂，饲喂家禽、生猪、羊、兔、鱼等；其二，在实践中利用粪污等腐败物质的生物特性，通过蝇蛆类昆虫取食使粪污中的营养成分转化昆虫成虫体中的蛋白质、脂肪，最终蛆虫可作为水产养殖饵料，也可以加工成蛆粉进行销售。此外，另有学者认为饲料化具有一定经济价值但有风险，已有研究认为虽然畜禽粪便中含有大量的维生素、矿物质及未完全消化的蛋白质和脂肪等，可以通过高温干燥法、化学处理法、发酵法、青贮法、氨化法和分离法等将畜禽粪便再利用作动物饲料，但畜禽粪便中的各种添加剂和药物残留可能会通过食物链传导到人体，所以不建议使用该方法（刘合光，2010）。

（四）不同资源化利用方式比较与替代

不同畜种所产的粪便各具特点，因此在能源化、肥料化和饲料化三种主要资源化利用模式的选择上具有不同侧重点，且三种资源化利用模式各有优势和劣势。其一，对于能源化模式来讲：①将畜禽粪便生产沼气转化为标准煤，生猪粪便可以转化的能量最高，其次是鸡粪，最后的牛粪和羊粪，因此猪粪生产沼气是其粪便资源化利用的最好方式，但沼气发电投资大、风险高，存在发电并网困难、沼液和沼渣利用率低的问题（王叶烨等，2015；胡向东等，2014），适合于大型规模化的生猪、肉鸡、蛋鸡一条龙企业（朱宁，2014），仅用于企业自身照明取暖及饲料加工等用途的小型沼气加工比较适合中小规模生猪、肉鸡、蛋鸡养殖企业。②将畜禽粪便进行燃烧产能，牛粪中含有碳元素最高，具有很高的热值，进行燃烧产热是资源化利用常用方式，其次是猪粪，最后是鸡粪和羊粪，畜禽粪便进行燃烧用于工业能源化潜力巨大，但同样有投资成本高，技术未完善等问题，随着畜禽养殖规模化的进一步发展，能源化将是未来值得推广的模式。其二，对于肥料化模式来讲，当前使用好氧堆肥发酵技术生产有机肥，较切合我国畜禽产业规模化养殖实情及其标准化发展趋势。由于家禽消化道短，饲料消化吸收不完全，粪便中含有未被消化吸收的营养物质相对更多，因此鸡粪中有机质、氮、磷、钾含量均高于猪牛羊粪，鸡粪最适于肥料化利用。其次是猪粪和羊粪，牛粪营养元素相对含量最低，羊粪中营养成分种类多，但有机质氮磷钾含量相对猪粪、鸡粪低，多用做肥料使用（黎运红，2015）。畜禽粪便进行肥料生产工艺简单，设备设施投资相对较小，因此肥料化利用模式是当前比较可行的模式，但也存在占地面积大，单批次生产时间长，填充料价格高，产品成本较高，生产效率很大程度受季节与堆肥方式限制等问题（潘丹，2015）。其三，对于饲料化模式来讲，鸡粪猪粪羊粪牛粪都可以通过制作饲料进行利用，具有投资规模适中，经济效益较高的优点，但饲料化模式面对的疫病风险较大，社会认可度和实践可行性较弱，饲料化存在较大的潜在风险，暂时难以推行（陈俊红等，2011）。同时，畜禽粪便肥料化、能源化和饲料化三种利用方式之间存在相互依赖、相互替代的关联效应（Norbert et al.，2014；饶静，2018）。一方面养殖户是否对粪便进行资源化处理方面存在替代效应；另一方面是养殖户在将粪便选择直接还田、鲜粪出售、鲜粪赠送、生产有机肥、生产沼气、用作水产饲料等处理方式之间存在替代效应，直接影响因素是经济效益，这些关联效应有利于提升养殖户利用畜禽粪便的可能性，也使养殖户在利用畜禽粪便的方式上具有选择性。

四、畜禽粪便资源化利用的成本收益

成本收益是决定畜禽粪便资源化利用的重要因素之一。已有研究主要从畜禽粪便资源化利用方式、养殖规模和产业链角度分析畜禽粪便资源化利用的成本收益。

（一）基于畜禽粪便资源化利用方式角度

基于畜禽粪便资源化利用方式，主要从能源化、肥料化、饲料化三个方面分析畜禽粪便资源化利用的成本收益。其一，能源化利用。已有研究通过对沼气生产和燃烧产能的技术装备、经济效益进行计算，结果表明：通过生产沼气处理粪便不仅有沼气发电、有机固体肥料的收益；通过燃烧产能有出售热能、电力的收益，还通过减少排污罚款、减少畜禽发病率起到节约成本的作用，但前期投资门槛高，小型沼气工程受季节影响产气不稳定影响收入等问题（马立新等，2013）。其二，肥料化利用。畜禽粪便生产成为有机肥收益高，但加工成本较高，尤其体现在鲜粪费用、设备费用、辅料费用、雇工费用和包装物费用等方面，使得有机肥加工企业处于微利状态且有机肥的市场狭小、质量参差不齐、施用存在季节性、库存成本高等，造成了畜禽粪便有机肥加工企业相对较少且生产积极性较低（陆文聪，2011；朱宁等，2016；林志贤，2014）。其三，饲料化利用。将畜禽粪便制成饲料主要有鲜粪费用、设备费用、辅料费用、人工费用等，饲料化成本与能源化、肥料化相比较低，具有一定经济价值和市场需求，但饲料化具有疫病风险，所以不提倡将畜禽粪便普遍用于饲料化利用。

（二）基于养殖规模角度

目前，小规模养殖户一般没有达到最优养殖规模，且机械化处理水平低，人工成本较高，粪便处理成本最高；大规模养殖户受环保部门监管更为严格，配套的粪便处理设备更完善，成本更高，但其产品收益高于中小养殖场，所以粪便处理成本处于中等水平；相对来说中规模养殖户粪便处理的成本和收益均最低（陈菲菲等，2017）。

（三）基于产业链角度

通过比较还田式产业链与加工企业主导式产业链的各环节的成本构成和收益，可以看出在还田式产业链中，中小型规模的畜禽养殖场（户）获取了畜禽粪便的全部利润，产业链价值较低。在加工企业主导中的产业链中，有养殖场（户）、加工企业、经销商等多个环节可获取畜禽粪便资源化利用产品收益，通过比较可以看出加工企业主导的产业链可获得更高价值，其中养殖场（户）所能分享到的利润比较低，流通环节通过畜禽粪便资源化产品运输、广告、营销所获的利润最高（马骥等，2011）。从两种产业链上畜禽粪便利润分配情况差异较大可以看出，延长产业链将粪便进行加工比直接还田利润高。因此采取相关生产处理技术，加强对畜禽粪便的处理，延长畜禽粪便资源化利用产业链，有利于提高养殖、加工、流通各环节的收益。

五、畜禽粪便资源化利用的影响因素

养殖户是畜禽粪便资源化处理的主要行为主体，分析养殖户行为有利于明确如何能够更有效地进行畜禽粪便资源化利用。已有相关文献主要是基于微观调查数据分析养殖户进行畜禽粪便资源化利用的影响因素。畜禽粪便资源化利用的成本收益是影响养殖户畜禽粪便资源化利用的重要因素，但因为数据获取较为复杂，存在一定的难度，已有研究在分析该问题时主要是从以下四方面分析养殖户畜禽粪便资源化利用行为的影响因素：一是养殖户个人、家庭和养殖特征因素，主要有年龄、受教育年限、人均耕地面积、是否参加农民合作组织、养殖规模、养殖年限、养殖户为风险偏好型、养殖收入占家庭收入比例等（韦佳培等，2011；Norbert et al.，2014；舒畅等，2017；赵俊伟等，2019）。其中年龄较大、受教育年限较短、养殖年限较长、中小规模的养殖户对畜禽粪便资源化利用积极性较低，如要进行粪便资源化利用，选择肥料化利用的可能性较高。而年龄较小、受教育年限较长、大规模、养殖收入占家庭收比例较高、加入农民合作组织、风险偏好型的养殖户对畜禽粪便资源化利用积极性较高，且多选择生产有机肥和生产沼气等前期投资较大的粪便资源化利用方式。

二是养殖户对畜禽粪便的认知因素，主要有畜禽养殖污染危害认知和养殖户对畜禽粪便价值感知等（韦佳培等，2011；舒畅，2016），养殖户对畜禽粪便污染危害认知和畜禽粪便价值感知的程度越高，对资源化利用畜禽粪便的积极性越高。三是外部环境建设因素，包括地区经济发展水平、劳动力成本、农地肥力、农产品商品率、技术支持和粪肥交易市场等（莫海霞等，2011；虞祎等，2012；赵俊伟等，2019），地区经济发展水平、畜禽粪便资源化利用后商品率、技术支持、交易市场等外部环境建设越发达完善，养殖户进行粪便资源化利用的概率越高，选择性越多。四是政策因素，一方面体现在激励性政策，如沼气补贴、有机肥补贴、设备设施补贴，可以刺激养殖户的环保投资，对养殖户进行畜禽粪便资源化利用有显著正向影响；另一方面体现在约束性政策，如排污技术标准的实施、排污费的征收强度能刺激生产者更加重视对粪便的处理（杨宁等，2014；虞祎等，2012；马骥等，2011；潘丹，2016）（图 1）。

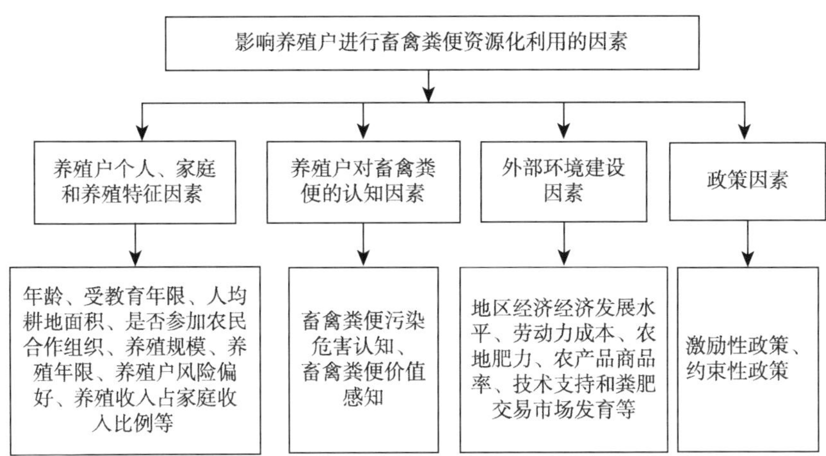

图 1　养殖户粪便资源化利用影响因素

六、文献评述与政策建议

（一）评述

通过对畜禽粪便相关文献的梳理，发现已有文献对畜禽粪便的研究结论主要可以归纳为以下四个方面：

一是在畜禽粪便对环境的影响方面，已有研究主要是侧重于畜禽养殖排放粪便对环境的影响和排放粪便量的计算，在畜禽粪便对水土壤大气造成不利影响方面，学者基本达成共识，但在畜禽粪便排放量计算方面，由于不同学者对计算产排污系数观点有分歧，因此结论差异较大，确定准确统一的产排污系数值得进一步研究。

二是在畜禽粪便的资源化利用方式方面，主要基于肥料化、能源化、饲料化的三大类别层面进行分析，但未充分考虑不同地区、不同规模、不同粪便处理模式在实际运行中的差异。且从畜禽粪便利用情况来看，畜禽粪便进行肥料化利用是最广泛的利用方式，但现有研究对不同畜种不同地区不同规模的畜禽粪便肥料化利用情况进行详细分析的文献还较为欠缺。

三是在研究畜禽粪便资源化利用的成本收益等方面，对畜禽粪便处理经济效益的研究较少。对不同地区、不同养殖品种的差异带来的不同的供给需求情况、成本收益情况进行研究是进一步研究的方向。

四是在养殖户粪便处理行为的影响因素方面，已有研究主要集中在对某些区域范围内养殖户对畜禽粪便资源化利用的影响因素，或特定法律法规对养殖户对畜禽粪便资源化利用的影响因素，在扩大研究范围，并对比不同地区、不同养殖品种、不同地区特性差异给养殖户进行畜禽粪便资源化利用的影响方面值得进一步研究。

（二）政策建议

通过对已有关于畜禽粪便资源化利用方式、影响畜禽粪便资源化利用的因素，以及畜禽粪便资源化利用成本收益等内容的研究梳理，可以看到我国畜禽粪便资源化利用存在养殖户对畜禽粪便价值认知较低、外部环境建设不够完善，以及粪便资源化利用前期投资大等较为突出的问题。基于此，提出以下政策建议：

一是大力推广种养结合循环农业生产模式，提高资源利用效率。畜禽粪便中含有丰富的有机质和作物生长所需的氮磷钾元素，是优质的作物肥料，政府应推动“以种代养、以养促种”种养结合循环发展理念，鼓励构建标准化、集约化的种养综合体，通过将畜禽粪便经过资源化处理后替代化肥施用，起到改良土壤、提高农产品品质、改善农业生态环境、提高农业资源利用效率，实现农业生产各个环节价值增值的作用。

二是鼓励建设第三方组织合作处理畜禽粪便，促进粪便有效利用。中小型畜禽养殖户在养殖过程中因养殖量相对较小，畜禽粪便资源化处理成本高等原因，在畜禽粪便资源化利用上存在明显短板。鼓励建设与中小规模养殖户对接的第三方畜禽粪便处理利用组织，用于畜禽粪便统一进行回收、无害化处理和资源化利用，以降低养殖户粪污处理成本，提高畜禽粪污资源化利用的经济效益。

三是加快先进生产设备的研发推广步伐，满足市场迫切需求。大中型养殖场（户）大多有对畜禽粪便资源化利用的意愿，但我国农机科技研发推广较薄弱，畜禽粪便能源化、肥料化等往往受缺乏相应机械手段的制约，粪便资源化设备前期投资较大且利用成效较弱，养殖户对畜禽粪便资源化处理积极性低，因此应该加快畜禽粪便资源化利用科研步伐，加强先进设备研发、推广和应用，满足市场对先进肥料化、能源化设备的需求，让更多的养殖户有条件选择合适的处理方式。

参考文献

[1] 李丹阳，靳红梅，吴华山．畜禽养殖废弃物养分管理决策支持系统研究及应用 [J]. 中国农业资源与区划，2019，40（5）：21-30.

[2] 耿维，胡林，崔建宇，等．中国区域畜禽粪便能源潜力及总量控制研究．农业工程学报 [J]. 2013，29（1）：171-179，295.

[3] 左永彦，冯兰刚．中国规模生猪养殖全要素生产率的时空分异及收敛性——基于环境约束的视角 [J]. 经济地理，2017（37）：166-174，215.

[4] 阎波杰，赵春江，潘瑜春，等．规模化养殖畜禽粪便量估算及环境影响研究 [J]. 中国环境科学，2009，29（7）：733-737.

[5] 张田，卜美东，耿维．中国畜禽粪便污染现状及产沼气潜力 [J]. 生态学杂志，2012，31（5）：1241-1249.

[6] 仇焕广，廖绍攀，井月，等．我国畜禽粪便污染的区域差异与发展趋势分析 [J]. 环境科学，2013，34（7）：2766-2774.

[7] 王志国，李辉信，岳明灿，等．中国畜禽粪尿资源及其替代化肥潜力分析 [J]. 中国农学通报，2019，35（26）：121-128.

[8] 董红敏，朱志平，黄宏坤，等．畜禽养殖业产污系数和排污系数计算方法 [J]. 农业工程学报，2011，27（1）：303-308.

[9] 张锋，胡浩，张晖．江苏省农业面源污染与经济增长关系的实证 [J]. 中国人口·资源与环境，2010，20（8）：80-85.

[10] 孟祥海，沈贵银．江淮生态经济区农田氮磷平衡与种养结合进程分析：以江苏省淮安市为例 [J]. 江苏农业科学，2018，46（23）：313-317.

[11] 武淑霞，刘宏斌，刘申，等．农业面源污染现状及防控技术 [J]. 中国工程科学，2018，20（5）：23-30.

[12] Hesketh N, Brookes P C. Development of an indicator for risk of phosphorus leaching [J]. Journal of Environmental Quality, 2000, 29 (1): 105-110.

[13] 孟祥海，张俊飚，李鹏，等．畜牧业环境污染形势与环境治理政策综述 [J]. 生态与农村环境学报，2014，30 (1)：1-8.

[14] 陆文聪，马永喜，薛巧云，等．集约化畜禽养殖废弃物处理与资源化利用：来自北京顺义区农村的政策启示 [J]. 农业现代化研究，2010，31 (4)：488-491.

[15] Charalampos M, Stylianos I. Soil depletion of Ca, Mg and K due to vicinal intensive hog farming operation located in east mediterranean [J]. Water Air Soil Pollute, 2012 (223): 4565-4575

[16] 郝守宁，普布次仁，董飞．林芝畜禽养殖粪便排放时空演变及耕地污染负荷分析 [J]. 农业工程学报，2019，35 (16)：225-232.

[17] Pence N S, Iarsen P B, Ebbs S D et al.. The molecular physiology of heavy metal transport in the Zn/Cd hyperaccumulator [J]. Proceeding of the National Academy Science of the United States of America, 2000, 97 (9): 4956-4960

[18] 陈俊红，刘合光，秦富，等．蛋鸡粪循环利用模式评价与政策建议 [J]. 农业环境与发展，2011，28 (2)：30-35，39.

[19] 刘合光，秦富．蛋鸡粪处理模式的经济分析与政策建议 [J]. 中国家禽，2010，32 (21)：34-37.

[20] 潘丹，孔凡斌．养殖户环境友好型畜禽粪便处理方式选择行为分析——以生猪养殖为例 [J]. 中国农村经济，2015 (9)：17-29.

[21] 莫海霞，仇焕广，王金霞，等．我国畜禽排泄物处理方式及其影响因素 [J]. 农业环境与发展，2011，28 (6)：59-64.

[22] 仇焕广，莫海霞，白军飞，等．中国农村畜禽粪便处理方式及其影响因素——基于五省调查数据的实证分析 [J]. 中国农村经济，2012 (3)：78-87.

[23] 曹文学．邹平县畜禽养殖粪污处理现状及对策 [J]. 中国人口·资源与环境，2017，27 (S1)：55-57.

[24] 王祖力，王济民．利用畜禽粪便生产有机肥潜力巨大 [J]. 中国猪业，2011，5 (7)：52-53.

[25] 杨文叶，王京文，李丹，等．商品有机肥对耕地质量及水稻产量的影响 [J]. 浙江农业科学，2012 (12)：1621-1622.

[26] 赵俊伟，尹昌斌．青岛市畜禽粪便排放量与肥料化利用潜力分析 [J]. 中国农业资源与区划，2016，37 (7)：108-115.

[27] 姜茜，王瑞波，孙炜琳．我国畜禽粪便资源化利用潜力分析及对策研究——基于商品有机肥利用角度 [J]. 华中农业大学学报（社会科学版），2018 (4)：30-37，166-167.

[28] 李尚民，范建华，蒋一秀，等．鸡场废弃物资源化利用的主要模式 [J]. 中国家禽，2017，39 (22)：67-69.

[29] 朱建春，张增强，樊志民，等．中国畜禽粪便的能源潜力与氮磷耕地负荷及总量控制[J]. 农业环境科学学报，2014，33 (3)：435-445.
[30] 赵立欣，孟海波，沈玉君，等．中国北方平原地区种养循环农业现状调研与发展分析[J]. 农业工程学报，2017，33 (18)：1-10.
[31] 黎运红．畜禽粪便资源化利用潜力研究 [D]. 武汉：华中农业大学，2015.
[32] 王叶烨，邵胜丹，陆泽．不同规模家禽养殖场粪污处理方式的调查与分析 [J]. 中国家禽，2015，37 (6)：66-68.
[33] 胡向东，黄仁，何忠伟．畜禽规模养殖场废弃物处理的现状分析 [J]. 江苏农业科学，2014，42 (1)：302-304.
[34] 朱宁，马骥．畜禽粪便沼气发电模式的发展对策研究 [J]. 资源开发与市场，2014，30 (1)：38-41.
[35] 舒畅，乔娟．基于养殖废弃物肥料化的种植户施用关联效应研究 [J]. 农业技术经济，2016 (12)：32-42.
[36] Norbert Schulz，Gunnar Breustedt，Uwe Latacz-Lohmann. Assessing Farmers' Willingness to Accept "Greening"：Insights from a Discrete Choice Experiment in Germany [J]. Journal of Agricultural Economics，2014，65 (1) .
[37] 饶静，张燕琴．从规模到类型：生猪养殖污染治理和资源化利用研究——以河北 LP 县为例 [J]. 农业经济问题，2018 (4)：121-130.
[38] 韦佳培，张俊飚，吴洋滨．农民对农业生产废弃物的价值感知及其影响因素分析——以食用菌栽培废料为例 [J]. 中国农村观察，2011 (4)：77-85.
[39] 舒畅，乔娟，耿宁．畜禽养殖废弃物资源化的纵向关系选择研究——基于北京市养殖场户视角 [J]. 资源科学，2017，39 (7)：1338-1348.
[40] 赵俊伟，姜昊，陈永福，等．生猪规模养殖粪污治理行为影响因素分析——基于意愿转化行为视角 [J]. 自然资源学报，2019，34 (8)：1708-1719.
[41] 虞祎，张晖，胡浩．排污补贴视角下的养殖户环保投资影响因素研究—基于沪、苏、浙生猪养殖户的调查分析 [J]. 中国人口·资源与环境，2012，22 (2)：159-163.
[42] 潘丹．基于农户偏好的牲畜粪便污染治理政策选择——以生猪养殖为例 [J]. 中国农村观察，2016 (2)：68，83，96-97.
[43] 赵俊伟，陈永福，尹昌斌．生猪养殖粪污处理社会化服务的支付意愿与支付水平分析[J]. 华中农业大学学报（社会科学版），2019 (4)：90-97，173-174.
[44] 杨宁，秦富，徐桂云，等．我国蛋鸡养殖规模化发展现状调研分析报告 [J]. 中国家禽，2014，36 (7)：2-9.
[45] 马骥，朱宁，秦富．西南地区蛋鸡粪产业链各环节成本与收益分析 [J]. 中国家禽，2011，33 (8)：57-60.
[46] 陆文聪，马永喜，Holger Bergmann. 规模化养殖场废弃物处理方式的优化研究——以北京顺义区某村生猪养殖为例 [J]. 中国畜牧杂志，2011，47 (6)：48-51.

[47] 朱宁，秦富．蛋鸡粪有机肥生产效益分析 [J]. 黑龙江畜牧兽医，2016 (8)：6-8.
[48] 林志贤．蛋鸡粪产业链各环节成本与收益分析 [J]. 中国农业信息，2014 (15)：86.
[49] 陈菲菲，张崇尚，王艺诺，等．规模化生猪养殖粪便处理与成本收益分析 [J]. 中国环境科学，2017，37 (9)：3455-3463.

我国鸡粪资源化利用现状及成本收益

刘　春[1]　原　婷[2]　刘晨阳[1]　辛翔飞[1]　王济民[1,3]

（1. 中国农业科学院农业经济与发展研究所；
2. 中国农业科学院农业信息研究所；3. 中国农业科学院办公室）

生态文明建设，作为新时代中国特色社会主义事业的重要内容，关系着人民福祉，关系着民族的未来，事关“两个一百年”奋斗目标和中国梦的实现。习近平总书记早在2005年8月就提出了“绿水青山，就是金山银山”的科学论断，并就生态文明建设做出了一系列的部署和安排。随着我国畜牧业的迅速发展，畜禽养殖总量不断扩大，规模化养殖比例不断提高，畜禽养殖业污染排放对环境的污染日益加剧。畜禽养殖污染防治是生态文建设进程中不可回避、不可忽视的问题。党中央、国务院对生态文明建设给予了高度关注，对畜禽粪便进行处理和利用是国家相关环保法律法规的明确要求，中央及相关部门先后颁布了《畜禽养殖污染防治管理办法》《畜禽养殖业污染物排放标准》《畜禽规模养殖污染防治条例》《农业部关于打好农业面源污染防治攻坚战的实施意见》等政策法规。畜禽粪便既是养殖业主要的污染源，也是宝贵的资源。畜禽粪便若不加以处理和资源化利用，不仅造成资源的浪费，还会危及畜禽和人体健康，将严重影响环境和畜牧业的可持续发展。推进畜禽粪便资源化利用是促进畜牧业可持续发展的必然趋势。畜禽粪便资源化利用不仅能提高养殖的粪便处理效率，而且能够通过种养结合、农牧循环等途径实现清洁生产，对于改善生态环境、实现畜牧业可持续发展具有重要意义。

在我国畜禽养殖业中，肉鸡作为第二大畜禽养殖品种是市场化、规模化、集约化程度最高的产业。鸡粪是畜禽粪便的主要组成部分，同时鸡粪相对于其他畜禽粪便在利用方式上具有多样性和独特性。肉鸡粪便进行资源化利用符合中央关于生态文明建设、畜禽业绿色生产方式的要求，有利于增强肉鸡产业可持续发展能力。本研究通过养殖户规模调研和典型案例调研，分析养殖户鸡粪资源化利用现状，计算比较不同肉鸡粪便资源化利用方式的成本收益，为引导养殖户合理处理利用肉鸡粪便，为企业实现节本增效，为政府部门实行决策管理，提供科学支撑。

一、我国鸡粪资源化利用现状

首先，基于在河北、山东、河南、广西、云南和安徽等肉鸡主产省（区）进行鸡粪资源化利用问卷调研，搜集我国鸡粪资源化现状。其次，整理养殖户个人和养殖场养殖现状的相关数据，并对养殖户个人基本特征和养殖场主要特征进一步分析。最后，对养殖户鸡粪资源化利用方式归纳分析，并以鸡粪燃烧发电方式作为典型案例研究。

（一）问卷设计与调研方案

1. 问卷设计

为全面了解我国现阶段鸡粪资源化利用情况，设计鸡粪资源化利用的调查问卷，从肉鸡养殖户个人情况角度、养殖场具体养殖情况角度、鸡粪处理方式角度、不同鸡粪资源化利用方式的成本收益角度、养殖场在清理鸡粪后产生的污水处理角度、政府对养殖户鸡粪资源化利用监管角度对鸡粪资源化利用问卷分为八个部分。

问卷第一部分为养殖户主、家庭个体特征。包括性别、年龄、文化程度、组织身份、人口组成、养殖收入、肉鸡养殖收入占家庭收入比重、养殖技术培训情况、是否种地等，了解肉鸡养殖户个人、家庭的信息。

问卷第二部分为养殖场的基本情况。包括养殖年限、养殖品种、产业化模式、养殖方式、鸡粪清理方式、清理频率、养殖场周转情况和养殖成本收益等。通过了解肉鸡养殖场养殖基本情况，摸清养殖场的运行情况和周转情况。

问卷第三部分为鸡粪处理情况。包括养殖户鸡粪利用方式、鸡粪过去与现在利用结构、养殖户对鸡粪的自用需求、养殖场周边对鸡粪的需求情况、政府对养殖户资源化利用鸡粪的补贴情况等。该部分聚焦养殖户鸡粪资源化利用的具体情况，对现阶段肉鸡养殖户常用的鸡粪资源化利用方式进行分类，对养殖户过去和现在所采用的鸡粪资源化利用方式进行调研；同时了解养殖户自身和外部环境对鸡粪资源化利用行为的影响，例如养殖户自身是否有鸡粪处理设备，政府是否有补贴，是否有第三方鸡粪收购处理商等。

问卷第四部分为鲜鸡粪免费赠送/出售的成本收益情况。鸡粪免费赠送和出售是现阶段养殖户采用较多的鸡粪资源化利用方式，通过对养殖户鸡粪免费赠送/出售的对象、所需成本、收益进行研究，对鸡粪免费赠送/出售情况进行深入了解。

问卷第五部分为粪肥/有机肥的成本收益情况。通过对鸡粪制作粪肥/有机肥的方式、用途、对象、加工所需成本、产量、收益等方面信息的收集，对养殖户采用粪肥/有机肥自用、出售进行探究。

问卷第六部分为沼气加工的成本收益情况。调研将鸡粪加工为沼气的情况，通过搜集生产沼气所需各项成本、收益、用途、对象、沼渣沼液处理等信息，对养殖户采用沼气加工进行分析研究。

问卷第七部分为冲洗鸡舍笼网用水情况。养殖户将鸡粪清理后需用水将鸡舍进行清洗，通过清理鸡粪用水方式、用水量、后续污水处理情况的调研，对养殖户冲洗鸡舍笼网用水情况进行梳理。

问卷第八部分为鸡粪资源化利用规章和制度情况。通过对养殖户调研了解当地是否有鸡粪资源化利用相关规章和制度、养殖户对鸡粪资源化利用相关规章制度的了解情况和程度、是否有当地政府相关部门人员进行鸡粪资源化利用的检查及检查频率、对鸡粪资源化利用规章制度在养殖户中普及情况和当地相关部门对鸡粪资源化利用检查情况进行摸底。

2. 调研方案

我国北方地区和南方地区肉鸡养殖情况具有较大差异，具有不同的肉鸡品种、养殖方式、清粪方式、养殖规模等，因此其鸡粪资源化利用方式也具有较大差异。对南北地区进行调研，基本能够代表全国的肉鸡养殖情况。选取河北省、山东省、河南省代表北方地区，主要养殖品种为白羽肉鸡。选取广西壮族自治区、云南省、安徽省代表南方地区，主要养殖品种为黄羽肉鸡。此外，小白鸡在南北方地区均有分布。在调研地点的选取上，选取囊括南北地区、三种肉鸡品种和大中小规模的肉鸡养殖户，较大程度上代表肉鸡养殖的省份，样本采用分层随机抽样的方式，每个省选取至少两个肉鸡生产大县进行随机抽样的鸡粪资源化利用问卷调研，具有全面性和代表性。

国家肉鸡产业技术体系产业经济岗位课题组成员在 2019 年 4—9 月进行了调研。在我国南北地区肉鸡养殖代表省份进行肉鸡粪便资源化利用的调研过程中，为保证调研的全面性，每个省份均调研两个及以上不同市县地区。具体情况如下：在河北省选取三个市县的肉鸡养殖户进行问卷调研，分别为保定市及周边县城（易县、满城县、涞水县），沧州市及周边县乡（孟村乡、高寨乡、辛店乡），承德市及周边县乡（新县乡、大屯乡、平属乡）共调研 81 份。在河南省选取三个市县的肉鸡养殖户进行问卷调研，分别为：鹤壁市及周边县乡

(洪县、淇滨县)，新乡市及周边县乡（安都乡、辉县)，焦作市及周边县乡(修武县）共调研问卷20份。在山东省选取多个市区县乡的肉鸡养殖户进行问卷调研，分别为潍坊市寒亭区、昌乐县，枣庄市及周边乡镇（姜屯镇、龙阳镇)，济南历城县，德州平原县，烟台牟平县，日照营县，滕州滕水县，东营垦利县等地共调研25份。在云南省选取地处昆明市南北两个县进行调研，分别是建水县和石林县调研共30份。在广西壮族自治区南宁市选取金陵县、隆安县、武鸣县调研共62份。在安徽省选取两个市县肉鸡养殖户进行调研，分别为六安市及周边区县（霍邱县、舒城县)，宣城市及周边县乡（宁国县、霞栖县、汪溪县）共调研42份。调研共得到260份问卷，其中有效问卷251份，问卷有效率96.54%。调研样本分布具体见表1。

表1 调研地区分布

<table>
<tr><th>地区</th><th>省份</th><th>调研地点</th><th>份数</th><th>有效份数</th><th>南北方数量占比</th></tr>
<tr><td rowspan="9">北方地区</td><td rowspan="3">河北省</td><td>保定市及周边地区</td><td>32</td><td rowspan="3">78</td><td rowspan="9">49%</td></tr>
<tr><td>沧州市及周边地区</td><td>24</td></tr>
<tr><td>承德市及周边地区</td><td>22</td></tr>
<tr><td rowspan="3">河南省</td><td>鹤壁市及周边地区</td><td>10</td><td rowspan="3">20</td></tr>
<tr><td>新乡市及周边地区</td><td>5</td></tr>
<tr><td>焦作市及周边地区</td><td>5</td></tr>
<tr><td rowspan="3">山东省</td><td>潍坊市及周边地区</td><td>8</td><td rowspan="3">25</td></tr>
<tr><td>枣庄市及周边地区</td><td>7</td></tr>
<tr><td>济南、德州、烟台、日照、滕州、东营等地</td><td>10</td></tr>
<tr><td rowspan="7">南方地区</td><td rowspan="2">云南省</td><td>昆明市建水县</td><td>20</td><td rowspan="2">28</td><td rowspan="7">51%</td></tr>
<tr><td>昆明市石林县</td><td>8</td></tr>
<tr><td rowspan="3">广西壮族自治区</td><td>南宁市金陵县</td><td>25</td><td rowspan="3">60</td></tr>
<tr><td>南宁市隆安县</td><td>20</td></tr>
<tr><td>南宁市武鸣县</td><td>15</td></tr>
<tr><td rowspan="2">安徽省</td><td>六安市及周边地区</td><td>6</td><td rowspan="2">40</td></tr>
<tr><td>宣城市及周边地区</td><td>34</td></tr>
</table>

数据来源：鸡粪资源化利用模式调研所得。

（二）样本特征分析

1. 养殖场户基本个体特征

养殖户主的基本特征。养殖户主性别为男性的比例占全体的 87.25%，说明养殖户主主要为男性。从养殖户年龄来看，肉鸡养殖户主平均年龄为 45.84 岁，最小年龄养殖户为 22 岁，最高龄养殖户为 75 岁，从年龄分布可以看出肉鸡养殖户主多数为 40～59 岁的中年人，占总样本数的 70.92%，20～39 岁的青年人占 23.51%，60 岁以上的老人占 5.57%。养殖户主的文化程度看，初中学历的养殖户主最多，占 50.59%，其次是小学和高中（中专）学历，分别占 23.11%和 15.14%，仅有 9.9%的养殖户主具有大学（大专）及以上的高等学历。95.22%的养殖户主不是村干部，说明肉鸡养殖户基本不担任村干部职务。从养殖户主基层组织关系，仅有 33.07%的养殖户主加入农民合作社，得出从事肉鸡养殖的养殖户主较少参与基层组织，也表明肉鸡养殖具有独立性，养殖户对参与基层组织需求不强（表 2）。

表 2　养殖户主基本信息

项目	选项	样本数	比例	平均数	标准差	最小值	最大值
户主性别	男	219	87.25%	1.13	0.33	1	2
	女	32	12.75%				
年龄	20～39 岁	59	23.51%	45.84	9.36	22	75
	40～59 岁	178	70.92%				
	60 岁及以上	14	5.57%				
文化程度	文盲	3	1.19%	3.1	0.91	1	5
	小学	58	23.11%				
	初中	127	50.59%				
	高中（中专）	38	15.14%				
	大学（大专）及以上	25	9.97%				
户主是否是村干部	是	12	4.78%	1.95	0.21	1	2
	否	239	95.22%				
是否加入合作社	是	83	33.07%	1.22	0.41	1	2
	否	168	66.93%				

数据来源：鸡粪资源化利用模式调研所得。

养殖户的基本特征。从养殖户的养殖收入水平和收入结构看，肉鸡养殖平均年收入为26.24万元，最低年收入为1.8万元，最高为1 000万元。其中，年收入10万元以内的养殖户最多，占总体的50.97%；年收入10万～20万元养殖户占全体养殖户的30.28%；年收入20万元及以上的养殖户占18.75%。养殖收入占总收入的比重平均为82.05%，肉鸡养殖收入占总收入最低比重为10%，最高比重为100%，表明对大多数养殖户来讲，肉鸡养殖收入是其家庭收入的主要组成部分。从养殖畜禽品种看，仅有5.18%的养殖户在养殖肉鸡的同时养殖其他畜禽，说明绝大部分养殖户主仅养殖肉鸡，不同时养殖其他畜禽，在肉鸡养殖方面具有专业性。从养殖户从事其他农业生产活动情况看，37.85%的肉鸡养殖户没有进行任何种植生产，说明37.85%的养殖户无法自行对鸡粪进行消纳。43.63%的养殖户在肉鸡养殖同时进行农业生产，主要以粮食作物为主，其次为水果、蔬菜、鱼塘以及少数花卉、中药等（表3）。

表3　养殖户的基本特征

项目	选项	样本数	比例	平均数	标准差	最小值	最大值
肉鸡养殖纯收入（万）	10万以内	128	50.97%				
	10万～20万元	76	30.28%	26.24	81.11	1.8	1 000
	20万元及以上	47	18.75%				
肉鸡养殖纯收入占总收入比重	80%以下	78	31.08%	82.05	22.78	10	100
	80%及以上	173	68.92%				
户主是否同时养殖其他畜禽	是	13	5.18%	1.95	0.22	1	2
	否	238	94.82%				
是否种地	不种地	95	37.85%	1.63	0.48	1	2
	种地	107	43.63%				

数据来源：鸡粪资源化利用模式调研所得。

2. 养殖场户主要养殖特征

养殖户养殖特征。从参加养殖技术培训看，78.09%的养殖户接受过养殖技术培训，通过调研发现绝大部分是由龙头企业对养殖户进行养殖技术培训，少部分是由政府组织的对贫困户提供的肉鸡养殖技术培训。从养殖年限来看，其主要反映了肉鸡养殖户的养殖经验，61.35%的养殖户肉鸡养殖时间低于10年，34.26%的肉鸡养殖户从业时间在10～20年，4.38%的养殖户从业时间在20年以上。从养殖品种来看，有白羽肉鸡、黄羽肉鸡、小白鸡三种，其中白羽肉鸡占 48.21%，黄羽肉鸡占 37.45%，小白鸡占 14.34%（表 4）。

表 4　养殖户养殖特征

项目	选项	样本数	比例	平均数	标准差	最小值	最大值
是否接受过技术培训	是	196	78.09%	1.67	0.47	1	2
	否	55	21.91%				
养殖年限	0～10 年	154	61.35%	9.39	6.51	0	39
	11～20 年	86	34.26%				
	21 年及以上	11	4.38%				
养殖品种	白羽肉鸡	121	48.21%	1.66	0.72	1	3
	黄羽肉鸡	94	37.45%				
	小白鸡	36	14.34%				

数据来源：鸡粪资源化利用模式调研所得。

养殖场养殖特征。从养殖场产业化模式看，主要有市场户、“公司＋农户”模式、“公司＋合作社＋农户”、“公司＋经纪人＋农户" 模式和公司自养模式五种。“公司＋农户”模式的比重最大，占 63.75%，可以看出由龙头企业带动养殖户肉鸡养殖是最普遍的产业化模式，其次是市场户，占 13.55%，再次是“公司＋经纪人＋农户”模式和公司自养模式，分别占 13.15%和 5.98%，占比最少的是“公司＋合作社＋农户”为 3.59%。从养殖方式看：主要有笼养、网上平养、地面平养和林下养殖四种。笼养方式占比最大为 43.43%，因为笼养效率高，近几年笼养发展较快，调研的白羽肉鸡和小白鸡产区都有将平养向笼养转变的趋势。地面平养占 37.85%，网上平养占 12.75%。地面平养是在地上铺一层由秸秆、稻壳等为主的垫料，肉鸡直接在垫料上成长。网上平养是在地上铺垫料，垫料上方搭建一层铁网，肉鸡在铁网上成长。这两种平养的方式对白羽肉鸡、黄羽肉鸡、小白鸡的养殖皆适用，一些鸡肉产品对口外国企业，注重动物福利的白羽肉鸡和小白鸡都保留平养的养殖方式。林下养殖占 5.98%，林下养殖对养殖用地面积需求大，仅适用于市场户的慢速型黄羽肉鸡的养殖，该养殖方式占比最少。从养殖规模看，养殖规模在 3 万只以下的养殖场占比为 25.10%；3 万～5 万只的养殖场占比为 21.51%；5 万～10 万只的养殖场占比为 21.91%；10 万～20 万只的养殖场占比为 14.74%；20 万～50 万只的养殖场占比为 6.77%；50 万～100 万只的养殖场占比为 3.59%；100 万只的养殖场占比为 6.37%。养殖规模在 0～10 万只的养殖户数量最多，占总样本量的 68.52%。平均养殖规模为 29.85 万只/年，最小规模为 9 500 只/年，最大规模为 1 430 万只/年（表 5）。

表 5　养殖场养殖特征

项目	选项	样本数	比例	平均数	标准差	最小值	最大值
产业化模式	市场户	34	13.55%				
	公司+农户	160	63.75%				
	公司+合作社+农户	9	3.59%	2.34	1.06	1	5
	公司+经纪人+农户	33	13.15%				
	其他（公司自养）	15	5.98%				
养殖方式	笼养	109	43.43%				
	地面平养	95	37.85%	1.81	0.88	1	4
	网上平养	32	12.75%				
	林下养殖	15	5.98%				
养殖规模	3 万只以下	63	25.10%				
	3 万～5 万只	54	21.51%				
	5 万～10 万只	55	21.91%				
	10 万～20 万只	37	14.74%	298 490	1 201 475	9 500	1 430 万
	20 万～50 万只	17	6.77%				
	50 万～100 万只	9	3.59%				
	100 万只以上	16	6.37%				

注：养殖规模为年出栏数量。

数据来源：鸡粪资源化利用模式调研所得。

养殖场鸡粪处理特征。从鸡粪清理方式看，主要有人工清理、刮粪板和传送带三种清理方式。人工清理占比最多，占 66.53%，主要原因是地面平养和网上平养都可采用人工清理的方式对鸡粪进行清理。其次是传送带，占 23.90%，主要应用于具备自动化设备的笼养方式的养殖场。最后是刮粪板，占 8.76%，主要应用于非自动化设备的笼养方式的养殖场。从养殖场鸡粪清理频率看：频率为 1～2 天/次占比最大，为 42.63%，与养殖时间短、清粪频率高的白羽肉鸡和小白鸡的鸡粪清理频率相对应。而黄羽肉鸡鸡粪的清理频率为 3～180 天/次不等，占全体样本量的 57.37%。由于黄羽肉鸡主要分为快速型、中速型、慢速型三种，养殖时间在 60～180 天不等，在养殖过程中不同地区、不同养殖经验、不同产业化结构的养殖户清理频率与清理方式不同，有的养殖户只在肉鸡出栏时将鸡粪与垫料混合物一次性清理，有的养殖户会在养殖过程中有数次添加垫料、更换垫料的情况，因此清理频率不等（表 6）。

表 6 鸡粪清理方式及频率

项目	选项	样本量	比例	平均数	标准差	最小值	最大值
清理方式	人工清理	167	66.53%				
	刮粪板	22	8.76%	1.57	0.85	1	3
	传送带	60	23.90%				
鸡粪清理频率	1～2 天/次	107	42.63%				
	3～19 天/次	17	6.77%				
	20～50 天/次	74	29.48%	25.41	29.61	1	150
	51～100 天/次	45	17.93%				
	100 天/次以上	8	3.19%				

数据来源：鸡粪资源化利用模式调研所得。

（三）肉鸡粪便资源化利用现状分析

1. 鸡粪资源化利用整体情况

鸡粪资源化利用模式主要有肥料化、能源化和饲料化三大类，根据调研情况了解到我国养殖户鸡粪资源化利用情况主要有免费赠送、鲜粪出售、制作粪肥（含有机肥）自用、制成粪肥（含有机肥）出售和制成饲料自用五种。因为鸡粪相对于其他畜种粪便，具有有机质含量相对高，含水量相对低的特点，更适用于肥料化利用模式，我国肉鸡养殖户主要采用的鸡粪免费赠送、鲜粪出售、粪肥（含有机肥）自用、粪肥（含有机肥）出售四种利用方式都属于鸡粪肥料化模式类别。鸡粪制成饲料自用属于鸡粪饲料化模式类别。在调研中没有属于鸡粪能源化类别的养殖户样本，主要因为一是生产沼气、燃烧发电前期投入高；二是有沼气产气不稳定、燃烧发电并网困难、沼渣沼液灰渣等副产品需二次处理等问题，没有养殖户进行能源化利用。

免费赠送鸡粪的样本共 83 个，占样本总量的 33.07%，主要集中在白羽肉鸡生产区的河北、河南、山东等省。鲜粪直接出售的样本量有 201 个，占总样本量的 80.08%，是占比最高的鸡粪利用方式。粪肥（含有机肥）自用方式的样本量有 91 个，占 36.25%。粪肥（含有机肥）出售方式样本量有 14 个，占5.58%。饲料自用样本量有5个，占总样本量的1.99%。从表7可以看出，养殖户最常用的鸡粪资源化利用方式有三种，分别是鲜粪出售、制成粪肥（包含有机肥）自用和鸡粪免费赠送（表7）。

表7 鸡粪资源化利用方式占比

鸡粪资源化利用方式	样本量	占比
免费赠送	83	33.07%
直接出售	201	80.08%
粪肥（含有机肥）自用	91	36.25%
粪肥（含有机肥）出售	14	5.58%
饲料自用	5	1.99%

数据来源：鸡粪资源化利用模式调研所得。

养殖户可以根据自身生产生活情况，对鸡粪资源化利用方式进行变更，养殖户鸡粪利用方式变化最大的是鸡粪从直接出售转向免费赠送，在251个养殖户样本中，鸡粪免费赠送比例上升的养殖户有20个养殖场，占样本总量的7.97%，主要集中在白羽肉鸡生产区河北省和山东省。粪肥（含有机肥）自用、粪肥（含有机肥）出售等方式近年来发生变化的养殖户极少，主要是养殖户个人情况变化、土地流转等因素造成。

近年来养殖户将鸡粪免费赠送比例与过去鸡粪免费赠送相比，平均增长了60%。主要集中在2016—2018年，在2016年前鸡粪以鲜粪出售的方式为主，随着《畜禽规模养殖污染防治条例》《全国畜禽粪污资源化利用整县推进项目工作方案（2018—2020年）》《关于加快推进畜禽养殖废弃物资源化利用的意见》等国家环保政策的实施，自2016年以来对鸡粪的处理越来越规范和严格。例如鲜粪不允许在养殖场堆积存放、规模养殖场必须修建化粪池、污水沉淀池等要求。随着肉鸡产业的向好发展，近年来肉鸡养殖户增多且养殖规模增大，鸡粪产量随之上升，但种植户对鸡粪的需求总体没有增加，以及鸡粪收购商等第三方处理者数量较少等原因使得养殖户为及时处理鸡粪，选择降低出售鸡粪带来的收益，增加免费赠送鸡粪的处理方式。

2. 鸡粪免费赠送

养殖户采用鸡粪免费赠送的利用方式主要是鸡粪供过于求，且受环保政策要求及时处理鲜粪的压力，养殖户将鸡粪免费赠送给周边农户、鸡粪贩子、鸡粪第三方处理企业和有机肥制造厂等。

鸡粪免费赠送与地区相关。以河北省、河南省、山东省为代表的北方地区，鸡粪资源化利用采用免费赠送方式的样本有 78 份，占免费赠送样本数的 93.98%，表明采用鸡粪免费赠送方式的绝大部分是北方地区的养殖场。主要原因有以下三点：一是北方地区是白羽肉鸡和小白鸡的主产区，白羽肉鸡和小白鸡养殖规模扩大速度较快，鸡粪供过于求。同时白羽肉鸡和小白鸡的养殖方式多为笼养和网上平养，清粪频率多为 1～2 天/次，鲜粪源源不断，为及时处理大量鲜粪，只能免费送人。二是北方地区与南方地区相比，粮食作物种植相对较多，对鸡粪的需求主要是在冬季用作底肥，需求量相对较小且具有季节性限制。三是环保压力较大，不允许养殖场内长期堆放，为加快鲜粪处理，免费赠送给农户和第三方粪便处理厂的情况逐渐增多。而在以云南省、广西壮族自治区、安徽省为代表的南方地区，鸡粪免费赠送的样本仅占总样本的 6.02%，当地种植蔬菜水果等经济作物，鸡粪售价较高，多进行直接出售，南方地区鸡粪免费赠送基本是送给亲戚与邻居使用。

鸡粪免费赠送也与养殖规模相关。从养殖场的肉鸡养殖规模看出年出栏 3 万只以下的养殖场仅有 4 家鸡粪采用免费赠送的利用方式，占 4.82%；年出栏 3 万～5 万只的养殖场鸡粪免费赠送的有 12 家，占 14.46%；年出栏 5 万～10 万只的养殖场鸡粪免费赠送的有 30 家，占 35.71%；年出栏 10 万～20 万只的养殖场鸡粪免费赠送的有 25 家，占 30.12%；年出栏 20 万～50 万只的养殖场鸡粪免费赠送的有 5 家，占 6.02%；年出栏 50 万～100 万只的养殖场鸡粪免费赠送的有 1 家，占 1.20%；年出栏 100 万只以上的养殖场鸡粪免费赠送的有 6 家，占 7.23%。可以看出年出栏 5 万～10 万只和 10 万～20 万只的养殖场采用免费赠送方式的占比较高，主要原因是养殖规模相对较大，鸡粪需及时处理，但进行能源化、肥料化前期投入较高，因此多采用免费赠送的方式利用鸡粪（表 8）。

表 8　不同养殖规模免费赠送占比

规模	免费赠送样本量	占比
3 万只以下	4	4.82%
3 万～5 万只	12	14.46%
5 万～10 万只	30	35.71%
10 万～20 万只	25	30.12%
20 万～50 万只	5	6.02%
50 万～100 万只	1	1.20%
100 万只以上	6	7.23%

数据来源：鸡粪资源化利用模式调研所得。

综上可以看出，鸡粪免费赠送的利用方式在养殖规模5～20万只的北方地区养殖场采用较多，且在鸡粪产量高和环保压力的作用下，采用鸡粪免费赠送方式的养殖场有逐渐增多的趋势。

3. 鸡粪制作粪肥（含有机肥）自用

鸡粪制作粪肥（含有机肥）自用主要指养殖户将鸡粪通过干燥、堆肥、发酵等方式：将鸡鲜粪制成粪肥（含有机肥）再进行自用的资源化利用方式。养殖户制作粪肥/有机肥自用主要用于粮食作物、水果、蔬菜的种植。粪肥的加工方式主要有干燥、简单堆肥等，有机肥的加工方式主要为添加菌种和垫料的生物发酵。

粪肥（含有机肥）主要有以下四种自用方式，一是在冬天直接将鲜粪埋入地下，经过整个冬天在地下进行发酵，作为来年耕作的底肥。二是将鲜粪在平地或晾粪场上简单堆积，通过好氧发酵形成粪肥，可直接施用在作物上；采用地面平养方式的鸡粪和垫料混合物，经过在鸡舍内较长的养殖期内的发酵，也可以直接施用在作物上。三是将鲜粪投入槽式、罐式有机肥设备中，添入发酵菌、垫料等，控制温度、湿度、含氧量，制成有机肥自用。有机肥的施用没有季节限制，可全年施用。四是在鱼塘中投入鲜粪或粪肥，繁殖浮游生物、附生藻类、底栖动物等天然饵料，为微生物的繁殖和有机物的增加提供有利环境，可以成为鲢、鳙等养殖鱼类的营养食料。

从养殖户对鸡粪的自用需求来看，109个样本显示养殖户对鸡粪有肥料方面的利用需求，占总样本的43.43%，对于种植粮食作物或经济作物的养殖户来说，利用鸡粪所加工生产的优质粪肥（含有机肥）具有有机质含量高、肥效好和防止土壤板结的优点。

鸡粪制作粪肥（含有机肥）自用与地区主要作物有关。主要从三方面分析：一是南北地区粪肥自用养殖户数量比较。北方地区粪肥自用的养殖户占总养殖户的36.59%，南方地区粪肥自用的养殖户占总养殖户的35.94%（表9）。从自用粪肥的养殖户来看，北方地区与南方地区粪肥自用的比例相差不大，主要因为南北方自己种植作物的养殖户都对粪肥有使用需求。二是南北地区代表作物粪肥施用的比较。北方地区养殖户主要种植以玉米、小麦为主的粮食作物，粪肥多在春秋两季粮食作物播种前施用，起培肥土壤的作用，一年施用1～2次，粮食作物生长后期主要施用化肥。南方地区养殖户主要种植以水果、蔬菜、烟草、花卉为主的经济作物，生长周期相对较短，一年施粪频次达2～5次，且基本上不使用化肥，全程使用粪肥。三是南北地区代表作物对粪肥的需求比较。南方地区水果蔬菜施用粪肥可以使其长势和口味更好，且种植水果蔬菜的经济效益比粮食作物高，南方地区养殖户对粪肥（含有机肥）自用的需求更高。

表 9　不同地区粪肥自用的占比

地区	养殖户总样本量	地区粪肥自用样本量	占比
北方地区	123	45	36.59%
南方地区	128	46	35.94%

数据来源：鸡粪资源化利用模式调研所得。

鸡粪制作粪肥（含有机肥）自用与养殖规模相关。规模为 3 万只以下的养殖场将鸡粪制作粪肥（含有机肥）自用的比例最高，占比为 34.07%；其次为规模为 5 万～10 万只的养殖场，占比为 30.77%；再次为规模 3 万～5 万只的养殖场，占比为 21.98%。可以看出规模为 0～10 万只养殖场粪肥自用比例占粪肥自用总样本的 86.82%。而规模在 10 万只以上的养殖场将鸡粪做粪肥自用的情况较少，其中规模为 10 万～20 万只的养殖场粪肥自用的占比为 7.69%，规模为 20 万～50 万只的养殖场粪肥自用的占比为 3.30%，规模为 50 万～100 万只和 100 万只以上的养殖场粪肥自用的占比皆为 1.10%。可以看出规模越大的养殖场在肉鸡养殖的同时种植作物的情况较少，采用自用方式的较少（表 10）。

表 10　不同养殖规模粪肥自用的占比

规模	样本量	占比
3 万只以下	31	34.07%
3 万～5 万只	20	21.98%
5 万～10 万只	28	30.77%
10 万～20 万只	7	7.69%
20 万～50 万只	3	3.30%
50 万～100 万只	1	1.10%
100 万只以上	1	1.10%

注：养殖规模为年出栏数量。

数据来源：鸡粪资源化利用模式调研所得。

综上可以看出，粪肥自用的地区差异主要与两方面因素有关：一是地区间不同作物对粪肥自用需求的差异，南方地区对粪肥自用需求高于北方地区；二是养殖规模的差异，肉鸡养殖规模越大，粪肥自用需求越低。

4. 鸡粪鲜粪出售

鸡粪鲜粪出售主要有三种：一是出售给周边农户和鸡粪经销商，不仅可以解决鸡粪处理问题，还可获得一定收益。二是用鸡粪替代劳动力费用。例如，在广西壮族自治区、云南省等地，黄羽肉鸡养殖规模相对较小，肉鸡出栏时请周边农户抓鸡、清粪等，将鸡粪送给周边农户，代替劳动力费用。三是用鸡粪替代水电费用。例如，在安徽省的肉鸡养殖小区内，养殖户将鸡粪统一交给经纪人处理，经纪人作为替代，支付养殖户水电费用。养殖户采用鲜粪出售的资源化利用方式占总样本量的80.08%，是当前最普遍的鸡粪利用方式。

鸡粪鲜粪出售与养殖品种有关。白羽肉鸡鸡粪鲜粪出售样本占白羽肉鸡总样本的71.90%，黄羽肉鸡鸡粪鲜粪出售样本占黄羽肉鸡总样本的89.36%，小白鸡鸡粪鲜粪出售样本占小白鸡总样本的83.33%（表11）。可以看出，各个品种使用最多的鸡粪资源化利用方式都是鲜粪出售，其中黄羽肉鸡鲜粪出售的比例最高。主要原因有两点：一是黄羽肉鸡多在南方地区养殖，水果蔬菜等经济作物种植较多，基本全年需要鸡粪做肥料，鸡粪需求较大且价格较高，因此黄羽肉鸡鸡粪多采用鲜粪出售方式。二是黄羽肉鸡多采用地面平养的养殖方式，在养殖过程中清粪频率较低，多为肉鸡出栏后清理，届时鸡粪与垫料充分混合并进行一定程度的发酵，与白羽肉鸡和小白鸡的鸡粪相比，缩短发酵时间，可以直接入地做肥料使用，黄羽肉鸡鲜粪更受种植户欢迎，鲜粪出售方式占比相对较高。

表11 不同养殖品种采用鲜粪出售方式的占比

品种	总样本	采用鲜粪出售样本	占比
白羽肉鸡	121	87	71.90%
黄羽肉鸡	94	84	89.36%
小白鸡	36	30	83.33%

数据来源：鸡粪资源化利用模式调研所得。

鸡粪鲜粪出售与养殖规模有关。养殖规模为3万只以下的养殖场鲜粪出售方式的占比最多，达27.86%；其次为5万～10万只的养殖场鲜粪出售占24.38%，3万～5万只的养殖场鲜粪出售占22.39%；再次10万～20万只的养殖场鲜粪出售占11.44%，20万～50万只的养殖场鲜粪出售占5.97%；50万～100万只和100万以上的养殖场出售的比例最低，皆为3.98%

(表 12)。可以看出，鲜粪出售的方式是 0～10 万只养殖场采用最多的鸡粪资源化利用方式，占总体的 74.63%。原因主要是养殖场养殖量相对较小，且较为分散，对出售给周边农户和经销商具有便利条件。50 万只以上超大规模的养殖场采用鲜粪出售方式的比例相对低，主要因为养殖规模大，鸡粪产量远高于需求，不适合鲜粪出售方式。

表 12　不同养殖规模采用鲜粪出售的占比

规模	不同规模样本量	占比
3 万只以下	56	27.86%
3 万～5 万只	45	22.39%
5 万～10 万只	49	24.38%
10 万～20 万只	23	11.44%
20 万～50 万只	12	5.97%
50 万～10 万只	8	3.98%
100 万只以上	8	3.98%

注：养殖规模指年出栏数量。

数据来源：鸡粪资源化利用模式调研所得。

综上可以看出，首先鲜粪出售方式是所有品种所有养殖规模的养殖场采用的最广泛的鸡粪利用方式；其次通过比较，养殖黄羽肉鸡的养殖场采用鲜粪出售方式的情况比其他养殖品种的养殖场多，主要受当地鸡粪需求的自然禀赋影响；最后超大规模的养殖场采用鲜粪出售方式的比例相对低，养殖规模在 10 万只以下的养殖场采用鲜粪出售方式相对较多。

5. 鸡粪制作粪肥出售

鸡粪制作粪肥（含有机肥）出售主要指将鸡粪通过干燥、堆肥、发酵等方式，将鸡鲜粪制成粪肥（含有机肥），再将其出售给农户或经销商的资源化利用方式。具体有两种方式：一是养殖户将鸡粪进行简单堆肥后，卖给周边农户。二是养殖户购入有机肥生产设备，将鸡粪加工成有机肥出售。

鸡粪制成粪肥（含有机肥）出售与养殖品种有关，养殖白羽肉鸡的养殖户将鸡粪制成粪肥（含有机肥）出售的占比最高，为 64.29%，主要原因是白羽肉鸡养殖场相对于黄羽肉鸡，白羽肉鸡养殖量相对更大、鸡粪产量更多、鸡粪中含水量更多，不利于采用直接出售的资源化利用方式，因此倒逼鸡粪产量高的规模化养殖场对鸡粪进行加工利用（表 13）。

表 13　不同养殖品种粪肥（含有机肥）出售占比

品种	粪肥（含有机肥）出售样本	占比
白羽肉鸡	9	64.29%
黄羽肉鸡	3	21.43%
小白鸡	2	14.29%

数据来源：鸡粪资源化利用模式调研所得。

鸡粪制成粪肥（含有机肥）出售与养殖规模有关。养殖规模为3万只以下的养殖场粪肥出售的占比为14.29%，主要是有粪肥自用需求的养殖户，在满足自用需求之后将粪肥进行出售；养殖规模为3万～5万只的养殖场粪肥出售占比为7.14%；养殖规模为10万～20万只和20万～50万只的养殖场粪肥（含有机肥）出售方式的占比皆为21.43%；养殖规模为50万～100万只的养殖场粪肥（含有机肥）出售方式的占比为7.14%；养殖规模为100万只以上的养殖场粪肥（含有机肥）出售方式的占比最高，为28.57%。可以看出，年出栏10万以上的养殖场生产粪肥（含有机肥）进行出售的占比高达78.57%，主要因为大规模养殖场鸡粪产量大，易造成周边鸡粪供多于求的情况，又无法大量囤积鲜粪，转而进一步加工鸡粪，制成粪肥（含有机肥）进行出售（表14）。

综上，鸡粪制成粪肥（含有机肥）出售方式主要与养殖品种和养殖规模有关，不同养殖品种和养殖规模都可以出售简单堆肥生产的粪肥，而采用有机肥生产出售方式的主要为养殖规模较大的白羽肉鸡养殖场。

表 14　不同养殖规模粪肥（含有机肥）出售占比

规模	样本量	占比
3万只以下	2	14.29%
3万～5万只	1	7.14%
5万～10万只	0	0.00%
10万～20万只	3	21.43%
20万～50万只	3	21.43%
50万～100万只	1	7.14%
100万只以上	4	28.57%

注：养殖规模指年出栏数量。

数据来源：鸡粪资源化利用模式调研所得。

6. 鸡粪作饲料自用

鸡粪作饲料自用有两种方式：一是养殖户将鲜粪倒入鱼塘，促进水中浮游生物的繁殖，然后成为养殖鱼的饵料。二是将鸡粪进行发酵，发酵过程中在鸡粪中养殖蛆虫，蛆虫作为鱼饵料。鸡粪做鱼饲料的资源化利用方式对于养殖鱼的养殖户来说可以起到肥水，提供饲料、减少鱼饲料成本的作用。

从养殖品种看，对于用作饲料使用的鸡粪资源化利用方式在养殖品种上基本没有限制，所有肉鸡品种的鸡粪都适合做鱼饲料（表 15）。

表 15　不同品种制成饲料自用占比

品种	饲料自用样本量	占比
白羽肉鸡	2	40.00%
黄羽肉鸡	3	60.00%
小白鸡	0	0.00

数据来源：鸡粪资源化利用模式调研所得。

从养殖规模看，鸡粪做饲料自用分布在养殖规模 3 万只以下、10 万～20 万只、20 万～50 万只、100 万只以上的样本区间中，没有明显的规律性。因为鸡粪作为辅助性饲料，对鸡粪量的需求较少，平均需投入 1～2 千克/亩，养殖规模对鸡粪饲料自用方式影响较小（表 16）。

表 16　不同养殖规模制成饲料自用占比

规模	样本量	占比
3 万只以下	0	0.00
3 万～5 万只	2	40.00%
5 万～10 万只	0	0.00
10 万～20 万只	1	20.00%
20 万～50 万只	1	20.00%
50 万～100 万只	0	0.00
100 万只以上	1	20.00%

注：养殖规模指年出栏数量。

数据来源：鸡粪资源化利用模式调研所得。

综上，鸡粪制成饲料自用的资源化利用方式对养殖户的养殖品种和养殖规模的要求较低，主要取决于养殖户是否有意愿在养殖肉鸡的同时承包鱼塘进行鱼类养殖。

7. 鸡粪燃烧发电

鸡粪燃烧具有其特殊性，以典型案例进行分析。在上文内容中，鲜粪赠送、出售，制作粪肥（含有机肥）进行自用、出售都属于鸡粪肥料化资源利用，鸡粪用作饲料进行自用属于鸡粪饲料化利用。在本次调研中没有养殖户采用将鸡粪生产沼气和燃烧发电的能源化利用，主要因为鸡粪能源化模式利用虽然有环境友好的优势，但也有其前期投入高，后期收益不稳定等的劣势，肉鸡养殖户对肉鸡粪便进行能源化利用的较少。因此本节通过实地调研利用鸡粪燃烧发电的福建圣农集团，对该企业鸡粪燃烧发电方式的运行过程、成本收益进行分析。

（1）调研企业相关背景。福建圣农集团创建于 1983 年，是一家集饲料加工、种鸡培育、肉鸡养殖、产品加工、品牌快餐的特大型白羽肉鸡生产加工企业，是农业产业化国家重点龙头企业之一，国内最大的白羽肉鸡企业。主要通过鸡粪生产生物有机肥（肥料化利用）和生物质（鸡粪）发电（能源化利用）两种方式进行鸡粪资源化利用。现主要介绍采用鸡粪能源化模式对鸡粪进行利用，主体为福建圣农控股集团旗下福建省圣新能源股份有限公司，前身是福建凯圣生物质热电厂，2007 年建设，2009 年投产，是国内第一个采用鸡粪与谷壳混合物进行发电的生物质电厂。2016 年重组成立福建省圣新能源股份有限公司，主营业务为生物质发电、供热、灰渣综合利用。公司于福建省南平市浦城县万安乡建设的生物质发电厂，项目建设面积为 22 576 平方米，占地面积 14 280 平方米。该厂投资有 2 台 1.2 万元的机组，拥有工人 120 人，可以进行 24 小时不间断发电工作。2018 年发电厂使用了 28 万吨鸡粪进行发电，年产电 1.6 亿千瓦时，1 吨鸡粪可产 570 千瓦时左右的电力，创造产值共 1 亿元。

（2）圣新发电厂鸡粪能源化利用情况。圣新发电厂采用鸡粪和谷壳混合物燃烧发电。圣农肉鸡养殖采用的是地面平养，谷壳为垫料，所以发电厂使用的发电原料——鸡粪与谷壳混合物全部来自圣农企业。养殖场按肉鸡出栏批次向发电厂提供鸡粪，即肉鸡出栏之后，鸡粪进行清理，直接提供给发电厂。发电厂将鸡粪和稻壳混合物进行燃烧后产生的电直接并入国家电网，燃烧后产生灰和渣。灰是细腻的粉质，含有大量磷钾，是制作复合肥的良好原料；渣是颗粒质，是制作有机肥的材料（表 17）。

（3）圣新发电厂鸡粪能源化利用成本收益。圣新发电厂成本主要由原料成本、设备设施折旧成本、人工成本、管理成本、其他成本构成。其中原料成本即鸡粪与谷壳混合物，占总成本的 70%以上，价格大约在 150 元/吨。鸡粪收购价格会随着电费价格浮动做相应的调整，即如果出售电力的价格上浮 10%，鸡粪收购价格大约会上浮 10%。人工成本：拥有工人 120 人，人工成本大概占总成本的 3%。管理成本占 8%。设备折旧成本占 7%。其他成本占 12%。例如运输成本，承包给鸡粪运输公司。根据距离、油价计算运输费，最远的养殖基地距离发电厂 65 千米，平均运输费为 30～40 元/吨。

表 17　鸡粪发电产物

燃烧物质	产物	用途/去向
将鸡粪、谷壳混合物进行燃烧	电	并入国家电网，年产电 1.6 亿千瓦时，产值 1 亿元
	将鸡粪、谷壳混合物烧完后的产物 ①灰（空气吹灰、布袋过滤、收集、打入灰库、装袋） ②炉渣	灰进行销售，用以生产复合肥（优点：没有重金属、抗生素、富含氮磷钾） 渣进行销售，用以生产有机肥

注：鸡宰杀后产生的污泥进行燃烧，虽然没有额外收益，但可以减少废弃物对环境压力。

圣新发电厂收益主要由电、灰、渣 3 部分构成。所产电力直接并入国家电网，是主要收入来源。其中，电：凯圣发电厂发电 1.6 亿千瓦时，电价 0.75 元/千瓦时，产值 1.2 亿元，盈利 10%，产值 1 200 万元。灰：售价 300 元/吨，卖出 2 000 吨，收入 60 万元。渣：售价 60 元/吨，卖出 2 万吨，收入 120 万元。

圣新发电厂所产电力和副产品灰渣都能够顺利出售，但实质上依赖政府补贴。当地标杆电价 0.36～0.39 元/千瓦时。圣新发电厂所产电力并入国家电网，电价为 0.75 元/千瓦时。中间的差价实际上为政府给予生物质发电厂的补贴，如果没有这一部分政府补贴，发电厂是不赚钱的。由此可以看出，利用鸡粪燃烧发电的生物质发电厂主要依赖政府补贴。

（4）案例探讨。圣新生物质发电厂的生产模式运行良好，优质产品电力、灰、渣销路都不存在问题、没有难以处理的副产品（例如生产沼气产生难以处理的沼渣沼液）等优点，但是圣新能源的模式难以复制推广，主要原因有两个方面：

一是圣农可以满足圣新生物质发电厂的原料需求，且比其他利用鸡粪发电的电厂成本低。圣新生物质发电厂需要大量的原料进行燃烧发电，圣农年出栏肉鸡 5 亿只，鸡粪产量 50 万吨，采取的是地面平养的养殖方式，谷壳做垫料，肉鸡出栏后剩余的鸡粪和稻壳混合物刚好是圣新生物质发电厂燃烧发电的原料。大量的鸡粪与谷壳混合物，能够支持圣新生物质发电厂的运转，圣新生物质发电厂的原料获取没有后顾之忧。而其他白羽肉鸡厂大多采用笼养的养殖方式，鸡粪比较潮湿，如果用来发电，需额外加入谷壳，但是谷壳成本过高，市场价 400 元/吨，如加入谷壳成本则难以平衡成本和收入。

二是圣新生物质发电厂经济效益较低。虽然圣新生物质发电厂具有原料充足、成本相对低的经济优势，同时拥有充分利用、环境友好的生态优势。但实质上仍依赖政府对生物质发电所产电力的价格补贴，肉鸡能源化利用相关企业同样具有类似困扰，在前期投入高，所产优质沼气、电力在市场中回报相对较低，依赖政府补贴的情况较为普遍。

（四）小结

我国现阶段肉鸡鸡粪资源化利用方式主要有鸡粪免费赠送、鲜粪出售、粪肥（含有机肥）自用、粪肥（含有机肥）出售、用作饲料自用五种。其中因为肉鸡产业向好，肉鸡养殖场规模化的趋势，鸡粪产量也随之增多，但鸡粪需求相对较低，部分地区鸡粪越来越供过于求。同时环保政策的收紧，将鸡粪进行免费赠送的养殖户有上升趋势；鸡粪鲜粪出售利用方式是现阶段肉鸡养殖户利用最广泛的资源化利用方式，但由于鸡粪供过于求的原因，鸡粪价格呈处于逐渐走低的趋势；粪肥（含有机肥）自用的利用方式更适用于养殖规模相对较小和肉鸡养殖过程中同时从事农业生产的养殖户，主要是用于粮食作物，其次是经济作物；粪肥（含有机肥）出售的利用方式更适用于养殖规模大的养殖户，随着养殖规模的增大，鸡粪较难及时处理，因此购置粪肥（含有机肥）设备进行生产销售；鸡粪制成饲料自用的利用方式的养殖户相对较少，主要是养殖户在肉鸡养殖过程中承包鱼塘，鸡粪便作鱼类饲料进行利用，该利用方式受养殖品种、养殖规模等影响较小，但是养殖户要有鱼塘进行鸡粪消纳。从典型案例可以了解，鸡粪燃烧发电的能源化利用方式，适用于大规模肉鸡养殖户和大型企业，不适用于一般肉鸡养殖户。能源化利用方式前期设备、辅料投入高，后期产品依赖政府补助的情况较多。

二、鸡粪资源化利用成本收益分析

基于养殖户调研数据，对鸡粪资源化利用方式进行成本收益角度的计算和分析，并从南北地区差异角度、养殖规模差异角度等分别对五种鸡粪资源化利用方式成本收益进行比较分析，并对粪肥（含有机肥）与化肥之间进行成本比较分析。

（一）总体成本收益

1. 鸡粪免费赠送成本收益

按照运送方式的不同，鸡粪免费赠予可分为两种方式：一种是养殖户主动将鸡粪送至鸡粪需求农户或经销商处进行处理，该方式需要养殖户承担雇佣劳动力成本以及鸡粪运输成本，且无任何收益，导致鸡粪盈利为负。另一种为鸡粪需求农户或经销商主动上养殖场清理并拉走鸡粪，养殖户虽没有产生任何人工和运输成本，但却没有收益。

2. 粪肥（含有机肥）自用成本收益

粪肥自用主要是养殖户在养殖过程中同时从事其他农业活动，如种植粮食作物、经济作物和鱼塘养殖等，自身有对粪肥（含有机肥）有自用需求，粪肥主要通过直接埋入地下做底肥、直接晒干和简单堆肥等方式，有机肥制作是在简单堆肥的基础上加入发酵菌。养殖户粪肥（含有机肥）自用的成本主要是人工将鸡粪运至农田或堆肥处进行基本处理后使用，因此成本主要包括设备设施折旧成本、动力成本、人工成本、运输成本和其他成本。

3. 饲料自用成本收益

总体来看，鸡粪饲料自用的平均成本为 7.4 元/吨，养殖户将鸡粪做鱼塘养殖的饲料进行自用，主要是利用人工将鸡粪从养殖场运输至鱼塘，成本主要包括运输装载设备的折旧费用、设备动力费用、人工费用、运输费用（主要为汽油消耗费用）和其他费用（表 18）。

表 18　饲料自用的总体成本收益

单位：元/吨

方式	总成本	设备折旧费用	动力费	人工费	运输费	其他费用	收益
免费赠送	0.00	0.00	0.00	0.00	0.00	0.00	0.00
粪肥自用	9.06	2.33	2.34	2.05	2.34	0.00	0.00
饲料自用	7.40	1.40	1.80	3.40	0.80	0.00	0.00

数据来源：鸡粪资源化利用模式调研所得。

养殖户鸡粪免费赠送、粪肥自用（有机肥）和饲料自用的成本收益如表 18 所示，鸡粪免费赠送成本为 0，粪肥自用的成本为 9.06 元/吨，饲料自用成本为 7.40 元/吨。三种利用方式的鸡粪收益皆为 0，但采用鸡粪免费赠送可以增强人际交往，粪肥自用和饲料自用具有肥田肥水的作用。

4. 鲜粪出售成本收益

养殖户主要将鲜粪出售至周边农户和鸡粪经销商，鲜粪出售的成本构成主要有清粪的劳工成本、运输成本和其他成本。其中运输成本分为两种情况，其一是养殖户将鲜粪送至农户或经销商处，养殖户需要承担运输费用；其二是农户或经销商上门收取，这种情况养殖户则无需承担运输费用。鸡粪鲜粪出售的平均总成本为 34.64 元/吨，其中，人工成本最高，为 30.83 元/吨，运输成本为 2.46 元/吨，其他成本为 1.35 元/吨。鸡粪平均出售价格为 165.59 元/吨，平均利润为 130.95 元/吨。鲜粪出售人工成本最高，主要因为自动化水平较低的养殖场大多需要进行人工清粪，例如采用地面养殖的养殖场。鲜粪多采用上门收购的方式，调研的养殖场中有 214 个养殖场出售鲜粪是由农户和经销商自行去养殖场收取，占总样本的 85%，由养殖户将鲜粪送至农户和经销商处的情况较少，因此运输费用相对较低。

5. 制作粪肥（含有机肥）**出售成本收益**

制作粪肥主要通过干燥、堆肥等简单的初步加工方法，养殖户自己种植农作物和经济作物，对粪肥有自用需求，将鸡粪进行干燥、地面堆积等简单加工后首先满足自用，多余的出售给周边种植户。粪肥制作出售程序为将鸡粪进行简单加工后，通过人工将粪肥送至周边种植户或种植户上门来收取粪肥，因此制作粪肥包含的成本主要有设备设施折旧成本、动力成本、人工成本、运输成本和其他成本，平均成本为 16.83 元/吨，各项成本中人工成本最高，为 8.73 元/吨，平均利润为 133.87 元/吨。

将鸡粪制作成为有机肥出售的成本相对鲜粪直接出售和制成粪肥出售成本来说是最高的，有机肥的生产需要制作有机肥的设备投入，还需要垫料、发酵菌和其他添加物经过生物发酵。经过生物发酵后的鸡粪最大程度地杀灭有害物质，肥效相对鲜粪和普通粪肥是最好的，对改善土壤，增加作物产量和品质有明显的效果，因此有机肥成本和售价最高，平均成本为 225 元/吨，各项成本中辅料成本最高，辅料多为秸秆稻壳制作而成，平均成本为 117.5 元/吨，有机肥出售平均利润为 317.5 元/吨（表 19）。

从表 19 可以看出，有机肥制作成本最高，为 225 元/吨，其次为鲜粪出售成本，为 34.64 元/吨，粪肥出售的成本最低为 16.83 元/吨。鲜粪出售、粪肥出售、有机肥出售的利润分别是 130.95 元/吨、133.87 元/吨和 317.5 元/吨。可以看出经过加工，具有更高产品附加值的鸡粪利用方式所得利润最高。选择鲜粪出售方式，机会成本为 317.5 元/吨；选择粪肥出售方式，机会成本为 317.5 元/吨；选择有机肥出售方式，机会成本为 133.87 元/吨。

表 19　鲜粪、粪肥和有机肥出售成本收益表

单位：元/吨

方式	总成本	辅料成本	发酵菌成本	设备折旧费用	动力费	人工费	运输费	其他费用	平均出售价格	利润
鲜粪出售	34.64	0.00	0.00	0.00	0.00	30.83	2.46	1.35	165.59	130.95
粪肥	16.83	0.00	0.00	2.73	2.55	8.73	2.82	0.00	150.70	133.87
有机肥	225.00	117.50	6.50	13.25	16.25	25.00	27.50	19	542.50	317.50

数据来源：鸡粪资源化利用模式调研所得。

（二）南北地区成本收益比较分析

我国肉鸡养殖南北地区差异性较大，本文从南方地区和北方地区两个角度分析鸡粪免费赠送、粪肥（含有机肥）自用、鲜粪出售、粪肥（含有机肥）出售和饲料自用五种鸡粪资源化利用方式的成本收益。

1. 鸡粪免费赠送地区比较分析

根据调研情况看，在南方地区和北方地区的养殖户将鸡粪免费赠送方式时，鸡粪需求方，如周边种植户或鸡粪收购商多是自己去养殖场将鸡粪运走，养殖户没有产生人工费用和运输费用，也没有鸡粪收入。

2. 粪肥（含有机肥）**自用成本收益地区比较分析**

以河北省、河南省、山东省为代表的北方地区，粪肥（含有机肥）自用平均成本为 2.65 元/吨，其中设备折旧费用为 0.38 元/吨，动力费为 0.51 元/吨，人工费为 1.10 元/吨，运输费为 0.66 元/吨，人工成本是各项成本里最高的。山东省是北方地区内粪肥（含有机肥）自用平均成本最高的，为 4.40 元/吨，主要因为将鸡粪制作成有机肥的养殖场集中在山东省，其设备折旧费用、人工费用和运输费用皆高于制作普通粪肥的河北省和河南省的养殖场。

以云南省、广西壮族自治区、安徽省为代表的南方地区，粪肥（含有机肥）自用平均成本为 8.34 元/吨，其中设备折旧费用为 1.73 元/吨，动力费为 1.83 元/吨，人工费为 2.46 元/吨，运输费为 2.33 元/吨，其他成本为 0，各项成本中同样人工费用最高。南方地区广西壮族自治区的粪肥（含有机肥）自用成本最高（表 20）。

南方地区粪肥（含有机肥）自用与北方地区粪肥（含有机肥）自用相比，南方地区的成本显著高于北方，其中人工成本高于北方地区 2 倍，主要因为南方地区主要养殖黄羽肉鸡，养殖方式大多为地面平养，清粪时需人工清粪。而北方地区通过笼养或网上平养（白羽肉鸡），清粪主要用传送带，人工成本相对较低。

表 20 南北地区粪肥自用成本收益

单位：元/吨

地区	总成本	设备折旧费用	动力费	人工费	运输费	其他费用
北方地区	2.65	0.38	0.51	1.10	0.66	0.00
河北	1.23	0.00	0.00	0.84	0.39	0.00
河南	2.31	0.15	0.13	1.25	0.78	0.00
山东	4.40	1.00	1.40	1.20	0.80	0.00
南方地区	8.34	1.73	1.83	2.46	2.33	0.00
云南	4.40	1.00	1.00	1.20	1.20	0.00
广西	13.28	2.69	2.81	3.67	4.11	0.00
安徽	7.34	1.50	1.67	2.50	1.67	0.00

数据来源：鸡粪资源化利用模式调研所得。

3. 饲料自用成本收益地区比较分析

鸡粪做饲料自用，北方地区平均成本为 6.25 元/吨，其中人工成本最高为 2.5 元/吨。南方地区平均成本为 8.5 元/吨，人工成本相对于北方地区更高，主要因为清粪时人工成本更高。鸡粪作饲料自用主要为满足养殖户鱼塘饲料需求，成本相对较低（表 21）。

表 21 粪肥、有机肥出售成本收益

单位：元/吨

地区	总成本	设备折旧费用	动力费	人工费	运输费	其他费用
北方地区	6.25	1.50	1.50	2.50	0.75	0.00
河北	5.50	1.00	1.00	3.00	0.50	0.00
山东	7.00	2.00	2.00	2.00	1.00	0.00
南方地区	8.50	1.25	2.25	3.75	1.25	0.00
广西	6.00	1.00	1.00	3.00	1.00	0.00
安徽	11.00	1.50	3.50	4.50	1.50	0.00

数据来源：鸡粪资源化利用模式调研所得。

4. 鲜粪出售成本收益地区比较分析

通过表 22 中各省鲜粪出售的成本收益可以看出，南北方鲜粪出售成本、收益和利润差异悬殊。北方地区平均成本为2.26元/吨，平均出售价格为27.91元/吨，平均利润为25.65元/吨，河北省、河南省、山东省鲜粪出售的利润分别为17.69元/吨、22.53元/吨和36.72元/吨。北方地区中山东省利润相对最高，因为山东省有寿光蔬菜基地，相对于主要种植粮食作物的河北省和河南省来说，鸡粪需求更多，因此售价更高，利润更高。而南方地区平均成本为55.64元/吨，平均出售价格为274.08元/吨，平均利润为218.44元/吨。云南省、广西壮族自治区和安徽省的平均利润分别为308.12元/吨、222.31元/吨和124.90元/吨（表22）。其中云南省和广西壮族自治区鸡粪利润明显高于安徽省，主要因为云南省和广西壮族自治区主要种植水果蔬菜花卉等经济作物，肥料基本只采用粪肥，对鸡粪需求极大，因此利润较高。

表22　南北地区鲜粪出售成本收益

单位：元/吨

地区	总成本	人工成本	运输成本	其他成本	鸡粪出售价格	鸡粪利润
北方地区	2.26	2.01	0.25	0.00	27.91	25.65
河北	0.86	0.65	0.20	0.00	18.55	17.69
河南	4.45	4.45	0.00	0.00	26.98	22.53
山东	1.48	0.93	0.55	0.00	38.20	36.72
南方地区	55.64	47.98	3.07	2.45	274.08	218.44
云南	31.84	31.84	0.00	0.00	339.96	308.12
广西	60.08	45.84	7.81	0.00	282.40	222.31
安徽	74.99	66.26	1.39	7.35	199.89	124.90

数据来源：鸡粪资源化利用模式调研所得。

以河北省、河南省、山东省为代表的北方地区和以云南省、广西壮族自治区和安徽省为代表的南方地区鲜粪出售较大的利润差异的主要原因有两方面：一是不同养殖品种带来的不同养殖方式、清粪方式造成的，北方地区多采用笼养，养殖白羽肉鸡和小白鸡，清粪频率较高，鲜粪相对较湿。南方地区多采用地面平养，进行黄羽肉鸡养殖，养殖时间长，鸡粪多在肉鸡出栏时进行，清粪频率较低，鸡粪较为干爽，便于收集运输，鸡粪更利于出售。二是不同地区较大的自然禀赋差异造成的，原因有三点：①南方地区广泛种植蔬菜、水果等经济作物种植，北方地区更多种植玉米、小麦等粮食作物，由于粮食作物本身收益明显低于蔬菜、水果等经济作物，粮食种植户不愿再承担价格更高的粪肥，而多采用化肥。②给蔬菜水果施用粪肥的效果较明显，有助于果实的外观美观和口感提升，蔬菜水果种植户更愿意使用粪肥，而给粮食作物施用粪肥效果相对不明显，粮食作物种植户多使用化肥。③施用粪肥与施用化肥相比需要的劳动力更多，所需工时更长，劳动力成本明显高于施用化肥。多种因素叠加，南方地区的鸡粪出售价格较高，北方地区的鸡粪出售价格较低。

5. 粪肥（含有机肥）**出售成本收益地区比较分析**

粪肥出售北方地区平均成本为 5.08 元/吨，平均出售价格为 53.57 元/吨，平均利润为 48.48 元/吨，其中山东省利润最高为 80 元/吨，主要因为山东省寿光蔬菜基地对粪肥需求相对较高，抬高鸡粪利润。同时可以看出，相对于同样北方地区的鲜粪出售，经过简单加工的粪肥出售利润更高。粪肥出售在南方地区主要集中在广西壮族自治区，养殖户在满足粪肥自用后进行出售，因为南方地区对粪肥需求大，因此利润高。

有机肥出售集中在北方地区山东省，平均成本为 225 元/吨，平均出售价格为 525 元/吨，平均利润为 317.5 元/吨，其中辅料成本为 117.5 元/吨，占总成本的 51.11%，有机肥生产设备折旧成本、人工成本、运输成本也相对较高。有机肥生产只集中在北方地区，主要因为北方地区规模化养殖场相对较多，随着养殖规模的扩大，鸡粪产量增多，周边地区难以进行消纳，养殖场利用鸡粪进行有机肥生产。有机肥相对粪肥生产，虽然前期投入更多，但有处理规模大，占地面积相对小，有机肥相对粪肥需投入专用生产设备、辅料、发酵菌等成本，有机肥成品利润相对较高（表 23）。

表 23　粪肥、有机肥出售成本收益

单位：元/吨

种类	地区	总成本	辅料成本	发酵菌	设备折旧费用	动力费	人工费	运输费	其他费用	出售价格	利润
粪肥	北方地区	5.08	0.00	0.00	1.83	0.75	2.00	0.50	0.00	53.57	48.48
	河北	1.00	0.00	0.00	1.00	0.00	0.00	0.00	0.00	16.7	15.70
	河南	4.25	0.00	0.00	1.50	0.25	1.00	1.5	0.00	54.00	49.75
	山东	10	0.00	0.00	3.00	2.00	5.00	0.00	0.00	90.00	80.00
	南方地区	25	0.00	0.00	5.00	6.25	7.50	6.25	0.00	342.5	317.5
	广西	25	0.00	0.00	5.00	6.25	7.50	6.25	0.00	342.5	317.5
有机肥	北方地区	225	117.5	6.5	13.25	16.25	25	27.5	19	542.5	317.5
	山东	225	117.5	6.5	13.25	16.25	25	27.5	19	542.5	317.5

数据来源：鸡粪资源化利用模式调研所得。

通过分析可见，南北地区鸡粪免费赠送无成本收益；粪肥（含有机肥）自用方式中南方地区成本高于北方地区，主要因为南方地区的鸡粪清粪方式的差异造成人工成本高于北方地区；鸡粪饲料自用主要是养殖户自用，成本相对较低，受地区影响不大；鲜粪出售中南方地区成本、售价、利润皆高于北方地区，主要因为南方地区种植水果蔬菜等经济作物，对鸡粪需求远高于北方地区；粪肥（含有机肥）出售中，粪肥南方地区利润远高于北方，同样是因为南方地区对鸡粪需求量更大。有机肥仅在北方地区生产出售，主要是因为北方地区规模化养殖场多，鸡粪量大，储存和处理较为困难，因此养殖户投资制作有机肥，而南方地区鸡粪需求高，消纳快，对生产有机肥需求相对较小。有机肥成本高，产品附加值高，利润相对粪肥也更高。

（三）不同规模成本收益比较分析

按照调研情况，将肉鸡养殖规模划分为年出栏 3 万只以下、年出栏 3 万～5 万只、年出栏 5 万～10 万只、年出栏 10 万～20 万只、年出栏 20 万～50 万只、年出栏 50 万～100 万只和年出栏 100 万只以上七种类型，分别分析不同规模下鸡粪资源化方式成本收益。

1. 不同规模鸡粪免费赠送

采用鸡粪免费赠送方式的养殖户，在任何养殖规模下皆没有成本和收益，即成本和收益均为 0。

2. 不同规模粪肥（含有机肥）自用

表 24 中显示了不同规模粪肥（含有机肥）自用的成本收益。可以发现两个主要特征：一是相对于超大规模养殖场，养殖规模相对较小的养殖场，更多采用粪肥（含有机肥）自用的鸡粪资源化利用方式，主要因为小规模养殖场的养殖户周边多有自种农田，能帮助消纳部分鸡粪。而超大型养殖场基本没有配套的农田。二是在采用粪肥（含有机肥）自用的养殖场养殖规模相对越小，自用成本相对更高，主要因为规模相对较大的养殖场在粪肥自用过程中机械化程度更高，可以帮助分摊成本。

表 24　不同规模粪肥、有机肥自用成本收益

单位：元/吨

养殖规模	总成本	设备折旧费用	动力费	人工费	运输费	其他费用
3 万只以下	13.38	3.25	3.625	3.875	2.625	0.00
3 万～5 万只	16.4	4.00	4.80	4.00	3.60	0.00

（续）

养殖规模	总成本	设备折旧费用	动力费	人工费	运输费	其他费用
5万～10万只	7.52	1.72	1.71	2.17	1.93	0.00
10万～20万只	4.75	2.00	1.00	1.00	0.75	0.00
20万～50万只	6.00	1.00	3.00	2.00	0.00	0.00

注：养殖规模指肉鸡年出栏数量。该模式没有50万只以上规模的样本。

数据来源：鸡粪资源化利用模式调研所得。

3. 不同规模饲料自用

从表25可以看出，养殖户采用将鸡粪饲料自用方式的成本在各个养殖规模下差异较小，说明饲料自用方式主要取决于养殖户在肉鸡养殖过程中承包鱼塘进行鱼类水产养殖的外在原因，养殖场养殖规模对饲料自用成本影响相对较小。

表25 不同规模饲料自用成本收益

单位：元/吨

养殖规模	总成本	设备折旧费用	动力费	人工费	运输费	其他费用
3万只以下	—	—	—	—	—	—
3万～5万只	7.50	1.00	2.00	3.50	1.00	0.00
5万～10万只	—	—	—	—	—	—
10万～20万只	9.50	2.00	2.00	5.00	0.50	0.00
20万～50万只	5.50	1.00	1.00	3.00	0.50	0.00
50万～100万只	—	—	—	—	—	—
100万以上	7.00	2.00	2.00	2.00	1.00	0.00

注：养殖规模指肉鸡年出栏数量。表内"—"表示没有相关样本。

数据来源：鸡粪资源化利用模式调研所得。

4. 不同规模鲜粪出售

从表26可以看出，不同规模的肉鸡养殖场在鲜粪出售方面情况有所不同。年出栏3万只以下和3万～5万只养殖场鲜粪出售利润最高，分别为218.23元/吨和156.48元/吨。年出栏10万～20万只、20万～50万只和年出栏100万只以上三种规模的鲜粪出售成本收益与规模大小密切相关，可以看出养殖规模大，鸡粪纯利润相对较低。主要原因是养殖量越大的养殖场自动化程度越高，使用的人工较少，清粪成本较低，同时鸡粪产生量大，养殖场难以自主处理，全部出售给他人，鲜粪售价只能逐渐压低。因此，不建议大型规模养殖场在鸡粪资源化利用方式仅局限在鲜粪出售上。

表 26　不同规模的鸡粪鲜粪出售成本收益表

单位：元/吨

养殖规模	总成本	人工成本	运输成本	其他成本	鸡粪出售价格	鸡粪利润
3 万只以下	59.51	52.91	6.27	0.00	277.74	218.23
3 万～5 万只	45.97	31.61	2.66	4.89	202.45	156.48
5 万～10 万只	20.30	19.57	0.39	0.00	106.80	86.50
10 万～20 万只	7.65	5.62	00.00	2.02	55.82	48.17
20 万～50 万只	5.89	5.39	0.50	0.00	43.27	37.39
50 万～100 万只	36.45	36.45	0.00	0.00	132.71	96.26
100 万以上	0.93	0.93	0.00	0.00	56.88	55.94

注：养殖规模指肉鸡年出栏数量。

数据来源：鸡粪资源化利用模式调研所得。

从肉鸡鲜粪出售的成本收益情况可以看出，鲜粪出售的收益高不仅与养殖品种、清粪方式密切相关，更取决于对鲜粪需求情况。对鲜粪有较大较稳定的需求，且有相对较高的收益，养殖户多愿意进行鲜粪出售，反之亦然。超大型规模养殖场鸡粪产量大，售价低，不适合鲜粪出售的资源化利用方式，而更适合深加工的资源化利用方式。

5. 不同规模粪肥（含有机肥）出售

从不同养殖规模养殖户的粪肥出售看，超大规模养殖户粪肥利润相对更低，主要因为超大养殖规模的养殖场鸡粪产量多，通过简单堆肥的方式产出的粪肥附加值相对较低，同时周边对其需求较少，因此售价和利润普遍较低，见表 27。

表 27　不同养殖规模粪肥出售成本收益表

单位：元/吨

养殖规模	总成本	设备折旧费用	动力费	人工费	运输费	其他费用	出售价格	利润
3 万只以下	30.00	5.00	7.50	10.00	7.50	0.00	350	320
3 万～5 万只	20.00	5.00	5.00	5.00	5.00	0.00	220	200
5 万～10 万只	—	—	—	—	—	—	—	—
10 万～20 万只	—	—	—	—	—	—	—	—

（续）

养殖规模	总成本	设备折旧费用	动力费	人工费	运输费	其他费用	出售价格	利润
20万～50万只	4.77	1.50	0.25	1.52	1.50	0.00	54	49.23
50万～100万只	—	—	—	—	—	—	—	—
100万以上	8.00	3.00	0.00	2.00	3.00	0.00	50	42

注：养殖规模指肉鸡年出栏数量，表内“—”表示没有相关样本。

数据来源：鸡粪资源化利用模式调研所得。

从不同规模养殖户的有机肥出售看，仅肉鸡养殖出栏量达10万～20万只和100万只以上的大规模养殖场会制作有机肥进行出售，主要原因是大规模养殖场鸡粪产量多，周边需求不足以消纳，鲜鸡粪不允许在养殖场内堆积等环保政策逐渐收紧，使大规模养殖场必须及时处理鸡粪，且有机肥的生产需要大量前期投资，小规模养殖场相对较难进行有机肥制作（表28）。

表28　不同养殖规模有机肥出售成本收益表

单位：元/吨

养殖规模	总成本	辅料成本	发酵菌成本	设备折旧费用	动力费	人工费	运输费	其他费用	平均出售价格	利润
3万只以下	—	—	—	—	—	—	—	—	—	—
3万～5万只	—	—	—	—	—	—	—	—	—	—
5万～10万只	—	—	—	—	—	—	—	—	—	—
10万～20万只	235	120	8.00	16.5	22.5	25	25	18	525	290
20万～50万只	—	—	—	—	—	—	—	—	—	—
50万～100万只	—	—	—	—	—	—	—	—	—	—
100万以上	215	115	5.00	10	10	25	30	20	560	345

注：养殖规模指肉鸡年出栏数量，表内“—”表示没有相关样本。

数据来源：鸡粪资源化利用模式调研所得。

通过分析不同规模肉鸡养殖场采用的不同鸡粪资源化利用方式的成本收益，可以发现规模相对较小的养殖场，多采用粪肥自用和鲜粪出售的利用方式；规模相对较大的养殖户，多采用有机肥生产出售的利用方式。

（四）粪肥（含有机肥）与化肥比较

种植户施用粪肥主要有防止土壤板结，增加土壤肥力，在玉米、小麦等粮食作物上主要用作底肥培肥，在水果、蔬菜等经济作物上主要有提高产量、提高口感风味、提升果蔬外观的作用。我国种植户在种植粮食作物过程中，有的种植户不施用任何粪肥，仅用化肥；有的种植户基本只施用粪肥做底肥，再施用化肥提升肥力，因为化肥肥效发挥较快，价格相对较低，所需劳动力较少，施用化肥工时仅需 0.73 天/亩，人工成本为 97.08 元/亩。而种植经济作物的种植户多采用粪肥（含有机肥）。粪肥在施用过程中需要更多的劳动力和更长的劳动时长，施用粪肥需工时 2.23 天/亩，人工成本为 296.55 元/亩。施用粪肥的总成本为 313.38 元/亩，施用有机肥成本为 521.55 元/亩，施用化肥成本为 410.63 元/亩。可以看出，施用粪肥和有机肥所需工时更长，人工成本更高，但施用粪肥总成本低于施用化肥，施用有机肥成本高于施用化肥（表 29）。

表 29　粪肥、有机肥和化肥比较

单位：元/亩，天/亩

类别	总成本	价格	人工成本	所需工时
粪肥	313.38	16.83	296.55	2.23
有机肥	521.55	225	—	—
化肥	410.63	313.55	97.08	0.73

数据来源：鸡粪资源化利用模式调研所得。

从自用粪肥和施用化肥的比较来看，主要存在以下两点区别：一是从总成本上看，经过简单堆积发酵的粪肥，附加值相对低，粪肥自用的成本低于施用化肥，而经过好氧发酵的具有较高产品附加值的有机肥利用成本高于化肥，平均成本略低于化肥。二是从施用粪肥和施用化肥的工时看，施用粪肥所需工时明显高于施用化肥，人工成本更高。施用粪肥（含有机肥）平均需要 2.23 天/亩，而施用化肥仅需 0.73 天/亩，施用粪肥所需工时是施用化肥的 3 倍，因此施用粪肥更耗时，需要更多劳动力投入，在现今劳动力成本持续上涨的情况下，对粪肥（含有机肥）的使用具有不利影响。

（五）小结

对不同鸡粪资源化利用方式成本收益进行比较分析以及对种植户施用粪肥（含有机肥）和施用化肥进行比较，得到的主要结论如下：

（1）鸡粪资源化利用方式的成本主要以人工成本为主，收益主要由鸡粪需求主导。对鸡粪需求高，鸡粪价格上升；对鸡粪需求少，鸡粪价格下降甚至为及时处理需将鸡粪免费赠送。

（2）南方地区养殖户采用粪肥自用、饲料自用、鲜粪出售、粪肥（含有机肥）成本高于北方，主要因为南方地区人工成本高；南方地区鲜粪出售、粪肥（含有机肥）出售利润高于北方地区，主要因为在南方地区养殖户对鸡粪需求更高，鸡粪及相关产品价格更高。

（3）规模相对较大的肉鸡养殖户更倾向于鸡粪免费赠送、制成有机肥出售等方式。规模相对较小的养殖户更倾向于鲜粪出售、制成粪肥出售。鸡粪做饲料自用的方式基本不受养殖场规模影响，主要受养殖场是否承包鱼塘这一外在因素影响。

（4）粪肥（含有机肥）施用与化肥相比，施用粪肥虽然劳动力成本高，但总体成本低于施用化肥，施用有机肥成本高于施用化肥。粪肥和化肥各有优劣，粪肥（含有机肥）具有对环境污染相对较小、防止土地板结、增加果实风味的作用，但劳动力成本更高。化肥价格相对有机肥较低，对劳动力需求小，施用方便，但长期使用化肥会对土壤、水环境产生不利影响。

三、结　　论

肉鸡产业是我国畜牧业的重要组成部分，在我国农业和农村经济中发挥着重要作用。肉鸡养殖化程度显著提高，肉鸡产业化发展体系基本形成。鸡粪处理利用是肉鸡养殖环节最后一道关卡，随着养殖规模增大、生产区域集中、国家和相关部门环保政策收紧，鸡粪处理逐渐成为肉鸡产业的不利因素，养殖场不及时对鸡粪进行资源化处理，会造成水、空气、土壤等污染，最终影响生态环境和肉鸡产业的可持续发展。本研究通过对鸡粪资源化利用现状、成本收益分析研究，得到如下主要结论：

一是我国现行对肉鸡资源化利用模式主要有肥料化、能源化和饲料化三种模式。通过对三种模式进行描述和比较，其中肥料化模式是当前运用最广泛的鸡粪资源化利用模式，主要有直接还田、堆肥后还田、生产有机肥三种方式。能源化主要有生化技术（制作沼气）和热化学转换技术（燃烧发电）两种。饲料化主要有直接和间接做动物饲料添加剂。我国现阶段鸡粪资源化利用方式主要有鸡粪免费赠送、鲜粪出售、粪肥（含有机肥）自用、粪肥（含有机肥）出售、用作饲料自用五种，其中鸡粪免费赠送、鲜粪出售、粪肥（含有机肥）自用、粪肥（含有机肥）出售四种方式，都属于鸡粪肥料化模式；鸡粪用作饲料自用属于鸡粪饲料化模式；鸡粪能源化模式受前期投资大、后续产品的应用市场及副产品等再利用等约束，在实地调研中鸡粪养殖户没有采用能源化处理的方式。

二是鸡粪资源化利用方式的成本主要与当地肉鸡养殖场养殖方式、清粪方式有关。地面平养方式清粪所需人工成本相对更高，收益主要受周边鸡粪需求和养殖规模影响。如周边地区对鸡粪需求高，鸡粪价格就高；对鸡粪需求少，鸡粪价格下降，甚至为及时处理需将鸡粪免费赠送。规模相对较大的肉鸡养殖户更倾向于鸡粪免费赠送、制成有机肥出售等方式。规模相对较小的养殖户更倾向于鲜粪出售、粪肥自用、制成粪肥出售等方式。鸡粪做饲料自用的方式基本不受养殖场规模影响，主要受养殖场是否承包鱼塘这一外在因素影响。此外，将粪肥和化肥的施用成本进行对比，施用粪肥虽然劳动力成本高，但总体成本低于施用化肥，施用有机肥成本高于施用化肥。种植户施用粪肥（含有机肥）与施用化肥，各有优缺点。粪肥（含有机肥）对环境污染相对较小、有防止土地板结、增加作物产量和果实风味的作用，但劳动力成本更高，在农村劳动力越来越高的情况下，对种植户施用粪肥的推广具有不利影响。化肥价格相对有机肥较低，对劳动力需求小，施用方便，但对土壤、水环境易产生不利影响。

养殖户鸡粪资源化利用影响因素分析

刘 春[1] 刘晨阳[1] 原 婷[2] 辛翔飞[1] 王济民[13]

（1. 中国农业科学院农业经济与发展研究所；
2. 中国农业科学院农业信息研究所；3. 中国农业科学院办公室）

本研究基于养殖户调研数据，通过无序多分类 Logit 模型，从养殖户个体特征、养殖场养殖特征、南北地域特征、外部环境特征、鸡粪资源化利用法律法规执行五大方面，对影响养殖户选择鸡粪资源化利用方式的因素进行实证分析，并就我国肉鸡粪便资源化利用存在的问题提出对策建议。使用的数据与本书中《我国鸡粪资源化利用现状及成本收益》中的数据相同。

一、模型构建

为研究影响养殖户进行免费赠送、鲜粪出售、粪肥（含有机肥）自用、粪肥（含有机肥）出售 4 种鸡粪资源化利用方式的因素，本研究选取涵盖养殖户个体特征、养殖场养殖特征、南北地区特征、外部环境特征、鸡粪资源化利用法律法规执行等五大方面的相关指标，构建无序多分类 Logit 模型，实证分析各因素对养殖户资源化利用方式选取的影响。

（一）模型说明

由于要反映不同鸡粪资源化利用方式的养殖户受哪些因素影响，鸡粪资源化利用方式是非连续性变量，且各个选择之间不存在等级递增或等级递减的关系，因此本研究采用无序多分类 Logit 模型进行实证分析。

当对数线性模型中的一个二分类变量被当作因变量并定义为一系列自变量的函数时，对数线性模型就变成了 Logistic 回归模型，如式（1）所示：

$$P(Y=1 \mid X_1, X_2, \cdots, Xn) = \frac{1}{1+e^{\partial+\sum_{i=1}^{n}\beta_i X_i}} \tag{1}$$

其中，Xi 为自变量；α 和 β 分别为回归截距和回归系数；P 为事件发生的条件概率；$\partial + \sum_{i=1}^{n}\beta_i X_i$ 为线性函数一系列影响事件的发生概率。P 的取值范围在 0～1 之间。事件发生概率 P 与事件不发生概率 $1-P$ 之比，称为事件的发生比（Odds），线性函数的获取只需将 Odds 取自然对数，如式（2）所示：

$$\ln\left(\frac{P}{1-P}\right)=\alpha+\beta_1 X_1+\beta_2 X_2+\cdots+\beta_n X_n \tag{2}$$

当因变量是 3 类以上且无次序时，二元 Logistic 回归就可以扩展为无序多分类 Logistic 回归，如式（3）所示。

$$\begin{aligned}&P(Y=1\mid X_1,X_2,\cdots,X_n)+P(Y=2\mid X_1,X_2,\cdots,X_n)+\cdots\\&+P(Y=J\mid X_1,X_2,\cdots,X_n)=1\end{aligned} \tag{3}$$

将其中一个类别（比如 J）被作为参照，如式（4）所示：

$$\ln\left[\frac{P(Y=i\mid X_1,X_2,\cdots,X_n)}{P(Y=J\mid X_1,X_2,\cdots,X_n)}\right]=\alpha_{J-1}+\sum_{K=1}^{K}\beta_{(J-1)k}X_k \tag{4}$$

最后，其他分类和 J 分类进行比较，即为无序多分类 Logit。

在具体模型构建中，将鸡粪免费赠送方式作为参照，鲜粪出售、粪肥（含有机肥）自用、粪肥（含有机肥）出售处理方式分别赋值为 1、2、3 进行对比分析，具体形式可表现为式（5）、式（6）、式（7）：

$$\ln\left(\frac{P_{1i}}{P_{0i}}\right)=\alpha_1+\sum\nolimits_{k=1}^{17}\beta_{1k}X_{ki} \tag{5}$$

$$\ln\left(\frac{P_{2i}}{P_{0i}}\right)=\alpha_2+\sum\nolimits_{k=1}^{17}\beta_{1k}X_{ki} \tag{6}$$

$$\ln\left(\frac{P_{3i}}{P_{0i}}\right)=\alpha_3+\sum\nolimits_{k=1}^{17}\beta_{3k}X_{ki} \tag{7}$$

式中，P_{0i}、P_{1i}、P_{2i}、P_{3i}分别为第 i 个畜禽养殖户采取免费赠送、鲜粪出售、粪肥（含有机肥）自用、粪肥（含有机肥）出售方式处理鸡粪的概率，且 $P_{0i}+P_{1i}+P_{2i}+P_{3i}=1$；$X_{ki}$（$k=1$，2，…，17）为影响第 i 个养殖户鸡粪资源化利用方式选择的第 k 个因素；α_1、α_2、α_3、α_4 为常数项，β_{1k}、β_{2k}、β_{3k} 为相应的回归系数。

（二）模型变量选择

在鸡粪资源化处理的实际操作中，养殖户多采用两种或两种以上的方式同时对鸡粪进行处理。本研究在调研问卷设计中，设计了养殖户在鸡粪资源化利用过程中，不同鸡粪利用方式采用比例的相关问题，根据计算养殖户采用鸡粪利用方式的比重差异，将养殖户最大鸡粪处理数量的利用方式作为唯一鸡粪资源化利用方式展开统计分析与实证研究，因此在模型构建中，一个养殖户对应一种鸡粪资源化利用方式。通过上述方法，养殖户鸡粪资源化主要利用方式分别为：鸡粪免费赠送、鲜粪出售、粪肥（含有机肥）自用、粪肥（含有机肥）出售四种。养殖户采用饲料自用方式占比相对其他方式较小，5户养殖户采用饲料自用方式，鸡粪利用比例占全部鸡粪利用比例的10%～40%，4户主要利用方式是鲜粪出售，一户是免费赠送，因此在实证分析中将其归类在鲜粪出售和免费赠送样本中，不对影响采用饲料自用方式因素进行分析。

养殖户选择不同的鸡粪进行资源化利用方式主要受以下几方面影响：一是养殖户主个体特征，二是养殖户养殖的特征，三是外部环境特征，四是鸡粪资源化利用法律法规执行特征，五是地区虚变量。

（1）养殖户个体特征主要包括养殖户主文化程度、是否接受过技术培训等几方面，这些因素一定程度上影响养殖户对鸡粪的处理利用行为，其中经营种植业的养殖户选择粪肥自用的几率更高，种植蔬菜水果的养殖户选择鲜粪出售、粪肥自用、粪肥出售的情况较多。

（2）养殖场养殖特征主要包括养殖年限、养殖品种、养殖规模、产业化形式五方面，不同的养殖特征对养殖户选择鸡粪资源化利用方式有较强指向性。由于不同养殖品种的养殖方式和清粪方式不同，直接影响养殖户对鸡粪资源化利用方式的选择。其中，养殖白羽肉鸡的养殖户选择鸡粪做粪肥出售的几率高于养殖其他品种养殖户。养殖规模相对大的养殖户选择免费赠送、鲜粪出售和粪肥出售的几率高于养殖规模相对小的养殖户。

（3）外部环境特征主要指有养殖户经营种植业情况、种植品种选择、周边是否有鸡粪加工收购的公司/经销商、政府补助、养殖户所在村落经营种植业情况。文化程度相对高、参加过技术培训的养殖户选择鲜粪出售和生产粪肥出售的几率相对高。养殖场周边如果有鸡粪加工收购的公司或经销商，其鸡粪进行赠送和出售的几率更高。有政府补助的养殖户制作粪肥出售的几率更高。

（4）鸡粪资源化利用法律法规执行特征，主要包括养殖户对当地鸡粪资源化利用相关法律法规的了解情况和相关政府工作人员的监管情况，同样显著影响养殖户对鸡粪资源化利用的行为选择。

（5）各省地区因素特征，通过地区虚变量控制研究不同省（区）对养殖户鸡粪资源化利用方式选择的影响。

综上，因变量Y为鸡粪免费赠送、鲜粪出售、粪肥（含有机肥）自用、粪肥（含有机肥）出售四种，记为0、1、2、3，模型因变量定义见表1。自变量为养殖户个体特征、养殖场养殖特征、南北地域特征、外部环境特征、成本收益情况特征和鸡粪资源化利用法律法规执行特征六部分，自变量定义见表 2。

表 1　因变量表

类别	具体变量	定义
养殖户鸡粪资源化利用方式选择	Y=0，1，2，3	0=鸡粪免费赠送，1=鲜粪出售，2=粪肥（含有机肥）自用，3=粪肥（含有机肥）出售

表 2　自变量表

类别	具体变量	定义
养殖户个体特征	受教育年限	文盲=0，小学=6，初中=9，高中（中专）=12，大学（大专）及以上=16
	是否参加养殖技术培训	1：是，0：否
	养殖年限	实际年限
养殖场养殖特征	养殖品种（白羽肉鸡为基准值）	黄羽肉鸡=1，其他=0
		小白鸡=1，其他=0
	养殖规模	实际规模
	产业化模式（市场户模式为基准值）	公司+农户=1，其他=0
		公司+合作社+农户 =1，其他=0，
		公司+经纪人+农户=1，其他=0
		公司自养=1，其他=0
地域特征	各省（区）利用情况（河北省为基准值）	1：河南省，0：其他
		1：山东省，0：其他
		1：云南省，0：其他
		1：广西壮族自治区，0：其他
		1：安徽省，0：其他
外部环境因素特征	养殖户自己种植粮食面积	实际面积
	养殖户自己种植面积	实际面积
	养殖户所在村镇种植粮食面积	实际面积
	养殖户所在村镇种植蔬果面积	实际面积
	周边是否有鸡粪收购商	1：是，0：否
法律法规执行情况	是否有政府补贴（鸡粪资源化利用相关设备设施补贴）	1：是，0：否
	养殖户是否知道相关法律法规	1：是，0：否
	是否有工作人员进行监督管理	1：是，0：否

二、模型结果

使用 Stata 软件以鸡粪免费赠送方式为参照，对养殖户肉鸡粪便处理方式进行无序多分类 Logit 回归，估计结果见表 3。

表 3　养殖户鸡粪资源化利用行为回归分析结果

变量	鲜粪出售		粪肥自用		粪肥出售	
	系数	标准误	系数	标准误	系数	标准误
受教育年限	0.13	0.12	0.16	0.17	−0.39	0.38
是否参加养殖技术培训	−5.22***	0.91	−0.55	1.04	3.49	2.46
养殖年限	0.02	0.07	0.09	0.08	0.02	0.19
养殖品种：黄羽肉鸡（以白羽肉鸡为参照）	−17.60	3 062.21	−36.24	8 749.15	−16.21	9 760.68
养殖品种：小白鸡	−0.66	0.81	0.48	1.12	1.31	3.93
养殖规模	0.66	0.36	−0.86	0.67	1.18	0.82
产业化模式："公司＋农户"（以市场户为例）	1.39	0.85	2.48	1.52	−15.41	1 796.08
产业化模式："公司＋合作社＋农户"	3.55	2.52	3.20	2.305	−24.25	8 468.79
产业化模式："公司＋经纪人＋农户"	2.40**	0.99	3.93**	1.675	−20.26	3 325.25
产业化模式：公司自养	−2.73	1.92	−17.75	12 045.89	0.24	2.179
地区虚变量：河南（以河北为参照）	0.55	1.20	1.64	1.23	17.19	2 043.87
地区虚变量：山东	−1.02*	1.20	0.22	1.61	11.91	2 043.87
地区虚变量：云南	22.78	3 062.22	0.99	8 991.99	16.82	10 609.35
地区虚变量：广西	38.61	4 075.47	54.65	9 153.14	67.10	10 483.59
地区虚变量：安徽	22.93	3 062.21	20.02	3 062.22	15.15	5 128.73
养殖户自己种植粮食面积	0.17	0.12	0.26**	0.119	0.40**	0.17
养殖户自己种植蔬果面积	0.23	0.16	0.39**	0.179	−0.45	0.73
养殖户所在村镇种植粮食面积	0.000 7*	0.000 3	0.000 5	0.000 34	0.001 3	0.001
村镇种植蔬果面积	−0.000 03	0.000 08	0.000 2	0.000 2	0.000 08	0.001

（续）

变量	鲜粪出售		粪肥自用		粪肥出售	
	系数	标准误	系数	标准误	系数	标准误
周边是否有鸡粪收购商	0.51	0.75	−1.03	0.88	−1.16	2.04
是否有政府补贴	3.09	2.29	−19.63	312 924.5	5.27	3.63
养殖户是否知道相关法律法规	0.59	0.91	−1.48	1.14	1.06	2.11
是否有工作人员进行监督管理	0.54	2.25	0.95	2.46	1.18	3.61
常数项	−10.37	4.97	3.14	7.87	−31.92	2 043.92
样本量：251	最大似然估计=−85.81		卡方检验：P=0.000 0		伪 R 方：0.65	

注：以免费赠送方式为参照，***、**、* 分别表示在 1%、5%和 10%的统计水平上显著。

三、模型分析

考虑到各个解释变量之间可能存在相关性，因而有必要在模型估计之前，先进行多重共线性检验。结果显示，平均 VIF 方差膨胀因子为 1.82，远小于 10。因此模型不存在严重的多重共线性问题。

（一）免费赠送

鸡粪免费赠送的模型结果表明：①免费赠送受养殖品种的影响较大，养殖品种为白羽肉鸡的养殖户相对于养殖黄羽肉鸡和小白鸡的养殖户在鸡粪处理上更倾向于将鸡粪免费赠送。主要原因是白羽肉鸡养殖场规模比黄羽肉鸡养殖场相比较大，白羽肉鸡主产区对鸡粪需求相对较小，所以更倾向于免费赠送。而小白鸡的养殖规模与白羽肉鸡规模相对较小，鸡粪在当地需求相对较高，采用鲜粪出售的方式更多。②鸡粪免费赠送受养殖规模的负向影响，养殖规模增大，养殖户倾向于鲜粪出售的利用方式而不是免费赠送方式。③鲜粪出售受养殖场不同产业化模式的影响，其中与市场户相比，龙头企业直接或间接带动农户进行肉鸡养殖的产业化模式为负向影响，养殖户更倾向于鲜粪出售的利用方式。而公司自养模式为正向影响，养殖场更倾向于鸡粪免费赠送的方式，主要因为公司自养养殖规模相对较大，鸡粪供过于求，因此倾向于采用免费赠送的方式。④免费赠送受南北地区各省（区）差异影响较大，相对其他省（区），山东省更倾向于采用免费赠送的利用方式，主要因为北方地区是白羽肉鸡和小白鸡的主产地区，而山东省是白羽肉鸡养殖最先进的省，养殖规模相对其他省（区）大，鲜粪产量大，鸡粪供过于求，因此山东省相对其他省（区）倾向于采用鸡粪免费赠送的处理方式。⑤受养殖户种植粮食作物和蔬果面积的负向影响，养殖户种植粮食作物和种植蔬果面积越大，将鸡粪免费赠送的情况越少。⑥受养殖户所在村镇粮食作物面积负向影响，养殖户所在村镇粮食作物种植面积越大，对鸡粪需求越高，较少采用免费赠送的方式。⑦免费赠送受养殖户周边鸡粪收购商情况的负向影响，养殖户周边鸡粪收购商较少，鸡粪不便于运输流通，养殖户鸡粪处理利用成本较高，因此倾向采用免费赠送的方式。⑧免费赠送受当地政府补贴的负向影响，没有政府补贴的养殖户更急于将鸡粪处理，而不是进一步加工再处理利用。⑨免费赠送受养殖户对鸡粪资源化利用相关法律法规了解情况的负向影响，养殖户对鸡粪相关法律法规的了解越少，对鸡粪处理越倾向于免费赠送。⑩免费赠送受政府工作人员监督情况的负向影响，政府工作人员对鸡粪利用的监督越多越频繁，养殖户处理鸡粪就越倾向采用出售方式而不是免费赠送。

（二）鲜粪出售

从鲜粪出售的模型结果可以看出：①鲜粪出售的鸡粪利用方式受养殖户受教育年限的正向作用，说明与鸡粪采用免费赠送方式相比，肉鸡养殖户随着受教育年限的增长，更倾向于采用鸡粪鲜粪出售的利用方式。②受养殖户参与养殖技术培训情况为负向影响，说明没有参与养殖技术培训的养殖户相对于参加过养殖技术培训的养殖户更倾向于鸡粪免费赠送的利用方式。③鲜粪出售受养殖年限的正向影响，养殖年限越长，养殖户采用鲜粪出售方式的情况越多。④鲜粪出售受黄羽肉鸡和小白鸡品种负向影响，养殖品种为白羽肉鸡的养殖户相对于养殖黄羽肉鸡的养殖户在鸡粪处理上更倾向于将鸡粪免费赠送。⑤鲜粪出售受养殖规模的正向影响，养殖规模增大，养殖户更倾向于鲜粪出售的利用模式。⑥鲜粪出售受养殖场不同产业化模式的影响，其中与市场户相比，龙头企业直接或间接带动农户进行肉鸡养殖的产业化模式的养殖户更倾向于鲜粪出售的利用方式，主要因为在龙头企业带动下的养殖户多分散于村镇，与市场户相比，鸡粪需求相对更高，因此多采用鲜粪出售的方式。与市场户相比，鸡粪利用受公司自养模式的负向影响，公司自养的养殖场更倾向于鸡粪免费赠送的方式，主要因为公司自养养殖规模相对较大，鸡粪供过于求，因此倾向于采用免费赠送的方式。⑦鲜粪出售受山东省的负向影响，更倾向于采用免费赠送的利用方式，受河南省、云南省、广西壮族自治区、安徽省的正向影响，上述省（区）对鸡粪需求大，鸡粪价格高，多采用鲜粪出售的方式，山东省白羽肉鸡养殖业发达，鸡粪产量供过于求，多采用免费赠送的利用方式。⑧鲜粪出售受养殖户自己种粮食和种植水果、蔬菜的正向影响。⑨鲜粪出售受养殖户周边鸡粪收购商情况的正向影响，养殖户周边有鸡粪收购商便于鸡粪的流通输送，侧面反映出鸡粪需求较大，因此更多采取鲜粪出售的利用方式。⑩鲜粪出售受当地政府补贴的正向影响，有补贴的养殖户更倾向于将鸡粪出售。⑪鲜粪出售受养殖户对鸡粪资源化利用相关法律法规了解情况的正向影响，养殖户对相关法律法规的了解越多，越倾向于将鲜粪及时进行出售。⑫鲜粪出售受政府工作人员监督情况的正向影响，政府工作人员对鸡粪利用的监督越多，养殖户越倾向采用鲜粪出售的处理方式。

（三）粪肥（含有机肥）自用

从粪肥自用的模型结果可以看出，①粪肥自用受养殖户受教育年限的正向影响，受教育年限越长的养殖户相对接受更多的信息和知识，更倾向于将鸡粪制成粪肥再自用的方式。②粪肥自用受养殖年限的正向影响，养殖户养殖年限越长，鸡粪加工利用经验越丰富，与免费赠送相比更倾向于制成粪肥自用。③粪肥自用受养殖品种的影响，养殖白羽肉鸡和小白鸡的养殖户更倾向采用免费赠送的方式，养殖黄羽肉鸡的养殖户倾向采用粪肥自用的利用方式。④粪肥自用受养殖规模的负向影响，养殖规模越大，养殖户越专注于肉鸡养殖，同时进行种植作业的情况越少，因此更倾向采用鸡粪免费赠送的鸡粪利用方式。⑤粪肥自用受养殖场“公司＋农户”模式的正向影响，受公司自养模式负向影响，与其他产业化模式相比公司自养规模相对较大且集中，鸡粪供过于求，更倾向于免费赠送的利用模式。“公司＋农户”等相关产业化模式养殖种植同时进行的情况较多，采用粪肥自用方式更多。⑥粪肥自用受各省（区）的正向影响，粪肥自用培肥土壤是兼业种植业的养殖户的惯例。⑦粪肥自用受养殖户周边鸡粪收购商情况的负向影响，养殖户周边有鸡粪收购商对粪肥自用的影响较小，更有利于鸡粪赠送时的流通输送。⑧粪肥自用受养殖户种植粮食、蔬菜水果种植面积的正向影响，养殖户自身种植粮食作物、蔬菜、水果种植面积越大，对粪肥需求越高，相对将鸡粪免费赠送更倾向于制成粪肥自用。⑨粪肥自用受当地种植粮食、蔬菜和水果的正向影响，养殖户所在村镇种植粮食作物、蔬果面积越大，养殖户越倾向于将鸡粪制成粪肥自用。⑩粪肥自用受当地政府补贴的负向影响，没有政府补贴的养殖户更倾向于将鸡粪制成粪肥自行利用消纳。⑪粪肥自用受政府工作人员监督情况的正向影响，政府工作人员对鸡粪利用的监督越多，养殖户相对于免费赠送越倾向采用粪肥自用的处理方式。

(四) 粪肥（含有机肥）出售

从粪肥出售的模型结果可以看出：①粪肥出售受养殖户参加养殖技术培训情况的正向影响，参加过养殖技术培训的养殖户相对接受更多的信息和知识，更倾向于将鸡粪进行发酵，制成粪肥出售的鸡粪利用方式。②粪肥出售受养殖年限的正向影响，养殖年限越长，养殖技术和粪便利用经验越丰富，倾向于粪肥出售。③粪肥出售受养殖品种的影响，受养殖户黄羽肉鸡的负向影响，养殖白羽肉鸡的养殖户更倾向采用免费赠送的方式，受小白鸡的正向影响，养殖小白鸡的养殖户更倾向采用粪肥出售的方式。④粪肥出售受养殖规模的正向影响，养殖规模越大，养殖户更倾向采用粪肥出售的鸡粪利用方式。主要因为养殖规模大，鸡粪供过于求，养殖场难以采用鲜粪出售、粪肥自用等方式，因此更倾向于通过养殖场自身制作粪肥（含有机肥）去处理利用鸡粪。⑤粪肥出售受养殖场公司自养模式的正向影响，受“公司＋农户”相关产业化模式的负向影响。公司自养的养殖户规模相对较大，与免费赠送方式相比更多采用制作粪肥（含有机肥）出售的鸡粪利用方式。而“公司＋农户”模式养殖规模相对较小，且养殖户兼业农作物种植的情况较多，因此更多采用鲜粪出售和粪肥自用的利用模式。⑥粪肥出售受各地区的正向影响，北方地区主要养殖白羽肉鸡，鸡粪供过于求，因此倾向将鸡粪深加工出售，南方地区多种植蔬菜水果，对鸡粪需求大，粪肥收益高，因此养殖户将鸡粪加工成粪肥出售。⑦粪肥出售受养殖户自己种植粮食面积的正向影响，受种植蔬菜水果面积的负向影响。因为种植蔬菜水果比种植粮食作物粪肥需求大，因此种植粮食作物的养殖户倾向将粪肥出售，种植蔬菜水果的养殖户不倾向将粪肥出售，而是多进行自用。⑧粪肥出售受养殖户所在村镇种植粮食、蔬果面积的正向影响，有村镇种植粮食、蔬菜和水果面积越大，对粪肥需求越高，粪肥价格越高，养殖户越倾向将鸡粪制成粪肥出售。⑨粪肥出售受当地政府补贴的正向影响，有粪肥（含有机肥）生产设备补贴、粪肥（含有机肥）出售价格补贴等政府补贴的养殖户更愿意将鸡粪制成粪肥（含有机肥）进行出售。⑩粪肥出售受养殖户对鸡粪资源化利用相关法律法规了解情况的正向影响，养殖户对鸡粪资源化利用、推进粪肥（含有机肥）生产使用、政府对粪肥补贴等相关法律法规情况越了解，越促进养殖户采用加工粪肥出售的方式。⑪粪肥出售受政府工作人员监督情况的正向影响，政府工作人员对鸡粪利用监督检查越多，养殖户越倾向将鸡粪加工出售的利用方式。

四、结论和政策建议

（一）结论

养殖户养殖技术培训、养殖品种、产业化模式、各省（区）地区因素、养殖户粮食、蔬菜和水果的种植情况等因素显著影响养殖户对鸡粪资源化利用方式的选择。

养殖户免费赠送方式受是否参加养殖技术培训、地区因素、养殖品种的影响大，北方地区对养殖户采用鸡粪免费赠送方式的影响显著。主要原因是北方地区是白羽肉鸡和小白鸡的主产区，养殖规模相对较大，鸡粪产量大。但北方地区主要进行农作物种植，对鸡粪需求相对种植水果蔬菜的南方地区较少，造成鸡粪供过于求的情况，因此北方地区白羽肉鸡养殖户相对倾向采用鸡粪免费赠送方式。

养殖户采取鲜粪出售方式受养殖品种、地区因素、产业化模式等因素的显著影响，位于河北省、河南省、山东省的养殖白羽肉鸡和小白鸡的养殖户倾向鲜粪出售的处理方式。与市场户相比，龙头企业直接或间接带动农户进行肉鸡养殖的产业化模式的养殖户更倾向于鲜粪出售的利用方式，主要因为在龙头企业带动下的养殖户多分散于村镇，与市场户相比，鸡粪需求相对更高，因此多采用鲜粪出售的方式。

养殖户是否参加养殖技术培训、自己种植粮食、蔬菜和水果情况、地区因素、政府补贴情况等对养殖户采取粪肥自用的影响显著。主要因为养殖户自己和周边种植粮食和经济作物，有粪肥自用的需求，因此多采用粪肥自用的鸡粪利用方式。

养殖户是否参加技术培训、养殖品种、南北地区、产业化模式、是否有政府补贴、相关管理人员的监管程度对粪肥（含有机肥）出售方式影响最大，参加技术培训的产业化模式以公司自养为主的河南省、山东省养殖户，在政府相关部门人员的检查频率较高的情况下，养殖户越倾向于将鸡粪进一步加工，增加其附加值，制成粪肥（含有机肥）出售的资源化利用方式。

（二）政策建议

我国肉鸡养殖场鸡粪资源化利用仍是肉鸡规模化发展过程中不可忽视的问

题。随着养殖规模的扩大，鸡粪产生量也随之增加，部分地区鸡粪供过于求，如养殖场无法找到适合的鸡粪资源化利用方式，给养殖场造成的经营负担逐步增加且不利于养殖场可持续发展。因此提出以下政策建议：

一是加大对鸡粪资源化利用的引导和扶持。对配备粪便处理设施设备的养殖场给予适当的政策优惠和财政补贴，因地制宜、分类施策推广应用便捷可行的鸡粪资源化利用优良模式。改革开放以来，我国对化肥、农药、种子等农业生产资料进行了补贴支持，但对肉鸡粪便转化成有机肥的支持力度不足，对有机肥生产商和施用有机肥的种植户给予的补贴不够，使肉鸡养殖生产者对鸡粪转化成有机肥进行出售的积极性不高。相对于有机肥，化肥更易于施用、所需工时更少，劳动力成本更低，价格更低，但长期使用化肥不利于环境和土壤肥力的保护。建议提高农户使用有机肥补贴，提升农户使用有机肥的积极性。

二是建立健全鸡粪资源化利用市场体系。打造鸡粪资源化利用产品产业链，完善有机肥等鸡粪资源化产品的价格机制，制定完善的质量标准体系，严格养殖环境准入制度，实现鸡粪资源化产品市场化配置。对清粪后废水收集处理、粪便收集、运输、鸡粪相关产品销售等鸡粪资源化利用相关环节进行价格补贴。推动鸡粪资源化利用相关技术研发，对新型实用技术进行投资和补贴，提高相关企业积极性和竞争力。环保管理的政府工作人员应加大对养殖场的监管执法力度，对养殖后期污水、粪便处理利用的监管不断增强。

三是完善鸡粪资源化利用外部环境。鼓励发展第三方鸡粪收购商为中小规模养殖场鸡粪资源化处理提供便利。对中小规模畜禽养殖场、养殖小区和养殖散户采取多元化的集中治理模式，探索建立农村乡镇畜禽养殖粪便收运系统，鼓励第三方经营者参与鸡粪回收、资源化利用产业链，对周边分散的中小规模养殖场的鸡粪进行定期集中回收处理后，加工成为粪肥或有机肥，提供给种植户和种植基地，实现对中小规模养殖场鸡粪的综合回收利用。加快先进生产设备的研推步伐，满足市场对先进有机肥生产设备的需求。

四是加强养殖户养殖和鸡粪利用的培训和宣传。鼓励发展农村肉鸡养殖专业合作组织，由政府或企业技术人员对养殖和粪便处理的相关专业知识进行推广和普及。加大对养殖户日常肉鸡饲养技术、疫情应急管理、鸡粪科学处理利用等教育培训，切实提高广大养殖户的饲养技术和鸡粪资源化利用水平。加强种植户对于粪肥有机肥认知方面的宣传，不仅要强调鸡粪资源化利用的生态效益和社会效益，更要突出资源化利用带来的经济收益，吸引更多的农户使用鸡粪资源化产品。

五是鼓励和推动肉鸡养殖业进行种养结合发展。在我国建立起鸡粪管理相关制度，要求和鼓励大规模养殖场按照粪便养分管理计划进行鸡粪肥料化利用，对种养结合进行统筹规划，强化治理。依据各区（县）土地承载能力、环境容量和消费需求，根据种植业对鸡粪的消纳能力，规划各区（县）畜禽养殖规模，通过科学计算将鸡粪排放量与种植业所需肥料量相匹配，促进鸡粪资源充分利用。

动物药物经济学国内外应用研究前沿及展望

张灵静[1]　王济民[12]　肖红波[3]　欧阳儒彬[4]

（1. 中国农业科学院农业经济与发展研究所；2. 中国农业科学院办公室；3. 北京农学院经济管理学院；4. 农业农村部发展规划司）

一、引　　言

动物药物经济学是动物健康经济学的重要内容，是经济学在畜牧兽医科学应用上的拓展，是一门新型边缘学科。其作用在于：一是为动物饲养主体（简称饲主）和诊疗机构提供合理的用药决策；二是为政府制定疫病防控政策提供技术支持。自 20 世纪 60 年代以来，随着养殖业的不断发展，肉类生产消费结构发生了很大变化，但由于过于追求产量，缺乏对品质的关注，食品安全问题凸显，加之饮食观念的转变，促使饲主重新审视动物健康问题。饲主不仅需要关心成本、收益，还需关注健康、生态、动物福利等诸多约束。动物药物经济学的广泛应用对畜禽产业自身的良性发展、人类生命健康以及生态环境保护有着重要意义。

二、国外动物药物经济学应用研究前沿

（一）用药策略选择

药物的优化选择是动物药物经济学关注的首要问题。目前的应用中，除了考虑饲养模式（Macdonald 等，2009）、药物可得性（Kumar 等，2011）、成本收益（Rault 等，2014）、需求（Wolf 等，2015）、先验认识（Brain 等，

2016）等社会经济因素外，还需考虑地区、季节、动物寄生菌群等自然因素。例如，为了促进新疫苗的上市和推广，Brain 等采用 Probit 模型研究了加拿大不同牛饲主 E. coli 疫苗选择的影响因素。E. coli 疫苗主要用于防治由一种叫 157：HO7 菌引起的感染。虽然该疫苗效果良好，但推广却不理想。研究发现，教育、先验认识、责任意识、外部控制轨迹、农场抗风险能力对该疫苗选择起决定作用。学历在大专以上饲主比大专以下饲主选择疫苗的意愿高 20.3％，预先了解该疫苗的饲主比不了解的选择意愿高 16.1％。关注育肥而不关注繁育的饲主选择意愿指数小于 50％，外部控制轨迹对该疫苗选择显示出负面的效应，11.5％的饲主会在风险越过控制线后才选择该疫苗，加强对高学历饲主的宣传是快速推广该疫苗有效途径。

（二）生产效率测度

生产效率是测算动物用药效果的经济指标之一。20 世纪 40 年代初，研究者们发现用青霉素残渣促进了猪的快速生长，并发现链霉素、土霉素、金霉素对禽畜均有催长和育肥作用，随后抗生素进入饲料工业。一时间，检测抗生素投入对全要素生产率的影响成为研究的焦点。Mathews（2001）研究发现，瑞典养猪企业停止使用抗生素生长剂后。断奶仔猪的日增重从 1995 年 422 克，下降到 2001 年 415 克。Jacobsen（2006）抽取丹麦 11 家养殖场 13 年的数据，应用影子利润模型，计算得出种猪替代性影子价格是市场价格的 1.33 倍。作者还通过马尔奎斯生产力指数法检测了 1995 年丹麦禁抗政策颁布后，生猪产业技术效率、配置效率、全要素生产率的变化。结果显示，生猪行业技术效率招致较大的损失，而配置效率也按比例下降。预防和催长抗生素减少导致治疗型的抗生素增加，进而导致全要素生产率没有变化。

（三）产出测量

除了生产效率，产出也是衡量动物用药的主要经济效果指标之一。学者们用不同的方法研究药物使用给养殖场产出带来的变化。Jacobsen 等（2006）计算发现，丹麦在限抗之前 15 年，生猪产量增长了 30.5％，限抗后生猪产出降低 0.1％。Macdonald 等（2015）研究发现，抗生素作为生长剂促进了美国畜牧总产出增加 1％～3％。限抗后，美国畜牧业生产成本增加 1％～3％，畜禽批发价格上升了 1％，总产出减少将近 1％。一方面限抗导致使用抗生素作为催长剂的企业产出减少 1％～2％；另一方面，由于期待收益增加，不使用饲用抗生素的养殖企业会增加产出。作者还认为，生产规模是影响药物经济效果的重要因素。由于大型养殖企业决定饲料的配方，小规模养殖企业没有裁量权，因此限抗对小规模企业产出影响不显著。Mann 等（1976）、Mathews 等（2001）、Hayes 等（2002）、Brorsen 等（2002）、McBride 等（2006）的研究也获得与之相仿的结论。

（四）健康风险分析

随着人们对食品安全问题的关注，健康风险也成为动物药物经济学在应用中必须考虑的约束条件。学者们集中研究了畜禽使用抗生素对人类健康风险的影响。一部分学者认为，抗生素促发了耐药菌的产生，从而大大增加了人类健康风险。Marshal 等（2011）研究认为动物源性耐药菌可以通过环境媒介转移给人类，会增加饲主感染疫病风险。美国食品药品管理局（Food and Drug Administration）的数据也显示，美国在恩诺沙星批准使用后不久，白羽肉鸡体内耐药性空肠弯曲杆菌开始上升。同时，感染空肠弯曲杆菌的病人数量明显增加，人用恩诺沙星出现治疗无效的情况，病人病程显著延长。而另一部分学者则认为动物寄生菌群与人类寄生菌群存在显著的差异，畜禽使用抗生素与人类受耐药菌感染的风险没有必然的关系，持该观点的研究者甚至认为，由于无抗饲养动物体内菌群高于用抗饲养动物体内的菌群，停止使用饲用抗生素反而增加了人类感染致病菌的风险。Garcia - Migura 等（2007）对 1997 年欧洲禁止使用糖肽类抗生素阿伏帕星的跟踪研究，发现禁止在饲料中添加阿伏帕星，耐药性粪肠球菌仍然大量存在，禁抗对耐药性菌群的控制没有显著的效果。

（五）消费者福利的衡量

动物用药对产出具有显著的影响，进而带来对消费者福利的影响。消费成本是测量动物用药对消费者福利影响的主要指标。一般认为，疫苗、抗生素、杀虫药的投入减少，会延长生长周期，增加死亡风险，提高养殖成本，抑制产出，因此会提高消费成本，降低消费福利。

Hayes 等（2002）、Jacobsen 等（2006）分别计算了禁抗给消费者带来的额外成本。Hayes 计算得出禁抗会给美国四口之家带来 11 美元额外消费成本。Jacobsen 计算发现实施禁抗后，消费者为每头猪平均支付成本变成 68 克朗（当时折合 12 美元），他们认为这是消费者必须为避免抗生素残留危害所付出的代价。Lusk 等（2006）研究认为，为避免抗生素耐药性风险所带来的间接损失，美国消费者愿意承受无抗养殖猪肉比有抗养殖猪肉高 76%的价格。为了更加宏观测量药物对消费者福利损失的影响，Wu 等（2008）利用均衡替代模型（EDM），监测了在数项关键性健康条件下无抗饲养对消费者的福利影响，他的计算表明无抗给美国消费者带来 9 200 万美元福利损失。

（六）动物福利的探讨

动物药物经济学主要从疫病感染率、死亡率、生产周期等健康指标来衡量动物福利。由于药物主要起着止损作用，研究者们认为使用药物能够提高动物福利。例如，Heuer 等（2001）研究发现 1996—2001 年使用抗生素导致沙门氏菌和弯曲杆菌感染率分别下降 17%和 30%，不使用抗生素添加剂的肉鸡携带弯曲杆菌的比例要比饲喂抗生素鸡高出 3 倍。为了获得更加具体的研究结果，Mathews 等（2001）对瑞典养猪企业停止使用抗生素生长剂后死亡率进行测算，结果显示，停止使用抗生素后，生猪的死亡率从 2.7%增加 3.5%。Gauch 等（2015）从相反的方向测算了无抗养殖的生产性能和健康状况指标。研究发现非用抗生素肉鸡的机体性能指标和肠道健康呈现负面反应，因此作者认为不用抗菌药物对全群的动物福利来说显示了负面影响，不使用抗菌药物养殖与坏死性肠炎的增加、食物转化率降低、日增重的减少具有密切的联系，零用药显然降低了肉鸡福利水平。

三、国内动物药物经济学应用研究前沿

动物药物经济学在国内应用主要体现在防疫策略选择和安全用药两大方面。研究者通过实地调研，用经济模型对用药因素、用药合理性以及用药经济效果进行核算，通过相关参数确定影响用药因素的程度，判断用药投入是否合理以及用药后经济效果情况。由于受地区、研究对象以及研究方法的影响，研究结果差异较大。

（一）动物用药影响因素分析

测量影响动物用药各因素是动物药物经济学提供的常见方法。为了为政策制定者提供更加合理的疫病防控政策，研究者们通过定性响应回归的方法测算用药因素的比重。黄泽颖等（2012）利用 6 个肉鸡养殖大省共 331 个肉鸡养殖户样本，通过 Bivariate - Probit 模型和有序 Probit 模型计算肉鸡影响因素比重，研究发现，年龄、日增重、防疫法规认知、组织化程度显著影响农户对疫苗的选择。此外，还通过 NAADSM 模型对全面防疫和不防疫进行了敏感性评估，评估发现，使用疫苗可以有效减少疫情持续时间，应该做全面的疫苗防

疫，考虑到潜在风险和防疫成本，疫情发生时应立即扑杀而不应二次免疫。吴林海等（2015）运用 MVP（Multivariate Probit）模型对江苏省阜宁县 654 个生猪养殖户样本数据分析发现，不遵守休药期的养殖户约占样本比例 70%，养殖规模和药残认知显著影响养殖户动物用药使用行为。学者们通过量化对比各因素的参数关系，分别从防疫政策、宣传、生产组织方式、市场管理等方面提出诸多优化疫病防控和用药决策的方案。

（二）用药合理性的度量

合理用药是动物药物经济学追求的目标。滥用药、用错药是养殖行业常见的问题。为了更加透彻地反映我国养殖业用药合理性问题，不少学者做了大量的调研。吴林海等（2015）通过对江苏省 654 个生猪养殖户调研发现，70%不遵守休药期。除了直观的数据说明外，研究者极力寻求用药合理性的经济标准，生产要素的边际收益便是其中之一，该指标反映反映增加生产要素投入为企业带来收益变化情况。孙若愚等（2015）调研发现，31.47% 农户会过量用药，其根本原因在于规避疫病风险，保证出栏量和销售价格；其通过建立 C-D 生产函数发现分析认为当前我国畜禽养殖户使用动物用药的边际生产率接近 0，动物用药的潜力已经接近顶峰。

（三）效率—收益的核算

动物药物经济学另一个突出的应用在于衡量用药收益。与国外研究相仿，国内研究者们一致认为药物能够防治疾病，保证动物的生长性能，提高畜禽生产效率。郭福有等（2007）研究认为，使用抗生素能明显提高生猪的日增重（表 1），原因主要在于：一是抑制动物体体内的菌群，减少饲料的营养消耗；二是影响动物内分泌，提高内源激素水平；三是改变动物消化道结构，降低机体维持需要。作者计算发现使用饲用抗生素为每头育肥猪增加额外收益 24.9 元，每头怀孕母猪每胎增加额外收益为 80.9 元。

表 1 生猪饲喂抗生素日增重对比表

单位：千克

抗生素	28 天日增重	42 天日增重	98 天日增重
无	0.521	0.554	0.686
新霉素	0.676	0.654	0.781
CSP-250	0.699	0.676	0.749

注：CSP-250 是金霉素、磺胺以及青霉素混合物。

四、国内外研究展望

（一）呈现多学科交叉趋势

目前动物药物经济学主要包含畜牧兽医学和经济学两个板块。考虑到动物疫病、食品安全以及生态环境污染问题，更多学科知识将会被吸纳进来。可以期待的是，遗传学、营养学、生态环境科学等学科将会纳入到动物药物经济学当中，形成跨学科交叉综合研究，同时，动物药物经济学理论也将大大丰富。此外，在具体应用方面，研究者也将纳入更多的变量，吸收更多研究方法，寻求更加科学用药方案。动物药物经济学的应用将会融合医疗技术、经济分析、社会分析、个人心理分析等，同时向其他学科寻求更为广泛的联合，从而给人们提供更为科学合理的决策指导。

（二）向精细化拓展

我国学者已经在动物药物经济学应用方面取得诸多实践成果。防疫策略选择、合理安全用药在全国范围内有着广泛的应用。但总的来说，我国动物药物经济学应用研究较欧美国家起步晚。由于我国研究地域涉及面广，区域差别大，实际应用中需要考量的事项较多，为摆脱较为宽泛化的研究，区域划分将会更加细致。其二，以往的研究主要集中在生猪和肉牛产业，而肉鸡产业在我国农业中地位越发重要，加之肉鸡产业是对药物依赖最高的畜牧产业，动物药物经济学将会在肉鸡等禽类产业中获得更加广泛的应用。其三，目前动物福利问题受到世界普遍的关注，考量动物福利指标也逐步受到人们的重视，将动物福利纳入动物合理用药研究中，对于制定更加科学合理疫病防控政策具有深远的意义。

（三）药物替代研究任重道远

药物残留事件引起了人们对动物用药的担忧，随着人们观念从注重“高效”向注重“低毒安全”转变，寻找药物的替代物尤其是高致敏性药物替代物将成为动物药物经济学关注的重要内容，也是畜禽业发展必须攻克的难关。目前为了寻找抗生素替代物，研究者进行不断的探索。吕美等（2005）实验发现在动物饲料中添加 0.3%黄芪多糖提取物能使肉仔鸡的平均日增重较对照组提高 3.41 克，料重比降低 0.11%；王进萍（2011）研究认为用大蒜素代替黄霉素具有可行性；王丽凤等（2013）研究认为植物乳杆菌 p－8 微生态制剂对肉鸡后期生长性能有明显的提高。虽然研究者们从药物效果和经济效果方面发现了部分中药及其提取物能够替代抗生素，但还存在有效成分不明、机理不清、剂型单一、生产质量控制不完备、市场供需不稳定等问题。因此还需进一步发挥动物用药经济学方法，加强对药物替代物市场可行性评估，为药物替代物筛选提供指导。

参考文献

[1] MacDonald，James，Sun. Broiler Producers Search for Alternatives to Antibiotics [R]. Amber Waves the Economics of Food Farming Natural Resources & Rural America，2009.

[2] Sanjay Kumar，Pallavi P. Mirajkar，Y. P. Singh，et al.. Analysis of Willingness to Pay for Veterinary Services of the Livestock Owners of Sangli District of Maharashtra [J]. Agricultural Economics Research Review，2011，24 (1)：149 - 154.

[3] Rault A.，Stéphane Krebs. Farmers' willingness to vaccinate against endemic animal diseases：A theoretical approach [C] // Eaae Congress Agri - food & Rural Innovations for Healthier Societies. European Association of Agricultural Economists，2014.

[4] Wolf C A，Tonsor G. T. Dairy Farmer Willingness to Supply Animal Welfare Related Practices [C] // Aaea & Waea Joint Meeting，July26 - 28，SanFrancisco，California. Agricultural and Applied Economics Association & Western Agricultural Economics Association，2015.

[5] Brain J. Ochieng 'B. J，Hobbs J. E，. Factors affecting cattle producers' willingness to adopt an Escherichia coli O157：H7 vaccine：A probit analysis [J]. International Food & AgribusinessManagement Association，2017，20 (3)：1 - 18.

[6] Mathews K. Antimicrobial drug use and veterinary costs in U. S [J]. Livestock Production，2001 (766)：761 - 768.

[7] Jacobsen L B，Jensen H G，Lawson L G. Sector - and economy - wide effects of terminating the use of anti - microbial growth promoters in Denmark [J]. Acta Agriculturae Scandinavica Section C - Economy，2006，3 (1)：1 - 11.

[8] Mann T，Paulsen A. Economic Impact of Restricting Feed Additives in Livestock and Poultry Production [J]. American Journal of Agricultural Economics，1976，58 (1)：47 - 53.

[9] Mathews K H J. Antimicrobial Drug Use And Veterinary Costs In U. S. Livestock Production [R]. Agricultural Information Bulletins，2001.

[10] Hayes D J，Jensen H H，Fabiosa J. Technology choice and the economic effects of a

ban on the use of antimicrobial feed additives in swine rations [J]. Food Control, 2002, 13 (2): 1-101.

[11] Brorsen B. Wade, Terry Lehenbauer, Dasheng Ji, Joe Connor. Economic impacts of banning subtherapeutic use of antibiotics in swine production [J]. Journal of Agricultural and Applied Economics, 2002, 34 (3): 489-500.

[12] McBride William D. N. Key, K. Mathews. Sub-therapeutic Antibiotics and Productivity in U. S. Hog production [J]. Selected paper for AAEA meeting, Long Beach, California, 2006 (7): 23-26.

[13] Marshall B. M, Levy S. B. Food animals and antimicrobials: impacts on human health [J]. Clinical Microbiology Reviews, 2006, 24 (4): 718-733.

[14] Garcia-Migura L, Liebana E, Jensen L B, Barnes S, Pleydell E. A longitudinal study to assess the persistence of vancomycin-resistant Enterococcus faecium (VREF) on an intensive broiler farm in the United Kingdom [J]. FEMS Microbiology Letters, 2007, 275 (2): 319-325.

[15] Lusk J L, Pruitt F B N R. Consumer demand for a ban on antibiotic drug use in pork production [C] // 2006 Annual Meeting, February 5-8, 2006, Orlando, Florida. Southern Agricultural Economics Association, 2006.

[16] Wu D. F, Yang H, Zhao Y. F, et al. 2-Aminopurine Inhibits Lipid Accumulation Induced by Apolipoprotein E-Deficient Lipoprotein in Macrophages: Potential Role of Eukaryotic Initiation Factor-2αPhosphorylation in Foam Cell Formation [J]. Journal of Pharmacology & Experimental Therapeutics, 2008, 326 (2): 395.

[17] Heuer O. E, Pedersen K, Andersen J. S, Madsen M. Prevalence and antimicrobial susceptibility of thermophilic Campylobacter in organic and conventional broiler flocks [J]. Letters in Applied Microbiology, 2001, 33 (4): 269-274.

[18] Gaucher M, Quessy S, Letellier A, et al.. Impact of a drug-free program on broiler chicken growth performances, gut health, Clostridium perfringens and Campylobacter occurrences at the farm level [J]. Poultry Science, 2015, 94 (8): 1791.

[19] 黄泽颖，王济民．高致病性禽流感对我国肉鸡产业的影响 [J]. 中国农业科技导报，2016，18 (1)：189-199.

[20] 吴林海，谢旭燕．生猪养殖户认知特征与动物用药使用行为的相关性研究 [J]. 中国人口·资源与环境，2015，25 (2)：160-169.

[21] 浦华．动物疾病防控的经济学研究综述 [J]. 农业经济问题，2006，27 (6)：61-64.

[22] 孙若愚，周静．基于损害控制模型的农户过量使用动物用药行为研究 [J]. 农业技术经济，2015 (10)：32-40.

[23] 郭福有，马杰．饲用抗生素的研究与应用进展 [J]. 饲料博览，2007，28 (9)：1-5.

[24] 吕美．黄芪多糖粗提物对肉仔鸡生长及代谢调控的研究 [D]. 郑州：河南农业大

学，2005.

[25] 王进萍．日粮中大蒜素替代抗生素对肉鸡生长性能的影响［J］．中国畜牧通讯，2011（11）：62-63.

[26] 王丽凤，张家超，马晨，等．鸡肠道微生物研究进展［J］．动物营养学报，2013（3）：494.

新型冠状病毒肺炎疫情对我国肉鸡产业的影响

辛翔飞[1]　郑麦青[2]　赵桂苹[2]　文　杰[2]　王济民[13]

（1. 中国农业科学院农业经济与发展研究所；2. 中国农业科学院北京畜牧兽医研究所；3. 中国农业科学院办公室）

2020 年初人感染新型冠状病毒肺炎疫情严峻，全国 31 个省（区、市）启动重大突发公共卫生事件一级响应预案，为了阻止传染源扩散和疫情传播，全国多地相继采取了封城封路、延迟复工、活禽市场关闭等防控措施，畜产品生产和消费受到较大影响，其中家禽产业尤为严重。国家肉鸡产业技术体系于 2020 年 2 月 10—14 日对全国 25 个省 649 个商品代肉鸡养殖场、肉种鸡场、屠宰场及一体化企业生产现状、面临困难以及下一步生产计划等开展电话和电子问卷调研，共获得商品代肉鸡生产情况调研问卷 539 份、肉种鸡场生产情况问卷 145 份和屠宰场生产情况调研问卷 26 份，据此分析疫情对肉鸡产业的影响。

一、疫情对肉种鸡生产的影响

受交通受阻、养殖户暂停补栏影响，雏鸡销售近乎停滞。有 77％的祖代种鸡场认为，此次疫情影响下，父母代雏鸡完全销售不出去；有 83％的父母代种鸡场认为，此次疫情影响下，商品代雏鸡完全销售不出去。种鸡企业损失巨大。同时，交通受阻、供给不足等因素影响，饲料等生产资料补给困难，影响种鸡生产性能。

（一）种蛋孵化比例大幅下降至不足六成，较上年同期下降近 40 个百分点

145 家种鸡场生产情况调研问卷的数据显示，因雏鸡销售受阻，大量种蛋转为商品蛋。祖代和父母代种蛋孵化比例不足六成，分别仅为 56.47％和 58.72％，较上年同期的 92.63％和 95.78％分别下降约 40 个百分点。根据调

研种鸡场反馈的数据，父母代种蛋因孵化率下降造成种蛋损失数量 1 631.41 万只，损失金额 8 304.88 万元；商品代种蛋因孵化率下降造成种蛋损失数量 11 675.99 万只，损失金额 18 946.82 万元（表 1）。

表 1　疫情暴发以来种鸡场种蛋孵化情况

项　　目	白羽肉鸡	黄羽肉鸡	小白鸡	总计
当前祖代种蛋孵化比例（%）	71.78	49.42	25.20	56.47
上年同期祖代种蛋孵化比例（%）	93.27	96.32	77.78	92.63
当前父母代种蛋孵化比例（%）	71.44	50.08	38.50	58.72
上年同期父母代种蛋孵化比例（%）	94.75	98.00	91.00	95.78
父母代种蛋因终止孵化数量（万只）	895.74	476.76	258.90	1 631.41
商品代种蛋因终止孵化数量（万只）	2 896.46	3 881.73	4 897.80	11 675.99
父母代种蛋因终止孵化而损失金额（万元）	4 180.12	3 814.08	310.68	8 304.88
商品代种蛋因终止孵化而损失金额（万元）	4 344.69	9 704.33	4 897.80	18 946.82

（二）父母代和商品代雏鸡价格大幅下降至历史低点，较疫情之前降幅 70%

白羽父母代肉种鸡价格从疫情之前的 70 元/套，下降到 20 元/套；黄羽父母代肉种鸡从 10 元/套下降到 5 元/套；小白鸡父母代肉种鸡从 18 元/套下降到 2 元/套。白羽商品代雏鸡价格从疫情之前的 1.5 元/只，下降到 0.5 元/只；黄羽商品代雏鸡从 2.5 元/套下降到 1 元/套；小白鸡商品代雏鸡从 1 元/套下降到 0.05 元/套（表 2）。

表 2　疫情暴发前后雏鸡价格变动

单位：元/套，元/千克

项目		白羽肉鸡	黄羽肉鸡	小白鸡	平均
疫情之前	父母代雏鸡	70.00	10.00	18.00	32.67
	商品代雏鸡	1.50	2.50	1.00	1.67
疫情以来	父母代雏鸡	20.00	5.00	2.00	9.00
	商品代雏鸡	0.50	1.00	0.05	0.52
疫情前后变动幅度	父母代雏鸡	−71.43%	−50.00%	−88.89%	−72.45%
	商品代雏鸡	−66.67%	−60.00%	−95.00%	−69.00%

注：一代表疫情暴发之后较疫情暴发之前下降。

（三）调研企业销毁已经孵化雏鸡 1.5 亿只，销毁率高达 60%

雏鸡销售受阻，种蛋孵化率和雏鸡价格大幅下降的同时，还有 60%已经孵化出来的父母代和商品代雏鸡不得不通过掩埋、焚烧等方式销毁。目前调研企业已经销毁的父母代雏鸡和商品代雏鸡分别多达 2 471.33 万只、12 251.25 万只。根据疫情之前市场价格计算，调研种鸡场因雏鸡滞销已经累计损失 5.82 亿元。其中父母代种蛋及雏鸡损失 1.18 亿元，商品代种蛋及雏鸡损失 4.64 亿元（表 3）。

表 3 疫情暴发以来调研种鸡场已孵化雏鸡销毁数量及损失

单位：万只，万元

项 目	白羽肉鸡	黄羽肉鸡	小白鸡	总计
父母代雏鸡因无法售出不得不销毁数量	1 213.13	497.80	760.40	2 471.33
商品代雏鸡因无法售出不得不销毁数量	4 040.25	3 802.10	4 408.90	12 251.25
父母代雏鸡不得不销毁造成的损失金额	5 661.27	3 982.40	912.48	10 556.15
商品代雏鸡不得不销毁造成的损失金额	6 060.38	9 505.25	4 408.90	19 974.53

（四）六成养殖场饲料储备维持时间不超六天，严重影响种鸡生产性能

部分地区货运车站和货运码头不开工，饲料原料到不了企业，且饲料加工厂也同时面临延迟开工或开工不足的情况，导致整个产业的饲料供给成为大问题。此外，因道路封锁，物资运输受阻，造成饲料无法正常运输。种鸡场饲料等生产资料短缺问题严重且普遍，影响种鸡生产性能。根据调研数据，种鸡场的饲料储备能够维持正常养殖 10 天以上的种鸡场占比仅约 12%。如果按照正常标准饲喂，六成养殖场饲料储备能够维持时间不超过 6 天。几乎都有种鸡场都在通过限制喂料来应对饲料不足的问题，但减料养殖不可避免地会影响种鸡生产性能，对后续产量数量和质量均有很大负面影响（表 4）。

表 4 种鸡场储备饲料可维持正常养殖天数

当前饲料可以维持正常养殖天数	种鸡场
0	3.45%
0<天数≤3	38.62%
4≤天数≤6	17.24%
7≤天数≤10	28.28%
天数≥11	12.41%
总计	100.00%

二、疫情对肉鸡养殖的影响

交通受阻、屠宰场开工不足、活禽市场关闭等造成当前成鸡出栏被动延迟，养殖户收益大幅下降。此外，与种鸡相同的是，受交通受阻、供给不足等因素影响，饲料等生产资料严重短缺，影响商品肉鸡正常养殖。

（一）商品代肉鸡存栏量较上年同期增加 6%，1 月 1 日以来累计出栏量下降 10%～30%

539 份商品代肉鸡生产情况调研问卷的数据显示，539 个大中小商品代肉鸡养殖场共计存栏 15 123.21 万只，较上年同期增加 6.32%。其中，白羽肉鸡增加 6.32%，黄羽肉鸡增加 16.54%，小白鸡下降 13.54%。2020 年 1 月以来累计出栏数量 10 404.60 万只，较上年同期下降 10.23%，其中白羽肉鸡下降 6.08%，黄羽肉鸡下降 28.05%，小白鸡下降 12.70%（表 5）。

表 5　调研样本肉鸡存栏及延迟出栏数量

单位：万只

项　　目	白羽肉鸡	黄羽肉鸡	小白鸡	总计
当前存栏量	10 194.08	3 666.60	1 262.53	15 123.21
上年同期存栏量	9 587.80	3 146.17	1 460.35	14 194.31
当前较上年同期存栏增幅	6.32%	16.54%	−13.55%	6.54%
延迟出栏数量	8 740.32	3 555.55	1 045.85	13 341.72
延迟出栏量占比	85.74%	96.97%	82.84%	88.22%

（二）超半数养殖场成鸡完全无法出栏销售，约九成在栏商品代肉鸡延迟出栏

成鸡无法正常出栏销售是影响当前肉鸡正常养殖的首要因素。仅有 5.26%的养殖户认为成鸡可以正常出栏，39.29%的养殖户认为成鸡可出售但销量很低，55.45%的养殖户认为成鸡完全无法出栏销售。调研样本中有 88.22%肉鸡已经超过正常肉鸡出栏时间，被动延迟出栏。其中，白羽、黄羽及小白鸡存栏肉鸡中延迟出栏数量占比分别为 85.74%、96.97%和 82.84%。存栏肉鸡延迟出栏现象较为普遍（表 6）。

表 6　商品代养殖户成鸡出栏销售情况

类别	可正常出栏出售	无法出售	可出售但销量很低
白羽肉鸡	9.06%	42.95%	47.99%
黄羽肉鸡	0.91%	68.18%	30.91%
小白鸡	0.00%	74.19%	25.81%
总计	5.26%	55.45%	39.29%

成鸡出栏困难主要受交通受阻、屠宰场开工不足、活禽市场关闭三方面因素影响。从调研结果来看，65.86%的养殖户选择出栏肉鸡运输受阻，59.70%的养殖户选择没有抓鸡工人，58.96%的养殖户选择屠宰场开工不足，50.00%的养殖户选择活禽市场关闭，46.83%的养殖户选择屠宰场不开工（图 1、图 2）。

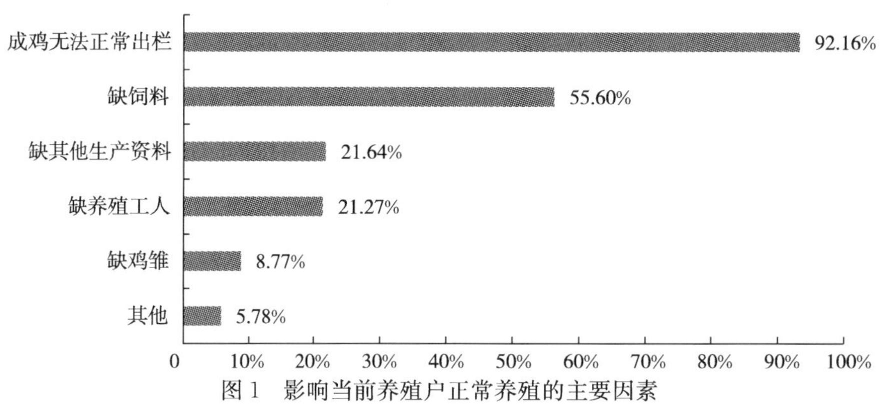

图 1　影响当前养殖户正常养殖的主要因素

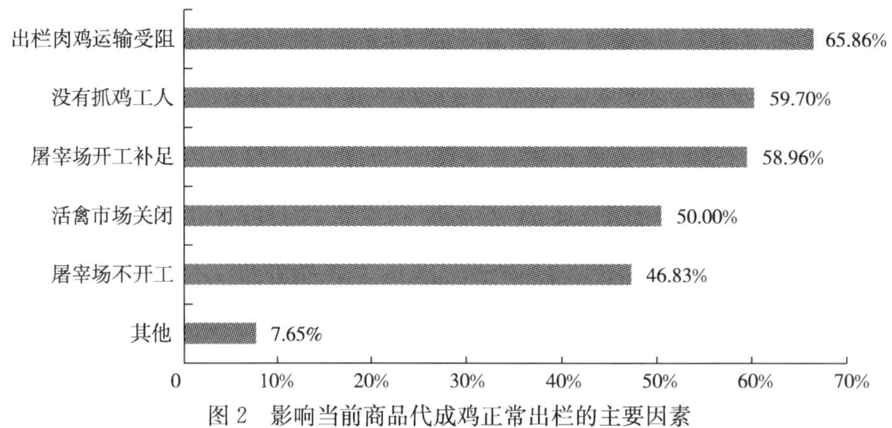

图 2　影响当前商品代成鸡正常出栏的主要因素

（三）商品代肉鸡出栏价格下降约 50%，养殖户损失惨重

商品代肉鸡价格下降明显，白羽商品代出栏毛鸡价格从疫情之前的 7.46/千克下降到 4.11 元/千克，黄羽商品代从 19.99 元/千克下降到 12.26 元/千克，小白鸡商品代从 7.43 元/千克下降到 2.28 元/千克（表 7）。

同时，由于黄羽肉鸡受消费偏好影响，多以活禽和冰鲜鸡形式进入流通和消费环节，其中活禽为最主要形式，而所有调研企业所在地区活禽市场全部彻底关闭（个别问卷填写“不知道活禽市场关闭情况”），目前本应出栏进入流通销售环节的黄羽肉鸡有 96.97%无法出栏。黄羽肉鸡出栏价格较上年平均下降 40%，但更为普遍的是黄羽肉鸡“无价无市”。

商品鸡养殖环节的损失来源于三大部分：一是毛鸡价格下降造成的损失；二是肉鸡延迟出栏死淘率上升造成的损失；三是肉鸡延迟出栏消耗饲料，但体重增长缓慢，由此造成养殖成本增加但效益不增加带来的损失。上述多重因素叠加，养殖户损失严重。仅以白羽肉鸡为例，调研养殖户目前有 8 740.00 万只白羽肉鸡延迟出栏，按存栏鸡群日死淘率的最低水平 1%、延迟 7 天出栏、延迟出栏期间喂料为正常的 50%计算，死淘率增加造成的损失约 1.14 亿元（8 740×0.01×7×2.5×7.46＝1.14 亿元），出栏前饲料消耗成本增加造成的损失为 1.25 亿元（8 740×0.93×7×0.065×3.37＝1.25 亿元），后期出栏的肉鸡因为价格下降造成的损失为 6.81 亿元（8 740×0.93×2.5×3.35＝6.81 亿元）。累计损失 9.22 亿元。

表 7　疫情暴发前后毛鸡价格变动

单位：元/套，元/千克

项目	白羽肉鸡	黄羽肉鸡	小白鸡	平均	
疫情之前	商品代毛鸡	7.46	19.99	7.43	11.63
疫情之后	商品代毛鸡	4.11	12.26	2.28	6.21
疫情前后变动幅度	商品代毛鸡	−44.89%	−38.71%	−69.35%	−46.55%

注：一代表疫情暴发之后较疫情暴发之前下降。

（四）三分之一养殖场道路完全阻断，饲料和兽药短缺率分别为 68%和 36%

除销售困难外，生产资料短缺是影响种鸡场及商品代肉鸡养殖的第二大因素。影响生产资料正常供给的因素主要包括交通受阻、供给不足等，具体表现

为以下几个方面：一是路口用土或石块阻断，甚至用铁架焊死，无法通行，占比 32.1%；二是可以通行，但不允许在养殖场装卸生产资料，占比 7.7%；三是可以通行及在养殖场装卸，但生产资料供应商无货，占比 28.0%；四是可以通行及在养殖场装卸，但运费价格过高，占比 18.2%。此外，认为无影响的占比 14.1%。

有约四分之三的商品代养殖户认为目前没有充裕的生产资料能够保障养殖环节正常生产。生产资料中，最为短缺的是饲料，68.3%的养殖户认为饲料短缺。此外，还有 36.8%的养殖户缺少相应的兽药，17.6%的养殖户缺少应有的疫苗，这在很大程度加大了动物疫病的防控风险。从目前养殖户的饲料储备来看，60%的养殖户饲料储备能够维持正常养殖不超过 3 天，能够维持正常养殖 7 天以上的养殖户仅占 20%。有 82.84%的养殖户减少肉鸡饲料供给量（表 8）。同时，饲料价格较上年同期及年前也有所上涨（2019 年初和 2019 年末饲料价格基本一致），种鸡场饲料价格上涨 6.42%，商品代养殖场饲料价格上涨 6.25%。

表 8　储备饲料可以维持正常养殖天数

当前饲料可以维持正常养殖天数	种鸡场	商品代养殖场	#白羽肉鸡	#黄羽肉鸡	#小白鸡
0	3.45%	8.53%	9.67%	6.09%	8.06%
0<天数≤3	38.62%	51.21%	59.33%	26.09%	54.84%
4≤天数≤6	17.24%	19.29%	15.67%	25.22%	22.58%
7≤天数≤10	28.28%	12.06%	8.00%	23.48%	11.29%
天数≥11	12.41%	8.91%	7.33%	19.13%	3.23%
总计	100.00%	100.00%	100.00%	100.00%	100.00%

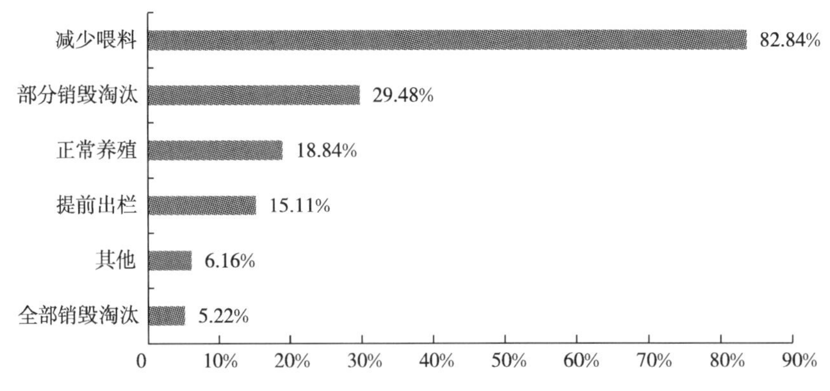

图 3　应对疫情养殖户采取的措施

三、疫情对肉鸡屠宰加工的影响

受隔离、交流限制等因素影响，工人返岗受阻，人工严重短缺，一体化企业屠宰场均开工不足，单独运营屠宰场超半数尚未开工的状态致使屠宰能力严重不足。同时，受交通受阻、人群隔离等因素制约，对接生产者意愿供给能力和消费者意愿需求水平之间的流通渠道阻滞，导致供需错配，产品销售严重滞缓。

（一）单独运营屠宰场开率不足六成，总体日屠宰量下降 50%

调研的 26 家屠宰企业中，10 家单独运营的屠宰企业六成尚未开工，已开工的四成屠宰企业均开工不足；16 家一体化企业屠宰场虽已全部开工，但均开工不足。目前在岗工人不及上年同期的一半，仅为 45.45%。

在一体化企业屠宰场均开工不足、单独运营屠宰场超半数尚未开工的背景下，屠宰企业日屠宰量仅为上年同期的一半水平。26 家屠宰企业 2020 年以来累计屠宰量 13.07 万吨，仅为上年同期 24.20 万吨的 54.04%；当前日屠宰量 132.48 万只，仅为上年同期 265.85 万只的 49.83%。

表 9　屠宰场运营情况

屠宰场类别	当前工厂工人数量（人）	2020 年以来屠宰量（吨）	近期一周屠宰量（吨）	当前日屠宰量（只）	当前产品库存（吨）
单独运营屠宰场	1 105	28 205	2 718	154 001	4 134.74
	(−73.07%)	(−50.23%)	(−79.83%)	(−72.18%)	(−29.50%)
一体化企业屠宰场	6 294	102 570	24 331	1 170 800	80 487
	(−48.31%)	(−44.65%)	(−21.64%)	(−44.38%)	(68.84%)
总计	7 399	130 775	27 049	1 324 801	84 621.74
	(−54.55%)	(−45.96%)	(−39.25%)	(−50.17%)	(58.07%)

注：( ) 内为与上年同期相比变动幅度，一代表下降。

（二）屠宰产品流通销售量下降 80%，库存上涨 60%

白羽肉鸡、小白鸡主要是经过屠宰环节，以屠宰加工产品的形式进行流通消费环节。出于降低感染风险考虑，全民隔离，减少外出，使包括肉鸡在内的所有畜产品终端消费都大幅度降低，对肉鸡来讲造成的降幅更大。一是户内消费降低，主要是人们减少去菜市场、超市的频率，禽肉、鸡蛋购买下降明显。二是户外消费降低。户外消费约占我国鸡肉消费的 40%。当前包括快餐（肯德基、麦当劳等）、集团消费（学校、企事业单位食堂等）等户外消费是白羽肉鸡消费的重要组成部分，这一部分基本处于停滞状态。

26 家屠宰企业生产情况调研问卷的数据显示，虽然产品销售价格基本平稳，但销售量大幅下降。当前日销售量 1 135 万吨，仅为上年同期 6 403 万吨的 17.83%。这也造成在日屠宰量大幅减少的情况下，产品库存增加。调研数据显示，当前调研企业库存量 8.46 万吨，较上年同期 5.35 万吨高出 58.07%。

表 10　屠宰场销售情况

单位：吨

屠宰场类别	当前日销售量
单独运营屠宰场	125（−93.97%）
一体化企业屠宰场	1 017（−76.52%）
总计	1 142（−82.16%）

注：（ ）内为与上年同期相比变动幅度，一代表下降。

四、疫情对产业经营者心态的影响

此次疫情给整个畜牧业带来严重冲击，其中家禽产业尤为严重。肉鸡产业从业者因疫情而产生的恐慌情绪较为严重。

（一）生产经营者普遍认为新冠病毒肺炎疫情、销售和贷款是肉鸡产业的主要困难

从业人员关于肉鸡产业最大的困难判断，在饲料、鸡苗、贷款、劳动力招工、市场销售、防疫、新冠病毒肺炎疫情、环保等选项中，选择新冠病毒肺炎疫情的最多（42.06%），其次是市场销售（33.44%）、贷款（12.02%）等（图 4）。其中，市场销售和贷款问题也是与此次疫情相伴而生的。此次疫情因产业链整体运转滞缓，一方面大大减慢了投资回收速度，另一方面给企业造成巨大损失，给企业当前及后续正常运转造成较为普遍的巨大资金压力。649 个受访企业中有 80%（515 个）有贷款，贷款企业中有超过一半的企业（275 个）还贷期限在 3 个月之内。有超过 60 的企业认为资金压力特别大，有超过

30%的企业认为资金压力较大，仅有6.62%的企业认为资金压力较小或者无压力（图5）。

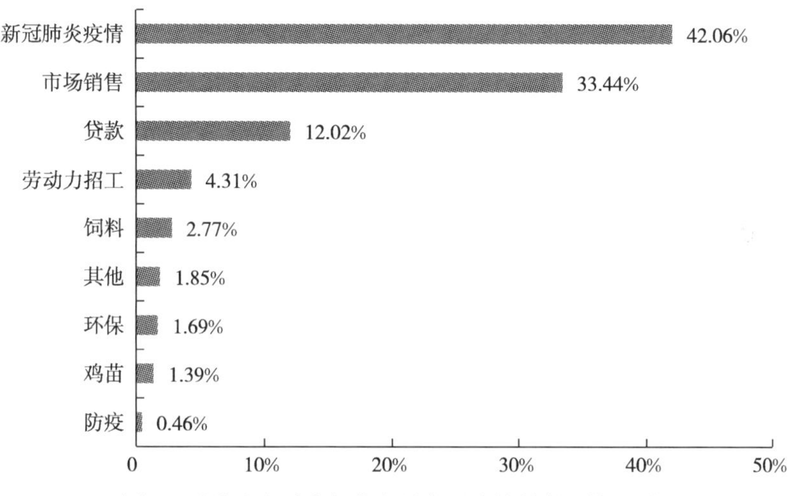

图4 受访企业对全年产业最大困难的判断（单选题）

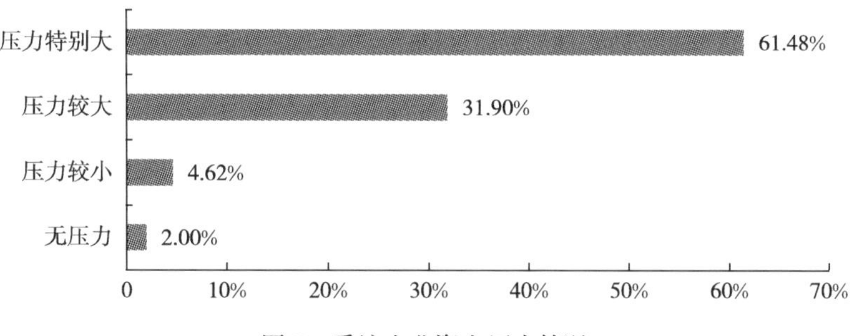

图5 受访企业资金压力情况

（二）生产经营者对产业全年发展预期悲观

从业人员关于疫情带给产业的影响的判断，调研对象中有59.48%认为新冠病毒肺炎疫情对肉鸡产业有非常大的影响，有33.59%认为新冠病毒肺炎疫情对肉鸡产业有较大影响（图6）。此外，从业人员关于肉鸡养殖形势和收益的预判，有78.27%认为2020年全年养殖形势和收益与2019年相比会差很多，有17.41%认为会稍差，仅有4.32%认为会差不多或者更好（图7）。但从养殖户第2季度的预计养殖计划和产业全年发展形势判断，肉鸡产业2020

年的实际情况应该比受访者的回答所反映的情绪和看法要乐观很多。

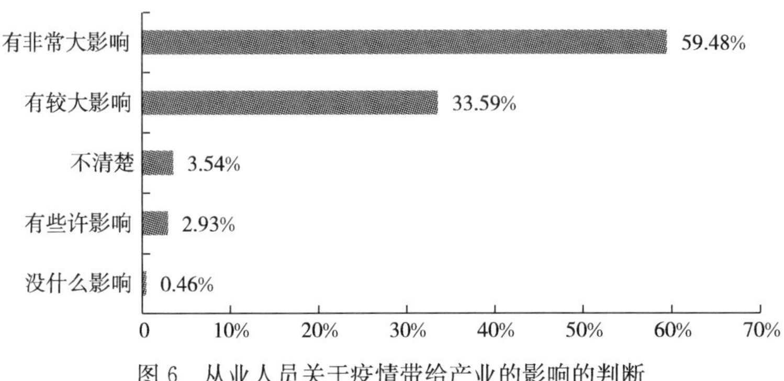

图 6 从业人员关于疫情带给产业的影响的判断

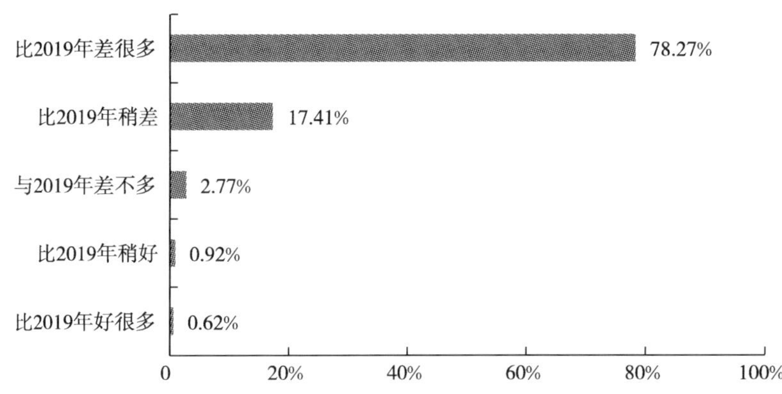

图 7 从业人员关于 2020 年肉鸡养殖形势和收益的预判

五、损失评估与后期展望

（一）损失评估

从全国来看，预计疫情造成肉鸡产业损失约 127 亿元。其中，种鸡和商品鸡环节的损失约 125 亿元，屠宰场损失约 2 亿元。损失主要在 2 月和 3 月，其中 2 月损失 100 亿元，3 月损失 27 亿元。

预计疫情对产业的影响主要在 2 月和 3 月份，参照上年 2 月和 3 月父母代种鸡销售数量和商品鸡出栏数量，对因疫情造成的损失进行评估。2019 年 2 月和 3 月白羽肉鸡父母代雏鸡销售数量分别为 287.8 万套、336.0 万套，黄羽肉鸡父母代雏鸡销售量分别为532.7万套和633.4万套；白羽肉鸡商品代雏鸡销售量分别为2.99亿只、3.79亿只，黄羽肉鸡商品代雏鸡销售量分别为3.43亿只、4.02亿只。预计2月份父母代和商品代雏鸡数量损失达到80%，3月份父母代和商品代雏鸡数量损失为50%。种鸡场和商品鸡养殖环节的损失包括两部分：一是因终止孵化、销毁的种蛋、雏鸡造成的损失，二是产品因价格降低造成的损失。屠宰场损失主要是因屠宰销售量下降带来的损失。

2月份种鸡、商品鸡、屠宰环节的损失分别为2.5亿元、12.8亿元和84.3亿元，共计约100亿元；3月份种鸡、商品鸡、屠宰环节的损失分别约2.3亿元、10.3亿元、14.2亿元，共计损失27亿元。2月和3月累计损失127亿元。平均来讲，月产能为10万套父母代雏鸡规模的祖代种鸡场损失250万元，月产能为10万只商品代雏鸡规模的父母代种鸡场损失13万元，月出栏量为10万只商品鸡规模的商品代养殖场损失63万元。

表11　2020年第一季度疫情对种鸡和商品鸡环节的损失

单位：亿元

类别		白羽肉鸡	黄羽肉鸡	小白鸡	合计
终止孵化或销毁造成的损失	父母代雏鸡	2.79	0.74	0.25	3.78
	商品代雏鸡	6.43	11.88	1.48	19.80
	商品代毛鸡	34.29	46.98	10.05	91.32
价格降低造成的损失	父母代雏鸡	0.73	0.50	0.08	1.32
	商品代雏鸡	0.93	0.57	0.36	1.86
	商品代毛鸡	1.62	4.96	0.55	7.13
总计	—	46.79	65.64	12.78	125.21

（二）后期展望

1. 养殖户短期补栏意愿低，预计补栏占比不足10%

从短期来看，本次新型肺炎疫情对肉鸡产业的打击是巨大的。养殖户对本批次在养肉鸡出栏后一下批次的养殖计划，仅有7.8%的养殖户计划正常补栏，有5.0%的养殖户表示少养一部分，有49.6%的养殖户表示暂不补栏、疫情之后再进行补栏，还有37.5%的养殖户认为暂不做决定、以后再说（图8）。

2. 养殖户3月份补栏意愿明显上升，预计存栏规模接近上年同期70%

基于对疫情的判断和产业正常发展秩序恢复的预期，养殖户对3月份肉鸡

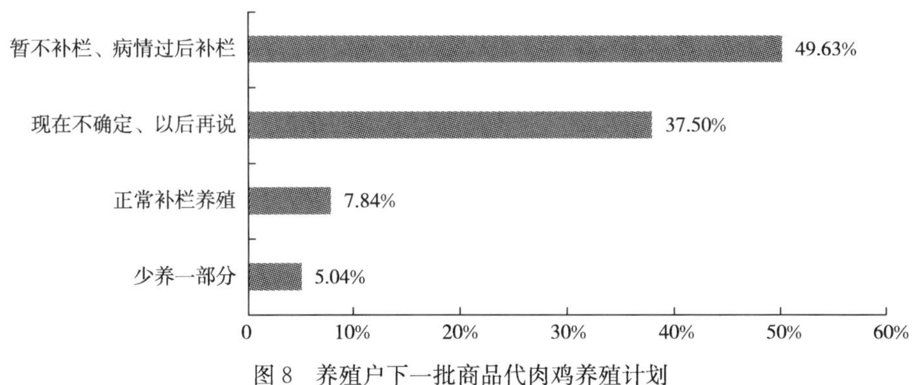

图 8　养殖户下一批商品代肉鸡养殖计划

补栏意愿有明显提升，计划存栏规模接近上年同期养殖规模的 71.10%。其中，白羽肉鸡养殖户补栏意愿最为强烈，计划 3 月份肉鸡存栏量占上年同期存栏量比重达到 80.95%，其次是黄羽肉鸡养殖户，为 62.21%，小白鸡养殖户最低，仅为 25.59%。

3. 养殖户第 2 季度计划补栏超上年同期存栏规模 50%，接近养殖场设计养殖规模的 70%

养殖户对第二季度肉鸡补栏意愿进一步提升，计划第二季度肉鸡存栏量占上年同期存栏量比重达到 150.96%，占养殖场最大设计规模的 83.00%。其中，仍是白羽肉鸡养殖户补栏意愿最为强烈（表 12）。

表 12　养殖户 3 月份及第二季度预计养殖计划

单位：万只

项　　目	白羽肉鸡	黄羽肉鸡	小白鸡	总计
养殖场设计规模	21 871.73	6 259.46	1 262.53	29 393.72
当前存栏量	10 194.08	3 666.60	1 262.53	15 123.21
上年同期存栏量	9 587.80	3 146.17	1 460.35	14 194.31
计划 3 月份肉鸡存栏量	7 761.50	1 957.11	373.76	10 092.37
计划第 2 季度肉鸡存栏量	18 152.47	2 359.17	916.50	21 428.15
计划 3 月份肉鸡存栏量占上年同期存栏量比重	80.95%	62.21%	25.59%	71.10%
计划第二季度肉鸡存栏量占上年同期存栏量比重	189.33%	74.99%	62.76%	150.96%
计划第二季度肉鸡存栏量占养殖场设计规模比重	83.00%	37.69%	72.59%	72.90%

4. 第二季度肉鸡价格可能大幅上涨，全年产量增长比预期下降 2 个百分点

受二三月份肉鸡出栏和存栏大幅下降影响，第三季度肉鸡价格可能会因为供给不足出现大幅上涨的趋势。从全年来看，由于肉鸡生产周期短，周转快，疫情消退之后，商品代肉鸡生产和消费都将会相对较快回归正常轨道。预计疫情对肉鸡生产的影响主要集中在第一季度，其中一月基本没影响，二月影响最重，三月次之，之后预计产业回归正轨。2019 年肉鸡产量实现约 15%的大幅增长，疫情之前，根据非洲猪瘟对肉类供需的影响以及肉鸡产业发展形势，预计 2020 年肉鸡产业将实现 10%的增长。此次疫情预计拉低肉鸡产量增长速度 2 个百分点，全年产量将有 8%的增幅。

六、对策建议

（一）将畜产品物流纳入各地防控指挥部议事日程，由农业农村部派督导组督导

着力做好“两个区分”。一是区分“疫”与“非疫”，按照《传染病防治法》，依法区分“疫点”“疫区”和其他地区，对前者做好隔离措施，对后者应尽快恢复正常的生产生活；二是区分人和物，要对人流和物流采取不同的管控措施。根据医学专家的判断，疫情主要通过人面对面、人群聚集传播，因此应该在管好“疫点”“疫区”的同时，将畜产品物流纳入各地防控指挥部议事日程，并由农业农村部派督导组督导。发放特别通行证，放开物流，对人流采取有控制的流动，对无疫县取消内部管控，加快恢复肉鸡等畜牧业生产。

（二）大力加强养殖场人员新冠病毒肺炎疫情防控，高度重视家禽禽流感等重大疫病预防

疫情防控要做到对人对禽两手抓两手都要硬。当前新冠病毒肺炎疫情形势严峻的形势下，首先要确保生产人员的生命安全和身体健康。养殖场应制定清晰优化的工作流程和精细无盲点的防控安全网，完善疫情防控工作措施和应急预案，并做好养殖场员工排查、防控物资保障等工作。再者，肉鸡防控上，其一，当前在栏肉鸡被动延迟出栏问题普遍，由此导致死淘率明显上升；其二，因饲料等生产资料短缺，减料限料投喂导致肉鸡营养摄入不足问题普遍，由此导致的疫病防控难度明显上升；其三，进入 2020 年以来，已有 4 起鹅 H5N6

亚型高致病性禽流感和1起肉鸡H5N亚型高致病性禽流感，应进一步加强对动物疫病疫情防控力度。要进一步加强生产安全防控体系建设，确保饲料、兽药等生产资料不足的情况下肉鸡的健康养殖。加强病死畜禽无害化处理和畜禽粪便资源化利用工作，养殖户和专业无害化处理场严格病死畜禽收集和处理工作，提高生物安全防控水平。

（三）改变饲养配方和技术，尽量减少压栏损失

一是可调整日粮配方，适当增加麸皮或米糠等粗饲料的用量，日粮的能量水平和蛋白质水平可降低10%左右。二是可合理减少饲料投喂量，日龄偏小的肉鸡可比正常投料量减少10%～30%，日龄偏大的可减少20%～50%。但不应因限料导致体重负增长，以免对肉鸡机体造成永久性伤害。三是可采用每天限制投料的方法，将每日投喂量一次性投喂；也对日龄偏大的肉鸡尝试采用隔日投料法，即将两日饲料集中在一天投料，能避免鸡只剧烈争抢饲料，也能保证均匀度。限制饲料应逐渐过渡，切忌突然大幅度减料造成过度应激。四是可配合光照调节，增加鸡的休息时间，减少维持消耗。每天逐渐缩短光照0.5～1.0小时，白羽肉鸡光照时间可降低至12～16小时，黄羽肉鸡可降低至只采用自然光照（早晚不加光）；也可以换小功率灯泡，降低光照亮度。

（四）优先对肉鸡产业进行政策支持，开通肉鸡企业金融服务绿色通道

此次人类新冠病毒肺炎疫情，畜产品均受到较大影响，其中家禽产业首当其冲，损失最为严重。建议国家加强因此次疫情受到重大损失的畜牧行业，尤其是家禽产业的金融支持力度。建议出台重大疫情时期对相关企业的税收减免等政策，对相关企业特别是种业企业进行扶持补贴，帮助企业渡过难关，保护后续畜产品供给产能。开辟特殊时期的畜牧业企业金融服务“绿色通道”，发挥好国家专项再贷款和贴息政策对生产的扶持作用，尤其是要将家禽骨干生产企业纳入国家专项再贷款和贴息政策支持范围，组织开展银企对接，细化实化具体措施，将专项再贷款和贴息资金尽快落实到位，确保专款专用。地方政府从“菜篮子”的角度对畜牧企业用电、用水、用气实施阶段性缓缴或免交。设立疫后养殖基金，有针对性地进行后续生产指导及扶持，确保稳产保供。

（五）做好二季度价格上涨应对预案，建议国家建立鸡肉临时收储制度

加强肉鸡生产、屠宰的监测工作，及时发布肉鸡生产和市场价格信息。加

强形势分析研判，及时发布预警信息，引导养殖户科学调整生产结构，稳定市场心理预期。因疫情受到重大影响的2月份及可能遭受疫情影响的3月份，肉鸡生产大范围受阻，势必影响第二季度肉鸡供给能力。非洲猪瘟疫情下，鸡肉作为猪肉的最佳替代品，为肉类产品供给发挥了重大支撑作用，而进入第二季度，生猪产能在非洲猪瘟和人类新冠病毒肺炎双疫情叠加的形势下依然较难恢复，将面临猪肉和鸡肉供给双短缺的严峻形势，肉类供需将会有较大缺口，应提早做好二季度价格上涨应对预案，包括提前增加产品进口，以及由政府来收储当前销售难的肉鸡产品等措施。

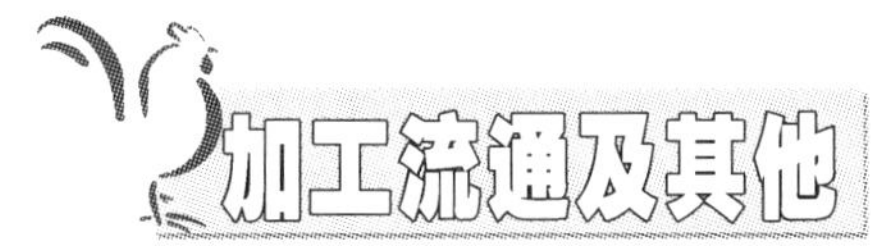

我国肉鸡产品加工与流通发展状况分析

刘　春[1]　吕新业[1]　辛翔飞[1]　王济民[12]

（1. 中国农业科学院农业经济与发展研究所；
2. 中国农业科学院办公室）

一、肉鸡加工发展状况

（一）加工流程及产品形式

鸡肉加工流程涉及肉鸡的屠宰、分割、冷冻与冷藏、熟制品加工、包装和副产品综合利用等。经过改革开放四十余年的持续发展，中国肉鸡加工业规模不断扩大，成熟度（集中度、集约化、现代化）水平逐渐提高，企业经济效益得到改善，产业结构日趋合理。世界肉鸡加工业的发展大致经历了三个阶段：整鸡加工—分割鸡加工—深加工。肉鸡产品按销售的外形主要分为三种：除去内脏的整鸡产品（又称为西装鸡、白条鸡）、分割鸡肉产品和深加工鸡肉产品。目前，中国肉鸡加工产业正以初级产品加工（整鸡和分割鸡）为主逐步向产品深加工转变，处于从分割鸡加工向鸡肉深加工的过渡时期。

1. 肉鸡初加工

中国销售的肉鸡产品还是以初加工产品为主，形式包括活鸡、整鸡和分割鸡等生鲜产品。目前，中国分割鸡有 150 多个品种，占整个肉鸡产品的 60％左右。其中黄羽肉鸡主要以活鸡和整鸡为主，白羽肉鸡主要是分割鸡为主。

白羽肉鸡的分割产品，不同地区、不同屠宰场大致类似，但因对接的客户不同而略有差异。表 1 显示了山东和东北地区在内贸市场上流通的主要分割鸡产品类别。

表 1　山东和东北地区在内贸市场上流通的主要分割鸡产品类别

山东分割品	
头类	鸡头（大）
	鸡头（小）
腿类	琵琶腿 80 克以下
	琵琶腿 80/100 克
	琵琶腿 100/120 克
	琵琶腿 120/130 克
	琵琶腿 130/150 克
	琵琶腿 150/180 克
	带皮腿肉
胸类	板冻大胸
	板冻小胸
	单冻毛胸
	单冻大胸
翅类	大翅根
	中翅根
	小翅根
	大翅中
	中翅中
	小翅中
	单冻翅尖
爪类	大爪
	中爪
	小爪
	大凤爪
	小凤爪
副类	带脖带叉骨鸡架
	无脖无叉骨净架
	叉骨
	鸡脖
	箱装鸡肝
	鸡心
	板油
	鸡胗
皮类	脖皮
	胸皮

东北分割品	
腿类	琵琶腿 80 克以下
	琵琶腿 80/100 克
	琵琶腿 100/ 120 克
	琵琶腿 120/140 克
	琵琶腿 140/160 克
	琵琶腿 160/180 克
	排腿 250/300 克
	排腿 300/400 克
	排腿 400＋克
	大边腿
	带皮腿肉
胸类	板冻大胸
	板冻小胸
	单冻毛胸
	单冻大胸
翅类	大翅根
	中翅根
	小翅根
	大翅中
	中翅中
	小翅中
	大全翅
	小全翅
	单冻翅尖
爪类	大爪
	中爪
	小爪
	大凤爪
	小凤爪
副类	带脖带叉骨鸡架
	无脖无叉骨净架
	叉骨
	鸡脖
	箱装鸡肝
	鸡心
	板油
	大鸡胗
	小鸡胗
皮类	脖皮
	胸皮

2. 肉鸡深加工

中国深加工鸡肉产品只占到总量的 15%左右，与发达国家 70%以上及世界 50%的平均水平相比，加工程度还很低，而且加工的品种少。以近年发展势头迅速的肉鸡养殖、加工均在国内领先的垂直一体化企业福建圣农为例，从其 2017 年和 2018 年营业收入结构可以看到，鸡肉占其营业收入的 70%，肉制品占其营业收入的 25%。在 2018 年全球 50 大顶尖家禽公司排名中，福建圣农排名全球第 13 位，福建圣农肉鸡加工板块无论在数量还是质量上都代表了中国肉鸡加工的领先水平，即便如此，其加工比重与发达国家也有显著差距（表 2）。

表 2　福建圣农 2018 年营业收入结构

单位：元

项目	2018 年		2017 年		同比增减
	金额	占营业收入比重	金额	占营业收入比重	
营业收入合计	11 547 228 731.64	100%	10 158 794 866.30	100%	13.67%
分行业					
家禽饲养加工行业	8 135 082 912.64	70.45%	7 562 392 031.83	74.44%	7.57%
食品加工行业	2 889 950 558.61	25.03%	2 166 793 328.96	21.33%	33.37%
其他业务收入	522 195 260.39	4.52%	429 609 105.51	4.23%	21.55%
分产品					
鸡肉	8 135 082 912.64	70.45%	7 562 392 031.83	74.44%	7.57%
肉制品	2 889 950 558.61	25.03%	2 166 793 728.96	21.33%	33.37%
其他业务收入	522 195 260.39	4.52%	429 609 105.51	4.23%	21.55%

资料来源：福建圣农发展股份有限公司 2018 年年度报告。

目前，中国的深加工鸡肉产品不仅数量少，而且主要以高温传统制品为主。中国低温肉制品起步较晚，从 20 世纪 80 年代中期开始引进国外的先进技术和设备，进行低温肉制品生产。除了产品配方差异外，中国在腌制、滚揉、斩拌、乳化、热处理等工程化技术及集成方面还有待大幅提高。虽然高温传统鸡肉制品灭菌效果较好、常温下货架期较长，但是由于经过高温处理，产品风味等食用品质有所下降，营养成分也受到一定的破坏；同时，传统制品多数以手工作坊式生产，具有很强的区域性，受加工过程不规范、产品标准不统一、产品包装落后等因素的影响，常出现产品氧化严重、出品率低、产品一致性差、安全难以保障等质量问题。近年来，中国鸡肉调理制品发展较快，但因操作过程污染程度较高，导致货架期短，其中，冷冻调理制品还常因冷冻、解冻而易造成汁液损失、颜色劣变、口感差等问题，制约了鸡肉调理制品的发展。中国肉鸡深加工产品的种类主要包括腌腊制品、酱卤制品、熏烧烤制品、肉干制品和油炸制品等。

3. 肉鸡副产物加工

随着肉鸡产量的不断增加，肉鸡副产品的产量也呈现逐年上升的趋势，对肉鸡副产物的加工不仅能够带来经济效益，也可以解决副产物带来的环境污染等问题。肉鸡副产物主要包括鸡血、鸡毛、鸡粪和鸡骨等。目前鸡血加工的产品主要有鸡血豆腐、鸡血粉和鸡血蛋白提取物等。目前，中国肉鸡副产物的加工利用程度和水平还相对较低。

（二）加工分布

肉鸡产业是中国畜牧业中产业化程度最高的部门，国内有影响力的经营规模较大的肉鸡产品加工企业多是种鸡繁育（父母代）、饲料生产、肉鸡饲养、屠宰加工、冷冻冷藏、物流配送、批发零售等环节为一体的一条龙生产经营的肉鸡生产加工集团化企业。2018 年和 2017 年全球 50 大肉鸡公司排行榜中，国内有 9 家肉鸡企业入围（表 3）。

表 3　2018 年和 2017 年全球 50 大肉鸡公司排行榜

2018 年				2017 年			
排名	公司名称	年屠宰量（百万羽）	国家	排名	公司名称	年屠宰量（百万羽）	国家
1	JBS	3 500	巴西	1	JBS	3 500	巴西
2	泰森食品	1 844.3	美国	2	泰森	1 977.2	美国
3	BRF	1 724	巴西	3	BRF	1 724	巴西
4	新希望六和	1 300	中国	4	新希望六和	1 000	中国
5	温氏	807	中国	5	温氏	819	中国
13	圣农	457	中国	16	大用	380	中国
17	大用	380	中国	18	圣农	360	中国
37	大成食品（亚洲）	240	中国	38	立华牧业	231.5	中国
39	立华牧业	231.5	中国	42	大成亚洲	200	中国
44	凤祥	200	中国	43	凤祥	200	中国
45	华英农业	200	中国	44	华英农业	200	中国
47	万洲国际	192	中国	50	万洲国际	183	中国

资料来源：Watt Global Media：《Poultry International》。

白羽肉鸡全部为屠宰加工销售，活鸡销售几近为零。黄羽肉鸡主要以活禽和冰鲜鸡形势销售。因此，从企业数量及屠宰规模来看，肉鸡屠宰加工企业更多的是从事白羽肉鸡屠宰加工的企业，黄羽肉鸡企业数量明显偏少，在行业领先的黄羽肉鸡企业主要有广东温氏、安徽五星、江苏立华等。肉鸡屠宰加工企业的区域分布与肉鸡养殖区域分布具有较高的一致性，山东最多，具体区域分布见表 4、表 5。

表 4　主要白羽肉鸡屠宰企业（一条龙）

省份	公司名称	省份	公司名称
山东	诸城外贸有限责任公司	辽宁	大连成三畜牧业有限公司
	山东新希望六和集团有限公司		北票市宏发食品有限公司
	山东春雪食品有限公司		大连禾源牧业有限公司
	山东和康源集团有限公司		吉林德大有限公司
	潍坊中基集团有限公司		沈阳华美畜禽有限公司
	山东亚太中慧集团有限公司		沈阳市耘垦牧业（集团）有限公司
	山东仙坛股份有限公司		辽宁禾丰牧业股份有限公司
	青岛九联集团股份有限公司	吉林	长春市吉星实业有限公司
	山东凤翔股份有限公司		吉林省卓越牧业有限责任公司
	福喜（威海）农牧发展有限公司	黑龙江	北大荒宝泉岭农牧发展有限公司
	山东益客食品有限公司	河北	河北荣达畜禽有限公司
	山东荣华食品集团有限公司		河北滦平华都食品有限公司
	高密市南阳食品有限公司		中红三融集团
北京	北京大发正大有限公司	河南	河南大用（集团）实业有限公司
福建	福建圣农发展股份有限公司		河南华英农业发展股份有限公司
安徽	安徽和威农业开发股份有限公司		河南永达食品有限公司
	嘉吉动物蛋白（安徽）有限公司		河南丰园禽业有限公司
江苏	江苏京海禽业集团有限公司		双汇集团股份有限公司
甘肃	甘肃中盛农牧发展有限公司	天津	大成万达（天津）有限公司
四川	四川玉冠农业股份有限公司	山西	山西大象农牧集团有限公司

资料来源：中国畜牧业协会：《中国禽业发展报告》。

表5　2018年中国市场肉鸡企业50强

企业名称	黄羽（白羽）肉鸡/年出栏量/屠宰量/上市数量/加工能力/产能	黄羽肉鸡	白羽肉鸡
温氏股份	2018年，销售商品肉鸡7.48亿羽，比2017年的7.76亿羽下降2 800万羽，2016年度销售商品肉鸡8.19亿羽	√	
圣农发展	2018年，肉鸡产能达5亿羽，预计屠宰4.5亿羽；2017年，预计养殖/屠宰肉鸡4.7亿羽；2016年，这一数字为4.3亿羽		√
大用集团	2018年7月进入司法重整程序，此前肉鸡年出栏4亿羽		√
正大集团	2017年，已实现肉鸡生产、屠宰3.5亿羽，在中国已形成了年产7亿羽肉鸡的能力		√
新希望	2018年新增年出栏规模超2 500万羽的肉鸡养殖产能，年肉禽屠宰量近8亿羽，2017年销售商品肉鸡8 000万羽		√
和威农业	存栏父母代种鸡200万套，年苗禽孵化能力4亿羽，肉鸡饲养能力1.3亿羽，肉鸡屠宰加工能力3亿羽	√	
福喜食品	年肉鸡加工能力约3亿羽		√
禾丰牧业	2018年，肉鸡屠宰总量达4.55亿羽，自身配套肉鸡养殖总量占屠宰总量的68%，2017年肉鸡屠宰3.92亿羽		√
立华股份	2018年，上市优质肉鸡约2.61亿羽，2017年、2016年、2015年上市肉鸡分别为2.55亿羽、2.30亿羽、1.97亿羽		√
大成食品	年肉鸡加工约2亿羽		√
九联集团	存栏肉种鸡150万套，年肉雏孵化能力2亿羽，年屠宰肉鸡1.8亿羽，生产鸡肉产品40万吨，年加工熟食制品10万吨		√
大象农牧	肉种鸡存栏120万套，1.5亿羽肉鸡繁殖基地，年屠宰能力1.5亿羽；2017年鸡苗销售1.3亿羽，肉鸡放养1.37亿羽		√
金锣集团	年屠宰加工肉鸡2亿羽		√
凤祥食品	存栏种鸡180万套，年产鸡苗1.6亿羽；现代化肉鸡场56个，年出栏肉鸡1.5亿羽		√
永达食品	年存栏种鸡245万套，孵化能力1.7亿羽，年屠宰加工肉鸡1.5亿羽		√
大地牧业	拥有父母代肉种鸡150万套，年产白羽肉雏鸡1.5亿羽		√
华都集团	肉用父母代种鸡存栏160万套，年生产父母代种雏1 300万套，商品代种雏1.2亿羽		√
仙坛股份	2018年生产肉鸡1.17亿羽，屠宰肉鸡1.15亿羽，2017年商品肉鸡生产量1.16亿羽，销售量为567万羽		√
亚太中慧	已建成年出栏80万～100万羽肉鸡的现代化大型标准规模鸡场130余座，年出栏肉鸡1亿羽		√

（续）

企业名称	黄羽（白羽）肉鸡/年出栏量/屠宰量/上市数量/加工能力/产能	黄羽肉鸡	白羽肉鸡
诸城外贸	父母代种鸡 420 万套、商品代鸡雏 1 亿羽、鸡肉冻品 15 万吨、鸡肉熟制品 15 万吨		√
华卫集团	年存栏祖代种鸡 10 万套、父母代种鸡 70 万套，孵化优质苗鸡 1 亿羽，出栏商品肉鸡 1 000 万羽，家禽屠宰能力 1 亿羽	√	
雨润集团	年加工肉鸡 1 亿羽		√
铭基食品	年肉鸡加工能力约 1 亿羽		√
成达食品	年加工肉鸡 1 亿羽		√
春茂股份	具备 1 亿羽肉鸡生产能力、860 万羽肉鸡加工能力、年产 2.2 亿羽鸡苗	√	
参皇集团	种鸡存栏 250 万套，年产销鸡苗 1.8 亿羽，年出栏肉鸡 8 000 万羽	√	
凤翔集团	存栏在产种鸡 100 万套以上，年产父母代种鸡 350 万套以上，可年产商品代鸡苗 1.5 亿羽以上	√	
三高农牧	年饲养种鸡规模 100 万套，年孵化供种鸡 1 亿羽	√	
嘉吉公司	53 万套父母代种鸡养殖，6 500 万羽肉鸡养殖、屠宰加工		√
春雪食品	种鸡存栏 70 万套，肉雏鸡 6 000 万羽，年产冷冻鸡肉、鸡肉调理品、调味品 18 万吨		√
泰森食品	养鸡场 26 个，已形成年屠宰肉鸡 5 700 万羽		√
双汇农牧	养鸡业规划 17 个商品鸡场、13 个种鸡场、1 个孵化场、1 个屠宰厂、1 个肉制品加工厂，年出栏商品鸡 5 000 万羽		√
海南潭牛	年供应父母代文昌鸡种鸡 80 万套，文昌鸡苗 3 000 万羽，养殖、加工文昌鸡 1 000 万羽	√	
祝氏农牧	家系育种存栏祖代群 8 万套，在产父母代种鸡 50 万套；年生产销售商品鸡苗 8 000 多万羽，肉鸡 600 多万羽	√	
金陵农牧	存栏种鸡 110 万套，年产父母代种鸡 300 万套，年产商品鸡苗 1.2 亿羽，出栏肉鸡 2 000 多万羽	√	
湘佳牧业	年优质鸡养殖规模 5 000 万羽，年屠宰产能 1 亿羽，2017 年活禽产能 4 500 万羽，活禽屠宰 1 310.85 万羽	√	
天农食品	存栏 20 万羽的种鸡场，年产苗 400 万羽，存栏 3 万羽的清远麻鸡种鸡场，年上市逾 3 000 万羽	√	
民和股份	存栏父母代肉种鸡 370 万套，年孵化商品代肉鸡苗 3 亿多只、商品代自养肉鸡年出栏 3 000 多万羽		√
京海禽业	年产白羽父母代种雏 800 万套、商品雏 1 亿羽、“京海黄鸡”苗鸡 1 000 万羽、屠宰加工肉鸡 2 000 万羽	√	√
新广农牧	以青脚麻鸡、麻黄鸡为主要品类，年出苗维持在 7 000 万～8 000 万羽	√	

（续）

企业名称	黄羽（白羽）肉鸡/年出栏量/屠宰量/上市数量/加工能力/产能	黄羽肉鸡	白羽肉鸡
粤禽农牧	存栏种鸡 100 万套，年出栏肉鸡 20 万羽，年孵化三黄优质鸡苗4 000 万羽、白羽鸡苗 5 000 万羽，年屠宰毛鸡 3 000 万羽	√	√
赢德食品	饲养父母代种鸡 35 万套，年宰鸡能力 5 000 万羽，出口商品鸡苗 3 000 万羽		√
光大种禽	存栏种鸡 10 多万套，年产父母代种鸡 50 万套，商品鸡苗 3 000 多万羽		
胜利牧业	饲养种鸡 20 万套，年孵化鸡雏 2 500 万羽，年饲养肉鸡 2 100 万羽，年屠宰肉鸡 2 000 多万羽		√
江丰实业	年产祖代鸡苗 32 万套、父母代鸡苗 300 万套、商品代鸡苗 4 000 万羽，出栏肉鸡 1 500 万羽，屠宰加工肉鸡 1 000 万羽	√	
大发养殖	年存栏父母代种鸡 20 万套，年生产商品代青脚麻鸡苗 1 600 万羽，优质土鸡苗 1 200 万羽	√	
群大科技	2018 年肉鸡销售量 621.7 万羽，孵化苗鸡 594.9 万羽，2017 年这组数字为 662 万羽、691 万羽	√	
传味股份	年产销优质文昌鸡苗 2 000 万羽，2018 年、2017 年文昌鸡肉鸡出栏量分别为 699 万羽、935 万羽	√	
上海圣华	年屠宰加工 1 000 万羽，饲养各种家禽 600 多万羽，以三黄鸡、朗德鹅为主体	√	
原态农业	贵妃鸡存栏量达 15 000 羽，年肉鸡出栏量 20 000 羽	√	

资料来源：《全球禽业洞察》（《国际家禽》2019 年度专刊）。

二、肉鸡产品流通发展状况

（一）肉鸡流通渠道与模式

改革开放以来，中国流通领域发生了深刻的变化，国内商品市场初具规模，市场机制已经形成并发挥作用，流通主体实现了多元化，流通设施和技术不断改善，现代流通方式从无到有、快速发展，对外开放水平不断提高。随着肉鸡产品市场供应能力的提高，中国肉鸡产品交易数量和市场范围不断扩大，肉鸡产品市场经历了从集市贸易的繁荣，到批发市场的大发展，再到连锁超市、物流配送等现代经营方式的逐步兴起、不断发展、不断完善的过程。目前，中国肉鸡产业形成了以批发市场、集贸市场为载体，以农民经纪人、运销商贩、中介组织、加工企业，以及临时性农民运销队伍为主体，以产品集散、现货交易为基本流通模式，以原产品和初级加工产品为营销客体的基本流通格局。在多元化的流通主体中，运销专业户、农民经纪人是运销大军中的主力队员；中介流通组织是近年来发展起来的新型农民运销组织，一般与农产品的生产相结合；肉鸡产品加工企业是高效吞吐农产品的中间环节，也是农产品流通主体的一个重要组成力量；季节性、临时性农民运销队伍主要是在肉鸡产品上市或农闲季节组织收购运销。

目前，中国肉鸡产品市场流通模式仍处于现货交易的原始阶段，现代物流模式刚刚起步。肉鸡产品流通的主要模式是按照“产地收购—产地市场集散—销地市场集散—城乡商贩零售”的路径进行现货交易，处于原始的市场交换的基础流通状态。订单农业、连锁经营等现代物流模式，网上交易、代理交易、拍卖等现代化流通手段处于起步探索阶段。

由于消费习惯的不同，黄羽肉鸡和白羽肉鸡产品市场流通模式也存在差异。黄羽肉鸡在中国主要以活鸡形式流通，现场宰杀，消费群体以南方居民为主；白羽肉鸡主要经屠宰分割为鸡胸肉、鸡腿肉和鸡翅等形式销售，或加工为熟食后上市，消费群体主要在中国北方。随着人们生活水平的提高的消费方式的改变，以及肉鸡加工业的发展，黄羽肉鸡产品也出现了以屠宰分割的形式和加工为熟食的形式进入市场流通。

总体看来，中国肉鸡产品流通渠道与方式可以归纳为下几种：

自产自销模式。养殖户在短距离的生产地市场自行销售自己生产的肉鸡产品，如城郊的农民到城市去卖自家的禽蛋。这种流通方式的优点是流通过程中的中间环节少，农民可直接面对消费者，销售收益及时兑现。存在的问题是流通过程中产品缺乏加工、保鲜、包装等技术处理，产品附加值低；物流半径有限，生产者难以在更大空间范围内寻找可出更高价格的需求者；由于这种流通的销售量小，致使单位商品的运输成本、销售时间和交易成本都很高，单位流通成本很高。

零售商参与模式。即生产者不与消费者直接见面，由零售商（个体私营商贩）负责肉鸡产品的收购与销售。城镇农贸市场的商贩集采购、配送和零售于一身，零售商一般直接去农村向农户收购肉鸡产品并运输到城镇农贸市场，或是由生产者自行将产品运送到零售市场转移给零售商，然后由零售商出售给消费者，赚取其中的差价。现在的城镇农贸市场销售的很多产品都采用这种方式，它在一定程度上降低了生产者的交易成本，有时候零售商也会对产品进行一些简单的分类和包装甚至加工，但这种物流方式规模小、技术水平低、商品流通范围极其有限，且生产者和零售商之间存在明显的信息不对称，农民利益容易受到侵害。

批发市场参与，异地销售。即依托有一定规模的农产品批发市场，由生产者自己或中间收购者将分散的农产品集中到批发市场由批发商收购，然后再通过零售商销售。这种方式的优点是物流半径明显扩大，单位物流成本明显降低，已经成了大宗农产品销售的重要途径。目前的批发市场只是农产品集散地，主要单纯从事收购和批发销售，很少进行包装、加工等增值服务。

龙头企业加工、异地销售模式。龙头企业与农户签订合约，规定产品的规格与类型，农户按照合同约定进行生产，最后龙头企业收购农户的产品，经过加工包装后再配送给零售商销售。优点是，通过龙头企业使初级产品得以加工、保鲜、包装，使产品的附加值明显提高，农民可以分享加工的利润，收入增加；龙头企业有更充分的市场信息和技术信息，而且资金雄厚，它可以对农户的生产进行资金支持和技术指导，降低农户生产的自然风险和市场风险。缺点是龙头企业与农户的履约率不是很高。在龙头企业参与流通的模式中，还包含订单销售模式。肯德基、麦当劳等快餐行业、学校企业供餐点、食品加工企业等向肉鸡养殖企业下单订购整鸡、切割鸡或肉鸡半成品。根据订单要求，企业或与农户签订养殖合同收鸡，或自养肉鸡，进行进一步加工、包装后交给订单方进行验收。该模式的优点是，一般快餐行业等订单方掌握肉鸡产品质量标准的话语权，对产品质量要求高，有利于肉鸡产品的安全性。

目前中国肉鸡产品流通的几种模式各有优缺点，并在不同的空间发挥着重要的作用。根据以上分析，可将中国肉鸡产品流通体系通过图1描述如下：

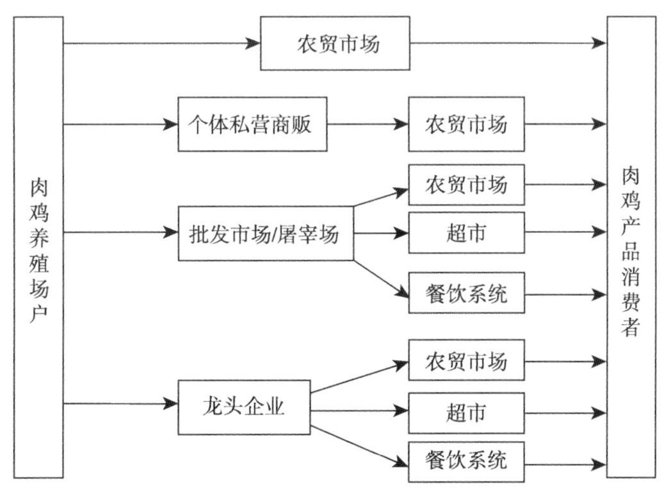

图1　中国肉鸡产品流通模式

按照肉鸡产品品种（黄羽和白羽）的划分，白羽和黄羽肉鸡流通渠道通过图 2、图 3 描述如下：

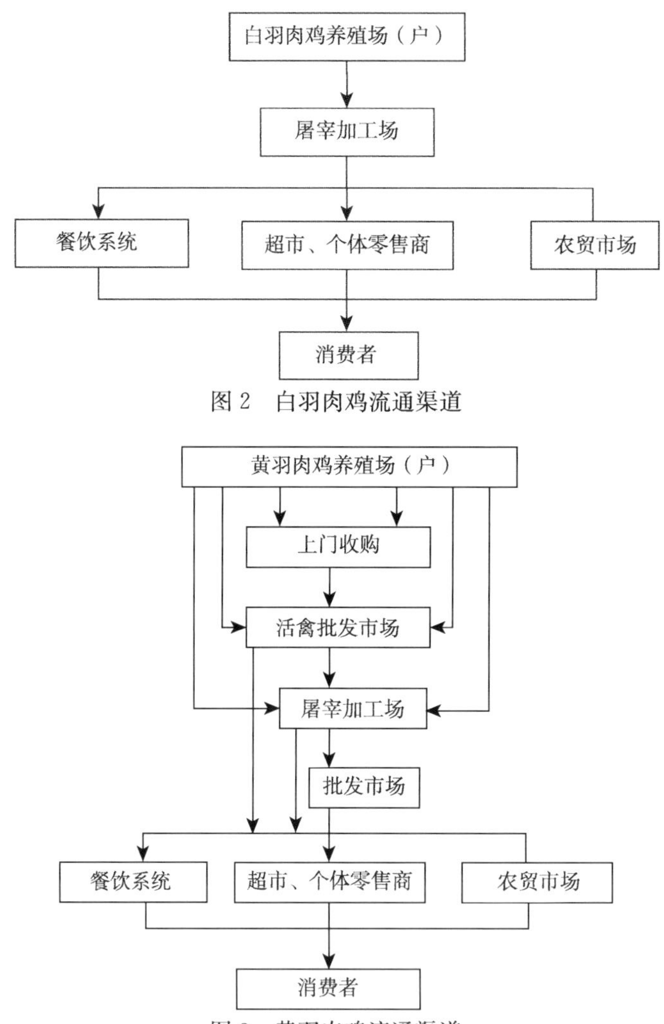

图 2　白羽肉鸡流通渠道

图 3　黄羽肉鸡流通渠道

（二）肉鸡贸易流向

1. 白羽肉鸡

白羽肉鸡全部为屠宰加工销售，活鸡销售几近为零。最主要的销售形式有三种：一是冷冻后的整鸡和分割鸡；二是冷鲜的整鸡和分割鸡；三是鸡肉调理品。前两种为初加工产品，第三种为深加工产品。其销售比例为冷冻鸡占60%，冷鲜鸡占20%，鸡肉调理品占20%。其中冷冻鸡主要供至肉类加工厂系统、食堂系统、餐饮企业系统、零售系统等；冷鲜鸡主要供至餐饮系统、零售系统、电商系统等；肉鸡调理品主要供至食堂系统、餐饮企业系统、零售系统、电商系统等。

目前，白羽肉鸡联盟企业有30亿只鸡的屠宰量，以此可以估算中国白羽肉鸡大约70%是由“公司+农户”和垂直一体化的企业生产出来的，上述一条龙企业的产品去向主要是通过合同订单采购的食堂消费、中式快餐、西式快餐、超市、熟食出口、农贸市场等，其中农贸市场占30%。与市场户对接的单一屠宰加工企业，大约生产了另外30%份额的白羽肉鸡，该部分肉鸡产品的去向主要是集贸市场、超市等。

2. 黄羽肉鸡

黄羽肉鸡产品通过两种形式进行销售：一是活禽流向农贸市场；二是冰鲜鸡销售，多为整鸡在零售系统、电商系统中进行销售。现场宰杀、活禽交易是中国鸡肉购买的传统的消费方式，对于中国黄羽肉鸡，尤其是中慢速性黄羽肉鸡来讲，这也是最受消费者欢迎、最为消费者习惯的销售方式。2013年以前，因传统的消费习惯和消费喜好使然，中国黄羽肉鸡以活鸡消费形式为主，占85%以上。

2013年H7N9流感疫情暴发，迫使行业转型升级，改变活禽销售方式。国家和地方政府也相继推出城区限制活禽交易等新的规定和政策，推动实施“集中屠宰、冷链配送、生鲜上市”的模式。截至2018年底，四个直辖市已经实行全市范围的活禽禁售，全国范围内15个省份相继发布了当地家禽经营管理办法，从中心城区为起点，对主城区内人口密集的农贸市场，逐步取消活禽交易，推动地级城市的主城区逐步取消活禽交易。但冷鲜鸡在中国出现的时间较晚，市场占有率较低，2013年仅占肉鸡消费总量的2%～2.5%。经过近几年黄羽肉鸡“冰鲜鸡”上市的实践尝试，产业链收益效果依然不理想。但黄羽肉鸡企业已经意识到“冰鲜鸡”上市是未来不可回避的必然趋势，黄羽肉鸡在加工方面的探索已经起步。目前，在部分禁止活禽交易的地区，消费者对在农贸市场和超市购买冷鲜鸡，以及在超市购买冻鸡的意愿逐步提高。

（三）肉鸡的包装

鸡肉中的酶及微生物作用会导致蛋白质分解，脂肪氧化，鸡肉产品会出现变色、变味以及表面发黏等腐败变质特征。因此在实际运输、加工、销售过程中均需要进行特殊处理。其中鸡肉产品的包装是保证新鲜度、增加产品附加值的重要方式。冷冻鸡包装、冰鲜鸡包装、肉鸡熟制品包装各不相同。

冰冻鸡包装。冷冻鸡产品自体和运输储存温度低，对通过包装进行保质的需求较低，因此冷冻鸡多利用透明包装袋进行包装。因冰冻鸡属于预包装食品，包装袋外部需注明食品标签标示内容即冰冻鸡产品、生产日期和保质期、净含量与规格、储存条件、冷冻鸡生产许可证编号和冷冻鸡标准代号等。

冰鲜鸡包装。冰鲜鸡产品对包装保鲜要求较高，包装方法主要分为四种：一是简单裹膜包装，该方法是将冰鲜鸡产品用保鲜膜覆盖的直接包装方法。有操作简单、成本低廉的优点。由于该包装保鲜效果差、储藏时间短、对细菌滋生的抑制效果弱、包装效果较低廉等缺点，目前该包装已较少使用。二是传统真空包装，该方法是把肉鸡产品包装袋内甚至肉鸡细胞内的氧气都排出去，使微生物没有生存的条件，从而达到保持鸡肉不因氧化而腐败变质的包装方法。但传统真空包装膜对鸡肉外形的适应性较差，膜紧贴鸡肉并产生大量褶皱，导致肉鸡身体上血水析出影响美观。三是真空贴体包装，是传统真空包装基础上更新的包装方法，与传统真空包装作用类似，都是通过排氧使鸡肉保鲜，但真空贴体包装可以更好地展现肉鸡产品的形态，满足消费者查看产品状态的需求；但该方法工艺尚未成熟，还未大规模推广。四是气调包装，该方法是通过给包装袋或包装盒中注入一定比例的气体，可以抑制微生物繁殖和降低氧化速率起到延缓鸡肉腐败变质的作用，从而延长冰鲜鸡产品的保鲜时间，更有利于流通与销售。气调包装法是四种包装法中保鲜效果最好的，在冰鲜鸡保鲜、流通、销售中广泛应用。

肉鸡熟制产品包装。为满足规范、保质的要求，包装方法主要分两种：一是真空包装，熟制品肉鸡产品多采用真空包装，操作相对简单，成本相对低廉，且便于保质和长途运输，是肉鸡熟制品的主要包装方法。二是气调包装，在产品保鲜方面胜于真空包装，但运输上不如真空包装便利，多用于商超和肉鸡熟制品品牌零售专卖店。

（四）肉鸡的运输与仓储

1. 肉鸡运输

肉鸡运输是肉鸡产品流通中重要的一环，对提升肉鸡产品价值、延伸肉鸡产业链有重要意义。肉鸡运输主要分为活禽运输和屠宰分割后的冰鲜冰冻制品冷链运输。其中冷链运输的发展是未来肉鸡产业发展的重要着力点。

（1）活禽运输。中国白羽肉鸡主要以经过屠宰后的鸡肉成品形式直接进入市场，白羽肉鸡活禽除从养殖场到屠宰场的点对点运输外，基本没有长距离跨省活禽运输。与白羽肉鸡不同，消费者对黄羽肉鸡固有的消费与饮食习惯，黄羽肉鸡活禽运输比较普遍，但活禽跨省运输容易造成各种细菌病菌的感染，存在引发各种流感病症和疫病传播风险。农业农村部发布自 2018 年 5 月 2 日起实施的《中华人民共和国农业农村部公告第 2 号》针对跨省调运活禽做出严格规定，鼓励规模养殖，集中屠宰，限制畜禽调运。限制跨省活禽运输对黄羽肉鸡产生的影响较大，从短期来看，因为黄羽肉鸡产品仍以传统消费为主，黄羽肉鸡转化加工比例仅占 15%左右，限制活禽运输制约黄羽肉鸡的流通，且增加黄羽肉鸡运输和时间成本，限制了黄羽肉鸡的发展。但从长期来看，可以降低疫病传播风险，引导科学的消费和饮食习惯，有利于肉鸡产业的可持续发展。

（2）冷链运输。肉鸡冻品、冰鲜品流通必须是冷链物流。冷链物流泛指产品在生产、储存、运输、销售到消费之前各个环节始终处于规定的温度区间，以保证产品质量，减少过程损耗的一项产品流通方式。为拓展肉鸡产业链，适应长途运输，保证肉鸡产品新鲜，冷链物流已成为中国肉鸡产品主要运输方式。目前，中国肉鸡产品冷链物流存在的问题主要有：

一是生鲜鸡肉产品冷链物流设施装备薄弱。目前，中国冷藏保温汽车的品种虽然已达到 100 种以上，但冷藏保温汽车数量较少。在美国，每万人配备冷藏车 9 辆，而中国每万人配备冷藏车仅为 2 辆，并且大部分保温车辆为改装车型，冷冻机质量也达不到要求，与发达国家相比，存在很大的差距。人均冷库容积少，平均不到美国的十分之一（美国 1～2 平方米/人），当生产不足或淡季时，冷库常处于闲置耗能状态。很多冷藏库大多只具有储藏功能，不具备物流配送功能。中国目前的冷链设施不足，装备陈旧，无法为易腐生鲜鸡肉及制品流通提供低温保障。

二是冷链运输贮存环节温控技术差。中国总体冷链运输率不足 10%，成本始终是冷链运输的门槛。在高成本运输的情况下，有些物流公司在冷链温度上做手脚，使鸡肉及制品达不到温度要求，甚至有些需要冷冻的鸡肉及制品，直接放在 0～4℃冷藏室里运输，导致在运输过程中出现质量问题。调查表明：中国冷冻或冷藏鸡肉及制品仅 1/5 符合温控标准。此外，肉鸡产品在冷链过程中“断链”比例高达 50%。一些经销商在运输过程中仍以冰块干冰等方法进行控温，肉鸡产品质量难以保证。

三是冷链物流信息化技术水平低。目前，中国鸡肉及制品在流通过程中的信息技术落后，缺乏完整的冷链信息管理系统，物流自动化、智能化水平低，效率低。在这些情况下，冷链物流过程中的各个环节都会出现意外的信息堵塞，造成运输途中突发性的风险加大，而冷链物流中的应急能力相对较弱，严重影响了中国冷链物流的发展。

2. 产品仓储

肉鸡产品的仓储主要包括屠宰加工企业自身产成品、自制半成品、原材料的库存，以及冷链销售中的储存。冷库是肉鸡仓储的重要基础设施。

（1）企业库存。影响企业冷藏厂库存的主要原因较多，日屠宰能力、鲜品转化率、库房容积、客户开发及销售能力、市场供需变化、季节性因素都是影响冷藏厂库存高低的原因。根据中国畜牧业协会调研资料显示，多数受访企业认为，短期的市场涨跌对库存影响不大。生产型企业，不管市场涨跌，基本都不留库存，要提高产品周转效率，减少资金占用，加快资金周转。

肉鸡企业冷藏厂平均库存天数，行业内的平均水平是 5～7 天的屠宰量。有的企业以 5 天产量的库存为安全库存，通过设定安全库存上下限结合产销率等指标控制存货周转率，既可以保证货源的搭配便利，又可以控制长期库存产品的出现。鲜品、冻品、熟食调理品的库存管理差异较大。分类别来看，鲜品 1～2 天（N＋1），冻品 5～7 天（最长不超过 8 天）。冻品中，不同品类的周转差别较大，低价值的库存产品，一般是随行就市，高价值产品可根据节日效应适当调整实现利益最大化。熟食调理品，单位价值较高，库存半个月至 1 个月。熟食调理品供应大快餐，（麦当劳、肯德基、德克士等全国连锁快餐）周转 3 周左右，供应小快餐（区域性快餐）周转 2 周左右。

（2）销售存储。经销商的肉类库存基本存放在大库，设专人保管，提供日报，月底盘点。经销商库存管理的主要依据：一是根据销售能力、市场运作能力、客户多寡、资金链等掌控安全库存。二是掌握短期价格高低、季节性产品供需关系进行货源备存，以达到销售利益的最大化。目前，很多经销商纷纷压缩库存，依需进货。

目前在销售物流过程的存储主要存在以下问题：一是冷库供给不足导致肉鸡产品在运输过程中缺少规范储存的设施，易造成肉鸡产品产生质量安全问题。二是不同肉鸡产品对储存温度要求不同，冷库供给不足易造成不按标准存放产品或不按肉鸡产品储存标准温度进行储存的情况，不利于肉鸡产品的食用口感和质量安全。

我国肉鸡产品质量标准综述

彩黎干[1]　王祖力[1]　辛翔飞[1]　王济民[12]

（1. 中国农业科学院农业经济与发展研究所；2. 中国农业科学院办公室）

产品质量安全直接关系到肉鸡产业发展的可持续性。本研究从国家标准、地方标准及行业标准三个层面对目前我国肉鸡产品质量标准进行综述，并就相关标准的适用性及存在的问题进行讨论。

一、肉鸡国家标准

近年来，国内多家机构从鸡肉产品安全、质量分级、屠宰分割等方面，制定并发布了相关国家标准。这些标准的制定，为肉鸡产业的健康与平稳发展，发挥了重要的指导作用。其中，最受业内关注的是三个鸡肉产品安全标准，包括《食品安全国家标准　鲜（冻）畜、禽产品（GB 2707—2016）》《鲜、冻禽产品（GB 16869—2005）》《食品生产通用卫生规范（GB 14881—2013）》。

（一）鸡肉产品安全标准：《食品安全国家标准　鲜（冻）畜、禽产品（GB 2707—2016）》《鲜、冻禽产品（GB 16869—2005）》《食品生产通用卫生规范（GB 14881—2013）》

2016 年，中华人民共和国国家卫生和计划生育委员会、国家食品药品监督管理总局发布《食品安全国家标准　鲜（冻）畜、禽产品（GB 2707—2016）》，代替《鲜、冻禽产品（GB 16869—2005）》部分指标。本标准规定了相关产品的原料要求、感官要求、理化指标、污染物限量、农药残留限量和兽药残留限量。此标准适用于鲜（冻）畜、禽产品，不适用于即食生肉制品。

2006 年，中华人民共和国国家质量监督检验检疫总局、中国国家标准化管理委员会发布《鲜、冻禽产品（GB 16869—2005）》，规定了鲜、冻禽肉产品的技术要求、检验方法、检验规则和标签、标志、包装、储存要求。适用于健康活禽经屠宰、加工、包装的鲜禽产品或冻禽产品，也适用于未经包装的鲜禽或冻禽产品。

2013年，国家卫生计生委公布新修订的食品安全国家标准《食品生产通用卫生规范（GB 14881—2013）》，替代原《食品企业通用卫生规范（GB 14881—1994）》，《食品生产通用卫生规范（GB 14881—2013）》规定了选址和厂区环境、厂房和车间、设施与设备、卫生管理、食品原料、食品添加剂和食品相关产品、生产过程的食品安全控制、检验、食品的贮存和运输、产品召回管理、培训、管理制度和人员、记录和文件管理等方面的食品安全要求。该标准是食品生产的最基本条件和卫生要求，适用于各类食品的生产。制定某类食品生产的专项卫生规范，应当以此标准作为基础。

（二）鸡肉质量分级标准：《黄羽肉鸡产品质量分级（GB/T 19676—2005）》《畜禽肉质量分级导则（GB/T 37061—2018）》

2005年，中华人民共和国国家质量监督检验检疫总局、中国国家标准化管理委员会发布《黄羽肉鸡产品质量分级（GB/T 19676—2005）》，规定了黄羽肉鸡产品质量分级的要求、质量指标及评分标准、抽样方法、测试方法和分级判别规则。此标准适用于国家级和省级家禽地方品种中的黄羽肉鸡，以及以这些地方品种鸡为亲本的黄羽肉鸡培育品系、黄羽肉鸡配套系鸡的质量分级，其他类型黄羽肉鸡的质量分级可参照本标准执行。此标准不适用于引进快大型肉鸡品种的质量分级。现行肉鸡质量国家标准不完善，白羽肉鸡及其他品种肉鸡的质量标准还未确定。

2018年，国家市场监督管理总局、中国国家标准化管理委员会发布《畜禽肉质量分级导则（GB/T 37061—2018）》，规定了畜禽肉质量分级的分级原则、分级评定方法、分级评定规则、等级标识及人员要求。此标准的发布为各品种肉鸡质量分级的评定提供依据。

（三）肉鸡屠宰分割标准：《畜禽屠宰操作规程　鸡（GB/T 19478—2018）》《鸡胴体分割（GB/T 24864—2010）》

2004年，中华人民共和国国家质量监督检验检疫总局、中国国家标准化管理委员会发布《肉鸡屠宰操作规程（GB/T 19478—2004）》，规定了肉鸡屠宰各工序的要求，适用于中华人民共和国境内的各类活鸡屠宰厂（场）。2018年，国家市场监督管理总局、中国国家标准化管理委员会发布《畜禽屠宰操作规程　鸡（GB/T 19478—2018）》，用来代替《肉鸡屠宰操作规程（GB/T 19478—2004）》，标准规定了鸡屠宰的术语和定义、宰前要求、屠宰操作程序及要求、包装、标签、标志、贮存以及其他要求，适用于鸡屠宰场的屠宰操作。

2006年，中华人民共和国国家质量监督检验检疫总局、中国国家标准化管理委员会发布《畜禽屠宰HACCP应用规范（GB/T 20551—2006）》，规定了畜禽屠宰加工企业HACCP体系的总要求以及文件、良好操作规范、卫生标准操作程序、标准操作规程、有害微生物检验和HACCP体系的建立规程方面的要求，提供了畜禽屠宰HACCP计划模式表，适用于畜禽屠宰加工企业HACCP体系的建立、实施和相关评价活动。

2010年，中华人民共和国国家质量监督检验检疫总局、中国国家标准化管理委员会发布《鸡胴体分割（GB/T 24864—2010）》，规定了原料鸡要求、分割环境要求、人员要求、屠宰工艺、分割、产品检验、贮藏、包装、标志及运输，适用于肉类屠宰加工企业对鸡胴体的分割。

（四）养殖、饲料、品种、准入和出口等其他标准

2005年，中华人民共和国国家质量监督检验检疫总局、中国国家标准化管理委员会发布《商品肉鸡生产技术规程（GB/T 19664—2005）》，规定了商品肉鸡全程饲养的生产技术规程，包括饲养管理、卫生防疫、药物残留控制、环境保护等方面，适用于大型现代快长型商品肉鸡饲养企业和中、小型商品肉鸡专业饲养场。

2004年，中华人民共和国国家质量监督检验检疫总局、中国国家标准化管理委员会发布《畜禽场环境质量评价准则（GB/T 19525.2—2004）》，规定了新建、改建、扩建畜禽场环境质量评价的程序、方法、内容及要求，适用于规模化畜禽场的环境质量和环境影响评价工作。

2006年，中华人民共和国国家质量监督检验检疫总局、中国国家标准化管理委员会发布《畜禽肉食品绿色生产线资质条件（GB/T 20401—2006）》，规定了畜禽肉食品绿色生产线的术语和定义、认定的总则和要求。

2008年，中华人民共和国国家质量监督检验检疫总局、中国国家标准化管理委员会发布《产蛋后备鸡、产蛋鸡、肉用仔鸡配合饲料（GB/T 5916—2008）》，规定了产蛋后备鸡、产蛋鸡、肉用仔鸡配合饲料的质量标准、试验方法、检验规则、判定规则以及标签、包装、运输和贮存要求。

2018年，国家市场监督管理总局、中国国家标准化管理委员会发布《畜禽品种标准编制导则　家禽（GB/T 36177—2018）》，规定了家禽品种标准的编写结构、要素起草和指标取值方法，适用于家禽品种和配套系标准的编制。

2006 年，中华人民共和国国家质量监督检验检疫总局、中国国家标准化管理委员会发布《超市鲜、冻畜禽产品准入技术要求（GB/T 20402—2006）》，规定了鲜、冻畜禽产品超市准入技术要求有关术语和定义、经销商准入要求、供货商准入要求和商品入市等内容，适用于经营鲜、冻畜禽产品的超市。

2008 年，中华人民共和国国家质量监督检验检疫总局、中国国家标准化管理委员会发布《出口禽肉及制品质量安全控制规范（GB/Z 21701—2008）》，规定了出口禽肉及制品加工企业和供货养殖场的质量安全控制要求，适用于出口禽肉及制品加工企业从饲养管理到加工出口的全过程质量安全控制。

二、肉鸡地方标准

在国家制定和发布肉鸡产业相关标准的同时，各地也结合本区域特色，制定了很多地方标准。这些地方标准主要发布于近几年，内容涵盖了饲养环境、引种来源、饲料营养、饲养管理、疾病防治、废弃物处理、屠宰加工、检疫承运及质量追溯等方面。特别是，各地根据本地优势肉鸡品种，制定了配套的生产技术标准。例如，北京市《肉鸡生产技术规范（DB11/T 328—2005）》、陕西省《富硒肉鸡生产技术规程（DB61/T 557.7—2012）》、山东省《“817”肉鸡生产技术规程（DB37/T 2 682.2—2015）》、山东省《白羽肉鸡规模养殖生产技术规范（DB23/T 1600—2015）》、黑龙江省《绿色食品　肉鸡生产技术操作规程（DB23/T 735—2016）》、山西省《绿色食品　白羽鸡肉生产技术规程（DB14/T 1474—2017）》、秦皇岛市《肉鸡产地检疫程序（DB1303/T 186—2005）》等。

（一）肉鸡饲养管理技术标准

有关商品化肉鸡饲养管理技术的地方标准内容规定了商品化肉鸡鸡场选址、环境控制、引种、饲养管理、防疫、装运及污染防治等技术要求。主要有：辽宁省《出口肉鸡饲养、屠宰加工卫生及检疫规范（DB21/T 1721—2009）》、山东省《优质肉鸡饲养管理技术规范（DB37/T 1815—2011）》、山西省《商品代白羽肉鸡饲养管理规范（DB14/T 869—2014）》、四川省《“大恒 699 肉鸡”配套系商品代饲养管理规程（DB51/T 1751—2014）》。

（二）肉鸡养殖环境标准

有关肉鸡养殖环境的地方标准主要有：山西省《商品肉鸡标准化养殖小区

建设管理规程（DB14/T 526—2009）》、青海省《肉鸡标准化养殖小区建设规范（DB63/T 797—2009）》、辽宁省《肉鸡生产小区疫病防治技术规范（DB21/T 1767—2009）》、宁夏回族自治区《规模化肉鸡场建设规范（DB64/T 843—2013）》、天津市《肉鸡养殖环境信息采集规范（DB12/T 752—2017）》《肉鸡规模化养殖场建设与管理规范（DB12/T 271—2017）》。

（三）其他相关标准

山东省质检部门发布《肉鸡福利屠宰技术规范（DB37/T 2828—2016）》，规定了实施肉鸡福利屠宰的管理、人员、设施、病或伤肉鸡的处置等基本要求，以及抓捕、禁食、禁水及运输、装卸与宰前静养、挂鸡、致昏、刺杀、放血和其他技术要求，是国内首次制定的关于肉鸡福利屠宰的行业标准。

三、肉鸡行业标准

（一）鸡肉质量分级行业标准

2002 年，中华人民共和国农业部发布农业行业推荐标准《鸡肉质量分级（NY/T631—2002）》，规定了鸡肉、鸡肉质量等级、评定分级方法、检测方法、标志、包装、贮存与运输。本标准适用于鸡肉生产、加工、营销企业产品质量分级。NY/T 631—2002 将鸡肉分为鸡胴体和分割肉 2 部分，又根据鸡的年龄和品种将鸡胴体分为引进类、仿土类和土种类，并分别根据完整程度、胸部形态、肤色、皮下脂肪分布形态和羽毛残留状态 5 个维度将胴体等级划分为 1、2、3 级。根据鸡的年龄和品种将鸡分割肉分为引进类、仿土类和土种类，并分别根据形态、肉色和脂肪沉积程度 3 个维度将分割肉等级划分为 1、2、3 级。

（二）肉鸡屠宰行业标准

《肉鸡屠宰质量管理规范（NY/T 1174—2006）》规定了肉鸡屠宰加工过程中的设备要求、卫生质量要求、检疫检验要求。本标准适用于肉鸡屠宰加工企业组织生产、质量管理水平评价。

（三）肉鸡饲养行业标准

《鸡的饲养标准（NY/T 33—2004）》，规定了蛋用鸡、肉用鸡、黄羽肉鸡的营养需要。本标准适用于专业化养鸡场和配合饲料厂。

《黄羽肉鸡饲养管理技术规程（NY/T 1871—2010）》，规定了黄羽肉鸡种鸡和商品鸡生产过程中的术语和定义、总体要求、种鸡饲养管理和商品肉鸡饲养管理要求。本标准适用于黄羽肉鸡的饲养与管理。

（四）肉鸡生产性能及疫病检测行业标准

《肉鸡生产性能技术测定规范（NY/T 828—2004）》，规定了肉种鸡、商品肉鸡生产性能测定的程序、项目和条件。本标准适用于家禽生产性能测定站（中心）对肉种鸡、商品肉鸡生产性能的测定。

《流通领域高致病性禽流感监测技术规范（SB/T 10394—2005）》，规定了流通领域高致病性禽流感监测的实验室要求、监测范围、监测类型和频度、监测方法、监测结果报告和监测后处理。本标准适用于进入流通领域的禽类及其产品的高致病性禽流感的监测。

《绿色食品　畜禽饲养防疫准则（NY/T 1892—2010）》，规定了生产绿色食品畜禽在养殖过程中疫病预防、监测、控制与净化及记录等方面的准则。适用于生产绿色食品畜禽在养殖过程中的动物防疫。

（五）肉鸡养殖环境行业标准

《标准化养殖场肉鸡（NY/T 2666—2014）》，规定了肉鸡标准化养殖场的基本要求、选址和布局、生产设施与设备、管理与防疫、废弃物处理和生产水平等。本标准适用于商品肉鸡规模养殖场的标准化生产。

《标准化肉鸡养殖场建设规范（NY/T 1566—2007）》，规定了标准化肉鸡养殖场的建设内容、生产工艺、选址、布局、舍内环境参数、建筑基本要求、公用工程、防疫设施和环境保护的基本要求。适用于种鸡存栏 2 000 只以上的父母代肉种鸡场，年提供 50 万只以上肉雏鸡的孵化场，单批饲养量 5 000 只以上商品肉鸡养殖场的建设。

（六）其他标准

《无公害食品　肉鸡饲养兽药使用准则（NY 5035—2001）》；

《无公害食品　肉鸡饲养饲料使用准则（NY 5037—2001）》；

《无公害食品　肉鸡饲养管理准则（NY/T 5038—2001）》；

《无公害食品　家禽养殖生产管理规范 NY/T 5038—2001》；

《绿色食品　产地环境质量（NY/T 391）》；

《绿色食品　畜禽饲料及饲料添加剂使用准则（NY/T 471）》；

《绿色食品　兽药使用准则（NY/T 472）》；
《绿色食品　畜禽卫生防疫准则（NY/T 473）》；
《绿色食品　禽肉（NY/T 758）》。

四、肉鸡标准的适用性及存在的问题

肉鸡标准为肉鸡生产、加工和流通等方面的规定要求，是肉鸡产业健康良好发展的关键，对整个行业的进步具有引领作用。虽然肉鸡国家标准较为缺乏，但各省根据本地情况及国家标准积极制定地方肉鸡生产标准，逐步丰富并完善肉鸡标准。为了对目前肉鸡标准有个全面认识，通过梳理地方标准与国家标准间的联系和异同、结合文献分析与实际情况，从而总结肉鸡标准的适宜性和存在的问题。

（一）肉鸡标准的适用性

1. 肉鸡国家标准为肉鸡地方标准的制定提供依据

肉鸡国家标准对地方标准的制定，具有较强的借鉴参考意义。例如，国家标准《肉鸡屠宰操作规程（GB/T 19478—2004）》是山东省《肉鸡福利屠宰技术规范（DB37/T 2828—2016）》的规范性引用文件；《商品肉鸡生产技术规程（GB/T 19664—2005）》是《肉鸡规模化养殖场建设与管理规范（DB12/T 271—2017）》的规范性引用文件。

2. 肉鸡行业标准是地方标准制定的重要参考

比如，行业标准《畜禽场环境质量标准（NY/T 388）》《标准化肉鸡养殖场建设规范（NY/T 1566）》是山东省《肉鸡福利屠宰技术规范（DB37/T 2828—2016）》的规范性引用文件；《畜禽屠宰卫生检疫规范（NY 467）》是辽宁省《出口肉鸡饲养、屠宰加工卫生及检疫规范（DB21/T 1721—2009）》的规范性引用文献。

3. 国家肉鸡标准能够科学指导其他标准的编制

如《畜禽肉质量分级导则（GB/T 37061—2018）》为各品种肉鸡质量分级标准的编制确定原则和要求；《畜禽品种标准编制导则　家禽（GB/T 36177—2018）》为家禽品种和配套系标准的编制确定原则和要求。

4. 肉鸡地方标准较国家标准更具有区域可操作性

中国地域辽阔，各省（市、自治区）肉鸡品种、自然环境和经济发展水平差异较大，有必要根据当地肉鸡品种、气候环境、技术水平及发展模式制订地方性肉鸡标准。制订地方性肉鸡标准有利于发挥本地区肉鸡产业优势，有利于提高地方肉鸡产品的质量和竞争能力，同时也使标准更符合地方实际，有利于标准的贯彻执行。比如，四川省结合本地环境条件和青脚麻羽肉鸡品种，制定配套的地方标准《“大恒 699 肉鸡”配套系商品代饲养管理规程（DB51/T 1751—2014）》，标准规定选用地面平养、笼养或舍饲与放牧相结合的饲养方式，使得标准更具有可操作性。

（二）存在问题

1. 肉鸡标准有待完善

中国肉鸡行业快速发展，肉鸡已经成为中国居民主要禽肉类消费品，产业化规模化程度高，但是有关肉鸡质量分级、屠宰加工、疫病检测等方面的标准并不完善，在某些方面还存在空白。

2. 部分标准略显滞后

通过对相关标准的整理与研究，我们发现部分国家和行业现行标准，与肉鸡行业发展现状并不完全匹配，有一些标准略微滞后于肉鸡行业发展需求；有些标准发布时间较早，已不符合当前产业现状。应当及时更新，促进肉鸡行业良好有序发展。

3. 与国际标准还有差距

从国家和行业层面来看，还没有建立起与国际接轨的肉鸡质量、饲养、屠宰加工以及废弃物处理等方面的标准体系，用国际标准衡量时，国家和行业标准的技术水平和内容的涵盖范围还有诸多不足，现行肉鸡标准还不能匹配中国肉鸡产业贸易和社会发展需要。为了应对国际贸易的需要，应当关注国家标准、国家法规的协调性，特别是促进国家标准与国际标准的接轨。

品牌兴牧战略研究

——以肉鸡产业为例

辛翔飞[1] 陈智武[2] 杜彦斌[3] 王文博[4] 王济民[15]

（1. 中国农业科学院农业经济与发展研究所；2. 广西金陵农牧集团有限公司；
3. 河南省大用实业有限公司；4. 青岛根源生物集团有限公司；
5. 中国农业科学院办公室）

一、肉鸡产业品牌发展总体情况

鸡肉具有高蛋白、低脂肪、低热量、低胆固醇的“一高三低”的营养特点，使其作为健康肉类食品而为大众所广泛接受。肉鸡因具有饲养周期短、料肉比低、单只投资成本低等优点，成为全球分布最广的养殖畜禽之一。肉鸡产业的配套措施也是畜牧行业最完善的，并已经形成种鸡、孵化、商品鸡、屠宰、分割、加工、餐饮终端连锁门店等完全工业化的细分市场，在国内外均有较好的发展。实施肉鸡产业品牌发展战略是振兴肉鸡产业的重要着力点。近年通过政策导向及资本调节等因素，肉鸡产业已经形成众多品牌。肉鸡品种与肉鸡消费渠道密切相关。肉鸡从大类上分为白羽肉鸡、黄羽肉鸡和肉杂鸡三类。三大类肉鸡又有各自的品种品牌和产品品牌（企业品牌）。

（一）白羽肉鸡品牌发展

白羽肉鸡是20世纪80年代国外引进品种，多是进入屠宰加工企业之后，以分割肉和快餐的形式出现在市场和餐桌。

白羽肉鸡品种品牌。虽然我国在白羽肉鸡育种方面有重大突破，但目前我国的白羽肉鸡种源仍主要依赖进口。目前白羽肉鸡的品种品牌主要是国外品牌，有艾维因、科宝、罗斯、爱拔益加和哈巴德等，这些品种从外观和生产性能上并无显著差别。品种品牌不完全代表企业品牌，随着企业的整合，品种品牌也不断在企业间转换。随着肉鸡产业的不断发展，部分品牌在行业竞争中逐渐退出市场，例如安卡、迪高、爱维因等。

白羽肉鸡产品品牌（企业品牌）。白羽肉鸡的产品品牌主要有两大类：一是经过屠宰加工企业屠宰、加工之后形成的生鲜分割产品（含调理品）、熟制调理品。国内影响力较大的产品品牌主要有福建圣农、山东新希望六合、山东亚太中慧、山东九联、山东民和、山东益生、山东仙坛、山东春雪、河南大用等国有品牌，以及正大、泰森、嘉吉等外资品牌。二是快餐产品，如麦当劳、肯德基、德克士等洋品牌快餐，有大量的鸡肉类产品。

（二）黄羽肉鸡品牌发展

黄羽肉鸡为我国地方品种，有着悠久的消费传统和消费文化，目前主要有冰鲜鸡和现场活鸡宰杀两种消费方式。2013 年以前，活鸡消费是黄羽肉鸡消费的绝对主流形态，2013 年之后受 H7N9 流感疫情影响，相当一部分活鸡市场关闭，活鸡消费受到很大影响，冰鲜鸡逐步走上销售市场。

黄羽肉鸡品种品牌。黄羽肉鸡的品种品牌主要是地方特色鸡，有着鲜明的地域特征，如海南文昌鸡、广东石歧杂鸡（后发展为麻黄鸡）、广西三黄鸡、河南固始鸡等。

黄羽肉鸡产品品牌（企业品牌）。黄羽肉鸡的产品品牌具有品种品牌和企业品牌两方面特色特征，影响力较大的主要有广东温氏、江苏立华牧业、广东天农、广西玉林岑溪外贸等拥有养殖、连锁经营为一体的大型企业集团，此外还有安徽老乡鸡等专门从事连锁经营的特色连锁快餐。

（三）肉杂鸡品牌发展

肉杂鸡主要是我国黄羽肉鸡品种与白羽肉鸡品种杂交而成。因其生长速度快，体型小，特别适合做烧鸡、烤鸡类产品。另外，部分产品也走冰鲜鸡等渠道，近几年发展迅速。

肉杂鸡品种品牌。肉杂鸡的品种品牌主要有山东 817、安徽小白鸡、云南青脚麻鸡、北京小优鸡（峪口禽业）等。

肉杂鸡产品品牌（企业品牌）。肉杂鸡的产品品牌主要有德州扒鸡、道口烧鸡等。

二、肉鸡产业品牌发展趋势

国内肉鸡产业经过 30 多年的发展，逐步呈现两大特征：一是饲料加工、种禽养殖、商品鸡、养殖及食品加工已经处于过饱和状态，并已经进入餐饮终端的最终竞争阶段。二是由于抵抗市场风险能力较弱，一些中小企业已经或正在逐渐退出肉鸡养殖行业，肉鸡养殖越来越向大企业集中。以大企业为主的肉鸡养殖，将会更加注重食品的安全和健康，逐渐树立起企业的品牌，从而占领更大的市场，获得稳定的收益。品牌战略是今后发展的必然趋势。

品牌战略分行业层面的和企业层面。行业层面的品牌战略主要针对的是整个消费市场。如黄羽肉鸡，要根据品质、出栏时间、出栏体重等实行不同的品牌标识，使消费者能够清楚其所选择的商品的价值。在这一方面执行最好的是法国的红标鸡。企业层面的品牌战略则要根据市场的需求，建立企业自有的品牌定位和产品定位，获得市场认可。

（一）养殖企业的品牌发展

对于养殖企业的品牌发展来说，其下游企业食品加工、餐饮终端需要的是健康、低成本的肉鸡产品个体，所以，无违规添加、无药残、低成本、均一度好的肉鸡产品是养殖企业品牌建设的终极目标，比如“无动物源饲料肉鸡”“180 天黄鸡”等方向。把握住下游企业对食品安全的需求，生产稳定可靠的产品才能成功。对该类企业需要把控好以下几个方向：一是企业发展要与消费相匹配，否则会出现新的供求不平衡，导致市场波动，尤其是祖代、父母代鸡的引种和繁育要把握好节奏。二是肉鸡养殖场与场之间相对更疏远、更专业、更规范、更标准，环境得到改善，自然隔离带再度被建立起来，病死鸡无害化处理更规范和安全（密封收集、集中加工）。三是调整经营思路，重新布局基础产业，集团养殖将逐步实行“租赁经营”和“承包制”，以期摆脱困境。

（二）食品加工企业的品牌发展

对于食品加工企业，其下游企业为餐饮终端，需要更加快捷便利、性价比高、质量安全的分割产品或者调理品。所以应充分发挥其工厂的专业化、集约化、自动化优势，控制好上游渠道，严防不合格肉鸡进场，做好高品质肉鸡与普通肉鸡的差异化采购价格及区分办法，对专属养殖场进行专业化管理，实现健康养殖，规范化加工，保障食品安全。同时，将能够集中处理的分割、腌制、预熟化等步骤尽可能在工厂内统一完成，降低终端再次加工的费用、减少终端人工操作带来的误差，可参照中央厨房的模式建立自有品牌，比如新希望六合的“骨肉相连”“炸鸡胸”等。

（三）餐饮终端企业的品牌发展

餐饮终端是面对广大消费人群的企业。消费者的需求千差万别，这与地区的饮食习惯、所处地段人群性质等特征密切相关。此外，在安全、健康、可口的基础上，消费者也会对肉鸡产品价格有较为苛刻的心理预期。因此，餐饮终端需要严格定位好自己的客户群体、消费习惯、口味追求，不能高中低档一起抓，要有严格的品牌区分，把控好上游安全、卫生的原料，以最便捷的加工方式将熟食健康地提供给消费者。

三、肉鸡产业品牌发展存在的问题

（一）肉鸡市场行情周期性明显

肉鸡产业市场化程度高，肉鸡市场行情周期性比较明显。在市场旺季，产品供不应求，不需要依靠品牌效应就可获利。在市场萧条时，产品积压卖不出去，对整个市场的影响几乎是同样的，品牌产品亦无明显优势。因此，高度的市场化环境决定了肉鸡产业品牌的影响力并不强。法国的红标鸡得以稳定发展，在于其协会对市场的干预程度高。

（二）产品品质难鉴别

白羽肉鸡生产性能、产品指标相对统一，黄羽肉鸡存在品种多样化的显著特征。从生长速度看，黄羽肉鸡可分快速、中速、慢速三类，出栏时间 50～130 天不等，部分品种出栏时间甚至在 180 天以上，并且各类别界限不明显，一般的消费者很难界定，特别是屠宰后更加难以辨识，容易造成“鱼龙混杂”。此外，以地方鸡为基础的黄羽肉鸡品牌，容易建立品种品牌，但使用同一品种品牌的企业不是唯一的，细分品种、营养价值、饲养方式都有较大的差异。例如广西麻鸡，根据生长速度的不同又细分为土 1、土 1.5、土 2 等三个品种，出栏时间分别为 115 天、105 天、95 天，出栏体重分别为 1.65 千克、1.8 千克、2.0 千克。由于从外观上普通消费者无法辨别各细分品种之间的差异，但不同品种之间的生产成本却存在较大的差异。企业为了追求利润，往往有意混淆三者的差别，最终将使广西麻鸡的品牌影响力下降。再如泰和乌鸡，本草纲目上乌鸡白凤丸是以 3～5 年的泰和乌鸡为制药原料，即 3～5 年的泰和乌鸡药用价值比较高，但消费者基本没有办法确认所购买的泰和乌鸡是 3～5 年饲养期的。此外，网上大量的售卖的泰和乌鸡蛋，往往是用普通的鸡蛋代替。地方鸡品种品牌存在的“鱼龙混杂”的状况，最后可能是“劣币驱逐良币”，不利于行业品牌的建立，严重制约黄羽肉鸡产业有序、健康发展。

（三）缺乏权威的统一的行业标准

品牌的形成往往是源于产品的差异化，而差异化最大的影响因素就是品种的差异。目前国内肉鸡产业基本做到了通过外观的差异化来形成不同的品牌，例如广西麻鸡外观是麻羽、黄脚、黄皮肤，雪山草鸡是麻羽、青脚、白皮肤，泰和乌鸡是白羽丝羽、青脚、黑皮肤。但在消费者应该最关心（或潜在应该关心）的肉质上，却不容易形成差异化。因为目前行业还没有形成统一的评判标准，这对品牌的形成和维护是不利的。

（四）品牌战略和品牌经营理念不足

品牌不仅仅是产品或企业的简单标识。一个品牌能够得以较好的发展，必须有清晰的品牌战略，包括品牌投入和品牌经营。国内肉鸡企业普遍存在这方面的缺失，主要表现为管理水平不高，有限的投入往往优先用于生产和扩大企业规模。此外，即便是经过长期的经营形成了一定影响力的品牌，也存在明显的脆弱性，尤其是因管理不善而导致的一些突发事件也会造成深远的不利影响。例如山西粟海的速生鸡事件，对企业造成毁灭性打击；肯德基的过期肉事件给企业带来较大负面影响，同时这些事件也在一定程度上波及竞争品牌乃至整个竞争行业。

（五）消费者认知上存在偏差

一是肉鸡养殖水平快速发展与消费者传统认知之间的矛盾。“速生鸡”“激素鸡”等非专业、非科学名词的出现是该矛盾的集中体现。鸡作为一种传统家禽，被大部分消费者理解为“春天孵小鸡，过年杀公鸡，来年炖母鸡”，是一种需要长期饲喂的畜禽品种，而40天左右的养殖周期对其来说难以接受。二是肉鸡快速养殖企业与消费者之间不信任的矛盾。经济快速发展，相关法律法规、监控手段尚不完善，导致部分不法产品进入食品流通消费环节，这部分事件通过媒体迅速发酵，导致整个行业深受其害。畜牧养殖已经脱离传统的农村居民家庭副业，作为一个工厂化产业发展起来，已经远离普通消费者，同时畜牧养殖没有较好的形象代言和行业宣传，对一般消费者来说是一个相对陌生的行业，不了解导致了不信任。此外，更有不负责任的媒体通过夸大甚至不切实际的宣传，以及好事者不断创造新的网络热词来诋毁肉鸡行业。其中，最为典型的，影响范围广、影响程度大的，一是“激素鸡”“六个翅膀鸡”等言论给产业造成极大的负面影响，二是 H7N9 流感疫情发生期间，因不合理的“禽流感”宣传，造成消费者“谈鸡色变”，几乎给行业带来灭顶之灾。

（六）行业宣传工作不到位

总体来看，肉鸡产业宣传工作不到位。即使出现如“速生鸡”“禽流感”等突发事件，在关乎行业兴亡的关键时刻，能够采取的手段不多，不能形成统一、强大的声音，在强大的舆论面前呈现出来的多是较为弱势的形象，结果往往是肇事者“事了拂衣去”，没有承担相应的责任，这进一步助长了此种以博眼球为目的的虚假宣传。尽管通过协会、企业、企业家个人做了一些工作，但收到的效果并不明显。突发事情过后，不注意总结经验教训，未能建立针对突发事件的有效应对机制。

四、肉鸡产业品牌发展重点工作

（一）保护地方优良品种品牌

突出地方品种优势，提升品种价值优势，保护地方优良品种品牌，是肉鸡产业品牌发展的首要工作。很多地方品种因为数量少、经济价值不高而逐渐消失。为了保护这些品种资源，农业农村部已经出台相关政策进行保护，国家出入境检验检疫局也出台相关规定禁止地方优良品种品系出口国外。在此基础上，地方优良品种产地应该利用当地旅游资源进行品牌宣传，同时引进国内肉鸡龙头企业进行产品增值和升值加工，维护地方品系的生存。

（二）建立以行业协会为基础的统一宣传策略

通过协会向会员收取会费的方式，进行集中品牌宣传，并实现宣传方式的多样化，如电视等传统媒体、互联网等新媒体，以及发布会等。此外，由于消费习惯的不同，黄羽肉鸡在南方市场消费量更大，这主要得益于更加丰富的烹饪方法，因此，可通过宣传烹饪方法向北方市场扩大黄羽肉鸡的营销，这远比单纯的宣传产品的优点更容易打开新的消费市场。

（三）积极扶持中小型企业开展地方特色品牌经营

在充分的市场化情况下，中小肉鸡养殖企业灵活的生产和经营方式，是保证市场供应和产品多样化的积极因素。但中小企业也存在抗风险能力差，盲目扩张，与大企业发展同质化，竞争能力弱等问题。因此，要积极引导和扶持中小企业建立以地方鸡品种为主的品牌发展战略，摒弃大而全，发展小而精。通过政策引导，资金扶持，技术支持等方式，发展典型，实现以点带面。

（四）建立由政府或协会主导的品牌或质量认证体系

建立肉鸡产业产品标准，清晰界定各种品质的肉鸡标准，强制要求上市的冰鲜肉鸡添加标签识别。建立由政府或协会主导的品牌或质量认证体系，或借鉴法国红标鸡的做法，委托第三方独立机构认证，通过商标授权使用、原产地认证、统一共用商标、统一发放品牌标识等形式，从源头上保证公用肉鸡品牌的质量，使企业开展有序的竞争，促进行业健康、稳定发展。

农业全要素生产率国内外研究综述

叶　璐[1]　王济民[12]

(1. 中国农业科学院农业与经济发展研究所；2. 中国农业科学院办公室)

一直以来，提高农业生产率是抵御“马尔萨斯危机”的首要保障（Rada et al.，2015）。在过去的50年内，全球农业总产量翻了3倍多，农业生产率的快速发展促使农业生产能以较低的成本获得大量的粮食（Fuglie and Wang，2013），然而，自2001年以来，食品价格一直在上涨，这一现象再次引发人们对农业生产率增长速度的担忧。已有研究表明全球粮食产量增速放缓，而农业产量的增长与农业生产技术变化、劳动力、资本、农药化肥等要素的集约化投入不可分割。因此，对农业全要素生产率的研究具有深刻的现实需求。此外，全要素生产率是反映经济增长来源和经济发展质量的重要指标，现阶段中国经济进入高质量发展阶段，经济增长结构不断优化，经济发展方式转型升级，应该高度重视全要素生产率，推动经济增长转移到依赖科技进步与提高劳动者素质等方面。

农业要素生产率一直都是学术界、社会各界关注的热点话题，对农业全要素生产率展开了广泛研究，并取得丰硕成果。不可忽视的是，现有的研究表现为方法复杂化、统计口径多样化、测算结果差异化，不能为中国政府制定有效的政策提供有利参考。如何有效、科学地计算农业全要素生产率，形成国家统计标准，也是社会各界致力于解决的重要课题。本研究对国内外全要素生产率以及农业领域的全要素生产率的研究进行文献梳理，从全要素生产率的内涵、测算方法出发，分析农业全要素生产率的研究难点和发展趋势，并对国外不同农业模式的全要素生产率的研究与跨国比较分析案例进行探讨，以期对未来中国农业全要素生产率测算有一定的启发作用。

一、全要素生产率的起源、内涵及测算方法分析

（一）全要素生产率的起源与内涵

生产率可分为单要素生产率（PEP）和全要素生产率（TFP），单要素

生产率（PEP）是总产出与某要素投入的比值，如劳动生产率、资本生产率，而在多投入多产出的情况下，全要素生产率（TFP）是某行业、某一时期范围内的产出与土地、劳动力、资本和其他物质资料等投入成本的比值，即全部要素投入的平均产出（Jorgensen and Griliches' 1967）。如果总产出用Y表示，总投入由X表示，那么TFP简单地表示为：$TFP = Y/X$。Solow（1957）首次提出产出的增长率与要素投入变化带来的产出增长之间存在不一致，并将其归因于技术的进步，提出产出的增长率与要素投入增长率的差额就是全要素生产率，也称之为科技进步率。也有学者提出不同的观点，例如Key and McBride（2003）认为全要素生产率（TFP）是总产出和总可变成本的比例，即$TFP = Y/TVC$。这种方法忽略了总体要素投入的固定成本，因为该学者认为总固定成本不会影响利润最大化和资源的有效利用（Bamidele，Babatunde and Rasheed，2008），$AVC = TVC/Y$，因此，全要素生产率（TFP）是平均可变成本（AVC）的倒数。但现有研究多支持前者，即将全要素生产率（也称科技进步率）定义为总产出与总投入的比值。

（二）全要素生产率与科技进步贡献率的关系研究

经济学家在对经济增长模式研究分析中指出，经济增长主要源于两方面：一是投入要素的不断增加；二是依赖技术进步提高投入产出的比例关系。投入的增加会导致产量的增加，但产量的增加不代表经济效益的提高，要想同时获得产量增加和经济效益的提升，需要依靠技术进步，提高产出投入的比例关系而非单纯地增加要素投入。学者们从技术进步的视角出发，基于广义的技术进步，将科技进步贡献率定义为科学技术进步对经济增长的作用，是投入产出效益的关键绩效指标。一般情况下，经济增长率可表示为TFP增长带来的经济增长率与要素投入增加带来的经济增长率之比，据此，科技进步贡献率＝TFP增长率/同期经济增长率。

依据上述全要素生产率和科技进步贡献率的定义可知，全要素生产率是绝对指标，而科技进步贡献率是一个相对的指标，与全要素生产率存在密切的关系，但不能与之等同。科技进步贡献率的大小取决于TFP的增长率和经济增长之间的关系（何锦义，2012）。例如，同样的全要素生产率或科技进步率（TFP），但经济增长缓慢的地区科技进步贡献率反而比经济增速加快地区的要大。科技进步贡献率涉及地区的经济发展速度，因此，对于区域、行业的差异研究，现有研究多利用全要素生产率展开分析。

（三）全要素生产率指数测算方法研究

全要素生产率给出了所有要素投入对经济产出的贡献，是衡量生产技术或效率变化的有效指标。由于 TFP 在生产过程中的重要性，TFP 的测量在实证研究中备受关注（Fare and Lovell，CAK，1978）。目前，全要素生产率的测算主要有生产函数法、指数法、参数法和非参数法，非参数方法是采用包括数据包络法（DEA）和其他方法在内的常用方法（Huang and Liu，1994）。参数方法则以随机前沿生产函数（SFA）为代表。据此，本研究对生产函数法、指数法以及数据包络法（DEA）、随机前沿估计（SFA）进行简述。

1. 生产函数法

18 世纪中期，Cobb and Douglas（1982）对 1899—1922 年期间的美国制造业数据分析，提出柯布—道格拉斯（Cobb - Douglas，C—D）生产函数，投入要素为资本（K）和劳动力（L），产出要素（Y），$Y = Af(K,L) = AK^{\alpha}L^{\beta}$，其中，资本的产出弹性 α、劳动力的产出弹性 β 可以用计量方法（Yang et al.，2014；Curtis，2016）或者是经济增长模型（Huang and Liu，1994；樊胜根，1998）估算得出。Timberger（1942）在 C—D 生产函数中加入了表示生产效率的时间趋势，Solow（1957）对 C—D 生产函数进行优化展开经济增长动力的研究分析，提出索洛余值法，指出总产出是劳动、资本和技术三种要素的投入函数，技术效率是经济增长新动力，计算公式为 $\delta = \Delta Y/Y - \alpha\Delta K/K - \beta\Delta L/L$，其中，$\Delta Y/Y$ 代表经济产出增长率，$\Delta K/K$ 代表资本的投入增长率，$\Delta L/L$ 代表劳动力的投入增长率，δ 则是技术进步率，由此展开科技进步贡献率和全要素生产率的研究。基于此，国内外学者不断改进和完善该方法（Jorgensen and Griliches，1967）。朱希刚（1997）基于索洛余值模型建立中国农业科技进步贡献率测算方法，核算得出中国“九五”期间农业科技进步贡献率年平均值为 45%。基于此，国内多数学者都采用 C—D 生产函数和索罗余值法计算科技进步贡献率。还有学者以索洛模型为基础，结合方差膨胀因子、B—P 值测算科技进步贡献率。Arrow et al.（1961）假定要素投入与产出处于完全竞争市场，提出替代弹性固定不变的 CES 生产函数，Denison and Edward（1967）基于索洛余值对全要素生产率进行分解，Jorgenson（1967）在 Denison and Edward（1967）的研究基础上，对资本和劳动力进行质量和数量的分解，提出超越对数生产函数，依据要素质量和价格的变化对数据进行调整，从总量和部门两个层次测算全要素生产率。

2. 指数法

由于产出和投入计量差异产生的异质性，通常很难对全要素生产率进行测算和比较。而指数是用于测算各种经济变量变化的常用工具，利用指数可以测算时期 s 到时期 t 的全要素生产率的变化，即 TFP 指数，可用 $TFP_{s,t}$ 表示。

$TFP_{s,t}$ 主要有 4 种测算方法：①Hick－Moorteen 指数法：一般认为 Hicks（1961）和 Moorteen（1961）的著作是 Hick－Moorteen 指数法的基础，该指数法简单使用总产出增长与要素投入的净增长测算，TFP 指数＝产出增长/投入增长＝产出量指数/投入量指数。该方法具有可操作性，但不能诠释全要素生产率变化的影响因素。②对利润率方法进行扩展，对时期 s 到时期 t 的投入和产出价格变动后的利润率的变化测算 TFP 指数，如 $\ln(\frac{TFP_t}{TFP_{t-1}}) = \sum_i R_i \ln(\frac{Y_{i,t}}{Y_{i,t-1}}) - \sum_J S_j \ln(\frac{X_{j,t}}{X_{j,t-1}})$，其中，$R_i$ 是第 i 个投入要素的收入份额，而 S_j 是第 j 个投入要素的成本份额。总产出增长率是通过将每种产出商品的增长率加总（按收入份额加权）来估算的。同样，总投入增长是通过对每项投入的增长率求和，并用其成本份额加权得出的，因此，方程模型中的 TFP 增长率是总产出增长和总投入增长之间的价值份额加权差。③Caves，Christensen and Diewert（1982）提出的 Malmquist TFP 指数（简称为 CCD 法），通过测算时期 s 和时期 t 内所观测的产出投入向量，构造与参照技术相关的径向距离函数定义 TFP 指数，可分为产出导向 TFP 指数和投入导向的 TFP 指数，用公式表示为 $m(q_s,\ q_t,\ x_s,\ x_t) = [m^s\ (q_s,\ q_t,\ x_s,\ x_t) \times m^t\ (q_s,\ q_t,\ x_s,\ x_t)]^{0.5}$，其中，$m^s(q_s,\ q_t, x_s, x_t) = \frac{d^s(q_t, x_t)}{d^t(q_s, x_s)}$；$d(q_s, x_s)$ 表示距离函数。④基于成分分析法对全要素生产率增长进行分解，测算 TFP 指数，即边界生产函数法，是基于成分分析方法对全要素生产率指数进行测算。遵循 Farrell（1957）的思想，边界生产函数法将经济增长归为要素投入增长、技术进步（TC）和技术效率提高（TEC）三部分，全要素生产率增长就等于技术进步（TC）和技术效率提高（TEC）之和。目前，国内外对全要素生产率的分解主要是从技术进步（技术效应）和资源配置结构变化带来的效率变化（结构效应）两个角度进行（Färe et al.，1994；蔡跃洲和付一夫，2017）；还有学者将全要素生产率分解为规模效率变化、配置效率变化、技术进步和技术效率变化四个要素（Bamidele et al.，2008）。

指数法的基本思想是把全要素生产率表示为产出数量指数与所有投入要素

的加权指数之比，通常有三种指数：Divisia 指数、Tornqvist 指数和 Malmquist 指数。Richter（1952）解释了全要素生产率 Divisia 指数，利用多种方法测算投入和产出的指数。Diewert（1976）也使用 Divisia 指数方法构建测算全要素生产率的社会核算法，建立超越对数生产函数，对资本投入多样性的问题研究分析，测算全要素生产率指数。由于 Tornqvist 指数法不需要对生产函数的参数进行估计，能以滚动权值对函数进行调节，消除固定权重因时间变化出现的偏差，一些学者运用 Tornqvist 指数对全要素生产率进行测算（樊胜根，1998；陈卫平，2006）。

需要特殊说明的是，Malmquist TFP 指数需要计算四个距离函数，而对距离函数的计算则需要时期 s 和时期 t 内的生产效率，如果数据有限，仅有观测时期内的投入和产出的数量，可采用指数法，但如果能够获得时期 s 和时期 t 内的横截面数据，则可以采用参数法（Huang and Liu，1994）和非参数法进行测算。

3. 数据包络法（Data Envelopment Analysis，简称 DEA）

由 Charnes、Cooper and Rhodes（1978）在参考 Farell（1957）分段线性凸包的前沿估计方法后首次提出的一种线性规划方法，利用一组投入和产出的数据集在数据点上构建分参数分段曲面，依据这个前沿面得到边界生产函数与距离函数，计算生产效率。DEA 既可以是产出导向也可以是投入导向。Charnes、Cooper and Rhodes（1978）假定规模报酬不变（CRS），构建投入导向的 DEA 法，适用于所有的生产者都以最优的生产规模组织生产的情形。Banker、Charnes and Cooper（1984）对 CRS-DEA 模型进行改进，提出了可变规模报酬（VRS）的 DEA 模型，即 VRS-DEA 模型。利用投入导向与产出导向的 DEA 都会得出相同的生产前沿，因此，都可以对具有相同生产效率的生产者进行估计，只有在测算技术无效率的情况下，两种方法的结果会出现偏差。

4. 随机前沿分析（Stochastic Frontier Approach，简称 SFA）

随机前沿分析法由 Aigner、Lovell and Schmidt（1977）和 Meeusen and Van Den Broeck（1977）提出，一般认为 Aigner（1977）、Meeusen（1977）、Battese（1995）的三篇论文标志了随机前沿生产函数的诞生。Aigner（1977）在随机前沿生产函数法（SFA）的理论方面取得重大突破，随机前沿生产函数可以克服索洛余值法在测度科技进步率（全要素生产率）方面的缺陷（Banker、Charnes and Cooper，1984）；在随后的研究过程中，Meeusen（1977），Battese and Coelli（1995）对随机前沿生产函数进行改进和优化，采用计量方法估计生产函数前沿，将总生产函数分为两个部分：前沿生产函数和无效率部分（Battese and Coelli，1992）；Kumbhakar（2000）对随机前沿生产函数进行梳理分析，将全要素生产率分解为技术进步、技术效率、配置效率和规模效率四部分。随着随机前沿理论和方法的不断完善，随机前沿分析法被广泛用于国家、产业、区域的全要素生产率的测算研究。

生产函数法和指数法都是建立在新古典生产理论的基础上，并假定技术规模报酬不变，且生产值实现了技术的有效性，实现最优生产。然而，在实践过程中，很多国家尤其是发展中国家，因为制度体系、经济社会发展等诸多因素的影响，很难实现生产前沿面的生产，技术效应需要较长的时间才能实现。此外，技术配置的有效性对农业投入的价格数据要求较高（Kenneth et. al.，1993），但目前很难获得农业投入的价格信息，即使能够获得农业投入价格数据，但因为价格受到政府“有形的手”的干预，如价格保护政策，很难实现配置有效性的假设（赫国胜和张微微，2016）。在农业 TFP 的测算方面，基于上述“技术进步是 TFP 增长的唯一来源”，无法分解技术效率的变化对产出增长的贡献，但由于这两种方法计算简单，符合经济学原理，国内外学者多采用这两种方法进行测算。DEA 法在农业生产率研究领域得到广泛运用，主要原因是，与上述两种方法相比，DEA 无需设定前沿生产函数，运用线性规划和对偶原理就能处理多投入多产出的情况，且在测算 TFP 增长的同时也能对技术效率的变化和技术变化进行测算。但这种方法也存在一定的缺陷：该方法无法将误差项与统计噪声的其他来源进行区分，因为 DEA 的假设前提是所有偏离前沿的都是技术无效率的结果，因此在实际测算过程中有可能得到“技术退步”的结果，导致很难用经济学对研究结果给予合理的解释，而且，DEA 测算的农业 TFP 仅是相对效率，而非绝对效率。而 SFA 方法的出现弥补了这一缺陷，通过生产函数描述生产前沿面，将生产率与随机噪声、误差项进行区分，但 SFA 方法需要预先设定生产函数的形式和非效率项的分布形式，而函数设定形式以及非效率项分布确定的误差会对测算结果的精准性产生不利影响，并且 SFA 仅适用于单一产出多投入的情况，在多投入多产出的情况下测算存在缺陷。

二、农业全要素生产率研究扩展、研究难点

（一）农业全要素生产率研究的扩展

在测算方法方面，由于各类测算方法都存有缺陷，专家学者对测算方法不

断改进和优化，对 DEA 方法进行扩展，包括配置效率、非意愿变量（non - discretionary)、环境变量、松弛处理以及拥挤效率（congestion efficiency)、权重约束、超效率和自助法。Fare、Grooskopf and Weber（2004）运用方向距离函数对生产率进行测算，这种方法可以避免对投入导向或产出导向的 DEA 方法的选择，但是运用方向距离函数需要设定生产者合理的方向。由于线性规划问题不能识别所有的松弛量，Ali and Seiford（1993）提出建立两阶段 DEA，Coelli et al.（1998）提出三阶段 DEA 方法，对两阶段 DEA 进行改进和完善。Andersen and Petersen（1993）提出超效率 DEA，对生产前沿上的生产者的技术效率进行排序。Simar and Wilson（2000）运用自助法 bootstrap 逼近估计量样本分布，实施假设检验构建置信区间，为 DEA 方法提供统计基础。

其他扩展模型包括：Land、Lovell and Sten（1993）提出的随机 DEA 模型，Charners et al.（1985）提出的可加模型，Deprins、Simar and Tulkens（1984）提出的自由处置包（Free Disposable Hull，FDH)，该方法放松了凸性假设；面板数据方法，例如 Charnes et al.（1978）提出的窗口分析，Fare et al.（1994）提出的 Malmquist 指数。Grifell - Tatjé and Lovell（1995）研究指出，VRS 模型与 Malmquist 指数结合测算的全要素生产率有偏误，因此 Malmquist 指数通常与 CRS - DEA 模型结合使用。此外，以往的全要素生产率的测算研究多采用径向（Radial)、角度（Orientied）的 DEA 法进行测算，在投入过多或者产出不足时，即存在投入或者产出非零松弛时，径向或者角度研究会影响测算结果。Fare and Grosskppf（2009）基于 Tone（2001）非径向、非角度的效率测度研究，提出了 SBM 方向函数法，对全要素生产率进行测度。

要素研究范围方面：①农业 TFP 影响因素。与其他行业类似，现有的农业 TFP 的因素研究范畴也包括传统的投入要素，如机械设施、劳动力投入等（赫国胜和张微微，2016)，还有研究分析金融资本、人力资本（尹朝静、李谷成和贺亚亚，2016)、政府规制，如财税制度变革、税费体制改革、对外开放等对产业 TFP 的影响（林毅夫和刘培林，2003；乔榛、焦方义和李楠，2006)，但是，与其他行业相比，农业生产具有其特殊性，容易受自然灾害、极端天气的影响，因此，也有学者分析受灾率、成灾率、气候变化、飓风等极端天气对农业 TFP 的影响，并且农业生产离不开土地资源，农业 TFP 的要素指标还包括土地类型指标。②农业 TFP 的环境约束研究。在早期的 TFP 研究中，学者们只考虑传统的投入（如资本和劳动力）和期望的产出（如总产出）

之间的关系，忽略了资源投入和环境影响对全要素生产率的作用，越来越多的学者将资源投入和环境影响纳入传统全要素生产率的研究框架中，以获得绿色全要素生产率。工业、制造业领域，环境约束变量通常选用“能源投入”“温室气体排放”等指标（Kumar，2006；Mahlberg et al.，2011；Yang et al.，2017）。在农业领域，环境约束通常采用两种方式：一是将农业生产中的化肥施用量折算为种植过程中氮磷等营养物质的流失量、农业污染治理投入费用作为农业污染投入要素纳入模型进行测算（岳立和王晓君，2013）；二是运用清单分析法对农业面源污染进行估值，作为“非期望产出”纳入模型计算环境约束下的农业 TFP（杜江，2015）。无论是作为产出要素还是作为投入要素，大部分的文献研究都表明环境污染对中国农业 TFP 具有显著影响。与传统的农业 TFP 估算值相比，环境约束下的农业 TFP 值明显下降。因此，没有考虑环境约束的农业 TFP 很可能高估了中国农业增长的趋势和速度。

（二）研究难点

当前农业 TFP 增长率测算面临的主要问题有：一是研究方法与研究数据的匹配问题；二是农业全要素生产率测算过程中的农业产出和要素投入是否充分考虑要素质量对 TFP 的影响，是否考虑到农业的生产特性，受土地、地形、气候等因素的影响，以及劳动力的计量和资本存量的统计等问题。

1. 难点一：研究方法选择

与参数方法相比，非参数法优点表现为不必预先假定特定的生产函数，因此更适合于具有多个投入产出的决策单元（DMU）的 TFP 或技术进步效率度量（Battese and Coelli，1995）。此外，近年来随着绿色 TFP 研究的不断深入，基于 DEA 等非参数方法的绿色 TFP 的测量越来越受到人们的重视。与利用生产函数的测算方法相比，基于指数法测算的农业全要素生产率的值比数据包络法 DEA 和随机前沿分析 SFA 法测算的值要小。现有文献研究采用上述各类方法对农业全要素生产率进行测算，因为方法不同，造成测算的全要素生产率以及 TFP 指数存在差异。选择何种研究方法测算 TFP，得出一致或相近的研究结果，并进行区域的比较分析是学术研究和政界关注的热点，也是未来农业 TFP 研究的重点和难点。

如上文所述，农业 TFP 的研究方法很多，但都不“完美”。例如，DEA 法不适用于微观调研数据的分析，因为该方法忽略了对随机干扰项的考虑，无法将随机误差项与噪声的其他来源区分开。为弥补单一测算方法的缺陷，学者采用多种方法对 DEA 法进行改良，如结合 Malmquist 生产率指数构建 DEA－

Malmquist 法（杜江，2015），序列 DEA（赫国胜和张微微，2016）和全局 DEA 的 Malmquist 指数，还有将窗口思想与 DEA - Malmquist 结合构建 window - Malmquist、Fixed - window - Malmquist（李谷成，2009），三阶段 DEA - Malmquist。因此，在具体的研究过程中研究方法的选定主要依赖于可获得的数据、数据的准确性以及研究的目的。如果一个产业的 C—D 数据存在很强的噪声，则 SFA 方法比 DEA 法更为合适；而如果某行业或者某个体单位极少出现市场扭曲的状态，预期市场价格与影子价格接近，则 SFA 测算结果与增长指数法、生产函数法测算结果接近。与工业、服务业相比，农业生产涉及农林牧渔等产业部门，是一个多投入、多产出的组合，因此，对比 SFA，学者对农业 TFP 的宏观研究更多采用 DEA 及其拓展方法。

2. 难点二：选择适宜的农业全要素生产率指标

首先，一些研究没有对产出或投入进行质量调整，导致得出的农业全要素生产率结果比较粗糙。例如，钟甫宁（1997）研究发现中国国家统计局 1996 年对畜牧业主产品产出高估 40%，渔业高估 70%，但大多学者没有重视这一问题。樊胜根和张晓波（2002）发现这一问题，并对产出数据进行调整。对不同产出的质量差异问题，可以采用两种方法：一是将质量差异直接归入产出的测量中，以名义总产出为基点，采用价格紧缩指数对总产值进行调整（Triplett，2004）；另一种方法是使用二阶段法来解决产出的质量差异，此外也有学者将质量特征直接纳入技术效率的评估中。

其次，TFP 的测算主要涉及投入和产出两组数据，如果遗漏重要变量将会导致测算结果有偏，但国内外学者对这一问题没有重视，在投入和产出的变量选择方面存在较大的随意性。一些研究的产出选择农林牧渔业总产值，也有选择农业增加值，第一产业总产值，而将种植业产出与养殖业产出综合起来也是研究的难点，例如，畜禽养殖是单独考虑畜禽主产品还是综合考量主产品和副产品，以及如何设置产业领域权重。在投入要素方面，①对劳动投入仅单独利用劳动力的总量进行测算，简单地对劳动力的加总测量忽略了劳动力的技术差异。而如何依据劳动力的质量对农业劳动力进行质量和数量的调整，这也是农业全要素生产率研究的难点之一。②资本投入的数量和价格测算是计算的难点且富有挑战性，主要源于资本的利用具有持续性。现有文献研究对资本的测量常采用永续盘存法（Perpetual Inventory Methods）。③大量文献在对中国农业 TFP 的研究仅以“土地耕种面积”“养殖规模”等指标纳入函数，并没有对土地的质量，如土壤的肥力、地形起伏、地势地貌等因素进行考量。④在要素投入中仅考虑土地、劳动力和资本，是否考虑中间投入也是学者争议的热点。

三、农业全要素生产率的跨国比较分析

国内外学者对农业全要素生产率的研究已取得丰硕的研究成果，本研究对美国农业部（USDA）的农业 TFP 最新研究报告进行分析，以期为中国农业全要素生产率的分析和测算提供借鉴和启示。

Fuglie and Rada（2013）基于 FAO 的数据，对 1961—2011 年全球农业全要素生产率进行跨国比较研究。

（1）要素投入方面。①对投入进行质量调整。农业劳动力测算方面，根据劳动力的人口特征（包括性别、年龄、教育程度和职业）等进行质量调整。资本投入方面，以“40－cv 当量”“牛当量”分别对各类农用机械和畜力进行计量估计，采用两种方法解决农用机械数据缺失问题：一种是假定农业机械的使用寿命为 15 年，在考虑机械磨损折旧的基础上利用农业新机械销售的年度数据进行农机存量统计；另一种是针对没有农机销售数据的情形，借鉴 Kislev－Peterson 模型得到全球六大区域（亚太地区、撒哈拉以南的非洲、拉丁美洲—加勒比、发达国家、西亚—北非、新型经济转型体）不同的农机增长系数从而加权求得农机存量。土地测算方面，在考虑土地面积同时，根据各类土地的相对生产率将灌溉农田、旱地和永久牧场转化为“旱地当量”，利用 Fuglie（2010）测算的农田生产率权重系数对不同类型的土地成本进行质量调整。②要素投入考虑中间投入。要素投入除了土地、资本、劳动力之外，还加入中间要素投入，如农药、种子、能源、中间机构服务等。

（2）产出方面。采用 FAO 的农业净产量，即农业总产出扣除用作饲料的作物产出，对农业产值计算使用的价格系数是各国农民获得的实际价格，通过购买力平价指数转换为国际通用货币。结果表明，发达国家农业产出不断增长主要得益于农业 TFP 稳步增长；发展中国家农业生产率的提高是 1990 年后全球农业 TFP 增长加速的直接原因；农业全要素生产率 TFP 持续保持低增长态势的区域包括撒哈拉以南非洲、东欧转型经济体、南美洲南锥体国家、加勒比和太平洋岛国。

美国农业部刊登了 Sun Ling Wang，Richard Nehring，and Roberto Mosheim（2018）对 1948—2015 年美国农业生产率的研究分析，其在要素范畴方面做了更为详细的考虑。

（1）农业产出为作物、畜禽产量与市场价格的乘积，其中作物、畜禽产量

不仅包括出售的数量，也包括农场存量以及年度范围内作为最终产品被农户消耗的数量。农业总产出包括农业补贴，但不包括农业税赋。

（2）农业投入方面。①资本投入，利用资本租赁价格为权重测算资本额，并进行质量调整。②土地要素，充分考虑土地质量，不仅利用土壤的酸度、盐度和湿度等估算土地承载力，同时考虑土地的灌溉率以及地区人口集中程度。③劳动力，依据年龄、受教育程度、性别、劳动时间和劳动工资水平对“劳动力”要素进行质量调整。研究结果显示，1948—2015 年，美国的农业劳动力投入下降 75%，土地投入下降 24%，但中间要素和资本投入分别增长了 134%和 78%，弥补了劳动力和土地投入下降导致的生产率下降，从而农业 TFP 呈增长趋势。全要素生产率对农业产出的贡献率（即科技进步贡献率）从 2000—2007 年的接近 90%下降至 2007—2015 年的 70%，农业 TFP 增速从 2000—2007 年的 0.92%降至 2007—2015 年的 0.53%，但农业 TFP 仍然是农业增长的主要因素。同时，Sun and Huang（2019）合作一篇刊登在《Food Policy》文章，运用 Caves、Christensen and Diewert（1982）建立的多投入多产出的超级指数法（superlative index approach），对中国 1985—2013 年的农业 TFP 进行分析，指出 20 世纪 80 年代以来中国农业 TFP 年均增速 2.93%，对农业产出增长（年均增速 4.8%）的贡献接近 60%，主要源于中国政府对农业和研发投入资金的快速增长，然而地区间农业 TFP 的差异从 1.92%扩大至 3.91%。

四、对中国全要素生产率研究的启示

国内外学者对农业 TFP 的研究已经取得丰硕成果，但不同的数据源和不同的研究方法测算得到的农业 TFP 结果存在一定差异。国外学者对农业 TFP 的研究方法不断优化，产出、投入要素指标不断细化，并对其进行质量的调整，对全球各国农业全要素生产率进行跨国比较研究分析。中国学者在研究方法方面也做了不断的尝试，但现有的国内研究多从区域角度、产业角度进行农业全要素生产率的测算研究、收敛性分析以及农业全要素生产率的成因与影响分析，研究状况与国外相比还存在一定的差距。

基于现有国内外农业全要素生产率的研究现状，未来中国农业全要素生产率可从以下几个方面进行拓展：在研究方法方面，应当在借鉴国外先进的研究理论和实证方法的基础上，结合中国的实际情况，如数据的可获得性、研究的目的性以及经济社会发展的现状等选择适合的研究方法，最为复杂的方法并不就是最适用的方法，而应当是符合中国国情的才是最为合理的。例如，最初的农业全要素生产率的研究考虑投入要素均考虑劳动力和资本、土地三要素，但随着经济社会的发展，农业生产也发生了一定的变化。在中国北方地区，土地面积广阔，地势平坦，农业生产均采用“美国”生产模式，即增加农药、化肥等中间投入以弥补农业劳动力和农业用地面积的减少对农业生产率的负面效应；在中国南方地区，因自然地理、人文社会环境的变化，农业生产常采用“日本模式”，即以农业机械化替代农业劳动力的减少和农地面积较小的负面效应，因此，在对全国农业全要素生产率进行测评分析时，应当因地制宜，结合地区实际情况，对地区农业全要素生产率进行全面、客观的考量。在要素分析方面，要清楚农业全要素生产率的因素和影响机制，在对要素统计分析时既要考虑要素的“数量”，同时也应当考虑“质量”，对产出、投入要素进行质量调整，以更好地测算农业全要素生产率。在研究区域和研究时间段方面，既要对单个区域的农业全要素生产率进行研究，同时也要进行跨区域的比较分析，掌握区域农业全要素生产率不平衡的原因和影响机制，提出针对性的措施建议。

参考文献

[1] Rada，N. and D. Schimmelpfennig. Propellers of Agricultural Productivity in India [R]. ERR - 203，U. S. Department of Agriculture，Economic Research Service，2015.

[2] Keith Fuglie and Sun Ling Wang. New evidence points to robust but uneven productivity growth in global agriculture [R]. https：//www. ers. usda. gov/amber - waves/.

[3] Jorgensen，D. W. and Z. Griliches. The Explanation of Productivity Change [J] . The Review of Economic Studies，1967 (34)：249 - 283.

[4] Solow，R. M. Technical change and aggregate production function [J]. Review of Econometrics and Statistics，1957 (39)：312 - 320.

[5] Key，N and McBride，W. Production contracts and productivity in the US hog secto [J]. American Journal of Agricultural Economics，2003 (1)：121 - 133.

[6] Bamidele F. S.，Babatunde R. O. and Rasheed A. Productivity analysis of cassava - based production systems in the Guinea savannah：Case study of Kwara State，Nigeria . American - Eurasian [J]. Journal of Scientific Research，2008 (1)：33 - 39.

[7] 何锦义 . 关于科技进步贡献率的几点认识 [J]. 统计研究，2012 (8)：91 - 97.

[8] Fare R. and Lovell，CAK. Measuring the technical efficiency of production [J]. Journal of Economic Theory，1978 (19)：150 - 162.

[9] Huang，CJ. and Liu，JT. Estimation of a non - neutral stochastic frontier production

function [J]. Journal of Productivity Analysis，1994 (2)：171 - 180.

[10] Caves，Douglas W，Laurtis R. Christensen and W. Erwin Diewart. The Economic Theory of Index Numbers and the Measurement of Input，Output，and Productivity [J]. Econometrica，1982 (6)：1393 - 1414.

[11] 朱希刚．我国"九五"时期农业科技进步贡献率的测算 [J]. 农业经济问题，2002 (5)：12 - 13.

[12] Danison E F. Why growth rates differ：post - war experience in nine western countries [R]. Washington Brookings Institution，1967.

[13] Hicks，J. R. Measurement of Capital in Relation to the Measurement of Other Economic Aggregates [M]. In Theory of Capital，edited by F. A. Lutz and D. C. Haque. London：Macmillan，1961：18 - 31.

[14] Moorsteen，R. H. On Measuring Productive Potential and Relative Efficiency [J]. The Quarterly Journal of Economics，1961 (3)：451 - 467.

[15] Farrell，M. The Measurement of Productive Efficiency [J]. Journal of Royal Statistical Society，Series A，1957，120 (3)：253 - 290.

[16] Färe，Rolf，and Shawna Grosskopf et al.. Productivity Growth，Technical Progress，and Efficiency Change in Industrial Countries [J]. American Economic Review，1994，84 (1)：66 - 89.

[17] 蔡跃洲，付一夫．全要素生产率增长中的技术效应与结构效应——基于中国宏观和产业数据的测算及分解 [J]. 经济研究，2017 (1)：72 - 88.

[18] Diewert，W. E. Exact and superlative index numbers [J]. Journal of Econometrics，1976，4 (2)：115 - 145.

[19] 樊胜根．中国农业生产与生产率的增长：新的测算方法及结论 [J]. 农业技术经济，1998 (4)：27 - 35.

[20] 陈卫平．中国农业生产率增长、技术进步与效率变化：1990—2003 [J]. 中国农村观察，2006 (1)：18 - 23.

[21] Charnes，A.，Cooper，W. W. and Rhodes，E. Measuring the efficiency of decision making units [J]. European Journal of Operations Research，1978 (2)：429 - 444.

[22] Banker，R. D.，A. Charnes and W. W. Cooper. Some models for estimating technical and scale efficiencies in data envelopment analysis [J]. Management Science. 1984，30 (9)：1078 - 1092.

[23] Aigner，D. J.，C. A. K. Lovell and P. Schmidt. Formulation and Estimation of Stochastic Frontier Production Function Model [J]. Journal of Econometrics，1977 (6)：21 - 37.

[24] Wim Meeusen and Julien van Den Broeck. Efficiency Estimation from Cobb - Douglas Production Functions with Composed Error [J]. International Economic Review，

1977 (2): 435 - 444.

[25] Battese, G. E. and Coelli, T. J. A model for technical inefficiency effects in a stochastic frontier production function for panel data [J]. Empirical Economics, 1995 (2): 325 - 332.

[26] Kumbhakar S C., Denny M. and Fuss M. Estimation and decomposition of productivity change when production is not efficient: a paneldata approach [J]. Econometric Reviews, 2000, 19 (4): 312 - 320.

[27] Derek Headey, Mohammad Alauddin, D. S. and Prasada Rao. Explaining agricultural productivity growth: an international perspective [J]. Agricultural Economics, 2010 (41): 1 - 14.

[28] Tim J. Coelli and D. S. Prasada Rao. Total factor productivity growth in agriculture: a Malmquist index analysis of 93 countries: 1980—2000 [J]. Agricultural Economics, 2005 (32): 115 - 134.

[29] Rolf Färe and Shawna Grosskopf. A Comment on Weak Disposability in Nonparametric Production Analysis [J]. American Journal of Agricultural Economics, 2009 (2): 535 - 538.

[30] Ali A I and Seiford L M. The mathematical programming approach to efficiency analysis [C]. The measurement of productive efficiency: Techniques and applications, 1993: 120 - 159.

[31] Coelli T J, Rao D S P and O'Donnell C J, et al.. An introduction to productivity and efficiency analysis [R]. Springer Science: New York, 1998.

[32] Andersen P and Petersen N C. A procedure for ranking efficient units in data envelopment analysis [J]. Management science, 1993, 39 (10): 1261 - 1264.

[33] Simar L. and Wilson P W. Statistical inference in nonparametric frontier models: The state of the art [J]. Journal of productivity analysis, 2000, 13 (1): 49 - 78.

[34] Kenneth C. Land, C. A. Knox Lovell and Sten Thore. Chance - Constrained Data Envelopment Analysis [J]. Managerial and Decision Economics, 1993 (6): 541 - 554.

[35] Charnes, A., Cooper, W. W. and Golany, B. et al.. Foundation of Data Envelopment Analysis for Pareto - Koopmans Efficient Empirical Production Functions [J]. Journal of Econometrics, 1985 (30): 91 - 107.

[36] Deprins D and Simar L. H. Tulkens. Measuring labor inefficiency in post offices [R]. The Performance of Public Enterprises: Concepts and measurements. M. Marchand, P. Pestieau and H. Tulkens (eds.), Amsterdam, North - Holland, 1984: 243 - 267.

[37] Grifell - Tatjé E and Lovell C A K. A note on the Malmquist productivity index [J]. Economics letters, 1995, 47 (2): 169 - 175.

[38] Tone K. A slacks - based measure of efficiency in data envelopment analysis [J].

European journal of operational research，2001，130（3）：498－509.

［39］赫国胜，张微微．中国农业全要素生产率影响因素、影响效应分解及区域化差异——基于省级动态面板数据的 GMM 估计［J］．辽宁大学学报（哲学社会科学版），2016（3）：79－88.

［40］尹朝静，李谷成，贺亚亚．农业全要素生产率的地区差距及其增长分布的动态演进——基于非参数估计方法的实证研究［J］．华中农业大学学报（社会科学版），2016（2）：16－28.

［41］林毅夫，刘培林．经济发展战略对劳均资本积累和技术进步的影响［J］．中国社会科学，2003（4）：18－32.

［42］乔榛，焦方义，李楠．中国农村经济制度变迁与农业增长［J］．经济研究，2006（7）：73－82.

［43］岳立，王晓君．环境规制视域下中国农业技术效率与全要素生产率分析：基于距离函数研究法［J］．吉林大学社会科学学报，2013（4）：85－92.

［44］杜江．中国农业全要素生产率增长及其时空分异［J］．科研管理，2015（5）：87－98.

［45］李谷成．人力资本与中国区域农业全要素生产率增长：基于 DEA 视角的实证分析［J］．财经研究，2009（8）：115－128.

［46］ZHONG Funing. Will China Increase Feed Grain Imports：An Assessment of China's Meat Production and Consumption Statistics［R］．Washington D C：The International Food Policy Research Institute，1997.

［47］樊胜根，张晓波，Sherman Robinson. 中国经济增长和结构调整［J］．经济学（季刊），2002（4）：181－198.

［48］Keith Fuglie and Nicholas Rada：Growth in Global Agricultural Productivity：An Update［J］．Amber Waves Data Feature，U. S. Department of Agriculture，Economic Research Service，2013（11）.

［49］Fuglie K O. Total factor productivity in the global agricultural economy：Evidence from FAO data［R］．The shifting patterns of agricultural production and productivity worldwide，2010：63－95.

［50］Wang，S. L.，R. Nehring，and R. Mosheim：Agricultural Productivity Growth in the United States：1948—2015［J］．Amber Waves Data Feature，U. S. Department of Agriculture，Economic Research Service，2018（3）.

［51］Sun Ling Wang，Jikun Huang，Xiaobing Wang，Francis Tuanc. Are China's regional agricultural productivities converging：How and why?［R］．Washington D C：The InternationalFood Policy Research Institute，2019.